예술의 역사

A Little History of Art by Charlotte Mullins

Copyright ⓒ 2022 by Charlotte Mullins
Originally published by Yale University Press
All rights reserved.
This Korean edition was published by SOSO(Ltd.) in 2024 by arrangement with
Yale Representation Limited through Hobak Agency, Seoul.

이 책은 호박 에이전시(Hobak Agency)를 통한 저작권자와의 독점 계약으로
(주)소소에서 출간되었습니다.
저작권법에 의해 한국 내에서 보호를 받는 저작물이므로
무단전재와 무단복제를 금합니다.

A LITTLE HISTORY of ART

표현하고
연결하고
매혹하다

예술의 역사

샬럿 멀린스 지음 | 김정연 옮김

연대표로 보는 예술의 역사

10만 년 전
- 남아프리카 블롬보스 동굴에서 물감이 든 소라 껍데기

4만 5,500~1만 7,000년 전
- 인도네시아 레앙 테동게 동굴에서 세 마리의 멧돼지 그림(4만 5,500년 전)
- 독일의 동굴에서 매머드 상아 조각「사자인간」발견(4만 년 전)
- 스페인 알타미라 동굴 벽화 일부 제작(3만 6,000년 전)
- 인도네시아 보르네오 섬과 술라웨시 섬의 손자국(3만 5,000년 전)
- 프랑스 쇼베 동굴 벽화 제작(3만 3,000~2만 6,000년 전)
- 「빌렌도르프의 비너스」(2만 5,000년 전)
- 프랑스의 튀크 도두베르 동굴에 조각된 들소 두 마리(1만 7,000년 전)

BC 1800~BC 200년대
- 메소아메리카 올멕의 두상(기원전 1800년)
- 이집트 테베의「습지에서 사냥하는 네바문」(기원전 1350년)
- 중국 상 왕조의 청동 호랑이 술병(기원전 1100년)
- 그리스 올림피아에 제우스 신전 완공(기원전 456년)
- 2미터 높이의 청동상 그리스 리아체 전사들(기원전 460~기원전 450년)
- 그리스 아테네에 파르테논 신전 완공(기원전 432년)
- 프락시텔레스의「크니도스의 아프로디테」(기원전 350년)
- 중국 진시황릉 건설(기원전 246~기원전 208년)
- 서아프리카의 니제르 강 유역의 녹 조각상(기원전 400년 전~)

기원 원년~AD 900년대
- 베수비오 화산 폭발(서기 79년)
- 포로 로마노 건설, 트로야누스 기둥 제작(110년)
- '하드리아누스 별장' 건립(110~130년)
- 강렬한 플란치아 마그나(121년)
- 페루 나스카의 '지상화'(100~200년)
- 인도의 아잔타 석굴 사원(300~600년)
- 라벤나의 산 비탈레에 테오도라 황후의 비잔틴 모자이크 설치(547년)
- 『린디스판 복음서』(700년경)
- 다마스쿠스에서 그레이트 모스크 건설(705~715년)
- 마야 문명의 약스칠란 사원(726년)
- 인도네시아 욕야카르타의 보로부두르 사원(800년경)
- 독일 쾰른 대성당의「게로 십자가」(960~970년)

1100년대
- 「블라디미르의 성모」(1131년)
- 빙겐의 힐데가르트가 쓴『스키비아스』(1142~1152년)
- 샤르트르 대성당 건설 시작(1194년)

1300년대
- 서아프리카 이페의 청동 머리(1300~1400년)
- 지오토의 벽화가 있는 스크로베니 예배당 개관(1305년)
- 두초의 제단화「마에스타」(1308~1311년)
- 관도승*의「안개와 비가 내리는 대나무 숲」(1308년)
- 「윌튼 두 폭 제단화」(1395년경)
- 클라우스 슬뤼터르의「대십자가」(1395~1403년)

1400년대
- 랭부르 형제의『기도서』(1410년경)
- 휘베르트 반 에이크와 얀 반 에이크의「헨트 제단화」(1426~1432년)
- 로베르 캉팽의「메로드 제단화」(1427~1432년)
- 얀 반 에이크의「아르놀피니 초상화」(1434년)
- 로히어르 판 데르 베이던의「십자가에서 내림」(1435년경)
- 파올로 우첼로의「산 로마노 전투」(1438~1440년, 원근법)
- 도나텔로의 청동「다비드」상(1440년대)

1400년대

- 요하네스 구텐베르크의 인쇄기 발명(1450년경)
- 로렌초 기베르티가 피렌체의 세례당 문 완성(1452년)
- 산드로 보티첼리의 「동방박사의 경배」(1476년경)
- 젠틸레 벨리니의 「술탄 메흐메트 2세」(1480년)
- 시난 베그의 「술탄 메흐메트 2세의 초상화」(1480년)
- 히에로니무스 보스의 「쾌락의 정원」(1490~1500년)
- 비토레 카르파치오의 「리알토 다리의 십자가의 기적」(1494년)
- 레오나르도 다 빈치의 「최후의 만찬」(1495~1497년)
- 미켈란젤로의 「피에타」(1498~1499년)

1500년대

- 레오나르도 다 빈치의 「모나리자」(1503년경)
- 라파엘로의 「아테네 학당」(1509~1511년)
- 미켈란젤로의 시스티나 예배당 천장화(1508~1512년)
- 마티아스 그뤼네발트의 「이젠하임 제단화」 바깥 날개의 '십자가형 장면'(1512~1516년)
- 마르틴 루터의 '종교개혁' 시작(1517년)
- 바이트 슈토스의 「수태고지의 묵주」(1517~1518년)
- 한스 홀바인 더 영거의 「대사들」(1533년)
- 아프리카 베냉국의 소금 통과 청동 명판(1500년대)
- 일본 가노학교의 남방인을 묘사한 병풍(1500년대 후반)
- 소포니스바 안귀솔라*의 「체스 게임」(1555년)
- 잠볼로냐의 「블레셋 사람을 처단하는 삼손」(1560~1562년)
- 플라우틸라 넬리* 수녀의 「최후의 만찬」(1568년경)
- 파올로 베로네제의 「최후의 만찬」(1573년)

1600년대

- 엘 그레코의 「성 요한의 환영」(1608~1614년)
- 클라라 페테르스*의 「새매, 가금류, 도자기와 조개껍데기가 있는 정물」(1611년)
- 페테르 파울 루벤스의 「십자가에서 내림」(1614년)
- 동기창의 「추흥팔경화책」(1620년)
- 아르테미시아 젠틸레스키*의 「홀로페르네스를 참수하는 유디트」(1620~1621년)
- 주디스 레이스테르*의 「제안」(1631년)
- 렘브란트 반 레인의 「야간 순찰」(1642년)
- 클로드의 「전원 풍경화」(1647년)
- 니콜라 푸생의 「아테네에서 실려 나오는 포키온의 시신이 있는 풍경」(1648년)
- 잔 로렌초 베르니니의 「성녀 테레사의 법열」(1651년경)
- 알베르트 코이프의 「도르드레흐트의 풍경」(1655년경)
- 디에고 로드리게스 데 실바 이 벨라스케스의 「시녀들」(1656년)

1700년대

- 라헬 라위스*의 「꽃이 있는 화병」(1700년)
- 장 앙투안 와토의 「키테라 섬의 순례」(1717년)
- 윌리엄 호가스의 「맥주 거리」와 「진 골목」(1751년)
- 벤저민 웨스트의 「울프 장군의 죽음」(1770년)
- 타히티의 '티이' 조각(1772~1775년)
- 존 싱클턴 코플리의 「페어슨 소령의 죽음」(1784년)
- 자크 루이 다비드의 「호라티우스 형제의 맹세」(1785년)
- 마리 기유민 브누아*의 「마들렌의 초상」(1799년)

1800년대

- 프란시스코 호세 데 고야 이 루시엔테스의 판화 연작 「전쟁의 참화」(1810~1815년)
- 장 오귀스트 도미니크 앵그르의 「그랑 오달리스크」(1814년)
- 카스파르 다비트 프리드리히의 「안개 바다 위의 방랑자」(1818년)
- 테오도르 제리코의 「메두사 호의 뗏목」(1819년)
- 존 컨스터블의 「건초 마차」(1821년)

1800년대

- 토머스 콜의 「타메눈드의 발치에 무릎 꿇은 코라」(1827년)
- 외젠 들라크루아의 「민중을 이끄는 자유의 여신」(1831년)
- 가쓰시카 호쿠사이의 「가나가와 해변의 높은 파도 아래」(1829~1833년경)
- 외젠 들라크루아의 「알제리의 여인들」(1834년)
- 조지프 말로드 윌리엄 터너의 「노예선」(1840년)
- 구스타브 쿠르베의 「오르낭의 매장」(1849년)
- 존 에버렛 밀레이의 「부모님 집에 있는 그리스도」(1850년)
- 로사 보뇌르*의 「말 박람회」(1853년)
- 해리엇 호스머*의 「쇠사슬에 묶인 제노비아」(1859년)
- 러시아의 농노제 폐지(1861년)
- 에두아르 마네의 「풀밭 위의 점심 식사」(1863년)
◆ 미국의 노예제도 폐지(1863년)
◆ 프랑스에서 '낙선전' 개최(1863년)
- 메리 에드모니아 루이스*의 「영원한 자유」(1867년)
- 일리아 레핀의 「바지선을 끄는 인부들」(1870년)
- 클로드 모네의 「인상 : 해돋이」(1872년)
- 에바 곤잘레스*의 「이탈리아 극장의 특별석」(1874년)
◆ 프랑스에서 '인상주의' 명명(1874년)
- 에드가 드가의 「무대 위의 두 무희」(1874년)
- 제임스 애벗 맥닐 휘슬러의 「검은색과 금빛의 야상곡 : 떨어지는 불화살」(1875년)
- 토머스 에이킨스의 「그로스 클리닉」(1875년)
- 윈슬로 호머의 「수박 소년들」(1876년)
- 윌리엄 아돌프 부게로의 「비너스의 탄생」(1879년)
- 메리 카사트*의 「검은 옷을 입은 오페라 극장의 여인」(1880년)
- 일리아 레핀의 「아무도 기다리지 않았다」(1884년)
- 엘리자베스 포브스*의 「잔드보르트의 처녀 어부」(1884년)
- 조르주 쇠라의 「그랑드자트 섬의 일요일 오후」(1884~1886년)
- 폴 세잔의 「커다란 소나무와 생트 빅투아르 산」(1887년경)
- 빈센트 반 고흐의 「밤의 카페」(1888년)
- 폴 고갱의 「타히티의 여인들」(1891년)
- 오귀스트 로댕의 「발자크 상」(1892~1897년)
- 에드바르 뭉크의 「절규」(1893년)
- 헨리 오사와 태너의 「밴조 레슨」(1893년)
- 카미유 클로델*의 「왈츠」(1895년, 로댕의 영향)

1990년대

- 케테 콜비츠*의 「죽은 아이를 안고 있는 여인」(1903년)
- 앙리 마티스의 「모자를 쓴 여인」(1905년)
- 파블로 피카소의 「아비뇽의 처녀들」(1907년)
- 파울라 모더존 베커*의 「벌거벗고 누워 있는 어머니와 아이」(1907년)
- 마르셀 뒤샹의 「계단을 내려가는 누드 2」(1912년)
- 제이콥 엡스타인의 「착암기」(1913년)
- 움베르토 보치오니의 「공간 속에서의 연속적인 단일 형태들」(1913년)
- 나탈리아 곤차로바*의 「자전거 타는 사람」(1913년)
- 마르셀 뒤샹의 「자전거 바퀴」(1913년)
◆ 입체미래주의(1913년)
◆ 광선주의(1913년)
- 제1차 세계대전 발발(1914년)
- 힐마 아프 클린트*의 「제단화 1번」(1915년)
- 마르셀 뒤샹의 「샘」(1917년)
- 한나 회흐*의 「바이마르 공화국의 맥주배를 부엌칼로 자르자」(1919년)
- 제1회 국제다다박람회(1920년, 독일 베를린)
- 막스 에른스트의 「셀레베스」(1921년)
◆ 초현실주의 선언(1924년, 프랑스 파리)
- 피에트 몬드리안의 「빨강, 파랑, 노랑의 구성」(1929년)
- 르네 마그리트의 「말의 배신」(1929년)
- 프리다 칼로*의 「멕시코와 미국의 국경선 위에서 있는 자화상」(1933년)

	• 디에고 리베라의 「디트로이트 인더스트리 벽화」(1933년)
	• 조지아 오키프*의 「양의 머리 – 하얀 접시꽃 – 리틀힐스, 뉴멕시코」(1935년)
	• 메레 오펜하임의 「오브제」(1936년)
	• 파블로 피카소의 「게르니카」(1937년)
	• 베라 무키나의 「산업 노동자와 집단농장 소녀」(1937년)
	◆ 나치의 '퇴폐미술' 전시회(1937년)
	• 에드워드 호퍼의 「뉴욕 극장」(1939년)
	◆ 제2차 세계대전 발발(1939년)
	• 제이콥 로렌스의 '흑인 대이동' 연작(1940~1941년)
	• 장 포트리에의 「대형 비극적인 머리」(1942년)
	• 바버라 헵워스*의 「타원형 조각」(1943년)
	• 프랜시스 베이컨의 「십자가 책형을 위한 세 개의 습작」(1944년)
	• 장 뒤뷔페의 「글자가 새겨진 벽」(1945년)
	• 제르멘 리시에*의 「사마귀」(1946년)
	• 엘리자베스 캐틀렛*의 「나는 세상에 내 노래를 주었다」(1947년)
	• 리 크래스너*의 「추상 2」(1947년)
	• 잭슨 폴록의 「서머타임 넘버 9A」(1948년)
	• 노먼 루이스의 「대성당」(1950년)
	• 잭슨 폴록의 「블루 폴스」(1952년)
	• 재스퍼 존스의 연작 '성조기'(1954~1955년)
	• 로버트 라우센버그의 「모노그램」(1955~1959년)
	• 리처드 해밀턴의 「오늘날의 가정을 이처럼 색다르고 매력적으로 만드는 것은 무엇인가?」(1956년)
	• 앤서니 카로의 「이른 어느 아침」(1963년)
1990년대	• 오노 요코*의 「조각내기」(1964년)
	• 로메어 비어든의 「비둘기」(1964년)
	• 조지프 코수스의 「하나 그리고 세 개의 의자」(1965년)
	• 에바 헤세*의 「가입 2」(1969년)
	• 리처드 세라의 「1톤의 기둥」(1969년)
	• 로버트 스미스슨의 「나선형 방파제」(1969~1970년)
	• 백남준의 「TV, 첼로, 비디오테이프를 위한 협주곡」(1971년)
	• 베티 사르*의 「제마이마 아주머니의 해방」(1972년)
	• 메리 켈리*의 「산후 기록」(1973~1979년)
	• 마사 로슬러*의 「부엌의 기호학」(1975년)
	• 제니 홀저*의 「진부한 문구」(1977년)
	• 신디 셔먼*의 연작 「무제」(1977~1980년)
	• 캐리 메이 윔스*의 「가족사진과 이야기」(1978~1984년)
	• 주디 시카고*의 「디너파티」(1979년)
	• 장 미셸 바스키아의 「무제」(1982년)
	• 안젤름 키퍼의 「철길」(1986년)
	◆ 신표현주의(1986년)
	• 에이드리언 파이퍼*의 갈색과 흰색 '명함 카드'(1986~1990년)
	• 바버라 크루거*의 「무제(우리는 또 다른 영웅이 필요하지 않다)」(1987년)
	• 게릴라 걸스*의 포스터 캠페인(1989년)
	• 빌 비올라의 「낭트 세 폭 제단화」(1992년)
	• 레이첼 화이트리드*의 「집」(1993년)
	• 제프 월의 「갑자기 불어닥친 돌풍」(1993년)
	• 안드레아스 구르스키의 「파리, 몽파르나스」(1993년)
	• 매튜 바니의 연작 '크리매스터 사이클'(1994~2002년)
	• 샤디 가디리안*의 연작 '카자르'(1998년)
2000년대	• 자리나 빔지*의 「아웃 오브 블루」(2002년)
	• 도리스 살세도*의 「무제」(2003년)
	• 잉카 쇼니바레의 「아프리카 쟁탈전」(2003년)
	• 아이웨이웨이의 「스트레이트」(2008~2012년)
	• 올라퍼 엘리아슨의 「아이스 워치」(2014년)
	• 리사 레이하나*의 「금성을 찾아서(오염된)」(2015~2017년, 뉴질랜드 마오리족)

*: 여성 예술가.

| 차례 |

1 최초의 흔적　　　　　　　　　　011
2 이야기가 펼쳐지다　　　　　　　020
3 삶의 환영　　　　　　　　　　　029
4 흉내쟁이　　　　　　　　　　　039
5 사후 세계로의 여정　　　　　　048
6 예술이 종교를 품다　　　　　　057
7 먹구름이 몰려오다　　　　　　　066
8 선전 예술　　　　　　　　　　　075
9 석공, 모아이, 그리고 재료　　　083
10 르네상스가 시작되다　　　　　　091
11 북유럽의 빛　　　　　　　　　　100
12 원근법의 문제　　　　　　　　　109
13 동과 서가 만나다　　　　　　　118
14 로마의 귀환　　　　　　　　　　127
15 불과 유황　　　　　　　　　　　136
16 야만인들의 출현　　　　　　　　145
17 스페인 통치 시대　　　　　　　154
18 인생극장　　　　　　　　　　　163
19 새로운 방식으로 보기　　　　　172
20 거짓의 땅　　　　　　　　　　　181

21	정물과 정적인 삶	190
22	로코코의 현실도피주의와 런던의 삶	199
23	왕립아카데미 : 고향과 타지	208
24	자유, 평화, 박애?	217
25	낭만주의에서 오리엔탈리즘으로	226
26	아픈 현실	235
27	인상파 화가들	245
28	예술가들이 법정에 서다	254
29	후기인상파 화가들	263
30	거인의 어깨 위에 서서	272
31	틀을 깨고 경계를 넘다	282
32	정치적 메시지를 담은 예술	292
33	자유의 땅?	302
34	전쟁의 여파	311
35	미국 미술의 성장	320
36	조각이 주형을 부수다	330
37	우리는 또 다른 영웅이 필요하지 않다	340
38	포스트모던 세계	349
39	모 아니면 도	358
40	저항으로서의 예술	368

옮긴이의 말	377
이미지 출처	380
찾아보기	382

● 일러두기

1. 본문 중 원어는 괄호 없이 병기했고, 고유명사(인명, 지명, 작품명 등)는 가능한 한 '찾아보기'에 원어를 병기했습니다.
2. 일반적인 책명과 장편소설에는 『 』를, 그림과 조각 등 작품명에는 「 」를, 정기간행물(잡지 등)에는 '〈 〉'를 붙였습니다. 단, 바이블 제목 앞뒤에는 기호를 생략했습니다.

CHAPTER 1

최초의 흔적

지금으로부터 1만 7,000년 전. 두 사람이 좁은 구멍을 통과해 프랑스 남부의 동굴 깊숙한 곳에 있는 구불구불한 통로를 기어오른다. 강물이 그들 아래로 휘몰아치며 바위를 뚫고 끊임없이 흐른다. 통로는 칠흑같이 어둡고 그들에게는 바깥의 어떤 소리도 들리지 않는다. 어른은 자욱한 연기와 흩어지는 불꽃을 내뿜는 횃불을 들고 있다. 10대인 아이는 그 뒤를 따라가며 벽에 새겨진 들소와 순록의 부조들을 흘끗 바라본다. 동굴 벽이 좁아질수록 때로는 네발로 기어야 하고 오래전에 멸종된 동굴곰의 뼈다귀를 이리저리 피해 가기도 한다. 머리뼈의 송곳니들은 그들보다 앞서 이곳을 다녀간 사람들의 펜던트나 목걸이가 되었다.

두 사람은 함께 입구에서 500미터 이상 떨어진, 동굴에서 가장 깊은 지점으로 향한다. 진흙에 발이 빠지지 않도록 발뒤꿈치로 균형을 잡고 쪼그려 앉아 그들이 가져온 날카로운 바위 조각을 이용해 축축한 동굴 바닥에서 무거운 점토판을 잘라낸다. 점토판을 들어 바위가 돌출된 곳으로 옮겨 작업을 시작하면 그들의 발은 더욱 깊숙이 진흙에 파묻히게 된다. 부드러운 점토는 서서히 성인 팔 길이의 들소 두 마리로 변한다. 들소들은 바위의 윤곽을 따르지만 당당하게 표면에 서 있다. 수컷은 암컷 뒤에서 뛰어오른다.

이 창작자들은 횃불을 높이 들고 선다. 들소는 마치 살아난 듯이 목에 갈기가 바짝 서 있고, 특유의 혹등과 꼬리는 흔들리는 불꽃 속에서 꿈틀거린다.

※

이 조각들은 생명의 신비로운 창조를 기념하기 위한 다산 의식의 목적으로 만들어진 것인가? 아니면 성인이 되기 위한 통과의례인 성인식의 하나로 10대 아이를 동굴 깊숙한 곳으로 데려간 것일까? 우리는 추측만 할 수 있다. 프랑스의 튀크 도두베르 동굴에 있는 들소 두 마리는 구석기시대의 것이다. 이 들소들은 문자 기록이 시작되기 전, 문자가 발명되기 훨씬 전인 선사시대에 만들어졌다. 이는 세계에서 가장 오래된 부조 조각(배경에 붙어 있지만 배경으로부터 돌출된 조각)으로 알려져 있다. 고고학자와 고생물학자들은 진흙 속에 보존된 발뒤꿈치 자국과 조각에 각인된 손가락 자국 등 동굴에 남겨진 단서를 통해 들소가 어떻게, 누구에 의해 만들어졌는지 알아낼 수 있다. 이러한 흔적을 보는 것은 정말 놀라운 일이다. 마치 진흙에 지문을 남긴 예술가들이 조금 전까지 들소를 조각하다가 떠난 것처럼 보이기 때문이다. 그러나 우리가 확신할 수 없는 것은 이 조각들이 '왜' 만들어졌는가에 대한 것이다. 우리의 조상들에게 이런 예술은 어떤 의미였을까? 그리고 그들의 예술은 오늘날 우리에게 어떤 의미일까? 선조들은 자신이 한 일을 '예술'이라고 생각했을까?

이 책 전반에서 우리는 오늘날 예술로 간주되는 전 세계의 방대하고 다양한 자료를 살펴볼 것이다. 그런데 '예술'이란 과연 무엇을 의미할까? 예술은 애매한 용어다. 시간이 지남에 따라 그 의미와 가치가 변하지만 궁극적으로 말로 할 수 없는 무언가를 표현하기 위해 만들어진다. 현대 화가 알리 바니사드르는 동굴미술 이래로 모든 예술은 마법에 관한 것이라고 말한다. 그는 동굴 예술가들이 '마법을 활용하여 우리가 이해할 수 없는 무언가를 시각적 언어로 표현하려고 노력했다. 예술은 언제나 마법에 관한 것이었다'라고 말한다. 이것은 무슨 뜻인가? 바니사드르가 말하는 마법은 모자에서 토끼를 꺼내는 '수리수리 마수리' 같은 마술이 아니라 신비한 힘, 설명할 수 없는 힘에 대한 것이다. 이런 종류의 마법은 사물이나 벽에 남은 자국을 변형시킬 수 있고, 그것에 구술 언어의 범위를 훨씬 넘어서는 강력한 생각들을 소통할 수 있는 능력을 부여할 수 있다. 때때로 이러한 아이디어는 빠르게 또는

프랑스의 튀크 도두베르 동굴에 조각된 들소 두 마리. (약 1만 7,000년 전)

기막힐 정도로 복잡하게 표현된다. 예술가들은 이 마법을 활용하여 가장 단순한 자국과 숯, 돌, 종이, 염료 등 일상적인 재료를 예술 작품으로 둔갑시킨다.

예술가들은 동물을 조각하거나 인물을 그릴 때 반드시 닮은꼴을 만들려는 것이 아니라 그 동물이나 인물에 대한 중요한 무언가를 표현하려고 한다. 그러므로 예술은 겉으로 아무리 다양해 보여도 궁극적으로 어떤 공통점을 공유한다. 역사, 선사시대를 포함해서 예술가들은 항상 자기 생각을 표현할 수 있는 최상의 수단을 찾아왔다. 이것이 바로 예술 고유의 '마법'이며, 때때로 이유를 설명할 수 없을지라도 예술이 우리와 연결되고 감정적으로 우리를 움직이게 하는 요소이다. 예술은 우리가 세상을 다르게 보거나 세상 속에서 우리의 위치를 좀 더 명확하게 이해하는 데 도움이 될 수 있다. 그것은 강력한 힘이다.

이 책에서는 예술에서 가장 오래된 장소들로부터 현재까지 예술과 예술가들이 우리 세상을 어떻게 형성하고 어떠한 영향을 주었는지 탐구할 것이다. 이전과 달리 우리가 따라가야 하는 하나의 명확한 길은 없다. 다만 우리는 시간 여행을 하면서 여러 경로가 어떻게 서로 연결되는지 함께 살펴볼 것이다. 수천 년 전 들소를 조각한 두 사람처럼 오늘날에 그 이름을 알 수 없는 익명의 예술가들을 만나고, 생전에는 찬사를 받았지만 이후에는 잊힌 예술가들을 만나게 될 것이다. 여전히 명성을 크게 얻고 있는 예술가들과, 재능은 뛰어나지만 잘 알려지지 않은 예술가들도 만나게 될 것이다. 우리는 함께 전 세계를 누비며 잊힌 예술가들을 재조명하고 미술사에 대한 전통적인 시각을 확장해갈 것이다.

우리의 여정은 놀랍게도 10만 년 전, 현 인류가 붉은 황토 돌을 갈아 그 가루(안료)와 불에 탄 뼈에서 나온 지방 즙을 섞어 처음으로 염료를 만들었을 때부터 시작된다. 남아프리카의 블롬보스 동굴에서는 10만 년 된 물감이 들어 있는 소라 껍데기가 발견되었다. 이렇게 오래된 예술품은 발견된 적이 없으며, 조개껍데기에 담긴 물감은 신체 장식이나 매장용으로 사용되었을 수 있다. 그러나 물감을 만들어 세상을 의도적이고 창의적으로 변화시킬 수 있는 능력은 존재했던 것이다.

약 6만 년 전 현 인류가 아프리카에서 유럽과 아시아로 이주하기 시작한 즈음, 그들은 사물과 벽을 장식하는 흔적을 만들기 위해 염료를 사용하기 시작했다. 장식은 표면을 더 매력적으로 만들 수 있지만 그 이상의 메시지는 없었다. 항아리에 그려진 점이나 십자 모양은 살아 있다는 것, 인간이라는 것이 무엇인지에 대해 말해주려 하지 않는다. 이를 위해서는 예술이 필요하다. 지금까지 아프리카에서 선사시대의 벽화는 발견되지 않았지만, 후대의 인도네시아와 유럽 사례의 유사성은 인류의 대규모 이동이 시작되기 전에 아프리카에 기원을 둔 사고방식에서 공통점이 있었음을 시사한다. 아쉽게도 이것은 아직 이론으로만 남아 있다.

가장 오래된 것으로 알려진 흔적 중 일부는 동굴 벽에 동물 그림과 함께 있는 붉은 점들과 손자국 무리이다. 속이 빈 새의 뼈를 사용해 붉은 황토색 물감을 손 위에 불어서 스텐실stencil 자국을 남겼다. 프랑스의 쇼베 동굴에서는 한 선사시대 사람이 구부러진 새끼손가락을 갖고 있었는데 그 독특한 손자국이 동굴 전체에서 반복적으로 발견되었다. 보르네오 섬에서는 동부 칼리만탄의 외딴 동굴에서 초기 손자국들이 나타나고 술라웨시 섬에서는 레앙 팀푸셍의 석회암 벽에 등장한다. 모두 약 3만 5,000년 전에 만들어진 이 손자국들은 서로 수천 킬로미터나 떨어져 있지만 같은 메시지를 지닌다. 즉 '내가 여기에 있었고, 이것이 나의 흔적이다'라는 것이다. 이 손자국은 예술이라기보다 동물의 그림을 그린 것으로 추정되는 사람이 남긴 서명에 가깝다. 가장 오래된 동물 묘사가 최초의 예술 작품이다. 이제 우리의 여정이 진짜로 시작된다.

동물 그림은 손자국과 거의 같은 시기에, 혹은 그보다 더 일찍 나타났다. 술라웨시 섬의 손 옆에는 바비루사나 멧돼지 그림이 있는데 긴 붓 터치로 그려져 있다. 최소 3만 5,700년이 된 것이다. 레앙 테동게 동굴 깊숙한 곳에 있는 세 마리의 멧돼지 그림은 무려 4만 5,500년 전의 것으로 추정되며, 세계에서 가장 오래된 구상미술(알아볼 수 있는 형태를 묘사한 예술)로 알려져 있다. 인도네시아와 유럽에서는 굵은 윤곽선을 사용한 동물의 옆모습이 그려졌다. 동물의 실루엣과 뿔, 갈기, 사슴뿔과 같은 독특한 특징에 중점을 두고 있었다. 동굴 깊숙한 곳에서 횃불을 밝히면 이 동물들은 경외감을 불러일으켰을 것이다.

현 인류가 살았던 동굴에서도 바닥에 박혀 있는 작은 조각품들이 발견되었다. 매머드 상아로 만들어진 4만 년 된「사자인간」처럼 동물 또는 사람과 동물이 섞인 반인반수가 뼈, 매머드 상아와 돌에 새겨졌다. 2만 5,000년 전 석회암으로 만들어진「빌렌도르프의 비너스」처럼 가슴과 하체가 크고 임신으로 배가 부풀어 오른 여성의 형상을 조각한 것들도 있었다. 그런 조각들은 보호하는 힘이 있다고 믿어지는 작은 휴대용 조각품 부적으로서 소지한 사람의 안전을 지키거나 아이를 많이 낳을 수 있게 돕도록 고안되었을 것이다.

오늘날 고고학자들은 과학적 기법을 이용해 조각과 그림의 연대를 측정할 수 있다. 고고학자들은 사용된 재료가 얼마나 오래되었는지 설명할 수 있고, 또는 그 위에 형성된 광물 퇴적물의 연대를 측정할 수 있다. 그러나 20세기 이전에만 해도 이 예술품이 로마인들에 앞서 수천수만 년 전에 만들어졌다고 하면 사람들은 비웃었을 것이다. 빅토리아 시대 사람들은 세상이 불과 수천 년밖에 되지 않았다고 믿었고, 예술이라고 허용한 가장 이른 시기를 '로마 이전'이라고 생각했다. 찰스 라이엘과 찰스 다윈은 지질학적 시간과 종의 진화에 관한 획기적인 연구를 통해 세상과 그 안에 사는 사람들이 이전에 이해했던 것보다 훨씬 더 오래, 수백만 년 더 오래되었다는 생각을 소개했다. 라이엘과 다윈의 이론이 발표된 후에야 고고학자들은 이 아이디어를 뒷받침하기 위해 부싯돌 도끼와 선사시대 인간의 유골 같은 유물을 목록화하기 시작했다.

선사시대의 유골들도 그렇지만, 1879년 아홉 살의 마리아 산즈 데 사우투올라와 그녀의 아버지 마르셀리노가 고대 동굴의 지붕에 그려진 선사시대 들소와 말을 보고 알렸을 때 학계에서는 이 그림이 가짜라고 비웃었다. 신사시대의 남성과 여성들은 그림을 그릴 정도의 지적 수준과 정교함을 갖지 못했다고 조롱했다. 문제의 그림들은 스페인 알타미라에 있는 마르셀리노의 영지에 있던 것으로, 여러 개의 큰 방과 통로로 이루어진 동굴 구조 안에 있었다. 이곳은 그 내부가 모두 몸통이 붉은 황토색으로 칠해지고 숯으로 윤곽선이 새겨진 동물들로 장식되어 있었다. 마르셀리노는 선사시대의 예술을 발견했다는 주장 때문에 조롱을 받다가 1888년에 사망했다. 1902년이 되어서야 이 동굴 벽화는 그 존재를 인정받게 되었다. 현재 일부 알타미라 동굴 벽화는 3만 6,000년 전의 것으로 알려져 있다.

동굴미술을 발견하는 것은 엄청난 순간이다. 술라웨시 섬의 레앙 테동게 동굴에서는 2021년에야 멧돼지가 발견되었으며, 다른 최근의 발견들도 계속 기록이 진행되고 있다. 유럽의 여러 사례는 이미 수십 년 전부터 알려져 왔으며, 그에 따라 더 많은 연구가 진행되었다. 그중 가장 유명한 것이 프랑스의 쇼베 동굴이다. 쇼베 동굴 벽화는 3만 3,000년 전까지 거슬러 올라간다. 1994년 동굴 탐험가 세 명이 바위 더

프랑스의 쇼베 동굴 벽에 있는, 숯으로 그린 사자 무리. (3만 3,000년 전)

미 사이로 바람이 불어오는 것을 느끼고 이곳을 조사하기로 하면서 발견되었다. 그들은 세계에서 가장 잘 보존된 동굴미술 중 하나를 발견한 것이었다. 한 무리의 사자가 한쪽 벽을 가로지르며 눈을 부릅뜨고 먹잇감을 향해 얼룩무늬 코를 킁킁대고 있다. 또 다른 벽에는 코뿔소 무리가 검은 갈기를 뻣뻣하게 세우고, 귀를 쫑긋 세운 한 무리의 말 아래에서 전투를 벌이고 있다. 동물들이 연달아 등장한다. 모두 숯을 사용해 강렬한 윤곽선으로 그려져 있으며 가끔 음영을 주어 무게감을 더한다. 일부 동물의 다리는 마치 역동적인 움직임을 포착한 것처럼 여러 차례 그려져 있다.

    궁극적으로 우리는 쇼베 동굴과 같은 동굴에서 발견되는 그림과 조각이 어떻게 처음 경험되었는지 알 방법이 없다. 많은 동굴이 사용되었다가 버려진 후 수천 년이 지난 다음에 재사용되어 기존에 있던 오래된 이미지를 중심으로 새로운 예술이 형성된 것으로 보인다. 연대 측정법을 사용해서, 일부 쇼베 동굴의 동물들은 처음 그려지고 수천 년 후에 추가된 것을 밝혀냈다. 이건 마치 오늘날 우리가 투탕카멘의 무덤에 인물화 한두 개를 추가하는 경우와 같다!

쇼베 동굴에는 곰의 머리뼈가 있었지만 사람의 유골은 발견되지 않았으므로 초기 인류가 살았던 곳이 아니라 의식을 치른 장소였음을 이야기해준다. 성당이나 모스크, 심지어 미술 전시장과도 다르지 않은 모습이다. 아이들이 성인이 되었을 때나, 계절의 변화 또는 동물의 이동을 표시하기 위해 여러 사람이 모이는 크고 인상적인 장소이다. 벽에 그려진 동물들은 모임의 지도자의 이야기 속으로 녹아 들어갔을 수도 있다. 우리 조상들은 전설적인 사냥 이야기를 들려주면서 극적인 효과를 위해 동물을 활용했을 수도 있고, 동굴 벽화는 무당(주술사)들이 동물의 혼령을 불러내는 데 쓰였을 수도 있다. 일부 묘사된 동물들은 식량용 사냥물이 아니라 공포와 경외의 대상이었을 수 있다.

이 최초의 그림과 조각을 볼 때 우리가 21세기의 눈으로 시간을 되돌아보고 있다는 사실을 인식하는 것이 중요하다. 이 책에서 쇼베 동굴의 사자 도판을 보면 사자가 살아나서 우리를 잡아먹을 거라는 생각이 먼저 들지 않는다. 오늘날 우리는 이 그림을 보고 감탄할 수 있지만 3만 3,000년 전 횃불 아래서 보았을 때와 같은 감흥을 느끼지는 못할 것이다. 이러한 이유로 이 책의 각 장이 시작되는 부분에서 우리는 시간을 거슬러 올라가 예술이 만들어진 당시의 모습을 보고 그 영향력을 상상해보려고 한다. 이를 위해서는 여러분이 나와 함께 시간 여행자가 되어야 한다. 다음 정거장은 메소포타미아다.

CHAPTER 2

이야기가 펼쳐지다

기원전 3300년. 메소포타미아 우루크의 이난나 여신에게 바쳐진 사원에 우루크의 통치자가 키가 크고 화려하게 장식된 화병을 바라보고 서 있다. 높이 1미터가 넘고 설화석고雪花石膏에 새겨졌으며 인물로 덮여 있다. 이 화병은 숭배와 감사의 이야기를 담고 있다. 화병의 표면은 네 개의 프리즈로 나뉘었는데, 부조 조각이 가로 방향의 띠로 화병을 층층이 감싸고 있다. 통치자는 이것을 따라 아래에서 위로 '읽기' 시작한다.

받침에는 물결 모양의 선들이 흐르는 물임을 알려준다. 강둑에는 아마와 대추야자가 자란다. 그 위에는 화병 위를 돌아다니는 양과 염소가 있다. 이곳은 비옥한 땅이고 지금은 풍요로운 시대다. 그다음 줄에는 벌거벗은 남자들이 음식과 음료를 나르고 있다. 그들은 가득 찬 바구니와 암포라(점토 항아리)를 들었다. 맨 위의 프리즈는 그들이 무엇을 하고 있는지 설명해준다. 그들은 이난나 여신을 기리기 위한 제물

1미터 높이의 우루크 화병.(기원전 3300년경)

을 가지고 신전으로 향하는 중이다. 이난나는 이 도시의 수호 여신으로, 그들은 작물과 동물이 자랄 수 있게 해준 이난나의 친절에 감사하고 있다. 대형 그릇들은 이난나를 숭배하는 추종자들이 가져온 음식과 기증품으로 넘쳐난다. 이난나 자신은 성전 밖에 서서 모든 일을 지켜보고 있다. 그녀 옆에는 옷을 입은 남성의 모습이 보인다. 두 사람의 가까운 거리는 그가 비록 인간이지만 신과 같은 힘을 가지고 있음을 암시한다. 이를 입증하기 위해 그의 머리 위에는 '사제-왕 priest-king'이라는 글자가 새겨져 있다. 통치자는 화병을 보며 미소를 짓는다. 그는 화병 위에 불멸의 존재가 되어 여신 옆에 서 있는 자기 모습이 이난나만큼이나 강력해 보이는 것을 보고 기뻐한다.

§

우루크 화병은 서사 예술로서 세상에 알려진 가장 초기의 사례 중 하나다. 우루크 화병이 전달하는 이야기는 여러 층위의 이미지가 펼쳐지는 것을 보며 이해할 수 있다. 오늘날의 연재만화와 유사하다. 선사시대에는 주술사나 부족의 원로들이 생동감을 불어넣기 위해 동굴 벽화에 관한 이야기를 들려주었을 것이다. 기원전 3300년경 예술가들은 우루크 화병과 같은 세밀한 부조 조각을 사용하여 이야기를 전달하기 시작했다. 그 후 누구나 부조 조각을 보고 이야기를 직접 '읽을' 수 있게 되었다.

우루크 화병은 부조 조각으로 덮여 있다. 바위 위에 점토로 쌓아 올린, 제1장에 나온 들소 조각과 달리 우루크 화병의 인물은 돌 표면에 새겨진 것이다. 예술가는 먼저 숯이나 황토를 사용하여 평편한 돌 화병 위에 시안을 그렸을 것이다. 그런 다음 석공들이 망치와 끌을 사용해 돌을 깎아내어 입체적인 모양을 만들었을 것이다. 그들은 들소 같은 동물을 가능한 한 실제에 가깝게 조각하는 것을 목표로 삼지 않았다. 그보다는 동물이나 사람의 특징적인 면에 집중하고 움직임을 표현하기 위해 옆모습을 묘사했다.

우루크 화병처럼 복잡한 것을 조각하는 데는 많은 시간이 걸렸을 것이다. 체계화되고 충분한 부를 갖춘 사회만이 이렇게 많은 시간이 소요되는 예술에 자금을 지원할 수 있었다. 메소포타미아(지금의 이라크)에서는 기원전 4000년경 작은 마을들이 도시로 성장했다. 그중 가장 큰 도시가 우루크(지금의 와르카)로, 잘 정돈된 거리와 10킬로미터 길이의 외벽을 갖추고 있었다. 정부 기능을 하는 중앙기관이 주민들에게 세금을 징수했고, 그 관리를 위해 문자가 발명되었다. 우루크 화병은 문자가 포함된 것으로 알려진 최초의 예술 작품이다.

우루크는 세계에서 가장 오래된 도시로, 이난나와 같은 신을 추앙하는 데 예술을 활용했다. 이 장의 도입부에서 만난 익명의 '사제-왕'인 우루크의 통치자는 우루크 화병에서 이난나와 동등한 존재로 미화되었기 때문에 이러한 예술은 그의 마음에 들었다. 지금의 그리스와 튀르키예에서 이란, 이라크, 인도에 이르는 비옥한 땅의 예술가들은 왕릉, 사원, 궁전을 위해 유사한 예술 작품을 제작했다. 이러한 예술가들은 신과 통치자의 위대한 이야기를 조각하는 데 고용되었다. 즉 통치자들이 예술가에게 돈을 지불하고 서사를 통제한 것이다.

지구 반 바퀴가 떨어진 메소아메리카(지금의 멕시코)의 올멕 문명은 다른 방식으로 그들의 지도자를 기리고자 했다. 기원전 1800년부터 현무암(화산암)으로 조각한 엄청난 두상이 거대한 흙무더기 위에 세워졌다. 올멕인들은 식량이 풍부하여 전업 예술가를 지원할 수 있었다. 그들은 높이 3미터, 무게 8톤 이상의 두상을 조각하기 위해 돌로 만든 도구를 사용했다. 100킬로미터나 떨어진 곳에서 돌덩어리를 옮기려고 부교와 통나무 롤러 같은 놀라운 운송 수단을 이용했다. 산 로렌초의 중요한 올멕 중심지에서 이러한 두상 열 개가 발견되었는데, 이곳의 거대한 흙 둔덕 중에는 지상에서 50미터나 솟아오른 것도 있었다.

우루크 화병의 양식화된 인물상들과 달리 올멕의 두상은 해부학에 대한 확실한 이해를 보여준다. 머리마다 통통한 뺨과 세밀하게 묘사된 이목구비가 있으며, 이는 아마도 특정 지도자를 표현한 것으로 추정된다. 종종 전투에 대비한 듯 몸에 꼭 맞는 투구를 쓰고, 눈썹과 코 사이에 주름이 잡힌 찡그린 얼굴로 근엄한 표정을 짓고 있다. 지금은 눈동자가 텅 비어 있지만, 원래 이 두상은 채색되어 있었으며 둔덕 위에서 내려다보는 모습은 놀랍고 위협적으로 보였을 것이다. 만약 당신이 새로운 지도자였다면 전임자들의 업적에 부응해야 할 필요를 느꼈을 것이다. 또한 그들을 자신의 편에 두었다는 사실에 든든함을 느꼈을 수도 있다. 이 두상을 조각하고 제자리에 세우는 것이 쉽지 않았음을 고려해보았을 때 이 작품들이 얼마나 높은 평가를 받았는지 짐작할 수 있다.

이집트에서는 파라오의 권력을 과시하기 위해 살아 있는 파라오(신-왕)의 거대한 조각상을 제작했다. 이러한 조각상이 실물처럼 생생하거나 사실적이어야 한다는 기대는 없었다. 고대 이집트 왕국은 메소포타미아만큼이나 오래되었고 3,000년간 지속되었다. 초기 통치 왕조부터 이집트 회화와 조각 양식은 확고하고 일관되게 유지되었다. 메소포타미아인들과 마찬가지로 이집트 예술가들은 실제 모습을 조각하거나 그리는 것이 아니라 파라오, 신, 들판에서 일하는 여인 등 인물의 본질적인 특성을 포착하는 것을 목표로 삼았다.

이집트는 부유한 국가였기 때문에 화려하게 장식된 것은 궁전, 신전, 왕릉만이 아니었다. 「습지에서 사냥하는 네바문」은 기원전 1350년경 테베(지금의 룩소르)에 있는 네바문 무덤에서 나온 벽화다. 네바문은 아문 신전의 회계사였는데 곡물 생산량을 계산하며 하루하루를 보냈다. 이 벽화에서 우리는 그가 아내 하트셉수트, 딸과 함께 새를 사냥하는 모습을 볼 수 있다. 그는 측면으로 서 있고, 다리와 발도 한 방향으로 걷고 있다. 그러나 그의 몸과 어깨는 마치 우리가 그를 똑바로 바라보는 것처럼 우리를 향해 돌리고 있다. 그의 머리에는 여러 시점이 섞여 있다. 우리는 그의 옆얼굴을 보지만, 그의 왼쪽 눈은 마치 그의 머리가 정면에서 우리를 응시하는 듯하다. 이집트 예술가들은 인간의 가장 특

고분 벽화 「습지에서 사냥하는 네바문」. (기원전 1350년경)

징적인 부분을 취하고 서로 이어 붙여 사람들이 화려하게 장식된 무덤에서 죽음을 넘어 사후 세계로의 여정을 함께할 상징적인 불멸의 대역을 창조했다. 이집트 예술의 대부분은 고인이 사후 세계로 가는 여정에 동행하기 위해 만들어졌다. 고분 예술은 이집트인들에게 사후 세계에서 살아갈 삶을 보여주는 중요한 임무를 수행했기 때문에 특히 높은 가치를 인정받았다. 「습지에서 사냥하는 네바문」은 네바문이 일보다는 가족과 함께 사냥하며 매일을 보내고 싶어 했음을 암시한다.

피라미드가 건설되고 1,000년 후 파라오들은 오늘날 왕들의 계곡과 여왕들의 계곡으로 알려진 곳의 절벽 안쪽에 새로운 무덤을 만들기로 했다. 새로운 통치자들은 모두 바위를 깎아 무덤을 만들라고 명령했다. 얼마나 힘들었을지 상상해보라! 일단 무덤이 완성되면 장식을 했다. 기원전 1290~기원전 1279년경에 통치한 세티 1세의 무덤은 매장실로 이어지는 모든 방이 장식된 최초의 무덤이었다. 이러한 무덤을 만들려면 조각가, 화가, 필경사(작가), 측량사로 구성된 대규모 팀이 현장에서 계속 작업해야 했다. 올메·메소포타미아 시대와 마찬가지로 이집트에는 예술가들이 밭일을 하지 않고 예술 작품 제작에 집중할 수 있을 만큼 식량이 충분했다. 파라오는 예술가들의 기술을 소중히 여겼고, 세트 마트('진리의 장소'라는 뜻으로, 지금의 데이르 엘 메디나)라는 예술가들을 위한 마을에 예술가들과 그 가족을 수용하여 무덤 제작에만 전념할 수 있도록 음식, 의복, 나무 등을 제공했다. 그런 예술가들 중 한 명이 바로 센네젬이었다.

우리가 센네젬에 대해 아는 이유는 그가 파라오의 무덤 작업을 하지 않을 때 자신만의 작업을 했기 때문이다. 그는 세티 1세 통치 기간에 사망하여 아내 이네페르티와 함께 세트 마트 근처의 예술가 공동묘지에 묻혔다. 그가 매장된 무덤의 벽에는 두 사람이 그려져 있는데, 생명의 원천인 나일 강에 둘러싸인 밭을 갈고 옥수수를 베고 있다. 두 사람 모두 농부가 아니었고 왕국에서 식량을 제공했기 때문에 이 그림은 사실과 다르다. 오히려 이집트 『사자의 서』에 나오는 일화들로, 각 시신이 사후 세계에 필요한 모든 것을 갖출 수 있도록 보장하는 용도이다. 이것은 자신의 운명을 스스로 적는 형식이었다. 만약 무덤 벽에 풍요로운 땅에서 즐거운 시간을 보내는 자기 모습을 그리면 사후 세계에서도 그렇게 되는 것이다. 그래서 센네젬은 여가 시간에도 손에 붓을 쥐고 그림을 그렸다.

예술을 중시한 문명이었던 이집트인들이 청동을 받아들이지 않은 것은 놀라운 일이다. 청동은 기원전 2800년경 메소포타미아와 인도에서 금속 조각품을 만드는 데 사용한 구리와 주석의 합금이다. 청동을 주조하는 방법은 초기 무역로를 통해 전해졌고, 중국에서도 청동을 받아들였다. 중국 문화는 만드는 데 시간과 노력이 필요한 것들을 가치 있게 여겼다. 청동 주조는 시간이 오래 걸리지만 매우 복잡한 금속 조각과 물건을 제작할 수 있어서 상商 왕조가 선호하는 재료로 빠르게 자리 잡았다. 중국 예술가들은 완성된 사물의 모형을 점토로 감싸서 틀을 만들었다. 점토가 마르면 점토 부분을 떼어내어 주형을 만들었다. 그런 다음 녹은 청동을 부어 굳게 놓아두었다가 틀을 떼어내면 청동 조각품이 드러났다. 이런 방식으로 만들어진 작품 중 하나가 기원전 1100년경 상나라 말기의 청동 호랑이 술병이다. 이 술병은 사제-왕이 조상을 기리는 의식에서 사용했을 것이며, 죽은 후에도 계속 의식을 바칠 수 있도록 그와 함께 묻었을 것이다. 이 술병은 매우 장식적이며 호랑이가 허리를 쪼그리고 앉아 꼬리로 균형을 잡고 있다. 호랑이의 앞발은 송곳니가 박힌 턱 아래, 호랑이의 배에 달라붙어 있는 작은 인간 형상을 감싸고 있다. 이렇듯 귀중한 보물을 무덤에 넣은 것은 죽은 사제-왕이 얼마나 중요한 존재였는지를 역설해준다.

메소포타미아 북부의 아시리아는 상나라가 중국 북동부를 통치할 무렵부터 영토를 확장하기 시작했고, 결국 신아시리아 제국은 지금의 시리아, 이스라엘, 이란에 걸쳐 그 세력을 뻗어나갔다. 지도자들은 도시를 요새화하고 관개 시스템을 구축했으며 신전과 궁전을 건설했다. 사람의 머리와 독수리의 날개를 지닌 거대한 황소와 사자 조각상이 성문과 궁전 입구를 지키고 있었는데, 그 규모는 그 아래를 지나는 사람들을 위협하도록 고안되었다. 왕의 영웅적인 전투 장면과, 왕이 신과 조우하는 장면으로 밝게 채색된 설화석고 부조 조각품은 궁전 복도에 늘어서 있었다. 이것은 올멕의 두상이나 거대한 이집트 조각상처럼 예술이 정치적 선전으로 이용된 것이었다.

아슈르바니팔은 기원전 668년부터 기원전 627년까지 집권하면서 아시리아의 니네베에 있는 북쪽 왕궁을 재건했다. 복도를 따라 벽면에는 왕의 사자 사냥 장면이 묘사되어 있다. 왕의 사냥용으로 우리에서 풀어놓은 시지들은 헝클어진 갈기와 으르렁거리는 입을 지녔다. 사자에 대한 상세한 해부학적 지식과 극적인 스토리텔링 기법도 조각에 잘 드러난다. 왕이 말을 타고, 걷고, 전차에 타고 사냥하는 모든 장면에서 그는 승리를 거두며, 그가 죽인 사자가 바닥에 즐비하다. 각각의 인물은 이집트 부조처럼 양식화되었지만, 훨씬 더 세밀하다. 왕과 신하들은 단단히 말린 수염, 장식된 튜닉, 팔에 감긴 암릿, 팔찌, 귀걸이를 착용하고 있다. 이 벽면은 고대 세계의 서사 예술의 정점으로서 매우 인상적일 수 있지만, 실제로 아슈르바니팔의 궁전 안에서 이 작품을 본다고 상상해보자. 햇불을 비추고, 사람과 짐승이 선명하게 그려져 있고, 주변에서 사냥이 벌어지는데, 사람들은 사자와 아슈르바니팔 중 어느 쪽을 더 두려워해야 할까?

기원전 612년, 신아시리아 제국은 경쟁국들의 공격으로 갑작스럽게 무너졌다. 많은 도시가 파괴되고 메소포타미아 남부의 바빌로니아 제국이 새롭게 성장해 그 자리를 대신했으며, 다음 세기에는 거대한 페르시아 제국으로 대체되었다. 그런데 더 먼 서쪽의 그리스에서는 인체 조각에 대한 급진적이고 새로운 접근 방식이 등장하기 시작했다.

CHAPTER 3

삶의 환영

그리스 아테네 도공들의 지역인 케라메이스에서 두 남자가 열심히 작업 중이다. 때는 기원전 540년이고 아마시스는 작은 레키토스, 즉 기름 항아리를 마무리하는 중이다. 이 항아리에는 가족들이 입을 모직물을 짜는, 베틀에서 일하는 여인들의 모습을 그릴 예정이다. 아마시스는 항아리 제작에 집중할 수 있도록 다른 사람들을 고용해 그림을 그리게 했다. 그는 물레에 점토를 더 얹고 암포라를 제작하기 시작한다. 그가 고용한 화가들은 이미 이 작품을 위한 계획도 마련했다. 전투를 준비하는 벌거벗은 전사들과 창을 든 여인을 보여줄 것이다.

한편 다른 공방에서는 화가 엑세키아스가 암포라를 제작하고 있다. 이 작품에는 유명한 트로이 전쟁 이야기에 등장하는, 그가 좋아하는 영웅 아킬레우스가 그려져 있다. 엑세키아스는 아킬레우스와 동료 전사 아이아스가 전투를 잠시 쉬는 동안 주사위 놀이를 하는 모습을 표현하기로 했다. 아킬레우스는 여전히 투구를 쓰고 있으며, 둘 다 창을 들고 있다.

엑세키아스는 검은 인물 그림의 대가이지만 케라메이스에서는 치열한 경쟁이 벌어지고 있다. 도기는 지중해 전역으로 수출되고 있었고 최고의 도공과 화가는 수요가 끊이지 않았다. 엑세키아스는 쉴 틈이 없다는 것을 알고 있다. 그는 다시 붓을 들고 아킬레우스의 방패를 그리기 시작한다.

✤

엑세키아스 시대에는 아테네가 검은 인물 그림의 중심지였다. 이 기법은 그리스의 다른 도시인 코린트에서 개발되었지만, 엑세키아스 같은 화가들이 규모를 키우고 그리스 신화와 이야기를 묘사하기 시작했기 때문에 아테네가 곧 시장을 장악하게 되었다. 그들은 슬립slip이라는 물기가 있는 점토 용액을 사용하여 그림을 그렸다. 슬립으로 인물을 그린 후 슬립을 통과해 다시 점토 면까지 조각하여 투구에는 소용돌이를, 망토에는 복잡한 무늬를 만들어냈다. 가마에서 굽게 되면 슬립은 검고 광택이 나게 되지만 점토 도기의 노출된 부분은 주황색으로 남는다.

오늘날 우리는 화가가 점토 슬립만으로 창의적인 인물을 만들어낸 이 도기들을 매우 가치 있게 여긴다. 인물은 평면적이고 양식화되어 있지만 엑세키아스의 그림과 같이 가장 좋은 예들은 종종 매우 섬세하고 개성이 강하다. 그러나 2,500년 전에는 도기에 그림을 그리는 화가보다 패널과 벽에 그림을 그리는 화가를 더 높이 평가했다. 이 시기에는 우리가 지금 '예술가'라고 부르는 벽에 그림을 그리는 사람들과, 암포라같이 자주 사용하는 물건에 장식용으로 그림을 그리는 사람들이 구분되었다. 이러한 화가들은 '장인' 또는 공예가로 여겨졌다.

예술가들은 플리니우스 장로와 같은 고대 작가들로부터 칭송받았다. 그는 예술가들이 실제 삶의 최고의 환영을 만드는, 즉 지금의 '트롱프뢰유' 또는 '눈속임'이라고 알려진 기법을 사용해서 주기적으로 경쟁했다고 기록했다. 벽화 조각은 매우 드물게 전해지는데, 남아 있는 벽화 조각은 이 시기의 예술가들이 고도로 숙련된 기술자였음을 보여준다. 이 책은 장인이 아닌 예술가, 장식예술이 아닌 시각예술에 초점을 맞추고 있다. 엑세키아스는 두 진영을 모두 아우르는 드문 인물이었으며, 단순한 장식을 넘어선 그의 그림은 도기를 더욱 매력 있게 만들었다. 그의 그림들은 세련된 '트롱프뢰유' 기법을 사용하지 않지만 그리스 신화에서 가져온 드라마와 긴장감으로 가득한 자신만의 이야기를 들려준다. 엑세키아스는 장식적인 장인 기술과 회화의 예술을 결합한다.

오늘날 그리스 회화는 많은 부분이 사라져 연구하기 어렵지만, 그리스 조각은 원본이나 후대의 모조품으로 여전히 많이 남아 있다. 조각품은 암포라처럼 유용하게 사용하기 위해 만들어진 것이 아니라 예술로서 그 자체를 보고, 연구하고, 감상하기 위해 만들어졌다. 당초에 그리스 조각가들은 이집트 조각상의 영향을 받았다. 그러나 검은 인물 화병이 유행한 시기에 이 딱딱한 석조 조각들도 유연해지기 시작했다. 팔다리는 더 나은 비율로, 얼굴은 더 생동감 있게 표현되었다. 조각상은 더 이상 시간에 갇힌 이상적인 젊은이처럼 보이지 않고 실제 남자와 여자처럼 보이기 시작했다.

이것이 지금 우리가 '고전 예술'이라고 부르는 것의 시작이며, 이전의 모든 것에서 급진적으로 벗어난 것이었다. 아테네가 세계 최초의 민주주의 국가가 되었기 때문에 이런 변화가 일어난 것일까? 민주주의는 한 명의 비선출직 지도자가 아니라 민중이 도시를 통치하는 것을 의미했다. 이때 노예, 여성, 어린아이는 '민중'에서 제외되었다. 이제 실제 사람들이 도시를 위한 법을 만들었고 도시의 조각품은 점점 더 실제와 똑같이 변해갔다.

그리스 미술은 서양미술 전체의 토대이다. 하지만 당시 그리스는 오늘날과 같은 국가가 아니라 도시국가의 집합체였다. 기원전 508년에 아테네가 민주주의를 채택했을 때 이 지역을 지배한 것은 스파르타였다. 두 도시는 기원전 490년 페르시아가 침공했을 때를 맞아 협력했다. 결국 아테네는 페르시아 제국을 격퇴하기 위해 200개가 넘는 그리스 도시와 동맹을 맺었다. 모든 도시는 중앙 기금에 재정적으로 기여했고, 그 결과 아테네는 매우 부유하고 강력해졌다.

그리스 조각가들은 기원전 6세기부터 청동으로 작업했지만, 페르시아 전쟁 이후 본격적으로 그 진가를 발휘하기 시작했다. 더 크고 역동적인 조각품에 대한 수요가 증가했고 청동은 완벽한 재료였다. 청동은 광택을 내어 빛이 나는 피부를 만들어낼 수 있었고, 예술가들은 유리 눈과 은으로 만든 치아를 삽입할 수 있었다. 안타깝게도 청동은 녹일 수 있었기 때문에 그리스 청동상은 거의 남아 있지 않다. 그나마 '리아체 전사들'처럼 청동기를 실은 배가 침몰한 바다에서 인양되었거나 '델포이의 마부'처럼 지진 잔해 아래에 묻힌 채 발견된 것들이 남아 있다.

이 청동상들은 조각가가 인물을 더욱더 실물처럼 만들기 위해 노력한 과정을 보여준다. 기원전 474년경에 제작된 '델포이의 마부'는 실제 인체 크기로 전차병의 복장인 짧은 소매에 긴 튜닉을 입고 있다. 그는 원래 조각품의 일부였을 한 무리의 말의 고삐를 잡고 있다. 이 조각품은 4년마다 델포이에서 열리는 피티안 경기의 전차 경주에서 우승한 선수의 의뢰로 제작되었다. 청동 전차 선수는 승리의 기쁨을 만

등신대 크기의 그리스 '리아체 전사들'.(기원전 460~기원전 450년)

끽하는 진지한 표정으로, 그의 젊은 얼굴은 동그란 머리띠를 빠져나온 곱슬머리로 감싸여 있다. 유리와 오닉스로 만든 그의 눈은 풍성한 숱의 구리 속눈썹과 더불어 놀라울 만큼 사실적이다. 그러나 그의 튜닉은 운동선수의 몸을 덮는 천이라기보다는 움직이지 않는 그리스 기둥처럼 보이며, 이 시점에서 조각의 자연주의, 즉 자연스러운 모습이 흔들린다.

20년 후, '리아체 전사들'에서 그와 같은 흔들림은 없다. 우선 이들은 알몸으로 등장하기 때문에 근육과 힘이 고스란히 드러난다. 이들은 원래 페르시아에 대한 승리를 기념하는 기념비의 일부였다. 키는 거의

2미터에 이르며 원래는 왼쪽 팔에 나무 방패를, 오른쪽 주먹에는 창을 들고 있었을 것이다. 한 인물은 다른 인물보다 약간 젊어 보이며, 근육이 팽팽하고 어깨는 뒤로 젖혀져 있으며 눈은 아래가 아닌 위를 바라보고 있다.

기념비는 이것을 세운 사람에게 영광을 가져다주었다. 동상을 의뢰한 사람들로는 남녀를 가리지 않았다는 증거가 있지만, 비용을 감당하려면 부유해야 했다. 신전을 짓는 것 또한 도시를 건설하는 것처럼 막대한 비용이 들었다. 기원전 456년에는 올림피아에 제우스 신전이 완공되었다. 그로부터 10년이 채 지나지 않아 아테네는 도시를 내려다보는 아크로폴리스의 높은 노두에다 제우스 신전에 맞서는, 도시의 수호 여신 아테나에게 바치는 신전을 짓기 시작했다. 이 파르테논 신전(기원전 447~기원전 432년)은 제우스 신전이나 다른 어떤 그리스 신전보다 의도적으로 더 크게, 온전히 대리석으로만 지어졌다. 아테네의 지도자 페리클레스는 아테네의 지배하에 있는 도시들이 바친 공물로 조각가 페이디아스를 고용하여 파르테논 신전의 웅장한 예술 계획을 감독하게 했다.

아크로폴리스의 꼭대기에 올라 성문으로 들어서면 파르테논 신전 뒤편으로 다가서게 된다. 대리석 판에 새겨진 높은 프리즈가 건물을 감싸고 있었는데, 이는 건축물 외관을 둘러보는 여정에 동행하도록 설계된 시각적 서사였다. 원래 밝은색으로 칠해진 프리즈는 4년마다 열리는 호화로운 여름 축제인 그레이트 파나테나이아를 묘사한 것으로, 도시의 수호신인 아테나에게 새 페플로스(예복)를 바치는 것으로 끝이 나게 된다. 남녀가 암포라를 들고 제물로 바칠 동물을 가져오는 행렬에 보는 이도 그 일부가 된다. 우루크 화병의 행렬과 비슷하지만, 그 규모는 훨씬 더 웅장했다. 입구 근처에서 모퉁이를 돌게 되면 프리즈가 바뀌고, 앉아 있는 대형 형상들이 신들의 앞에 있음을 알려준다.

내부에는 상아색과 금색으로 온통 뒤덮인 높이 12미터가 넘는 거대한 아테나 조각상이 서 있었다. 3층짜리 집 한 채 크기의 조각품을 상상해보라! 금의 무게만 1톤이 넘었고 상아는 가장 비싼 재료 중 하나였다. 코끼리의 엄니를 펼쳐서 아테나의 뺨, 목, 팔, 손에 공들여 모양을 잡은 상아는 아테나의 피부로 변모했다. 이 조각상 하나에 파르테논 신전의 나머지 조각상을 모두 합친 것보다 더 큰 비용이 들었다. 이 조각상은 아테네 시가 이루어낼 수 있었던 권력, 명성, 부를 상징하는 거대한 힘의 표현이었다.

페이디아스의 핵심 작품인 위대한 아테나 여신상은 더 이상 존재하지 않지만 동전에 그 모습이 새겨져 있어 짐작할 수는 있다. 그 조각상의 영향력은 이후에 페이디아스가 제우스 신전에 비슷한 조각품을 제작했던 올림피아에서도 인정받았다. 당시 이 거대한 제우스 좌상은 페이디아스의 걸작으로 여겨져 고대 세계 7대 불가사의 중 하나로 알려졌기 때문에 남아 있지 않는 것은 매우 안타까운 일이다.

한때 신전 경내에는 수천 개의 청동 조각품이 가득 차 있었고, 그 받침대는 건물 사이의 거리를 따라 길게 늘어서 있었으며 때로는 두 줄이나 세 줄에 달했다. 조각품 대부분이 지금은 소실되었는데, 유용한 금속이라는 이유로 이후의 전쟁용으로 녹여졌다. 올림피아에서만 1,000개 이상의 빈 받침대가 발견되었다. 다음 장에서 로마로 여행을 떠나게 되면 그중 일부의 대리석 모조품을 볼 수 있지만, 기원전 4세기에 프락시텔레스의 작품이 발견되기 전까지 그리스 조각가들은 대리석을 선호하지 않았다.

프락시텔레스는 생전에 매우 성공적인 삶을 살았으며 비교적 부유했던 것으로 보인다. 그는 조각가의 아들로 태어난 아테네 사람으

프락시텔레스의 「크니도스의 아프로디테」. (로마 시대의 모사품, 원작은 기원전 350년경 제작)

로, 실제 모델을 바탕으로 조각했다. 처음에는 청동으로 조각을 시작했지만, 대리석으로 옮겨가면서 딱딱한 돌을 부드러운 피부처럼 보이게 만드는 것으로 유명해졌다. 그의 작품 중 하나인 「크니도스의 아프로디테」가 특히 명성을 크게 얻었다. 기원전 350년경에 조각된 이 작품은 나체의 여성을 실물 크기로 묘사한 최초의 작품으로, 서양미술에서 여성 나체 역사의 시발점이 되었다. 남성 후원자와 남성 관람자를 위해 남성 예술가들은 나체 여성의 몸을 반복적으로 재현하여 여성의 몸을 바라보는 대상으로 만들었다. 프락시텔레스가 아프로디테를 그렇게 만들었다. 아프로디테는 목욕하기 위해 방금 옷을 벗은 상태이다. 물병 하나가 그녀의 왼편에 서 있다. 아프로디테는 '리아체 전사들'처럼 영웅적인 힘을 과시하거나 체육관에서 알몸으로 운동하는 남성들처럼 자기 몸을 공개적으로 드러내지 않는다. 여성들은 사적인 공간에서만 알몸을 드러냈고, 아프로디테의 사생활은 방해받은 것이다. 그녀는 손으로 자신을 가리려 한다. 프락시텔레스는 '콘트라포스토contrapposto(비틀기 자세)'를 이용해 그녀의 몸에 곡선을 더한다. 그녀는 한 발에 체중을 싣고, 한쪽 다리를 구부리고, 엉덩이를 올리고, 어깨를 숙였다.

「아프로디테」는 원래 신전 중앙에 배치되어 모든 각도에서 볼 수 있었다. 이 조각상은 관광 명소가 되었고, 크니도스(지금의 튀르키예 남서쪽 해안에 있는 그리스 도시)는 자랑스럽게도 이 조각상의 이미지를 동전에 사용했다. 아프로디테는 거대한 아테나처럼 도시의 힘을 상징하는 것이 아니라 차가운 대리석을 살아 있는 관능적인 피부로 바꿀 수 있는 예술가의 힘을 나타낸다. 원본은 이제 사라졌지만 상당수의 로마의 복제품과 후대의 석고상 덕분에 그녀의 명성은 오늘날까지 이어지고 있다.

프락시텔레스는 당대 최고의 조각가 중 한 명으로, 그의 작품에 대한 수요가 많았다. 「아프로디테」를 만들 무렵 그는 할리카르나소스(지금의 튀르키예 보드룸)에 살았던 페르시아 통치자 마우솔로스의 거대한 무덤을 조각하는 주요 조각가 중 한 명이었다. 부유한 지역 지도자들이 불멸을 얻기 위한 대가로서의 예술의 가치를 이해했기 때문에 조각가들은 의뢰를 수행하기 위해 먼 곳까지 여행했다. 마우솔로스의 거대한 무덤은 그리스 예술가들의 조각품으로 덮여 있었다. 이것은 '웅장한 무덤', '거대한 무덤 건축'을 뜻하는 '마우솔레움mausoleum'이라는 단어가 생겨날 정도로 인상적이었다.

그리스 본토를 넘어선 그리스 예술의 영향은 헬레니즘으로 알려졌고, 기원전 4세기 그리스의 알렉산드로스 대왕이 이집트에서 인도에 이르는 페르시아의 옛 땅을 모두 정복하면서 더욱 확산되었다. 100년 후에는 지구 반대편의 중국에서 또 한 명의 야심 찬 지도자가 등장했다. 그의 왕릉은 전례 없는 규모로, 지금까지 시도된 조각 프로젝트 중 가장 큰 규모였다.

CHAPTER 4

흉내쟁이

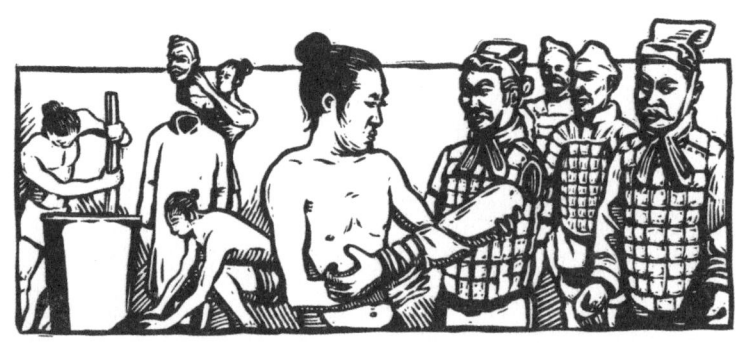

기원전 210년, 무자비한 중국 황제 진시황이 막 서거했다. 그를 사후 세계로 인도하기 위해 군대가 소집되었고 수천 명이 계급에 따라 대열을 맞추어 섰다. 궁수와 장교, 보병과 기병은 진시황이 중국 전역을 통일하며 정복한 땅을 향해 서 있다. 황실 근위대는 네 명씩 열 줄 단위로 섰는데, 그 행렬의 끝이 보이지 않고 모두 창을 손에 들고 방어 태세를 취하고 있다. 이 군대는 평범한 병사가 아니라 테라코타(점토)로 만든 실물 크기의 복제품이기 때문에 절대 잠들지 않는다. 이 병사들은 진시황이 열세 살에 즉위했을 때 처음 건설을 명령했던 거대한 무덤의 일부이다.

그로부터 36년이 지나서 군대는 이제 진시황의 시신이 안치된 궁전을 포함하여 실제와 똑같이 재현된 진나라의 수도 시안(西安)을 수비하고 있다. 무덤이 안치된 궁궐과 복제 도시의 나머지 부분을 연결하는 통로는 수 킬로미터에 걸쳐 이어진다. 구덩이에는 마구를 채운 청동 말과 함께 청동 전차가 있고, 마부는 죽은 황제를 모실 준비가 되어 있다. 테라코타 악사와 곡예사가 공연하고, 진나라의 궁녀와 신하들의 모형이 시중들 준비를 하고 있다. 황제의 식량이 영원히 떨어지지 않도록 점토로 만든 기러기와 백조가 지하 호수에서 '헤엄치고' 있다.

✤

이전의 통치자들은 사후 세계에서도 시중을 받을 수 있도록 순장을 고집했지만 진시황은 자신을 영원히 섬길 수 있는 수천 명의 테라코타 모형을 고안해냈다. 테라코타를 만들기 위해 점토에 모래를 섞은 뒤 불에 구워 강하게 만들었고, 각기 다른 생산 라인에서 같은 품질을 보장하기 위해 점토를 배분했다. 모형은 1,000명이 넘는 작업자가 똑같게 만들었지만, 각기 다른 구성으로 제작되어 같은 징이 박힌 갑옷을 입은 병사라 할지라도 콧수염이 있을 수도, 없을 수도 있고 같은 상투를 틀고 있더라도 두께가 다른 댕기를 하고 있다. 이러한 약간의 차이가 이 모형들을 더욱 인간적으로 만든다. 점토에 남아 있는 물감의 흔적을 통해 이 모형들이 원래는 실제와 같은 색으로 채색되었음을 알 수 있다. 오늘날 우리는 이 병사들을 병마용 군대로 알고 있으며, 1974년 유적지가 재발견된 이후 수천 개의 병마용이 출토되었다.

진시황이 제국을 건설하던 당시 서아프리카의 니제르 강 북쪽(지금의 나이지리아)에서는 녹Nok 문화가 번성하고 있었고, 역시 테라코타로 만든 다수의 녹 조각품이 남아 있다. 녹 예술가들은 주로 여성이었으며 점토로 만든 줄을 감아 예식용 의상을 입은 속이 빈 인물을 만들었는데, 일부는 높이 1미터가 넘었다. 조각품이 마르기 시작하면 질감 있는 목걸이, 발찌, 팔찌, 무기, 머리띠, 얼굴 특징 같은 세부적인 부분을 점토에 조각해 넣었다. 조각상의 얼굴은 양식화되고 독특했다. 각각의

2,000년 이상 된 서아프리카의 테라코타 녹 조각상.

머리는 높은 아치형 눈썹, 구근 모양의 안구가 있는 커다란 삼각형 눈, 움푹 들어간 눈동자가 특징적이다. 더 큰 조각품의 경우 가마에서 구울 때 조각품이 깨지는 것을 방지하기 위해 입, 귀, 콧구멍, 눈에 구멍을 뚫어 공기가 조각 내부에서 배출될 수 있게 했다.

녹 조각은 현재 대부분 파편으로만 존재하고 주로 머리 부분이 많다. 조상을 기리는 의식이나 장례식 같은 제의의 일부분으로 깨졌거나 묻혔을 것으로 추정된다. 안타깝게도 녹 문화에 대해 더 자세히 알 수 있는 기록은 남아 있지 않다. 조개껍데기 머리장식과 파라오의 갈고리

팔찌 문양 같은 조각적 특성은 녹이 대서양에서 이집트로 이어지는 문화 교류를 낳은 상당한 무역 네트워크를 가지고 있었음을 시사한다.

로마인들의 무역 네트워크 조성의 목적은 주변 영토를 침략하고 제국을 확장하는 것이었다. 로마는 기원전 2세기경의 작은 도시에서 광활한 지중해 지역을 지배하는 초강대국으로 성장했다. 로마의 조각에 대한 열망은 대단했다. 100만 명이 넘는 인구가 도시에 살았고 신전의 신상, 길모퉁이의 로마 장군상, 가정집의 그리스 철학자 흉상, 길가의 조각 무덤 등 곳곳에 조각품이 있었다. 조각품은 정복한 모든 도시에서 전리품으로 가져와 로마의 거리에서 펼쳐지는 '개선행진 Triumph'이라는 화려한 행렬을 통해 과시되었다. 조각가들은 폴리클레이토스와 프락시텔레스의 가장 유명한 그리스 조각품의 대리석 복제품을 제작해달라는 의뢰를 받았고, 이 작품들은 배에 가득 실려 로마로 운송되었다. 유명한 작품의 석고 모형이 유통되기 시작하여 로마의 예술가들은 더 많은 복제품 제작이 가능해졌고, 그 결과 수천 개의 벌거벗은 아프로디테와 비너스가 남아 있다. 기원전 5세기에 제작된 창을 든 청년인 폴리클레이토스의 「도리포로스」는 그 대리석 복제품이 65점이나 발견되었다. 부유한 로마인의 집 아트리움(현관)에는 조각상이 한두 개가 아니었고, 종종 페리스타일(안뜰)에도 수십 개의 조각상을 늘어놓았다.

로마 제국이 확장되면서 조각품의 연대를 측정하기가 어려워졌다. 왜일까? 로마인들에게는 작품을 모방하고 기존의 아이디어를 재활용하는 것이 일반적인 예술적 관행이었기 때문이다. 로마인들은 그리스인의 생활 방식을 동경했기 때문에 누구나 그리스 조각품을 소유하고 싶어 했지만, 충분히 공급되지 않았다. 그리하여 그리스 조각품을 모방하거나 그리스 원본을 바탕으로 새로운 조각품을 만드는 것이 널리 퍼졌다.

특히 이 어려움의 정점을 찍은 작품이 바로 「라오콘」이다. 이 작품은 에너지와 드라마로 가득한 환상적인 조각품이다. 몸부림치는 세 명의 남성은 사제 라오콘과 그의 쌍둥이 아들로, 거대한 바다뱀이 입을 벌려 물려고 하는 상황에 꼼짝없이 잡혀 있으나 벗어나기 위해 몸부림치고 있다. 모두 알몸이며 두려움에 근육이 수축되어 있다. 가운데 인물이 라오콘으로, 포위된 도시 트로이에 거대한 목마 선물을 받지 말라고 경고한 죄로 복수심에 불타는 신에게 사형을 선고받았다. 라오콘과 그의 아들이 뱀의 공격을 받자 말의 배 속이 열리고 그리스 병사들이 나와 트로이로 몰려들어 전쟁에서 승리하게 된다.

트로이 전쟁 이야기는 수 세기 동안 전해져 왔다. 그리스의 화병 화가 엑세키아스가 열렬한 팬이었던 것을 기억할 것이다. 기원전 8세기에 호메로스의 「일리아드」가 이 이야기를 들려주었고, 로마의 시인 베르길리우스는 「아이네이스」(기원전 29~기원전 19년)에서 라오콘의 이야기에 극적인 효과를 덧붙여 재구성했다. 그리스 로도스 섬의 아게산데르, 폴리도루스, 아테노도루스 등 세 명의 예술가가 이 이야기를 해석해서 조각상 「라오콘」을 만들었는데, 돌을 긴장된 살로 변형시켜 격렬하고 표현적인 걸작을 창조한 것이다. 이 작품은 로마의 부유한 사령관으로 훗날 황제가 된 티투스가 갖게 된다. 그의 동시대인인 플리니우스 장로는 이 작품을 '어떤 회화나 청동보다 뛰어난 작품'이라고 평했다.

오늘날 누구도 「라오콘」이 실제로 언제 만들어졌는지 명확히 알지 못한다. 기원전 3세기에 페르가뭄(지금은 튀르키예에 속하지만 당시에는 그리스의 일부로 간주된다)에서 만들어진 조각품과 비슷한 양식으로 보인다. 다른 전문가들은 기원전 1세기로 추측하기도 한다. 플리니우스는 이 조각상을 만든 로도스 출신의 조각가 세 명을 지목했는데, 이들은 티베리우스 황제의 호화로운 해변 별장인 스페를롱가에 트로이 전쟁을 소

고전 대리석 조각 「라오콘」. (기원전 200~서기 100년)

재로 한 극적인 조각상을 만든 것으로 보인다. 그렇다면 「라오콘」은 기원전 1세기에 제작된 것으로 봐야 할 것이다. 조각품 자체에 어떠한 말도 새겨져 있지 않으며, 다른 작품과 비교해도 오래된 양식을 모방하는 것이 일반적인 관행이었기 때문에 결국 알 방법이 없다.

로마 예술가들이 영감을 얻기 위해 그리스 예술에 의존하지 않은 유일한 분야는 흉상이라고 알려진 조각 초상이었다. 고전 그리스 조각은 깔끔하게 면도한 청년 같은 남성이나 주름 하나 없는 완벽한 대칭의 얼굴을 지닌 여성을 묘사했다. 이들은 당대의 슈퍼 모델이었다. 그와 대조적으로 로마인들은 나이 들고 경험이 풍부한 얼굴, 튀어나온 귀, 처진 턱, 창백한 얼굴로 표현되는 개개인의 특징을 선호했다. 기원전 75~기원전 50년경의 작품「오트리콜리의 로마 귀족의 흉상」은 튀어나온 턱과 움푹 꺼진 뺨이 그 특징이다. 입은 굳게 다물고 있지만 걱정이 이마의 미간을 찌푸리고 눈가에 그늘을 드리우고 있다. 이 조각의 양식은 라틴어로 '진실'을 뜻하는 '진실주의verism'라고 불렸지만, 오늘날에는 이 초상이 그리스인의 흉상과 비교해 더 사실적인지 알 길이 없다. 둘 다 이상을 표현했지만 로마인들에게는 젊음보다 경험이, 순수함보다 지혜가, 피상적인 아름다움보다 신뢰와 금욕주의가 더 이상적이었다. 원로원과 군 장교들뿐만 아니라 상인과 장인도 무덤에 자신의 나쁜 점까지 모두 새겨 넣는 진실주의를 선호했다.

진실주의의 유일한 문제는 실제로 몸이나 정신 면에서 경험이 거의 없는 젊은 나이일 때였다. 서른두 살의 나이로 로마 최초의 황제 아우구스투스가 된, 율리우스 카이사르의 조카 손자이자 양아들이었던 옥타비아누스도 이러한 문제에 직면했다. 그는 자신의 모습을 늙고 현명하게 만들 수 있는 믿을 만한 방법이 없었기 때문에 그리스의 이상적인 청년 모델로 되돌아갔다. 41년간의 재위 동안 아우구스투스의 조각상은 영원히 젊어 보이는 모습을 하고 있었다. 턱은 가지런하고 수염이 없으며, 작고 도톰한 입과 주름살 없는 눈동자 위에는 짧게 자른 풍성한 모발이 덮여 있다. 아우구스투스의 흉상은 로마 제국 전역에서 발견되었다. 아프리카의 수단에서는 기원전 25년경에 만들어진 청동 두상이 발견되었고, 이집트에서는 파라오의 머리장식을 한 아우구스투스의 흉상이 발견되기도 했다. 이 흉상들은 그의 부재 시에도 그의 권위를 상징했다. 기원전 20년에는 스페인에서 주조된 데나리우스 동전에 그의 옆모습이 등장해서 말 그대로 황제의 권력과 보호를 지니고 다닐 수 있었다.

역사적으로 아우구스투스 황제 같은 귀족이나 지배층이 의뢰한 조각품은 의뢰인보다 오래 건재할 수 있는 견고한 재료인 대리석과 청동으로 제작되었다. 이러한 이유로 이탈리아 도시 헤르쿨라네움과 폼페이는 미술사학자들에게 매우 독특하고 귀중한 자료다. 이 도시들은 기원전 79년에 인근의 베수비오 화산이 폭발하면서 4~6미터의 화산재와 부석 pumice에 파묻혔고, 빈부를 막론하고 도시의 모든 삶이 한순간에 멈춰버렸다. 1738년에 시작된 발굴 작업은 여전히 진행 중이다. 발굴된 주택들의 내부는 그리스 회화를 바탕으로 한 모자이크와 신화를 묘사한 벽의 패널화, 풍경 및 건축적 환영과 더불어 예술이 어떻게 일상생활에 녹아들었는지에 대한 귀중한 통찰력을 제공한다.

플리니우스로부터 우리는 회화에서 환영주의를 높이 산다는 것을 알고 있다. 폼페이의 화가들은 빌라의 실내장식에 '트롱프뢰유' 기법을 사용했는데, 석고 벽을 대리석처럼 보이도록 칠하고 직물 장식 위에 앉은 새들과 창밖 풍경을 그린 것이다. 중앙 현관은 방문객이 가장 먼저 보게 되는 장소로, 각 소유주의 취향과 열정을 가장 잘 전달할 수 있도록 예술품과 가구가 배치된 무대 세트장 같았다. 그리스의 쾌락의 신 디오니소스 동상은 여유로운 여가를 보내고 있음을 보여주고, 그리스 철학자와 로마 선조들의 초상화 갤러리는 문화적 유산과 교양 있는 정신을 암시한다. 현관 너머의 거실에는 종종 신화 속 장면이나 의례적 행사들이 벽에 그려져 있었다. '빌라 데이 미스터리 Villa dei Misteri(신비의 집)'의 방 하나에는 결혼식 준비 과정을 보여주는 벽화가 줄지어 있었다. 젊은 여성들과 남성들은 디오니소스와 에로스를 포함해 사랑,

다산과 관련된 신으로 가득 찬 방을 통과한다. 그리스 조각과 같은 자세를 취하고 있는 커다란 인물 그림은 안정적이고 사실적이며, 선명한 붉은 벽 앞의 좁은 공간으로 걸어 들어가는 것처럼 보인다. 이는 방에 들어오는 손님을 이끄는 역할을 하는데, 마치 손님도 이 신비로운 의식의 일부인 듯 포용한다.

폼페이에서 가장 웅장한 집 중 하나인 '파우누스의 집Casa del Fauno'에는 알렉산드로스 대왕이 페르시아의 다리우스 왕과 싸우는 그리스 그림이 정원의 바닥을 덮는 모자이크로 재현되어 있다. 모자이크는 가로 6미터, 세로 3미터 크기로 원래 약 300만 개의 노란색, 갈색, 흰색, 검은색, 회색의 작은 돌 조각인 테세라로 구성되었으며, 예술가는 이를 이용해 역동적인 전투 장면을 재창조했다. 이것은 다리우스 왕의 패배 장면으로서 다리우스 왕은 부하들과 후퇴하면서 알렉산드로스 왕을 뒤돌아보고 있고, 그들의 창은 여전히 적을 향해 겨누고 있다. 말을 붙들고 있는 병사에게서 벗어나기 위해 몸부림을 치고, 생생한 현장 한가운데로 우리를 끌어당기면서 작가의 단축법 기술을 드러낸다. 우리는 말의 엉덩이와 머리를 말의 뒤에서 보게 된다. 이 모자이크는 기원전 4세기에 이집트의 헬레나가 이소스 전투를 기념하기 위해 그린 그림이거나 플리니우스가 그리스 명작 목록에서 언급한 전투 장면 중 하나를 그린 원본에 대한 유일한 기록이다. 어느 쪽이건 기원전 79년 화산재에 의해 우연히 보존되어 오늘날 이 모자이크 형태로만 존재한다.

베수비오 화산이 폭발할 무렵 로마 제국은 영국에서 아프리카, 스페인에서 튀르키예까지 뻗어 있었다. 다음 장에서 서기 110년의 로마 제국이 다시 등장하는데, 당시는 로마 제국의 힘이 거의 정점에 다다랐을 때이다.

CHAPTER 5

사후 세계로의 여정

서기 110년, 포로로마노는 건축 현장이다. 트라야누스 황제는 쇼핑센터, 공공 회의실, 넓은 중앙 광장, 두 개의 도서관(하나는 그리스어 서적, 하나는 라틴어 서적)을 갖춘 로마 역사상 가장 큰 원로원과 시민들을 위한 만남의 장소를 짓기로 결심한다. 이 모든 것의 한가운데에는 29개의 루나 대리석 원반으로 만든 35미터 높이의 거대한 대리석 기둥이 세워졌다. 이 기둥의 건설비는 전쟁 전리품으로 충당했으며, 이후에 트라야누스 황제의 청동 조각상이 기둥 위에 올라갈 예정이다. 기둥 안쪽을 뚫은 나선형 계단을 따라 올라가면 전망대가 있는데, 이곳에서 그의 새로운 포로로마노 전경을 볼 수 있다.

외관에는 조각가들이 트라야누스가 최근 다키아인(다키아는 지금의 루마니아)을 상대로 벌인 전투 이야기를 조각해놓았다. 프리즈는 얕은 부조로 기둥 주위를 따라 올라간다. 장면마다 움직임으로 가득하고 인물들은 매우 복잡하다. 병사들은 숲에서 나무를 베거나 요새에 못을 박느라 힘을 주어 팔의 핏줄이 불룩 튀어나오고, 갑옷의 모든 판이 휘어질 정도로 애쓰는 모습에 생동감이 넘친다. 프리즈는 높이가 1미터가 조금 넘고 길이가 200미터가 넘는데, 모두 펼치면 아테네의 파르테논 신전을 감쌀 만큼 길다.

※

장대한 규모의 군사적 승리를 시각화하는 그림은 로마인이 만들어낸 건 아니지만 그들에 의해 많이 사용되었다. 트라야누스 기둥은 포로로마노의 건축가인 다마스쿠스의 아폴로도로스가 설계했으며, 프리즈는 기둥을 나선형으로 스물세 번 감쌌다. 말, 소, 양, 기수단, 나팔수, 수백 명의 병사가 전쟁터로 향하는 길에 성문을 통과하는 장면으로 시작된다. 다뉴브 강을 건너는 트라야누스도 볼 수 있는데, 그의 배는 군대에 보급할 식량을 가득 싣고 있다. 그의 두 번의 출정이 자세히 기록되어 있으며, 프리즈는 패배한 다키아의 왕 데케발루스가 자살하는 것으로 끝나게 된다. 트라야누스는 다양한 장면에서 총 59회 등장하고, 모든 장면에서 다른 무리보다 약간 큰 키에 잘 보이는 곳에 나타나므로 쉽게 알아볼 수 있다. 여기에는 방대한 양의 세부 묘사가 되어 있어서 현대의 역사가들은 이 로마의 갑옷과 무기를 묘사한 프리즈를 연구할 정도이다. 그런데 프리즈를 직접 연구하는 데에는 큰 문제가 있다. 바로 보기가 어렵다는 점이다. 트라야누스가 지은 도서관에는 기둥을 바라보는 창문이 있었지만, 전체 부조를 보는 것은 여전히 불가능했다. 원래는 채색이 되어 있었고 부조 패널은 기둥 위쪽으로 갈수록 조금 더 커졌지만, 궁극적으로 지상에서 내용 대부분이 보이지 않는 것은 정말 안타깝다.

폼페이에서 보았듯이 부유한 로마인들은 집을 장식하기 위해 모자이크와 조각품을 의뢰할 재정적인 여유가 있었지만, 로마 황제들은 거기서 한 발 더 나아갔다. 아우구스투스 이후 황제들은 더 크고 더 인상적인 신전, 모임 장소, 기념물을 짓기 위해 서로 경쟁했다. 아우구스투스는 로마 한가운데에 대리석으로 씌우고 조각품으로 가득 채운 포로로마노를 지었다. 100년 후에 지어진 트라야누스 포럼은 그보다 세 배 큰 규모였다. 그의 기둥은 건축 당시 로마에서 가장 높았다. 왜 그렇게까지 길게 했을까? 이 기둥은 트라야누스가 전투에서 승리하고 황제로서 성공했음을 선포하는 거대한 선언이었다. 부조와 그 정교함의 정도에 많은 시간을 할애한 것은 로마가 거의 불가능에 가까운 것을 성취할 수 있는 능력이 있었음을 증명하는 것이었다. 영웅적인 서사와 1,100톤의 조각된 대리석이 함께 어우러져 로마 제국의 힘과 위력을 확인시켜주었다.

이것은 불멸에 대한 것이기도 했다. 트라야누스 기둥은 트라야누스의 무덤이 되었다. 화장된 그의 유골은 기둥 밑에 묻혔고, 다키아에서 그가 남긴 업적은 그에 걸맞은 기념물이 되었다. 이 기둥은 아마도 다음 황제인 하드리아누스 황제가 완성했을 것이고, 이 프로젝트에 기꺼이 계속 자금을 지원했을 것이다. 그는 이제 트라야누스 황제의 강력하고 힘 있는 제국을 통치하게 되었고, 이 기둥은 또한 그를 꽤 멋지게 보이게 했기 때문이었을 것이다.

하드리아누스 황제 또한 로마에서 인상적인 건축물을 남겼는데, 판테온이 그의 통치 기간에 세워졌다. 그러나 도시 외곽 언덕에 있는 하드리아누스의 여름 궁전이 그가 남긴 최고의 예술적 유산이었다. 서기 110~130년에 지어졌으며 겸손하게도 '하드리아누스 별장'이라고 불렸던 이 궁전은 폼페이의 두 배에 달하는 면적을 차지했으며, 그의 전체 행정부와 참모진뿐만 아니라 많은 손님을 수용할 수 있었다. 하드리아누스 별장의 명성은 하드리아누스가 이곳에 모아놓은 일군의 조각품 때문이다. 이 별장에는 그리스와 로마 예술의 최고 걸작들이 전시되었고, 때로는 조각품과 그 모조품이 여러 점 함께 전시되었다. 아프로디테 원형 신전 모형 안에 보관되었던 프락시텔레스의 「아프로디테」 모조품을 포함하여 우리가 앞서 접했던 조각품들이 그곳에 있었다. 본래의 맥락에서 벗어난 다수의 조각품은 마치 현대의 미술 전시장에 있는 것처럼 사람들이 보고 감탄할 수 있도록 줄지어 있었다. 폴리클레이토스의 창을 든 근육질의 청년상 「도리포로스」는 별장의 욕실에 보관되어 있었다. 기원전 5세기에 제작된 미론의 유명한 원반 던지는 사람인 「디스코볼로스」도 다양한 장소와 시대에서 가져온 다른 조각품들과 함께 별장에 전시되어 있었다. 하드리아누스는 자신이 소중히 여기는 그리스 모조품들과 그의 젊은 연인 안티노오스의 초상화를 함께 전시했다. 안티노오스는 그리스와 이집트의 신들처럼 나체로 양식화된 모습으로 등장했다. 그는 스무 살이 되기 전에 이집트의 나일 강에서 익사했고, 슬픔에 잠긴 하드리아누스는 그를 신으로 만든 것이다. 결국 하드리아누스의 조각 전시는 안티노오스의 거대한 추모관이었다.

기념물의 또 다른 형태는 초상화로서 후손을 위해 한 인물의 모습을 그대로 포착한 것이다. 초상화는 로마 제국 내내 인기를 끌었고 공공건물과 건축물의 기금 마련을 기념하기 위해 동상이 종종 세워졌다. 서기 121년 로마의 페르게(지금의 튀르키예)에 실물보다 더 큰 플란치아 마그나 조각상이 세워져 주요 도시의 성문을 대대적으로 개보수한 그녀의 관대함을 기념했다. 마그나의 가족은 몇 세대 전에 페르게로 이주한 로마 시민이었다. 그들은 여전히 로마의 원로원에 참여했지만, 당시 페르게 엘리트의 일원이기도 했다. 이 조각상은 섬세한 주름이

강렬한 플란치아 마그나의 로마 시대 대리석 조각. (서기 121년)

잡힌 고급 천으로 만든 의복을 착용하고 있어 그녀의 부를 암시한다. 그녀는 로마 황제들의 작은 흉상으로 장식된 왕관을 쓰고 있다. 이것은 그녀가 황제를 신으로 숭배하는 국가 종교의 한 형태인 황제 숭배교의 여사제였음을 보여준다. 조각상의 비문에는 그녀가 페르게의 딸이었으며 시민들의 이익을 위해 헌신했다고 적혀 있었다. 그녀는 또한 페르게의 최고위 관료이자 강력한 인물이었으며, 조각상은 이 도시에서 그녀의 중요성을 강조하고 있다.

안타깝게도 많은 여성이 출산 중에 사망했는데, 이는 당시 로마의 젊은 여성이 사망하는 가장 큰 원인이었다. 이들은 도시 성벽 너머 도로를 따라 늘어선 무덤 조각으로 추모되었다. 제국 전역의 상인 묘비에는 여성들이 채소를 팔거나 조산사로 일하거나 돈 상자와 나란히 앉아 무역에 직접 관여했음을 보여주는 등 활동적인 역할로 묘사되곤 했다. 영국 북동부의 한 묘비는 팔미라(지금의 시리아) 출신인 바라테스가 노예였던 그의 영국인 아내 레지나가 서른 살에 죽었을 때 의뢰한 것이다. 그녀는 조각된 벽감에 앉아 있다. 그녀의 팔에는 팔찌가 쩔렁거리고 그녀의 손가락은 장신구와 개인 보물을 보관하는 무거운 상자를 열고 있다. 이 정교한 전신상의 묘비가 증명하듯이, 그녀와 바라테스는 분명 부유했다. 아래에 있는 비문에는 라틴어와 바라테스의 모국어인 아람어로 '바라테스의 해방된 여인, 레지나. 이런 슬픈지고'라고 새겨져 있다.

로마인들은 그리스인처럼 많은 신을 숭배했지만, 제국이 확장되면서 다른 믿음 체계와 접촉하게 되었다. 로마 제국의 일부였던 이집트의 파이윰 공동묘지에서는 이집트 관습에 따라 시신을 보존했지만, 전통적인 미라 가면을 나무 패널에 그린 고인의 실제 초상화로 대체했다. 파이윰 초상화는 밀랍과 혼합된 안료를 사용한 납화 방식으로 그려졌으며 황금 귀걸이와 목걸이, 진한 붉은색 가운, 멋지게 말린 곱슬머리 등이 기록되었다. 창백한 얼굴은 생기로 빛나고, 빠른 붓질로 입술에 색을 더하고 아몬드 모양의 눈에 호박빛을 더했다. 조상을 중요하게 여겼던 로마의 가문이 이 새로운 초상화 전통에 기여했을 것이며, 기원전 30년 이집트가 로마 제국에 흡수된 이후에 정착되었다. 이러한 초상화는 고대 세계에서 유일하게 살아남은 패널 회화이기 때문에 오늘날 미술사학자들에게 매우 귀중하다.

파이윰 초상화가 그려지던 당시 테오티우아칸(지금의 멕시코)에는 깃털 달린 뱀의 피라미드가 세워져 메소아메리카 사람들에게 지하 세계로의 직접적인 접근을 허락했다. 피라미드의 정면에는 각기 4톤이 넘는 거대한 뱀 머리가 늘어서 있었고, 다가오는 사람을 위협하기 위해 화려하게 채색되어 있었다. 테오티우아칸은 2,000년 전 인구가 15만 명에 달하는 메소아메리카에서 가장 중요한 도시였다. 이후 아즈텍인들은 이곳을 '신들의 탄생지'라고 부르며 도시 유적지를 순례하기도 했다. 하지만 아즈텍인들은 깃털 달린 뱀의 피라미드 아래에는 접근할 수 없었다. 225년경에 피라미드의 지하 입구가 막혀버렸기 때문이다. 2003년 재발견된 이 통로에는 신에게 바친 수천 개의 제물이 늘어서 있으며 그 길이가 100미터가 넘는다. 통로의 끝에는 미니어처 산악 풍경이 있고, 수은으로 가득 찬 세 개의 작은 호수로 완성되어 있다. 터널의 천장과 벽에는 운모 파편이 박혀 있다. 횃불을 비추면 운모가 반짝이고 지붕이 밤하늘로 변한다. 이 몰입감 넘치는 경험은 죽은 자의 거리를 통해 다른 중요한 신전들과 연결되는 강력한 사후 세계의 암시였을까?

테오티우아칸에서 발견된 상형문자는 아직 해독할 수 없고, 그곳에 살았던 사람들과 예술가들에 대한 많은 부분이 미스터리로 남아 있다. 양식화된 새와 동물 그림의 일부분만 한때 집과 공공장소를 장식했고, 거대한 신의 조각상이 피라미드를 장식했다. 달의 피라미드 근방에서 발견된 「위대한 여신」은 이 도시에서 발견된 것들 중 가장 큰 조각품이다. 이 땅딸막한 물의 여신은 단순화된 얼굴을 지녔지만, 의상은 무늬가 많고 복잡하다. 이는 곧 옷감이 상징적인 가치를 지녔음을 말해준다.

메소아메리카와 남미에서 직물은 예술적 문화의 핵심 요소였다. 페루의 파라카스에서 나오는 직물은 매우 귀중했고 믿기 어려울 만큼 세밀해서 제작하는 데 수천 시간이 걸렸다. 여성들은 공동으로 장례식용 겉싸개나 천을 수놓았고, 그 길이는 최대 10미터에 달했다. 오늘날 직물은 예술로 항상 인정받지는 않지만, 당시 페루 사람들에게 직물은 가장 중요한 문화적 산물이었다. 지역사회의 지도자가 사망하면 여러 개의 겉싸개로 시신을 감쌌다. 직물의 무늬가 복잡할수록 더 높은 가치를 지녔고, 말 그대로 죽은 통치자를 기리기 위해 시간을 함께 엮은 것이었기 때문이다. 직선과 몇 가지의 색채만 사용한 '선형' 양식은 땀을 겹쳐 단색의 영역과 더 복잡한 곡선의 윤곽선을 만드는, 후기 '색면 조각 block colour' 양식으로 발전했다. 그중 인기 있는 날아다니는 주술사 디자인은 우리에게도 매우 현대적으로 보인다. 주술사 모티브는 소재 전체에 자유낙하를 하는 듯한 모습이며 다양한 색상으로 반복된다. 각 주술사마다 머리는 뒤로 젖혀지고 머리카락이 흩날리는데, 마치 더 큰

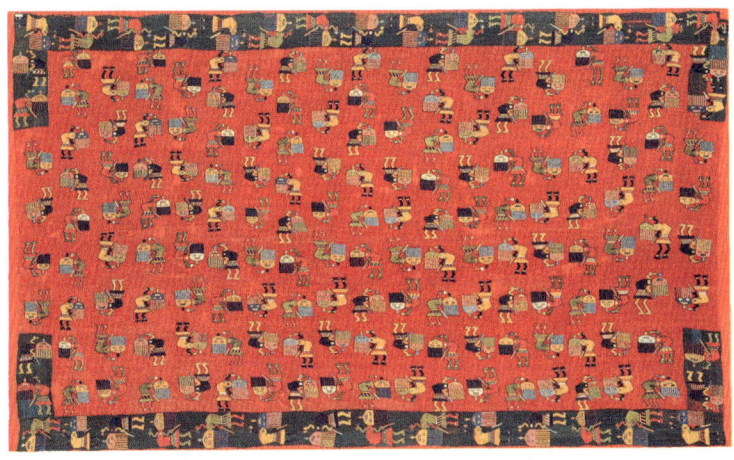

페루의 파라카스에서 생산된 색면 겉싸개. (서기 100~200년경)

사후 세계로의 여정

힘에 의해 추진력을 얻은 것 같아 보인다. 일부 파라카스의 추상적인 디자인은 의도적이었고, 이는 서양의 추상보다 1,000년 이상 앞선 것이다.

더 남쪽에 있는 페루의 나스카에서는 현재 '지상화geoglyph'라고 불리는 보다 경험적인 예술 작품이 제작되었다. 700년에 걸쳐 나스카 강과 잉게니오 강 사이의 땅에 긴 선들이 그어졌다. 평원을 덮고 있는 어두운 바위는 지표면에서 30센티미터쯤 아래에 이르면 훨씬 더 옅은 층으로 바뀐다. 어두운 색의 바위를 긁어내면 선을 만들 수 있었고, 강수량이 부족한 지역이라서 선이 오늘날까지 볼 수 있게 남아 있다. 어떤 선은 직선으로 20킬로미터에 걸쳐 뻗어 있고, 어떤 것들은 수백 미터 너비의 동물과 사람 모양으로 휘고 구불구불하다. 공중에 떠 있지 않으면 이들을 보는 것이 불가능하다. 그런데 나스카 사람들은 왜 이런 것을 만들었을까? 그들은 결코 그림의 전부를 볼 수 없었다. 아마도 경험해야만 했던 것일까? 모든 도안이 하나의 선으로 만들어졌기 때문에 세례나 다산 의식의 일부로 무리 지어 걷는 경로처럼 그들에게는 의례적인 측면이 있었다고 여겨진다. 평원에 흩어져 있는 돌무덤에서 시작되는 방사형 길은 도마뱀, 나선형 꼬리를 가진 원숭이, 점보제트기보다 더 큰 날개를 가진 벌새 등 다양한 모티브로 사람들을 안내했을 것이다.

궁극적으로 나스카 선이 영적인 목적을 지녔는지는 알 수 없지만 유럽과 아시아, 중동에서 점점 더 종교가 예술의 중심에 있게 되었고 다음 장에서 우리는 이에 대해 알아볼 것이다.

CHAPTER 6

예술이 종교를 품다

　서기 330년, 로마 제국의 수도는 다시 건설 현장이다. 하지만 이곳은 로마가 아니라 그리스 도시 비잔티움으로, 새로운 황제 콘스탄티누스가 콘스탄티노플로 이름을 바꾸기 직전이다. 콘스탄티누스는 권력을 장악하고 현재의 튀르키예, 시리아, 이집트에 걸쳐 있는 로마 제국의 수익성 좋은 동부 식민지를 더 가까이서 감시하기 위해 수도를 동쪽으로 옮기기로 했다. 콘스탄티노플은 제2의 로마가 될 것이라고 그는 생각한다.
　그가 시행한 건설 계획으로 비잔티움의 규모는 네 배나 커졌다. 아우구스투스와 카이사르를 비롯한 선황제의 동상이 콘스탄티누스 조각상과 함께 새로운 도로를 따라 늘어서 있으며, 콘스탄티누스는 과거의 위대한 지도자들과 나란히 서 있다. 프락시텔레스의 유명한 「아프로디테」 조각상과 페이디아스가 만든 올림피아의 거대한 제우스 조각상을 포함해 다른 오래된 조각상도 어렵게 구했다. 로마 신들에게 헌정된 신전뿐만 아니라 새로운 기독교 교회도 있었다. 콘스탄티누스는 교회에 돈을 기부하고 늘어나는 교인들을 위해 새 성경 복사본을 의뢰했다. 최근까지 로마 제국에서 기독교를 숭배하는 것은 불법이었지만 콘스탄티누스는 법을 개정하고 합법화했다.

*

콘스탄티누스 시대에는 기독교가 300년밖에 되지 않은 비교적 새로운 종교였다. 성경은 예술가들에게 묘사할 새로운 이야기를 제공했지만, 양식적으로 초기의 기독교 미술은 고전 회화와 유사했다. 불교와 힌두교는 훨씬 더 오래된 종교였으며 4세기경에는 인도에서 각각의 신앙 체계를 중심으로 복잡하고 정교한 예술 활동이 성장했다. 뭄바이 북동쪽에 있는 아잔타에서처럼 불교의 비하라(수도원)와 카이티야(기도처)가 암벽을 깎아 만들어졌다. 아잔타에는 와고라 강 위 500미터의 말굽 절벽 주변에 30개의 동굴이 있다. 이 석굴들은 600년에 걸쳐 조성되었으며, 가장 복잡한 석굴은 5세기 후반에 만들어진 것이다. 이와 같은 창문이 없는 바위 사원이 중요한 이유는 이 시대의 인도 회화가 유일하게 살아남은 곳이기 때문이다.

다수의 아잔타 회화에는 물, 강우와 관련된 반신인 '나가naga'의 다양한 화신이 등장한다. 나가는 부처님의 전생에 관한 유명한 이야기인 『자타카Jataka』에도 등장한다. 한 석굴의 비문은 이 장소가 나가 왕의 집이었다고 설명하고 있으며, 이 그림들은 지속적인 물 공급을 보장받기 위해 이곳에 사는 나가를 달래고 부처님을 찬양하기 위한 공동의 목적을 가졌을 것이다.

'석굴 17'에는 앉아 있는 부처의 조각상이 안쪽 벽을 차지하고 있다. 그 주위로 그림이 그려진 천장과 벽은 『자타카』에 나오는 업業으로 가득하다. 흰 코끼리와 사자가 꽃이 만발한 잔디밭 위를 거닐고, 보살(수행 중인 부처)들이 깨달음을 얻기 위해 기도하는 동안 남자들과 여자들이 사원과 집 안에 모여 있다. 이 그림에는 원근법과 빛, 음영을 의도적으로 활용하여 인체를 형상화했다. 열주와 관문은 그리스 건축을 연상시키며, 그리스 예술가들이 이 지역의 회화 양식에 영향을 주었을 수도 있다. 동굴 곳곳에서 볼 수 있는 가부좌한 부처의 머리 뒤 후광은 태양신 아폴로의 그리스 조각에서 유래한 것이다. 기독교 예술도 후광을 신성의 상징으로 사용하게 된다.

이 무렵에는 오늘날 실크로드라고 통칭하는 잘 발달한 무역로가 인도와 중국을 연결했다. 인도 불교는 이 길을 따라 여러 중간 기착지에 세워진 사원을 통해 전파되었다. 화물을 실은 대상들은 동쪽으로는 중국, 남쪽으로는 인도, 그리고 서쪽으로는 콘스탄티누스의 제국을 오가며 새로운 기술과 예술적 아이디어를 실어 날랐다. 중국으로 가려면 어느 경로를 택하든 두 달이 걸리는 타클라마칸 사막을 건너야 했다. 그 반대편에는 중국 제국의 서쪽 끝을 알리는 주둔 도시 둔황이 있었다.

중국의 회화는 오래되고 화려한 역사를 갖고 있지만 종교화는 4세기까지 널리 보급되지 않았다. 중국 제국이 분열되고 혼란스러운 시기에 사람들은 종교, 특히 불교로 눈을 돌렸다. 이 시기의 불교 미술 중 가장 유명한 예는 둔황의 막고굴莫高窟이다. 총 492개의 석굴이 1킬로미터의 절벽 면을 따라 깎아 만들어졌고, 중국 벽화 예술의 정점을 보여준다. 석굴을 파내는 작업은 석굴을 장식하는 작업처럼 노동 집약적이었기 때문에 이집트에서와 마찬가지로 예술가들은 현장에서 거주하며 작업했다. 처음에는 인도 미술의 영향이 지배적이었고 일부 석굴에서는 『자타카』의 장면을 볼 수 있다. 6세기부터는 새로운 요소가 등장하기 시작했는데, 중국 회화의 새로운 발전을 알리는 조감 기법이었다.

'석굴 249'에서처럼 다른 석굴에서는 부처의 모습으로 벽을 채우고 부처를 반복해서 재현했다. 때문에 이곳은 '천불동굴'이라고도 불린다.

이 기간에 기독교는 중동, 북아프리카, 유럽 전역으로 퍼져나갔다. 새로운 비잔틴 제국은 콘스탄티누스의 유산이었고 그 기반은 기독교였다. 콘스탄티누스가 로마 제국의 수도를 콘스탄티노플로 옮긴 지 100년이 채 지나지 않아 제국은 두 개로 나뉘었다. 서쪽의 절반은 침략한 게르만 고트족에 의해 빠르게 점령당했지만, 동쪽의 절반인 비잔틴 제국은 번성했다. 새로운 교회는 예술가들을 고용해 로마에서 유행한 모자이크 기법을 사용하여 거대한 벽과 천장을 성서의 장면으로 덮었다.

콘스탄티노플의 예술가들은 금박 모자이크로 국제적인 명성을 얻었고, 그들의 작품은 시칠리아와 시리아 등 멀리 떨어진 곳에서도 찾아볼 수 있다. 로마의 예술가들이 작은 대리석 조각을 사용해 모자이크를 제작했다면, 비잔틴 예술가들은 유색 유리 조각을 사용했다. 유색 유리는 반사율이 훨씬 높았고 금박을 입혀 모자이크가 하늘의 빛으로 반짝이게 할 수 있었다.

6세기에 비잔틴 황제 유스티니아누스는 로마 제국의 서쪽 절반을 되찾기 위해 싸웠다. 그의 성공적인 전투 이전에는 라벤나가 동고트족의 수도였기 때문에 유스티니아누스는 승리를 기념하기 위해 라벤나의 새로운 교회인 산 비탈레에 자신과 아내 테오도라의 웅장한 모자이크를 설치했다.

부유한 은행가 율리우스 아르젠타리우스가 교회 건축비를 지불했고 교회는 그리스도와 그의 사도들의 황금빛 모자이크로 가득 채워졌다. 유스티니아누스와 테오도라의 모자이크는 제단 양쪽에서 서로 마주 보는 가장 중요한 위치에 놓였다. 유스티니아누스는 그리스도의 몸

테오도라 황후의 비잔틴 모자이크. (라벤나의 산 비탈레, 서기 547년)

인 미사용 빵이 담긴 금제 파텐(접시)을 들고 있는 모습으로 묘사되어 있다. 그의 주변을 둘러싼 열두 명의 남자는 마치 사도들과 같고 황제는 신의 아들인 듯하다. 그의 왼쪽에는 주교가, 오른쪽에는 군인들이 있는데, 이는 교회와 국가를 다스리는 그의 통치를 상징한다. 테오도라는 유스티니아누스를 마주 보고 있는데, 화려한 머리장식을 하고 관복을 입고 있다. 그녀는 교회 밖 정원에 서서 입장하기를 기다리고 있다. 망토 자락에는 세 명의 동방박사가 수놓아져 있어 그녀를 그리스도의 탄생과 직접적으로 연결하며, 그녀는 예배 중에 그리스도의 피인 포도주를 담는 데 사용되는 성배를 들고 있다. 유스티니아누스와 테오도라 뒤의 후광은 확장하는 비잔틴 제국을 통치할 그들의 신성한 권력을 강조한다. 이 모자이크들은 유스티니아누스가 얼마나 독실한 신자였는지를 보여줄 뿐만 아니라 이 지역에 대한 그의 새로운 권위를 확고히 했다. 또한 이 모자이크는 동방정교회의 중심 신념이 된, 종교적 권력과 세속적 권력이 한 지도자로 통합된 모습을 최초로 시각화한 것 중 하나다.

산 비탈레는 유스티니아누스의 거대한 교회 아야 소피아가 콘스탄티노플(지금의 이스탄불)에 봉헌된 지 10년 후인 547년에 완공되었다. 산 비탈레는 훨씬 작은 팔각형의 아담한 교회로, 오늘날 유스티니아누스와 테오도라의 모자이크로 유명하다. 중요한 점은 이 모자이크가 실제 모습에 가깝지 않다는 것이다. 얼굴은 표정이 없고, 몸은 보라색 망토 아래에 숨겨져 있으며, 옷감은 세로로 홈이 새겨진 기둥처럼 배열되어 있다. 잘못 그려진 것이 아니다. 이 초상화들은 사실적이기보다는 상징성을 의도한 것이다. 유스티니아누스는 라벤나를 한 번도 방문하지 않았기 때문에 이 정교한 모자이크는 그의 대리인 또는 대역 역할을 했다. 모자이크는 순간적인 모습이 아니라 하느님과 교회처럼 영원히 지속될 신성한 황제의 존재에 대한 시각을 제공한다.

이 무렵 기독교는 비잔틴 세계를 훨씬 넘어 퍼져나갔고 유럽의 눈발 서린 끝자락에도 미쳤다. 기독교 미술은 자연적인 신체에 대한 고전적 집착에서 벗어났고 눈에 보이는 어떠한 유사성보다 종교적 메시지를 더 중시하게 되었다. 유럽 북쪽에서는 사람이 아닌 동물이 지역 예술을 지배하게 되었다. 현재 알려진 켈트-게르만 양식은 스칸디나비아에서 독일, 러시아의 대초원 스텝 지대까지 뻗어 있었다. 700년경 영국 북부에서 완성된 『린디스판 복음서』는 수도사들이 이 양식을 어떻게 사용했는지를 보여주는 훌륭한 예이다. 그들은 수도원 내의 대규모 필사실에서 일하며 성경 사본을 만들어 하느님의 말씀을 전파했다.

『린디스판 복음서』의 제목 페이지에는 켈트족의 매듭과 양식화된 동물 및 새들이 커다랗게 채색된 글자를 채우고 기독교의 십자가를 둘러싸고 있다. 플라밍고와 독수리, 뱀과 용이 이 페이지들을 가로질러 꿈틀거리며 하느님의 말씀에 생동감을 불어넣는 듯하다. 또한 이 책에는 복음서를 쓴 네 명의 성자, 즉 마태, 마가, 누가, 요한이 각각 그려진 전체 페이지 그림이 있다. 각각의 인물은 공중에 떠 있고, 몸은 평면적이고 화려하며, 얼굴은 커다란 아몬드형 눈을 가진 양식화된 작품이다. 이쯤 되면 몸은 순전히 상징적인 존재가 된 것이다. 이 인물들은 실제 인물이 아닌 관념으로서 성인을 나타낸다. 이들은 마가와 날개 달린 사자처럼 그들과 연관된 지물을 통해 주로 알아볼 수 있다. 이 점이 책에서 책으로 이미지를 복사하는 것을 더 쉽게 만들었다.

이 시기에 종교는 예술을 발전시켰고, 중동에서는 새로운 종교 지도자 마호메트가 등장했다. 마호메트의 새로운 종교인 이슬람의 추종자들은 비잔틴 제국의 동쪽 영토로 빠르게 확장했고, 예루살렘과 알렉산드리아를 비롯한 주요 도시를 점령했다. 이슬람 안에서는 마호메트와 같은 종교적 인물의 묘사가 금지되었다. 숭배는 알라(하느님)에게만 적용되므로 그림을 우상으로 숭배하는 것을 막기 위해서였다. 그러나 다른 많은 형식의 이슬람 예술은 존재했다.

빠르게 확장하는 이슬람 제국 전역에 모스크가 만들어졌고, 705년 수도 다마스쿠스(지금의 시리아)에서는 그레이트 모스크 건설이 시작되었다. 시리아의 세금과 이집트에서 제공한 노동력으로 불과 10년 만에 완공되었다. 그 벽에는 코란의 문구를 적은 캘리그래피가 새겨져 있었는데, 이것이 오늘날까지 이어지는 전통의 시초이다. 알라와 마호메트는 묘사할 수 없었지만, 알라의 말씀은 표현할 수 있고 예술로서의 캘리그래피가 번성했다.

그레이트 모스크의 캘리그래피 비문은 오래전에 사라졌지만 모자이크는 남아 있는데, 8세기의 예술적 네트워크에 대한 흥미로운 혜안을 제공한다. 중앙 안뜰의 벽과 지붕이 있는 산책로에는 비잔틴 예술

다마스쿠스의 그레이트 모스크.(시리아, 705~715년)

가들이 완성한 금색 모자이크가 있다. 고대 로마와 그리스를 연상시키는 사람 없는 도시 풍경을 묘사하고 있다. 키 큰 나무가 강을 따라 늘어서 있고, 그 강둑에는 화려한 궁전이 서 있다. 가파른 언덕 위의 마을은 나무 위로 뻗어 있다. 녹색, 파란색, 금색 건물이 모스크의 벽을 가득 채우도록 세심하게 배치되어 있고 모든 것이 차분하게 질서를 갖춘 모습이다.

그레이트 모스크 건축을 의뢰한 칼리프 알 왈리드 1세는 왜 모든 참배객이 지나는 안뜰을 장식하기 위해 서양의 도시를 선택했을까? 그는 새로운 이슬람 종교 제국을 콘스탄티노플과 로마를 중심으로 더 오래되고 확고한 제국과 통합하고 싶었을까? 아니면 당시 북아프리카와 스페인까지 쭉 뻗어 있던 이슬람 제국의 지배력을 과시하기 위해서였을까? 안뜰의 벽에 그려진 세계와 그 한가운데에 모스크가 있는 디자인을 하나의 지도라고 생각할 수 있을까? 모스크의 방문객들은 그들의 광활한 제국을 전 세계로 넓혀갔던 것처럼 모스크를 채우고 있다. 모자이크 뒤에 놓인 동기가 무엇이건, 알 왈리드는 모스크가 인상적이기를 분명 바랐다. 대중 연설에서 그는 "다마스쿠스 시민 여러분, 다른 지역보다 여러분에게는 현저하게 우월한 네 가지가 있습니다. 기후, 물, 과일, 목욕탕입니다. 여기에 다섯 번째 것을 더하고 싶었습니다. 바로 이 모스크입니다!"라고 외쳤다.

CHAPTER 7

먹구름이 몰려오다

 때는 726년이다. 어둠이 내리고 의식이 시작될 시간이다. 마야의 왕 쉴드 재규어 2세가 새로운 사원으로 들어가 사랑하는 아내 캅알 수크에게 사원을 헌정하려는 참이다. 이곳은 약스칠란(지금의 멕시코)에 150년에 걸쳐 지어진 최초의 사원이다. 쉴드 재규어 2세는 사원이 이 지역에 새로운 생명을 불어넣고 자신의 권력을 재확인시켜주길 바랐다. 그는 45년간 통치해왔으며, 캅알 수크는 충실한 후원자로서 필요할 때마다 그의 통치와 백성들의 생존을 보장하도록 신들을 달래왔다. 신들은 생존을 위해 피가 필요했기 때문에 죄수들이 정기적으로 희생되었다. 때로는 왕족의 피가 요구되었는데, 캅알 수크는 흑요석(화산 유리) 파편이 박힌 밧줄을 혀를 통과해 잡아당겨 피를 흘리는 의식에 참여했다. 이 행위는 현재 돌에 기록되어 있고, 사원의 문 위에 놓인 세 개의 복잡한 석회암 패널에 새겨져 있다.

조각가들이 이 패널을 완성하는 데 3년이 걸렸으며 강렬한 녹색, 빨간색, 노란색으로 채색되었다. 조각가들은 캅알 수크의 화려한 자수 망토와 태양신 메달, 심지어 뺨에 흐르는 피까지 세밀하게 묘사하는 데 탁월한 솜씨를 발휘했다. 그녀는 왕실의 의무를 수행하면서도 감정을 드러내지 않는다.

※

오늘날 '구조물 23'으로 알려진 이 사원의 패널은 런던의 영국박물관과 멕시코시티의 국립인류학박물관에 소장되어 있다. 색은 벗겨졌고 더 이상 신성한 신전의 입구를 표시하지 않지만, 여전히 강렬한 힘을 지니고 있다. 첫 번째 패널에서 왕은 머리장식과 장신구를 착용하고 캅알 수크 위로 타오르는 횃불을 들고 서서 주변을 밝히고 있다. 그녀는 무릎을 꿇고 길게 뺀은 혀에 가시 밧줄을 관통시킨다. 다음 패

약스칠란에서 나온 조각된 석회암 패널. (멕시코, 723~726년)

널에서 그녀는 바닥에 앉아 고개를 뒤로 젖힌 채 무아지경에 빠져 혀에서 흘린 피를 흡수한 종이가 든 바구니를 들고 있다. 피가 낭자하고 또 다른 바구니가 근처의 바닥에 놓여 있다. 피에서 머리가 두 개 달린 뱀이 솟아나는데 한쪽은 폭풍의 신 차크, 다른 쪽은 전투를 위해 무장한 걸출하기로 이름난 조상을 쏟아낸다.

각 패널의 마야 상형문자는 이 조상을 쉴드 재규어 2세와 연결하여 왕으로서 그의 혈통을 확인하고 그의 재위 날짜와 피의 제사 날짜를 알려준다. 세 번째 패널에서는 캅알 수크가 남편에게 방패와 재규어 가면을 주는 장면을 볼 수 있는데, 이는 그의 이름에 관한 지물이며, 그는 이를 통해 통치권을 강화한다.

이 놀랍도록 섬세하고 복잡한 조각은 마야 문명의 마지막 번성기였던 인근의 보남팍 벽화에 영향을 주었다. 이 벽화들은 65년 후에 완성되었고, 소박한 사원 내 세 개의 방 벽과 천장에 걸쳐 있다. 이 그림들은 약스칠란의 쉴드 재규어 4세와 이 지역의 선조 왕을 섬기는 의식에서 보남팍이라는 장소에 헌정되었다. 이 신전에는 인디고(식물 염료)와 아주라이트(값비싼 광물)로 만든 값비싸고 빛나는 푸른색 안료를 아낌없이 사용되었으며, 채색한 눈의 다수에는 원래 보석이 박혀 있었다.

첫 번째 방의 벽에는 연회가 열리고 있다. 하얀 망토를 입은 부유한 마야인들이 왕실에 선물을 바치려고 줄을 서 있고, 깃털로 장식한 의상을 입은 세 명의 젊은 귀족이 거북 껍질로 만든 북에 맞춰 춤을 추고 있다. 두 번째 방에는 전투가 벌어지고 싸움이 방 안을 가득 채운다. 입구를 둘러싼 벽에는 승자가 누구인지 자명하다. 표범 가죽 망토와 머리장식을 한, 승리한 마야 전사들이 계단 꼭대기에 서 있고, 붙잡힌 포로들은 두피가 벗겨지거나 손톱이 모두 뽑혀 손가락에서 피를 뚝뚝 흘리며 누워 있다. 세 번째 방은 깃털로 장식한 귀족들이 환상적인 의

상을 입고 있는 연회로 돌아간 듯하지만, 천장 근처에는 왕족 여인이 캅알 수크처럼 혀에 밧줄을 꽂고 피를 흘리고 있다. 아마도 승리를 기념하고 신에게 경의를 표하기 위한 것이다. 이 방들에는 자연광이 들어오지 않고 출입구는 원래 커튼으로 덮여 있었다. 어둠 속에서 이 인물들이 주변을 둘러싸면 우리도 그들과 하나가 된다. 신들에게 경의를 표하고, 싸우고, 기리게 되는 것이다.

보남팍의 말로는 급작스러웠던 것 같다. 그림의 연대는 791년이지만 상형문자의 4분의 1이 미완성 상태로 남아 있어서 작업이 갑자기 중단된 것으로 추정된다. 다음 전쟁이 그들의 뜻대로 되지 않았고 이곳은 버려진 것으로 보이는데, 1946년에 재발견될 때까지 1,000년 넘게 열대우림으로 뒤덮여 있었다.

각기 다른 문명은 서로 다른 신념 체계와 종교를 채택했지만, 유일신과 다수의 신을 영화롭게 하는 수단으로 모두 예술을 선택했다. 인도와 동남아시아에서는 힌두교도들이 여러 신을 숭배했다. 암석 사원이 계속 건설되었고 인도 마하라슈트라의 엘로라에서는 석굴이 힌두교, 불교, 자이나교의 신을 다양하게 모시는 데 사용되었다. 엘로라에서 가장 유명한 힌두교 석굴은 전혀 석굴처럼 보이지 않는다. 바위를 안과 밖에서 동시에 깎아냄으로써 바위를 파낸 것이 아니라 당당히 절벽에 바위로 만든 신전으로 보인다. 775년에 시작된 카일라사 사원은 높이가 30미터가 넘으며 비슈누, 브라마와 함께 힌두교의 3대 신 중 하나인 시바 신에게 헌정된 것이다. 거대한 서사 부조는 마하바라타와 라마야나의 서사시적인 이야기를 전해준다. 시바는 여러 모습으로 등장하는데 관문에 있는 커다란 부조에서는 세 도시를 파괴하고, 입구에서는 악마를 밟고 있으며, 중앙 신전에서는 세속적인 쾌락을 삼가는 고행자의 모습이다. 시바가 여러 차례 등장하는 것은 그의 중요성을 강조하기 위함이다. 로마의 황제 기둥에 트라야누스 황제가 59회 등장하는 것과 마찬가지이다. 카일라사 사원의 모든 조각품과 부조는 독실한 이들의 눈을 압도할 만큼 화려하게 채색되었을 것이다.

인도의 종교는 무역로를 통해 동남아시아로 전파되었고 거대한 사원 단지의 건설로 이어졌다. 자바 섬 중부의 욕야카르타 근처에는 인도네시아에서 가장 큰 종교 단지인 보로부두르가 있다. 800년경에 지어진 이 사원은 대승불교의 가르침에 대한 시각적 자료를 제공했다. 또한 지배계층인 사일렌드라 불교 가문의 권력을 과시하는 상징물이기도 했다. 정사각형 바닥의 각 면의 길이는 123미터이며 열반에 이르는 우주의 세 가지 불교적 차별(삼승)을 나타내기 위해 3단 구조로 지어졌다. 부조 조각은 8개 층의 테라스 주위로 2.5킬로미터에 걸쳐 펼쳐져 있으며, 부처의 생애와 초기 화신 장면을 묘사하고 있다. 400여 개가 넘는 좌불 조각상이 박공 안에 놓여 있거나 아래의 케두 평야를 내려다보며 기도하는 모습이며, 스투파(성물을 위한 종 모양의 덮개)로 가려진 위 층에는 더 많은 조각상으로 장식되어 있다.

보로부두르와 카일라사 사원을 감싸고 있는 이미지는 종교적 믿음을 강화하고 기념한다. 그러나 콘스탄티노플에서는 기독교 구상미술이 성서와 성서 속 인물에 생명을 불어넣는 데 중요한 역할을 한다고 믿는 사람들과, 그리스도와 성모 마리아의 '성상' 그림을 불신하는 사람들 사이에 균열이 생기고 있었다. 이 두 진영은 성상 옹호파와 성상 반대파로 알려졌다. 성상 옹호자들은 성상을 사랑하는 수도사들이 이끄는 예술 애호가였다. 성상 반대자들은 성상을 배척하는 사람들로 비잔틴의 역대 황제들이 이끌었다. 8세기에 성상이 신과 동등하게 숭배되는 것을 우려한 레오 3세는 비잔틴 제국 전역에서 종교적 이미지를 금지한다고 선언했다. 이에 성상 옹호자들은 반대했다. 그들은 종교적 이미지가 신을 더 깊이 이해할 수 있게 해주며, 따라서 신과 사람들을 연결하는 통로 또는 연결고리라고 주장했다. 이러한 찬반 논쟁은 100년 이상 계속되었다. 이 기간에 성상 파괴 운동은 많은 종교적 성상과 예술 작품을 파손했으며, 그리스도의 모자이크 이미지를 벽에서 긁어내고 단순한 십자가로 대체했다. 843년, 마침내 이 논쟁은 성상 옹호자들의 승리로 끝났고 비잔틴 제국에서는 다시 한 번 성상 숭배가 허용되었다.

이미지에 대한 이 논쟁에 로마 교황은 직접 개입하지 않았다. 교황은 신성로마제국의 새 황제로 샤를마뉴를 임명하고, 나아가 콘스탄티노플 및 비잔틴 제국과의 관계를 단절했다. 샤를마뉴는 현재 독일 서쪽 국경에 있는 아헨에서 통치했다. 이 지역에서는 교회 이미지가 비잔틴의 성상 파괴로 방해받지 않았으며 오히려 그 반대였다. 실물 크기의 십자가에 매달린 그리스도의 조각상이 제단 위에 전시되기 시작했다. 960~970년경에 제작된 「게로 십자가」가 그 예이다. 게로 대주교가 쾰른 대성당을 위해 의뢰한 떡갈나무 십자가이다. 그리스도는 금박을 입힌 단순한 십자가에 못 박혀 있고, 양팔은 뻗어 어깨높이 위로 들어올려져 있으며, 몸은 아래로 매달려 무릎이 처져 있다. 이때까지 십자가 조각은 죽음 속에서도 미소 짓는 그리스도를 보여주었지만, 이 그리스도는 고개를 숙이고 눈을 감고 입이 늘어진 채 고통을 받고 있다. 팔의 정맥이 기력을 쏟느라 튀어나와 있고 배는 부풀어 있다. 그리스 조각처럼 육체적 유사성은 자연스럽지 않지만, 우리는 그리스도의 고통을 구석구석 느낄 수 있다. 후광이 말해주듯, 그는 신적인 존재일 수는 있으나 인간처럼 고통스러워한다. 「게로 십자가」는 후기 고전 시대 이후 이 정도 크기로 제작된 최초의 완전한 환조 조각상 중 하나이며, 표현적인 교회 조각의 새로운 시대를 열었다.

쾰른 대성당의 「게로 십자가」.(960~970년경) 눈부신 황금 배경은 이후에 추가된 것이다.

    이 시기에 다른 문화권에서도 죽음과 부활을 중심으로 한 예술을 창작하고 있었다. 미국 오하이오 주에 있는 그레이트 서펀트 마운드는 거대하게 쌓아올린 뱀의 형상을 한 흙 둔덕이다. 이곳은 아메리카 원주민 장례 의식의 배경이 되었고, 멀리서 사는 사람들이 모여 교류하고 교역할 수 있는 만남의 장소를 제공했다. 아프리카 니제르 계곡의 부라에서는 여성 도공들이 기원전 1000년부터 2,000년간 무덤 표식을 만들었다. 말을 탄 전사들, 눈에 구멍을 낸 둥글납작한 머리와 절개한 볼과 이마를 보여주는 매장용 유골함이 100개 이상 발견되었다. 이 인물들은 자연스럽기보다 상징적인 것으로, 중세 기독교 교회의 채식필사본彩飾筆寫本과 스테인드글라스에서도 볼 수 있는 접근법이다.

당시 많은 예술이 종교적 신념에서 비롯되었거나 종교적 신념을 기념하는 것이었지만, 세속적(비종교적) 예술에서도 훌륭한 예가 남아 있다. 상아는 수 세기 동안 예술에 사용되었으며, 알 안달루스(이슬람교 지배하의 스페인)의 궁정 예술가들은 10세기경에 수준 높은 왕실 선물을 만드는 데 상아를 사용했다. 알 안달루스의 예술가들은 모잠비크와 짐바브웨에서 수입한 아프리카코끼리의 엄니를 사용했다. 귀중한 코끼리 엄니는 아프리카 동부 해안을 따라 바다로 운송된 후 육로를 통해 이집트로 옮겨져 카이로에서 거래되었다. 이 튼튼하고 매끄러운 재료로 관, 보석 상자, 향수 보관함을 조각했다.

이 시기에 제작된 많은 고급 상아 공예품은 '예술'이라기보다는 장식예술의 범주에 속하지만, 알 무히라의 픽시스Pyxis는 상아 부조 조각가들이 성취한 뛰어난 기술 수준을 보여준다. 968년에 조각된 이 픽시스는 은제 향수병을 보관하기 위해 만든, 돔 형태의 뚜껑이 달린 원통형 상자이다. 칼리프(통치자)의 아들인 알 무히라의 열여덟 번째 생일 선물로 주어진 것이었다. 수도 코르도바에서 조각되었으며 작은 인물과 동물, 새와 나뭇잎으로 덮여 있고 표면은 세부 묘사로 가득 찬 매우 정교한 작품이다. 상아는 드릴로 조심스럽게 작업되었고 작은 형상들이 거의 3차원으로 보인다. 중앙 패널에는 말을 탄 두 남자가 야자수에서 대추를 따고 있는데, 10대인 주인에게 조상의 고향인 우마이야드(지금의 시리아)를 떠올리게 한다.

알 무히라의 픽시스 같은 상자에는 '왕자의 이야기' 장면이 그려져 있다. 우마이야드 왕조가 이슬람 세계를 통치하던 시대에 이슬람 예술에 처음 사용된 궁정의 여가와 오락에 관한 이야기이다. 10세기가 되자 우마이야드 칼리프 시대는 먼 옛날의 기억이 되었다. 750년에 아바스 왕조가 지배권을 장악하게 되었던 것이다. 알 안달루스에서만 우마이야드 왕조가 권력을 겨우 유지했다. 우리는 다음 장에서 왕과 정복자를 위해 예술이 이용되면서 '왕자의 이야기'가 다시, 그러나 훨씬 더 큰 규모로 사용되는 것을 보게 될 것이다.

CHAPTER 8

선전 예술

때는 1077년이고, 오도 주교는 프랑스 북부의 바이유에 새 성당의 봉헌을 준비하고 있다. 그는 이를 기념하기 위해 자수품을 의뢰했고 지금 전시되어 있다. 이 자수품의 길이는 거의 70미터에 달해 대성당의 전체 길이와 맞먹는다. 11년 전 오도는 이복형제 윌리엄과 함께 헤이스팅스 전투에 참전한 적이 있다. 이 자수품에는 노르망디 공작 윌리엄과 영국 왕 해럴드가 영국 통치권을 놓고 벌인 1066년 전투의 서사가 담겨 있다. 프랑스가 승리했을 때 오도가 받은 보상은 영국의 켄트 카운티였다. 그는 카운티의 조세 수입으로 대성당을 짓고 켄트의 수녀들에게 자수품을 만들게 했다. 열 가지의 색상이 자수에 사용되었는데 빨간색은 꼭두서니 뿌리로, 파란색은 대청으로 염색했다.

오도는 전시된 자수품을 따라 걸으며 해럴드의 배신과 정복자 윌리엄의 손에 놓인 해럴드의 인과응보를 노르만의 관점에서 이야기하는 라틴어 글을 읽는다. 오도는 윌리엄의 함대를 만들기 위해 나무를 베는 병사들과 그들이 배에 오를 때 신발과 호스(레깅스)가 젖지 않도록 벗는 모습을 볼 수 있다. 프랑스에서는 사슬 갑옷을 배로 운반하고, 영국에서는 전투에 나서는 병사들이 몸의 윤곽을 따라 정성스럽게 바느질된 사슬 갑옷을 입은 모습도 볼 수 있다. 해럴드가 전투에서 화살에 눈을 관통당해 죽는 모습, 그들의 조상을 알리기 위해 노르만 배에 바이킹 선수상을 달고 있는 모습, 태피스트리의 중심부에서 리넨 시트의 가장자리를 장식하는 프리즈로 쏟아져 나온 양 진영의 사망자들…… 모든 것이 여기에 있다. 600명이 넘는 남성과 여성, 200마리의 말도 있다. 오도가 그 자수품을 따라 걷는 동안 창과 칼, 화살이 번쩍이고, 말이 쓰러지고, 병사들이 죽어가면서 전쟁이 점점 격렬해진다. 모두 비스듬하게 움직여 자수품에 실제로 속도감을 부여하고, 오도는 다시 한 번 전쟁터에 있는 것처럼 느끼게 된다.

❋

이 자수품은 바이유 태피스트리로 널리 알려져 있고 강력한 선전 효과를 지닌 작품이다. 오롯이 노르만족의 눈을 통해 전투를 묘사하고 있다. 선전은 주어진 정보에 편견이 있음을 의미하며, 일반적으로 정치적 속성이 내재한다. 이 경우 전투는 침략한 노르만족에 유리한 방식으로 수놓아졌다. 또한 중세의 정보 및 예술적 구성의 걸작이자 살아남은 희귀하고 세속적인 11세기의 작품이다.

세속 예술의 또 다른 예로, 이번에는 일본에서 온 것인데 예술가에게 가해진 제약이 최종 작품에 어떤 영향을 미쳤는지 잘 보여준다. 1010년경에 무라사키 시키부가 쓴 『겐지 이야기』는 세계 최초의 소설로 여겨지고 있다. 소설의 54개 장은 당시 일본의 궁정 생활과 로맨스를 다루고 있으며, 이후에 유사한 이야기가 많이 만들어졌다. 알려진 가장 초기의 삽화 버전은 스무 개의 두루마리에 걸친 것으로, 1130년에 완성되었고 그 일부만 오늘날까지 남아 있다. 글씨는 남성이 썼지만 그림은 헤이안 시대의 문화생활에 큰 영향을 미쳤던 궁중 여성들이 완성했다. 당시 궁중에서는 감정을 표현하는 것이 금기시되었기 때문에 그림에는 동작이 없다. 대신 등장인물들은 아주 작은 지물과 함께 이야기의 다음 반전과 변화에 대비하는 것처럼 보인다. 그들의 옷 색깔, 방 안에 놓인 병풍의 배치 등은 독자에게 그들이 어떻게 느끼는지 단서를 제공한다.

두루마리 그림은 은밀하고 사적인 예술 작품이었다. 사람들은 책상 앞에 앉아 일부가 풀린 두루마리 하나를 여유롭게 감상하곤 했다. 이야기에 맞춰 눈앞에서 펼쳐지는 장면을 따라 오른쪽에서는 두루마리를 말고 왼쪽에서는 두루마리를 조금씩 풀어준다.『겐지 이야기』의 그림은 마치 위에서 세상을 내려다보며 벌어지는 일을 보는 듯하고, 이것은 6세기 중국의 막고굴에서 보았던 혁신적인 풍경화 방식을 연상시킨다. 일본 미술은 중국 회화의 영향을 많이 받았지만 헤이안 시대와 같은 역사 속 특정 시기는 훨씬 더 독자적인 양식을 보여준다. 『겐지 이야기』는 당시 중국에서 유행한 단색의 풍경과는 대조적으로 색채가 가득하다. 하지만 일본 회화는 여러 단계에 걸친 채색과 재차 그린 윤곽선, 금박으로 장식한 사물들로 인해 손이 많이 갔다.

앞서 살펴본 것처럼 예술은 종교가 이념이나 신념을 주장하는 데에도 도움이 될 수 있었다. 성상 파괴주의가 완전히 종식된 이후 성상은 동방 기독교의 필수적인 부분으로 다시 자리 잡았다. 성상은 복음서 저자가 직접 그린 고대 성모 마리아와 그리스도의 초상화에서 유래한 것으로 여겨졌다. 그 이후로 전통적인 방법을 사용해 반복적으로 모사되었으며, 시대를 초월한 각 버전은 원래의 실제 모습을 재구성한

무명의 화가가 그린 「블라디미르의 성모」 성상.(1131년)

것으로 추정된다. 시간이 지나면서 『린디스판 복음서』의 성인들과 유사하게 이목구비가 양식화되었고 몸은 납작해졌다. 종교 모자이크에 사용되는 것과 같은 금박 배경은 성상이 신성한 빛으로 반짝이게 만들어 자연스러움을 더욱 감소시켰다. 신성한 인물들이 실제로 존재하는 것처럼 보이게 하여 교회 신자들이 성모 마리아나 그리스도와 교감하는 방법으로 성상을 만지고 입맞춤할 수 있게 한 것이다. 또한 교회 기금을 마련하기 위해 거리 행진을 할 수도 있었다.

1131년에 제작된 「블라디미르의 성모」는 현존하는 가장 유명한 성상 그림이다. 이 그림은 성모와 아기 예수를 묘사한 것으로, 신자들은 이 그림이 성 누가의 원본을 바탕으로 그렸다고 믿는다. 초기의 성상은 흔히 로마의 장례식 초상화처럼 납화법으로 그려졌지만 「블라디미르의 성모」는 템페라로 그려졌다. 템페라는 물감을 만들기 위해 안료와 달걀노른자를 섞은 것이다. 고전 시대에는 건조가 느린 납화법과 함께 사용되었지만 이 시기에는 거의 모든 패널화가 템페라로 그려졌다.

「블라디미르의 성모」를 그린 무명의 화가가 실물 같은 여인과 아기를 그리려 했을 리 만무하다. 그리스도는 불균형한 작은 머리와 뭉툭한 몸을 지녔고 둘 다 고도로 양식화된 주름옷을 입고 있다. 하지만 둘 사이에는 볼과 볼이 맞닿을 정도로 애정이 있고, 성모의 슬픈 표정은 외아들에게 다가올 일을 암시한다. 이 성상은 그 이야기로 들어가는 통로이자 진입점 역할을 하며, 그러한 이유로 추앙받았다.

이 작품은 콘스탄티노플에서 제작되어 러시아의 키예프 시에 전달된 것으로, 러시아가 동방정교회를 국교로 삼은 것을 공고히 하기 위한 종교적·정치적 선물이었다. 이 성상은 곧 블라디미르 시로 옮겨졌고, 이후 많은 복제품의 소재가 되었다. 비잔틴 예술가들은 베네치아 토르첼로 대성당에서와 같이 키예프의 대성당인 성 소피아에 정교회 모자이크를 제작하는 데 고용되었다. 예술, 종교, 그리고 권력은 그러한 예술가들의 전문성과 정교회의 야망으로 결속되었고, 1053년 '교회의 대분열'로 정교회는 교황과 가톨릭교회로부터 확실하게 분리되었다.

러시아에서 정교회가 세력을 확장하는 동안 이슬람은 이집트, 마그레브(북아프리카), 스페인, 시칠리아에 세워진 주요 이슬람 도시와 더불어 지중해 남부 전역으로 세력을 확장했다. 그러나 노르만족은 시칠리아와 이탈리아 남부를 이슬람의 통치로부터 되찾았다. 그들은 이슬람 전통을 거부하지 않고 자신들만의 문화로 포용했다. 노르만 왕 로제르 2세가 시칠리아의 팔레르모에 세운 카펠라 팔라티나는 그 대표적인 예이다. 이 대성당은 1132년에 건축되기 시작해 8년 만에 완공되었다. 성 요한과 교회 설립자들의 황금 모자이크가 벽에 더해졌고 로제르와 그의 가족을 그린 1,000점의 그림이 천장을 덮었다. 이 건물이 놀랍고 독특한 이유는 천장이 '무하르나스muqarnas' 양식이라는 점인데, 이것은 나무로 만든 형태와 면으로 이루어진 정교한 벌집 구조이다. 이 시기에 남아 있는 이슬람식 천장 중 가장 복잡하고 정교한 것이다. 그리스도에게 헌정되고 노르만족의 힘을 과시하는 대성당에서 로제르 2세는 이탈리아의 건축 양식과 화려한 비잔틴 모자이크를 받아들이고 그 위에 이슬람식 역작을 얹기로 한 것이다.

천장은 매우 높다. 성능 좋은 망원경을 사용하면 로제르와 그의 궁정인들이 체스와 사냥 놀이, 마상 시합과 레슬링, 춤과 행렬에 참여하는 개별적인 그림을 볼 수 있다. 나무 천장을 덮고 있는 인물들은 기독교의 스테인드글라스와 채식필사본, 세속 이슬람 예술에 등장하는 인물들과 유사하게 커다란 아몬드형 눈과 양식화된 몸을 지녔다. 그들이 추구하는 많은 활동은 앞서 보았던 스페인의 알 무히라 픽시스에 그려진 이슬람 '왕자의 이야기'에서 비롯된 것이다. 로제르 2세는 이미 잘 알려진 이 이슬람 주제를 대성당에 교묘히 사용했다. 기독교가 공식 종교였지만 아랍어가 궁정의 언어였던 노르만 시칠리아에서 이 그림이 그려진 천장은 다양한 문화가 통합된 모습을 보여준다.

이러한 양식과 주제의 연합은 모든 문화가 로제르 2세에 의해 통합되었으며, 이제 모두 그의 통치권과 힘을 찬양하고 있음을 시사한다. 마치 기독교가 이슬람과의 공존을 인정하고 지지할 만큼 강력하다는 듯이 기독교 모자이크는 이슬람 천장을 받치고 있다.

개별적인 종교인들도 설득력 있는 새로운 아이디어를 표현하기 위해 예술을 활용했다. 기독교 수도사들과 수녀들은 교회, 대성당, 부

빙겐의 힐데가르트가 쓴 『스키비아스』의 한 면은 힐데가르트가
신의 계시를 받고 있는 장면을 보여준다. (1142~1152년)

유한 후원자의 서재를 위해 채식彩飾 성경을 끝없이 필사했다. 12세기에는 우주와 신비주의에 관한 새로운 생각과 결합한 종교적 사상을 표현하는 채식 도서가 만들어지고 있었다. 주목할 만한 예로는 빙겐의 힐데가르트가 쓴 『스키비아스』가 있다. 1152년에 완성된 이 책은 힐데가르트가 본 26개의 환영을 그림으로 묘사한 것이다. 힐데가르트는 자신이 설립한 독일 루퍼츠베르크 수녀원 출신의 영향력 있는 베네딕트회 수녀였다. 그녀는 귀족 가문 출신으로 인맥이 두터웠다. 영국 왕, 그리스 황후와 친교를 맺었으며 교황은 그녀가 어린 시절부터 본 환영이 진실하고 신성한 것임을 직접 확인해주었다. 『스키비아스』에서 그녀는 신비주의를 통해 기독교를 구성했으며, 모교회인 에클레시아와 유

대교 회당인 시나고그를 상징하는 거대한 날개 달린 여성들을 그린 그림을 통해 여성의 힘을 탐구했다. 그녀는 자신을 환영을 통해 소통하는 예언자라고 여겼다.

힐데가르트의 그림은 이집트의 인물화 기법을 따르지 않았다. 이집트는 인간 형태에 대한 이미 알려진 지식을 바탕으로 눈, 발과 같은 표준 요소를 이어 붙였다. 또한 그리스인을 따르지도, 자연을 면밀히 연구하고 눈에 보이는 것을 주의 깊게 그리지도 않았다. 대신 자신이 느끼고 경험한 것을 그려서 초자연적이고 이 세상에 기반을 두지 않은 신의 영역을 창조했다. 자신이 표현하고자 하는 감정이 전달되는 한, 형식은 꼭 실물과 같을 필요가 없었다. 『스키비아스』에서 힐데가르트는 천국에서 불의 촉수처럼 마음으로 내려오는 초자연적인 환영을 묘사했다. 그녀는 교회에 앉아 그림 공책을 든 자신의 모습을 그렸다. 환영은 그녀에게 들어왔고 그녀는 마치 신의 손길에 이끌리듯 본능적으로 그림을 그렸다. 그녀의 필경사인 볼마르가 그녀 옆에 나타나 함께 수반하는 텍스트를 만들기 위해 그녀의 말을 받아 적는다.

『스키비아스』는 현재 35종의 판본이 남아 있으며, 힐데가르트는 여러 권의 책과 60여 편의 찬송가를 저술하고 삽화를 그리는 등 교회 내에서 영향력 있는 목소리를 냈다. 『스키비아스』는 복사되어 배포되었지만 모든 책을 수작업으로 만들어야 했기 때문에 접근이 제한적일 수밖에 없었다. 다른 한편에서는 교황의 새로운 대성당, 즉 가톨릭교회의 거대한 공권력이 우뚝 서 있었다.

CHAPTER 9

석공, 모아이, 그리고 재료

1219년, 프랑스 북부의 이른 아침이다. 석공 스무 명이 오두막에 모였다. 일을 시작하기 전에 식사를 하고 불 주위에 모여 몸을 녹이는 임시 숙소이다. 이들은 샤르트르 대성당에서 일하는 200명 규모 팀의 일원이다. 80킬로미터 떨어진 생드니에 있는 수도원장 쉬제르의 교회에서 처음 선보인 새로운 양식으로 성당을 재건하고 있다. 공사 기간이 25년 넘게 걸렸고 이제 거의 완성 단계에 이르렀다. 성당 내부에서는 여러 팀이 신도석을 따라 거대한 창문을 설치하고 있다. 그들은 하느님의 천국을 상징하는 파란색, 그리스도의 피를 상징하는 붉은색 등 다양한 색으로 물들인 유리 조각으로 그림을 만들고 있다. 완성된 창문을 통해 들어오는 빛이 내부를 보랏빛으로 물들이며 성도들, 그리스도, 성모 마리아의 삶이 그려진 이야기를 비추고 있다. 다른 작업자들이 내부 벽을 선명한 해바라기 노란색으로 칠하고 있어서 날씨가 흐린

데도 성당이 환한 빛으로 가득 차 있다.

　석공들은 북쪽 입구를 화려하게 장식하기 위해 조각을 하고 있다. 대성당에는 전체적으로 1,800개의 조각상이 있으며, 일부는 너무 높이 배치되어 조각상을 만든 석공들조차 볼 수 없다. 이 조각들은 인간의 눈이 아닌 하느님을 위해 만들어졌으며, 건물 전체가 기독교의 힘과 존재를 드러내는 역할을 하고 있다. 대성당의 창문 중 하나가 조각품을 만든 석공들을 치하하고 있다. 성 셰롱을 기념하는 창 아래쪽으로는 석공들이 망치와 끌로 돌을 자르고 조각품을 만드는 모습을 볼 수 있다.

※

　12세기의 기독교 미술이 하느님, 그리고 성인들과 천사들의 상징적이고 초자연적인 힘을 전달하는 것이었다면, 13세기에는 살과 피를 묘사하고 현실 세계에 뿌리를 둔 인물을 묘사하는 방식으로 점차 되돌아갔다. 신은 더 이상 두려워할 대상이 아니라 이해해야 할 대상이었다. 샤르트르 대성당은 새로운 고딕 양식의 가장 좋은 사례 중 하나다. 고딕 양식은 조각, 스테인드글라스, 건축이 하느님의 영광을 찬양하는 하나의 거대한 건축물을 만드는 데 함께 어우러지게 했다. 빛으로 가득 찬, 이 거대한 교회는 로마네스크 양식의 견고한 돌로 된 벽 대신 유리로 만든 벽과 하늘을 향한 뾰족한 아치형 통로를 선호했다. 고딕 양식의 조각품은 13세기 전반기에 유럽 전역에 퍼져 점점 더 높은 고딕 양식의 대성당으로 채워갔다. 샤르트르 대성당 입구에서 볼 수 있듯이, 석공들은 성자와 선지자의 조각상을 지지하는 기둥이나 패널 없이 세워서 점점 더 거대한 조각상이 탄생했다.

　샤르트르 대성당의 모든 조각상이 신성한 인물을 모델로 만들어진 것은 아니다. 북쪽 문 바깥쪽 가장자리에는 열두 개의 여성 조각상이 있다. 각각 여섯 개씩 입구 아치 양쪽에 있으며 기도서를 읽거나 양털을 세탁하고, 소면梳綿을 하고, 실을 감는 여인들의 모습이다. 일하는 여인들의 조각상은 특히 생동감이 넘쳐 양털을 실 가닥으로 꼬는 데 필요한 노력을 엿볼 수 있을 정도다. 한 여인은 균형을 잡기 위해 다리를 벌리고 앉아 양털 사이로 힘차게 빗질을 하고 있는데, 그 힘으로 몸이 뒤틀리고 있다. 이 여인들은 하느님의 양 떼를 상징하며 조용히 헌신하고 일하는 모습을 보여준다. 이들은 뾰족한 입구 아치 주위에 배치되어 중력을 거스르며 건축물에서 '튀어나온' 것처럼 보인다. 고딕 양식의 예술 작품은 한 개인이 제작하는 경우가 드물고 익명의 대규모 팀에 의해 완성되었기 때문에 누가 조각했는지는 알 수 없다.

 샤르트르 대성당은 고딕 양식의 걸작으로, 원래의 조각상과 스테인드글라스가 많이 남아 있다. 예술가들에게 최고의 재료를 구하는 것은 매우 중요한 일이었다. 유럽에서 예술은 온전히 신을 섬기기 위한 것이었고 예술품 제작에 최고의 재료를 구해서 사용했다. 이탈리아의 채석장에서 캐낸 대리석, 아프리카의 남부와 서부에서 채취한 상아, 금 등이 그것이다. 금은 오랫동안 유럽과 중동에서 비잔틴 모자이크에 사용되었으며, 사하라 사막을 가로지르는 낙타 상인들을 통하거나, 탄자니아와 모잠비크에서 바다를 통해 이집트로 운송되었고, 그곳의 무역 시장을 통해 유럽으로 들어왔다. 아프리카 국가들은 금을 생필품(소금)과 사치품(유리구슬)으로 거래했지만, 그들만의 예술품을 만드는 데도 사용했다.

 이번 장에서는 다양한 사회에서 예술가들을 위한 현지 재료와 수입 재료를 어떻게 조달했는지 살펴볼 것이다. 남부 아프리카에서는 금을 귀하게 여겼지만, 서부 아프리카에서는 더 튼튼한 구리와 거래되었다. 폴리네시아의 라파누이에서는 섬의 반대편에 있는 두 곳에서 서로 다른 색의 돌을 채석하여 거대한 입상을 만들었다. 중동에서는 금과 값비싼 안료가 필사본 그림에 사용되었지만, 중국에서는 절제미가 강조되어 예술가가 작업하는 그림의 여백이 그 위에 그려진 그림만큼이나 중요했다.

남아프리카공화국, 짐바브웨, 보츠와나의 현재 국경과 가까운 마풍구브웨는 13세기에 큰 부를 누린 도시였다. 샤르트르 대성당이 석회암으로 완성될 무렵, 마풍구브웨의 예술가들은 금으로 소를 포함해 야생 고양이, 코뿔소 등 지위가 높은 동물 조각품을 만들었다. 동물은 나무로 된 기본 뼈대 위에 두드려서 성형한 금을 핀으로 고정했다. 이 동물 조각들은 통치자의 권력과 부를 상징하는 금관, 홀scepter과 함께 왕의 무덤에 매장되었다.

요루바족의 정신적 수도이자 현재 서아프리카의 나이지리아에 위치한 이페Ife의 예술가들은 주로 테라코타, 황동, 구리를 사용해 작업했다. 이들은 사하라 횡단 무역로를 통해 현지에서 생산된 금을 팔았고 북아프리카에서 더 단단한 금속을 구해 조각품에 사용했다. 이 도시의 정신적 지도자인 우니Ooni는 마풍구브웨의 동물 조각품과 거의 같은 시기에 만들어진 여러 점의 놋쇠 머리에 묘사된 인물로 추정된다. 몇몇 머리에는 이마, 눈, 뺨의 윤곽선을 따라 콧등과 입술 아래로 좁게 절개된 수직선의 의식용 흉터가 있다. 이 선들은 우리의 시선을 얼굴에서 입 쪽으로 끌어당겨 우니의 두툼하고 완벽한 대칭을 이루는 입술을 강조하고 있다. 우니의 눈은 고요하고 안정된 시선으로 먼 곳을 바라보고 있다. 원래 붉은색으로 칠해진 화려한 왕관이 조각품의 이마 위에 놓여 있었다. 또 다른 머리에는 이마 선 주위에 여러 줄의 구멍이 뚫려 있어 구슬이 장식된 머리카락이 부착되었을 수 있음을 시사한다. 일부 머리에는 입과 턱 주위에 일정한 간격으로 구멍이 뚫려 있는데, 아마도 구슬 수염

우니의 청동 머리는 약 700년 전 서아프리카의 이페에서 만들어진 것이다.

이나 신성한 지도자의 입을 가리는 베일을 위한 것이었을 것이다.

아프리카에서 서쪽으로 수천 킬로미터 떨어진 폴리네시아의 작은 외딴섬 라파누이Rapa Nui(지금의 이스터 섬)에서는 또 다른 문화권이 주요 조상과 지도자의 조각상을 제작하고 있었다. 이것은 금속으로 주조한 섬세한 형상이 아니라 화산석 채석장에서 깎아낸 '모아이Moai'라는 거대한 덩어리 형상이었다. 이것을 밧줄로 묶어 좌우로 흔드는 방식으로 언덕을 가로질러 해안가의 여러 목적지까지 '걸어서' 이동했다. 높이가 10미터가 넘고 무게가 80톤에 달하는 거대한 석상들은 특수 제작된 받침대 위에 올려졌다. 이 회색 거인들은 바다를 등지고 내륙을 응시하며, 일부는 완성된 후 다른 채석장에서 조각한 거대한 붉은 돌 상투가 추가되었다. 6세기에 걸쳐 제작되었는데도 석상은 날카롭게 튀어나온 턱, 깊게 파인 눈, 긴 귓불, 넓은 코 등 놀라울 정도로 일관된 양식을 유지하고 있다. 몸은 튀어나온 젖꼭지와 배꼽, 옆구리에 고정된 팔, 배 아래에 놓인 손 등으로 매우 단순화되어 있다.

라파누이 해안에는 총 125개의 모아이가 서 있지만 라노 라라쿠 채석장 안팎에는 수백 개의 모아이가 놓여 있어 합치면 총 900개에 이른다. 산호로 만든 하얀 눈과 검은 흑요석 눈동자가 생동감을 주기 위해 추가되었는데, 아마도 중요한 의식을 위해 만들어졌을 것이다. 사람들이 모아이 조각상 앞에 모이면 부서지는 파도와 물결치는 바다를 배경으로 액자를 두른 듯한 모아이를 경험할 수 있다. 아마도 1,000년 전에 배를 타고 남아메리카에서 바다를 건너온 원래 섬 주민들이 이 기념비적인 석조 조각에 대한 지식과 전통을 가져왔을 것이다.

지금의 이라크인 모술과 바그다드에 있던 채식 서적 센터에서 일하는 화가들은 값비싼 재료를 사용했다. 1258년 몽골군에 의해 바그다드가 파괴되기 전까지 이슬람 공방에서는 『마카마 Maqamah(집회)』를 비롯한 세속적인 내용이 담긴 유명한 채식필사본을 제작했다. 11세기에 아부 무하마드 알 카심 이븐 알리 알 하리리가 쓴 이 우스운 이야기 모음집은 악당 아부 자이드의 모험담을 다루고 있다. 가장 유명한 삽화본은 야흐야 이븐 마흐무드 알 와시티의 작품인데, 1237년에 제작된 것으로 알려져 있다. 알 와시티는 동물 가죽으로 만든 양피지에 밝은 색채와 값비싼 금박을 사용하여 작업했다. 두 페이지에 걸친 큰 그림을 포함해 99개의 그림이 이야기에 생동감을 불어넣었다. 기도 시간에 모스크 지붕 위에 닭이 앉아 있고 물어뜯기 일보 직전의 낙타 이빨도 보인다. 그늘에 모여 술을 마시며 음악을 듣는 이들도 있고, 어떤 이들은 다리 위에 모여 흑사병 희생자의 매장을 목격한다. 노예 시장과 야영장, 메카로 향하는 순례자 행렬이 있고 싸움과 토론, 부부싸움이 벌어지기도 한다. 세부 묘사에 대한 그의 관심과 개성 넘치는 당시의 이슬람 인물들 덕분에 이 책은 오늘날 높이 평가되고 있지만, 당시에는 값비싼 재료와 많은 삽화 덕분에 더없이 호화로운 책으로 알려졌을 것이다.

몽골족은 중동과 중국을 침략해 바그다드 같은 도시를 초토화하고 수천 명을 살해하는 등 많은 것을 파괴했다. 예술가들은 이따금 대량 학살에서 제외되었다. 예를 들어 바그다드에서 활동한 예술가들은 몽골로 끌려가 새로운 주인을 위해 일해야 했다. 1270년대에 중국은 몽골의 지배에 굴복했다. 새로운 궁정에서는 회화가 번성했고 중국 예술가들을 내치진 않았지만 몽골족은 중국 문인들의 조용하고 사색적인 단색 풍경보다 화려한 초상화와 조각품을 더 선호했다.

문인들은 이전 1,000년 동안 존재했지만, 아이러니하게도 이들의 활동이 중국 회화를 지배하게 된 것은 몽골 통치 기간이었다. 문인들은 교육 수준이 높은 정부 관리인 경우가 많았다. 그들은 여가 시간에 시, 서예, 회화에서 기량을 갈고닦기 위해 노력했다. 시간적인 제약 때문에 일부 문인들은 꽃이 만발한 매화나무, 철새 또는 대나무 숲과 같이 평생 특정한 대상 한 가지만 그리기도 했다.

처음에는 많은 문인이 몽골 치하에서 관직을 잃었다. 그들은 관직에서 물러나 방해받지 않고 그림을 그릴 수 있는 고향집으로 피신했다. 몽골 정복 이후 10년 동안 고향인 우싱吳興(지금의 후저우)에서 산수화를 그린 조맹부(1254~1322)도 그런 예술가 중 한 명이었다. 그러나 1286년 조맹부는 원(몽골) 정부의 설득으로 고위 관료가 되었고, 그 후로 그림과 시에 대한 열정과 업무를 병행해야 했다. 그는 예술가 및 학자들과 교류하며 자신만의 미술 컬렉션을 형성했다. 어쩌면 조맹부는 마르코 폴로와 예술에 관해 토론했을지도 모른다. 이 이탈리아 상인이자 탐험가는 쿠빌라이 칸의 몽골 궁정에서 활동했는데, 그 기간이 조맹부가 관료로 일한 시기와 4년이나 겹쳤다.

조맹부는 조정으로 돌아온 해에 두 번째 혼인을 했다. 그의 새 아내는 관도승(1262~1319)으로, 몽골 궁정에서 남녀 모두의 지지와 후원을

관도승의 세밀함이 돋보이는 두루마리 그림 「안개와 비가 내리는 대나무 숲」.(1308년)

받은 예술가였다. 두 예술가는 시, 서예, 회화를 함께 작업하는 경우가 많았으며, 관도승은 1308년에 그린 「안개와 비가 내리는 대나무 숲」과 같은 풍경화로 잘 알려져 있다. 이 두루마리 그림에는 강을 따라 깃털 같은 대나무에 새싹이 돋아난다. 낮은 안개가 대나무의 절반을 가리고 있는데, 두루마리의 일부분을 비워두어 강 위에 짙은 흰 안개가 떠다니는 것처럼 보이도록 표현했다.

관도승은 강변에 대나무를 그리는 전통을 창안했으며, 두루마리를 오른쪽에서 왼쪽으로 천천히 펼치면 대나무 숲에 대한 기억과 물, 대기의 상태를 검은 먹으로 묘사한 그림이 펼쳐진다. 문인들은 섬세한 단색 풍경에 의미를 담았고 관도승은 대나무를 반복해서 주요 소재로 사용했는데, 이는 특히 몽골 침략자들의 험난한 통치 기간에 부러지지 않고 굽히지 않으려는 유교적 인내심을 구현한 것으로 여겨졌다.

관도승의 양식은 20세기까지 영향력을 유지했다. 중국 예술은 전통에 깊이 뿌리를 두고 있으며 최근까지 양식과 주제의 연속성에 큰 가치를 두었다. 유럽에서는 거의 1,000년 동안 중세의 상징주의가 지배적이었다. 그러나 한 세대의 예술가들이 고전 그리스와 로마의 자연주의로 돌아가기 위한 본격적인 시도를 하면서 이 모든 것이 바뀌기 시작했다.

CHAPTER 10

르네상스가 시작되다

　1305년, 이탈리아 파도바에서 지오토가 조수에게 예배당 벽에 오늘 새로 칠할 석고를 어디에 바를지 보여주고 있다. 그는 석고가 아직 축축할 때 그 위에 '부온 프레스코 buon fresco'라는 기법으로 그림을 그리려고 한다. 그렇게 하면 색이 석고에 스며들어 빛나는 벽화가 탄생하게 된다. 석고를 얼마나 많이 발라야 하는지 가늠하기는 쉬운 일이 아니다. 그는 하루 만에 전체를 칠해야 한다. 아니면 석고가 말라서 색이 더 이상 가두어지지 않고 표면에만 남기 때문이다. 그러나 그는 2년 넘게 엔리코 스크로베니의 개인 예배당에 프레스코화를 그려왔기 때문에 자신의 일을 정확히 파악하고 있다. 곧 예배당이 완성되면 벽은 프레스코화로 덮이고 천장은 짙푸른 하늘을 배경으로 금빛 별이 반짝일 것이다.
　지오토의 후원자 엔리코는 고리대금업자였던 아버지 레지날도로부터 재산을 물려받았다. 교회는 영리를 목적으로 돈을 빌려주는 행위를 대죄라고 믿기 때문에 엔리코는 이를 무마하고 싶어 한다. 그는 신에게 영광을 돌리기 위해 이 호화로운 예배당을 짓는 데 유산의 대부분을 쓰고 있다. 그는 지오토에게 자신의 초상화를 프레스코화에 넣어 달라고 부탁했다. 뒷벽을 가득 채우고 있는 「최후의 심판」에서 엔리코는 성모 마리아에게 예배당의 모형을 선물하며 선한 사람들을 천국으로 인도한다. 엔리코는 또한 지오토에게 지옥의 교수대에 매달려 있는 아버지를 그려달라고 부탁했다. 그는 레지날도와 달리 자신이 천사 편에 서 있다는 것을 분명히 하고 싶었기 때문이다.

지오토가 뒤로 물러나 작품을 감상한다. 거대한 나무 비계가 예배당 대부분을 채우고 있지만 그 너머로 벽을 감싸고 있는 그의 프레스코화가 보인다. 그는 야심 찬 「최후의 심판」뿐만 아니라 성모 마리아와 그리스도의 생애 장면도 그렸다. 성경에 나오는 장면이지만 지오토는 14세기의 파도바를 배경으로 사용하여 모든 사람의 표정을 마치 살아 숨 쉬고 감정을 느끼는 것처럼 포착하고자 했다.

※

지오토(지오토 디 본도네, 1266?~1337)는 일자리를 따라 이탈리아 전역을 여행하며 나폴리, 로마, 파도바, 아시시, 그리고 고향인 피렌체에서 제단화와 프레스코화를 그렸다. 당시 이탈리아는 통일된 국가가 아니라 여러 도시국가와 왕국으로 이루어진 나라였다. 각각 고유한 법률이 있었기 때문에 지오토와 같은 예술가들은 이를 숙지한 채 임시 작업장을 마련하고 현지 예술가들을 고용해 의뢰받은 일을 완수해야 했다. 지오토는 10대 시절 그를 가르치고 처음으로 로마에 데려간 영향력 있는 예술가 치마부에(첸니 디 페포, 1240?~1302?)에게서 이러한 방법을 배웠을 것이다.

로마에서 지오토와 치마부에는 피에트로 카발리니(1250?~1330?)의 작품을 보았다. 카발리니는 성화나 채식필사본의 성상을 모방하는 것이 아니라 일찍이 살아 있는 인체 연구의 초기 지지자였다. 왜 그랬을까? 이탈리아에서는 사람들이 인본주의라는 새로운 철학의 영향을 받기 시작했다. 인본주의자들은 고대 그리스·로마의 예술과 철학을 그 이후에 만들어진 어떤 것보다 더 중요하게 여겼다. 인본주의자들은 또한 천국보다는 지상에서 좋은 삶을 살아야 할 책임이 인간에게 있다고 믿었다. 그들은 외진 수도원에 남아 있는 고대 라틴어와 그리스어 문서를 추적하고 플라톤과 같은 그리스 철학자들의 가치에 대해 밤늦게까지 토론했다. 인본주의는 이탈리아 도시의 지식인 사회에서 인기를 끌었고, 중세의 수도사들을 대신해 학구적인 일반인들이 주요 사상가로 부상했다. 인본주의의 영향으로 예술가들은 「블라디미르의 성모」같은 중세 회화에서 볼 수 있었던 양식화된 인물 표현에서 벗어나 고전 예술과 실제 신체를 다시 연구하기 시작했다. 예를 들어 성 체칠리아 교회에 있는 카발리니의 「최후의 심판」(현재는 일부만 남아 있다)에는 아래에 실제 신체가 있는 것처럼 무릎과 팔뚝 위로 드리워진 예복을 입은 인물들이 등장한다. 이들은 균형이 맞고, 생생한 얼굴 표정을 짓고 있다.

13세기 후반에 제작된 이 프레스코화는 지오토의 「최후의 심판」과 몇 가지의 공통점이 있으며 지오토에게 영향을 주었을 것이다. 그러나 지오토는 스크로베니 예배당에 펼쳐지는 일련의 이야기에서 더 나아가 표현력 있는 극적인 장면을 만들어 성경에 진짜 생동감을 불어넣었다. 팔은 펴지고, 입은 벌어지고, 눈물이 떨어진다. 「통곡」에서는 굽은 어깨, 깍지 낀 손, 떨군 고개를 통해 죽은 그리스도를 돌보는 여인들의 슬픔을 느낄 수 있다. 중력에 따라 천은 여인들의 몸 위로 드리워지고 애도하는 마음으로 구부러진 등과 두툼한 팔이 드러난다.

파도바의 스크로베니 예배당에 있는 지오토의 프레스코화. (1305년경)
「통곡」은 「십자가형」 다음에, 왼쪽에서 두 번째에 있다.

    이탈리아의 고전적 자연주의의 환기는 카발리니와 지오토의 작품에서 볼 수 있다. 16세기부터 조르지오 바사리 같은 전기 작가들은 이 화가들의 '자연에 대한 관찰'에 찬사를 보냈다. 바사리는 '진실의 문'을 연 화가로 지오토를 꼽았다. 이들은 선대 예술가들의 중세 종교 미술이 아닌 인본주의적 시각으로 바라본 주변 세계의 영향을 받았다.

    이탈리아에서는 당대를 대표하는 많은 예술가가 프란치스코회의 주 교회인 아시시의 산 프란체스코에서 일했다. 치마부에, 지오토, 카발리니는 모두 이곳에서 작품을 제작했으며, 시모네 마르티니(1284~1344)와 로렌제티 가문도 마찬가지였다. 지오토의 작업장에서는 스크로베니 예배당의 장면을 재활용하여 그리스도의 생애를 그렸다. 지오토와 같이 성공한 예술가들은 수요를 따라잡기 위해 작업장을 운영했다. 지오토가 프레스코 일대기 fresco cycle의 초안 디자인을 만들었지만, 대부분의 작업은 어린 견습생부터 야심 찬 젊은 예술가, 숙련공에 이르는 조수들이 완성했을 것이다. 지오토는 얼굴과 마무리를 추가할 때만 현장으로 돌아왔을 것이다.

이 교회의 걸작인 성 프란치스코 일대기는 성인의 일생을 다룬 28개의 장면이 포함되어 있다. 누가 그렸는지 알 수 없지만, 이야기를 전달하는 데 중점을 두었고 사실적인 인물 표현은 카발리니와 지오토의 작품처럼 보인다. 이 그림들은 신도들이 살펴볼 수 있도록 제작되었으며 지오토가 제작한 스크로베니 예배당의 작품과 마찬가지로 보는 이에게 직접 말을 걸고, 그들이 표정으로 반응하고 장면의 일부라고 느끼게 한다. 성 프란치스코가 아기 예수의 탄생을 축복하는 크리스마스 장면에서 우리는 관람자가 되어 프란치스코 수도사들이 노래하는 모습을 보기 위해 남성 군중과 함께 합창단 안에 서 있다. 실제 성가대 구역에는 여성 순례자의 출입이 허용되지 않았기 때문에 여성 신도들에게는 새로운 경험이 되었을 것이다.

이탈리아 바깥의 예술가들도 자연주의를 실험했다. 콘스탄티노플(이스탄불)에 있는 '신성한 구원자의 그리스 정교회'에는 지오토의 「최후의 심판」만큼이나 극적인 부활 장면이 있다. 무명의 예술가가 그린 「아나스타시스」는 「최후의 심판」과 비슷한 시기에 제작되었는데, 맨발의 활기찬 그리스도가 아담과 이브를 무덤에서 끌어내어 천국에 합류하는 모습을 보여준다. 사탄은 패배하여 부서진 지옥문 옆에 있는 그리스도의 발아래에 묶여 있다. 이 프레스코화는 비잔틴 모자이크로 된 성인들의 위, 반 돔 형태에 자리 잡고 있다. 여기서 성인들은 평평한 문양의 옷을 입고 움직임 없는 성상처럼 보인다. 이 대조적인 양식의 폭발적인 만남은 당시의 사고와 관점이 얼마나 크게 변화하고 있는지를 시각화해준다.

이 새롭고 흥미로운 형태의 자연주의의 초기 사례는 대부분 이탈리아에서 발견되었다. 인본주의에 대한 관심의 증가, 부의 증가, 치열한 경쟁으로 인해 특수한 환경이 조성되었던 것이다. 도시, 교회, 후원자들은 최고의 예술가를 유치하고 가장 인상적인 예술 작품을 의뢰하기 위해 서로 경쟁했다. 예술가들은 자연스러운 세계에 초점을 맞추었고 그리스 신화부터 점점 더 생생한 인체 조각에 이르기까지 고전적인 모든 것에 대한 새로운 관심을 표명했다.

자연 세계에 대한 새로운 관심이 어떻게 르네상스(예술의 '재탄생')로 이어졌는지 살펴보기 위해서는 한동안 특정한 경로를 따라가야 할 것이다. 르네상스는 200년 이상 지속되었고 오늘날까지도 전 세계의 예술가들에게 영향을 미치고 있으므로 르네상스의 폭과 범위를 보여주고자 한다. 그러기 위해서 앞으로 몇 개의 장에 걸쳐 세계를 포괄하는 관점을 잠시 중단할 것이다. 놀랍게도 오랫동안 이러한 제한적 관점은 큰 관심사가 되지 않았다. 서양미술사는 유럽 이외 지역의 미술을 무시해왔고 미술사학자들은 이를 아예 예술로 간주하지도 않았다. 하지만 21세기인 오늘날에는 다양한 제작자가 만든 전 세계의 예술이 찬사를 받고 있다. 이 책에서는 이미 많은 사례를 살펴보았으며 앞으로 더 많은 사례를 소개할 예정이다.

앞으로 몇 개의 장에 걸쳐 14·15·16세기에 유례없는 예술의 번영을 이루었던 유럽의 르네상스를 이끈 예술가와 후원자들을 만나볼 것이다. 과학자, 철학자, 수학자, 예술가들은 깊은 호기심과 발명의 사회를 만들었고 원근법과 광학, 해부학에 대한 의학적인 이해에 관한 연구를 소개하고 자연과 실제 모델을 그리는 방식을 다시 소개했다. 독일, 벨기에, 네덜란드의 북부 르네상스를 포함해서 르네상스가 남긴 영원한 유산은 이 시기에 창조되었고 이후 400년간 서구의 미술 교육

두초의 제단화 「마에스타」의 중앙 패널. (1308~1311년)

과 관행에 영향을 미쳤다.

초기 르네상스 시대에는 교회 예술에 제단화라는 새로운 요소가 도입되었다. 제단화는 사제들이 신도들을 등지고 예배의 일부를 진행하기 시작하면서 만들어졌다. 주의를 집중시키기 위해 사람들이 볼 수 있도록 제단 위에 대형 다중 패널 그림을 배치했다. 초기의 예로 1308~1311년에 제작된 두초(두초 디 부오닌세냐, 1278~1319년 활동)의 「마에스타」를 들 수 있는데, 그리스도를 안고 보좌에 앉은 성모 마리아가 성인과 천사들에 둘러싸여 있는 장엄한 작품이다. 오랫동안 여러 부분으로 나뉘어 있던 「마에스타」는 한때 70개의 패널로 구성되어 이탈리아 시에나 대성당의 중앙 제단을 차지했다.

두초는 지오토처럼 치마부에의 제자였다. 「마에스타」에서 그는 성모와 그리스도를 둘러싼 수많은 구경꾼을 그렸다. 그들은 마치 학교 사진을 찍기 위해 벤치에 서 있는 것처럼 계단식으로 올라서 있다. 엄청난 양의 금이 사용되었지만, 사실적인 세부 묘사도 매우 뛰어나다. 세례자 요한은 털북숭이 양털 겉옷을 걸쳤고, 카타리나 성녀는 화려한 양단 망토와 베일을 쓰고 서 있다. 두초가 그린 인물은 지오토가 묘사한 것만큼 육체적 무게감이 느껴지지 않으며, 성모 마리아는 긴 코와 아몬드형 눈 등 비잔틴 성상 그림의 과장된 특징을 여전히 지니고 있다. 그러나 비교해보면 그녀는 매우 2차원적이고 양식화된 스승 치마부에의 성모상보다 훨씬 더 생생하다.

시에나 대성당 이사회는 두초와 「마에스타」 제작에 관해 계약을 맺었다. 성당 측에서 필요한 상당한 양의 금을 포함한 모든 재료를 공급하기로 했고, 두초는 그 외의 추가적인 의뢰를 받지 않고 그림 작업은 그와 그의 작업장 인력만 허락되었다.

20년 후 시에나 대성당은 대대적인 건축 공사를 진행했고, 새로운 예술가들에게 두초의 「마에스타」 옆에 제단화 네 점을 추가 제작하도록 의뢰했다. 각 제단은 시에나의 수호성인에게 헌정되었으며, 시모네 마르티니는 성 안사누스를 위한 제단화를 완성해달라고 요청받았다. 마르티니는 자신의 작업장을 운영하며 처남인 리포 멤미(1291?~1356?)와 함께 이 제단화를 공동 제작했다. 마르티니는 천사 가브리엘이 하늘에서 내려와 마리아에게 하느님이 주신 임신 소식을 전하는 수태고지, 즉 성모 영보로 알려진 그리스도의 잉태 순간을 묘사하기로 했다. 가브리엘의 망토가 공중에서 펄럭이는 것으로 보아 방금 하늘에서 내려온 것으로 보이고 그의 갑작스러운 발현으로 마리아는 겁을 먹고 뒤로 물러선다. 그가 전하는 말은 배경에 금박으로 새겨져 있고 그의 입과 빛나는 성모의 후광 사이로 뻗어 있다. 성 안사누스는 시에나의 흑백 도시 깃발을 손에 들고 옆에서 바라보고 있다.

마르티니의 양식은 지금까지 보아왔던 회화와는 차이가 있다. 그가 그린 인물은 좁은 어깨와 창백한 뺨으로 길쭉하게 늘어나 있다. 이들은 가느다란 고딕 양식의 조각처럼 보이며 이 제단화에서는 고딕 양식의 느낌이 물씬 풍긴다. 마르티니는 이탈리아 남부에 있는 나폴리 왕의 프랑스어권 궁정에서 일하다가 결국 프랑스로 이주하게 된다. 우리가 샤르트르 대성당에서 처음 접했던 고딕 양식은 마르티니와 같은 예술가들을 통해 회화로 해석되었고 지금은 국제 고딕International Gothic 양식으로 알려져 있다. 이 호화로운 양식은 풍부한 색채와 금박을 사용했으며 왕실에서 인기를 끌었다. 국제 고딕 양식의 회화는 놀라울 정도로 세밀하게 묘사되었지만, 비율 측면에서 사실적이지 않은 장면이 많았다. 이 양식은 북유럽에서 번성했고 다음 장에서 살펴볼 것이다.

CHAPTER 11
북유럽의 빛

1397년 겨울날, 영국 왕 리처드 2세가 런던의 웨스트민스터 사원에 들어선다. 그는 본당 맨 끝에 있는 작은 예배당으로 향한다. 한 번에 한 사람만 기도할 수 있을 정도의 크기라 매우 사적인 공간이다. 그는 성 에드먼드, 에드워드 참회왕, 세례자 요한의 예배당을 지나 자신의 예배당에 도착한다. 내부에는 그의 새 제단화가 촛불에 반짝이고 있다. 제단화는 큰 책 크기 정도에 지나지 않고 가운데에 경첩이 달려 있다. 그는 그림에 다가가면서 방금 지나쳤던 세 성인의 예배당 앞에서 헌신적으로 무릎을 꿇고 있는 그림 속의 자기 모습을 보며 미소 짓는다.

그림에서 그는 성모자에게 기도를 바친다. 그들은 정면 패널에 정교하게 그려져 있으며, 높고 큰 깃털 날개를 가진 섬세한 천사들이 그들을 둘러싸고 있다. 이 이중 제단화(두 개의 패널로 구성된 작품)에는 엄청나게 큰 비용이 들었다. 금박과 값비싼 울트라마린 물감을 사용했고, 각

무명 화가의 「윌튼 두 폭 제단화」.(1395년경)

인물은 너무나 섬세하게 그려져서 성 에드워드의 회색 수염에 말려 있는 털 하나하나를 볼 수 있다. 천사들은 꽃길 위를 걷고 있는데, 모두 성 에드워드의 상징인 웅장한 뿔을 가진 흰색 사슴 상징을 달고 있다. 성 에드워드 역시 흰색 사슴이 있는 금빛 망토를 두르고 있다. 또한 천사들처럼 금작화 꼬투리 모양의 두툼한 목걸이를 걸고 있다. 흰색 사슴이 그의 문장이듯, 금작화 꼬투리는 프랑스 왕의 제복 문장 중 하나다. 즉 이 금작화 꼬투리는 리처드를 프랑스와 연결해주는 고리이다. 리처드는 프랑스에서 태어났고, 프랑스 화가를 고용해 제단화를 그렸으며, 그의 어린 신부의 출생지도 프랑스였기 때문에 금작화 꼬투리가 그림에 포함된 것을 흡족해하고 있다.

✤

1395년경에 무명의 화가가 그린 이 그림은 현재 「윌튼 두 폭 제단화」로 알려져 있다. 이 작품은 국제 고딕 양식의 훌륭한 예이다. 리처드와 성모의 우아한 얼굴과 길쭉한 손가락은 시모네 마르티니의 「수태고지」를 떠올리게 하며, 세부 묘사와 값비싼 원재료에 대한 아낌없는 관심으로 랭부르 형제가 베리 공작을 위해 제작한 호화로운 『기도서』의 선구가 되었다.

랭부르 형제(폴, 에르망, 장 드 랭부르)는 1410년경 호화로운 장식의 『기도서』 제작에 최고급 울트라마린을 사용했다. 이 책은 주름이 생기지 않도록 송아지 가죽의 중앙을 잘라 만든 최고급 흰색 양피지에 그림을 그렸으며, 현대식 양장본 크기 정도이다. 이 기도서에는 궁정 생활의 세부 사항이 월별로 열두 페이지에 담겨 있다. 기도문이 뒤따라 나오지만, 오늘날 보는 이들의 관심을 끄는 것은 이 열두 장의 달력이다. 이 장면들은 사실적이라기보다는 화려하고 장식이 뛰어나다. 그림 속 인물들은 모양과 크기 면에서 중세의 채식필사본처럼 각각 매우 다르다. 그러나 11월 돼지몰이에 묘사된 돼지털과, 4월의 궁정 귀족들의 깃털 달린 모자까지 월별로 그 묘사가 매우 세밀하다. 국제 고딕은 중세와 르네상스 예술의 다리 역할을 하는 것으로, 궁극적으로 이 그림들은 두 가지 양식을 혼합한 것이다. 그리고 귀족 예술이자 자연에 대한 면밀한 관찰을 보여주는 북부 르네상스 전통의 시작이기도 하다.

베리 공작과 리처드 2세는 값비싼 채식 도서와 개인 제단화를 의뢰할 만큼 재산이 많았을지 모르지만, 15세기에 접어들면서 유럽에서 가장 부유했던 쪽은 베리 공작의 형인 부르고뉴 공작, 용맹공 필리프의 프랑스 궁정이었다. 필리프는 자신의 가족무덤에 적절한 곳을 확보하기 위해 수도 디종 근처의 샹몰에 수도원 한 채를 건축했다. 수도원의 회랑은 폭이 100미터에 달했고 필리프는 궁정의 수석 조각가인 네덜란드 예술가 클라우스 슐뤼터르(1340~1405)에게 시선을 사로잡을 만한 것을 중앙에 디자인해달라고 의뢰했다. 회랑이 습지대에 둘러싸여 있었기 때문에 만만치 않은 작업이었다. 슬뤼터르의 해결 방안은 지하 4미터 아래에 석조 기초를 묻고, 끌어온 물을 사용하여 수영장처럼 바닥을 둘러싸는 우물을 만드는 것이었다. 그 위에 실물 크기의 선지자 여섯 명과 작은 천사들로 둘러싸인 돌기둥을 세웠다. 그 꼭대기에는 금으로 덮인 가느다란 돌기둥이 솟아나 십자가에 매달린 그리스도를 받치고 있었다.

'모세의 우물'이라고도 알려진 「대십자가」(1395~1403년)는 하늘로 11미터나 뻗어 있었다. 300년 넘게 그 자리를 지켰지만, 지금은 기둥과 선지자들만 남아 있다. 본래 또 다른 궁정화가였던 장 말루엘(1365?~1415?)이 선지자상을 채색했으며, 다윗의 바닥까지 내려오는 튜닉에서는 지금도 파란색과 흰색 줄무늬를 볼 수 있다. 모든 선지자는 금방이라도 뛰어내릴 듯이 좁은 난간 위에 발을 오므린 채 생동감 넘치는 자세를 취하고 있다. 이 조각상들은 여전히 뒤의 기둥에 붙어 있지만 샤르트르 대성당의 고딕 양식 조각상보다 훨씬 대담하고 자유롭다.

슬뤼터르와 말루엘은 「대십자가」에 파란색 물감을 자유롭게 사용했다. 선지자들의 망토와 옷의 첫 번째 층에는 저렴한 아주라이트 안료를, 그리고 그 위에는 고급 울트라마린을 사용했다. AA 건전지 한 개 무게에 불과한 25그램의 울트라마린이 들어 있는 작은 항아리의 가격은 슬뤼터르가 1주일 동안 받는 임금과 같았을 것이다. 같은 금액이면 8킬로그램의 연백 안료를 살 수 있었다. 울트라마린은 값비싼 광물인 청금석을 갈아서 안료 또는 색소 가루로 만들어져 바다크샨(지금의 아프가니스탄)의 광산에서 바그다드와 베네치아를 거쳐 수입되었다. 이보다 열 배나 저렴한 아주라이트는 좀 더 가까운 독일과 슬로바키아의 광산에서 공급되었다.

부르고뉴 공작과 베리 공작의 후원으로 예술가들은 보통 귀족에게만 주어지는 생활 방식을 누릴 수 있었다. 베리 공작은 폴 랭부르(1386?~1416?)에게 대저택을 선물했고, 모든 형제가 의복과 선물은 물론 월급도 받았다. 부르고뉴 공작은 슬뤼터르와 말루엘이 중병에 걸렸을 때 병원비를 지불할 수 있도록 추가로 돈을 주기도 했다. 대부분의 예술가는 이런 종류의 안정된 생활을 누리지 못했다. 개방된 시장에서 가능한 작품 판매와 대조적으로 그들은 자신의 작업장 자금을 조달해야 했고, 작품 의뢰를 따내야 했고, 재료비와 수지를 맞춰야 했다. 따라서 예술가들이 부유한 상인과 귀족들이 자신의 작품을 구매할 수 있는 도시로 모여드는 것은 그리 놀라운 일이 아니었다.

지금은 벨기에에 속해 있지만 당시에는 부르고뉴 공작의 영토에 속해 있었던 투르나이는 그런 도시 중 하나였다. 이 지역에서 만들어진 예술은 현재 통칭하여 '네덜란드 예술 Netherlandish Art'로 알려져 있다. 로베르 캉팽(1378?~1444?)은 투르나이에 거주하며 대규모의 작업장을 운영했다. 1427~1432년에 제작된 그의 수태고지 세 폭 제단화는 현재 「메로드 제단화」로 알려져 있다. 중앙 패널에는 벽난로 옆에 앉아 독서 중인 성모에게 가브리엘이 메시지를 전하기 위해 내려온다. 이 그림은 상징적인 부분으로 가득 차 있는데, 예를 들어 파란색과, 흰색 꽃병에 담긴 백합은 성모의 순결을 상징한다. 제단화의 왼쪽 날개에는 이 제단화의 기부자들이 기도하는 모습이 그려져 있다. 이들은 제단화 제작비를 부담했다. 오른쪽 날개에는 요셉이 목공 도구에 둘러싸여 있다. 그 너머로 덮개가 닫히지 않은 창문 바깥에 작은 사람들이 마을 광장을 돌아다니는 모습이 보인다. 캉팽은 이렇게 세밀한 풍경을 그림에 처음으로 추가한 화가 중 한 명이다. 랭부르 형제의 양식화된 『기도서』와는 확연히 다르다. 마치 실제 창문으로 거리 너머를 바라보는 듯한 느낌을 주며, 마치 성모 마리아의 세계에 들어온 듯한 착각을 불러일으킨다. 이러한 수준의 관찰로 인해 「메로드 제단화」를 초기 북부 르네상스 예술의 뛰어난 사례로 꼽는다.

경첩이 달린 제단화는 이탈리아에서 볼 수 있는 고정된 패널 그림과 달리 네덜란드에서는 일반적이었다. 이탈리아의 예술가들은 템페라로 작업했지만, 네덜란드 예술가들은 유화물감을 사용했다. 아마 씨 같은 기름과 혼합된 안료는 북유럽에서 수 세기 동안 사용되었지만 15세기에 들어서야 네덜란드의 모든 주요 예술가가 사용하면서 주목을 받게 되었다. 그들의 작품은 이탈리아로 수출되었고, 다음 장에서 살펴보겠지만 이탈리아 예술가들도 곧 이 기법을 시도하기 시작했다. 밝고 균일하게 마감되고 속성 건조되는 템페라와 달리 유화물감은 건조하는 데 며칠이 걸렸고 얇은 광택제를 여러 겹으로 바를 수 있었다. 광택 층이 마른 후에 다른 광택제를 칠해야 했기 때문에 유화물감을 사용하는 것은 느린 과정이었지만 예술가들은 템페라로는 불가능한 깊이와 미묘한 색상을 만들 수 있었다.

헨트(지금의 벨기에)에서는 형제가 유화물감을 사용해 15세기의 가장 웅장한 네덜란드 제단화를 제작했다. 1426~1432년에 제작된 「헨트 제단화」는 휘베르트 반 에이크(1385?~1426?)가 시작하고 얀 반 에이크(1390?~1441?)가 완성했다. 「메로드 제단화」가 개인적인 헌정을 위해 제작되었다면, 「헨트 제단화」는 성 요한 성당(지금의 성 바보 대성당)을 위해 제작되었다. 24개의 패널로 구성되어 있으며 패널의 앞면과 뒷면에 모두 그림이 그려져 있다.

「헨트 제단화」의 날개를 펼치면 가로가 5미터에 육박한다. 중앙에는 붉은 옷을 입은 실물보다 큰 그리스도가 황금 보좌에 앉아 손을 들어 축복을 내리고 있다. 아담과 이브는 양 측면 날개에서 바라보는데,

그들의 벗은 몸은 당시로서는 놀라웠을 것이다. 나뭇잎으로 성기를 가리고 있지만 그 위로 말린 음모를 볼 수 있다. 제단화가 닫히면 수태고지 이야기가 중앙 패널을 가로질러 펼쳐진다. 기증자인 엘리자베스 보뤼트와 그녀의 남편 주스 비이트가 아래에서 기도하고 있다. 그들은 젊어 보이지 않는다. 반 에이크는 그들의 비위를 맞추려 하지 않았다. 이상적인 모습이 아닌 실제 그들의 모습으로 우리 앞에 무릎을 꿇게 했다. 반 에이크는 건축물의 벽감, 즉 얕은 공간 안에 이들을 그려 넣었다. 그 옆에는 두 개의 '조각상'이 비슷한 공간을 차지하고 있다. 이 '조각상'은 물론 물감으로 그린 것이다. 반 에이크는 물감이 눈을 속이고, 실제 방에서 실제 사람과 실제 조각품을 보고 있다고 믿게 할 수 있다며 자기 기술을 강조한다. 제3장에서 플리니우스가 고대 그리스인들의 '트롱프뢰유' 기술을 칭송한 것을 기억하는가? 르네상스 예술가들은 그리스인들을 상대로 그들의 게임에 도전한 것이다.

얀 반 에이크는 1431년 브뤼헤에 정착했다. 그의 작품은 놀라운 환상주의와 브로케이드 천의 무거운 무게부터 수입 오렌지의 움푹 파인 껍질까지 다양한 질감을 재현하는 능력으로 높이 평가받았다. 1434년에 그린 「아르놀피니 초상화」속의 부유한 이탈리아 상인 조반니 아르놀피니와 그의 아내 코스탄자 트렌타의 집 창턱에서 바로 그 오렌지를 볼 수 있다. 부부는 손님을 맞이하듯 함께 서 있다. 열린 문과 창문으로 햇살이 들어오고, 이 조화로운 빛은 부부의 머리 크기가 확연히 다른데도 이중 초상화의 환영을 믿게 만든다. 또한 죽음 이후의 삶에 대한 믿음을 갖게 할 수도 있다. 조반니의 검은 모자와 머리 위의 화려한 황동 촛대에는 촛불 하나가 타오르고 있는데, 이 그림이 그려지기 한 해 전에 스무 살의 나이로 죽은 젊은 아내를 애도하고 있음을 암시한다.

로히어르 판 데르 베이던의 제단화 「십자가에서 내림」.(1435년경)

캉팽의 제자였던 로히어르 판 데르 베이던(1400~1464)은 브뤼셀(지금의 벨기에)로 이주하여 자신의 작업장을 열었다. 판 데르 베이던의 초상화는 세부 묘사에 대한 관심 측면에서 반 에이크와 유사했지만, 감정을 전달하는 데는 한 걸음 더 나아갔다. 1435년경에 그린 「십자가에서 내림」을 보면 그가 성취할 수 있는 표현의 깊이를 보게 된다. 이 패널화는 브뤼셀 근교의 루벵에 있는 '성벽 밖의 성모 마리아 예배당'의 중앙 제단을 위해 의뢰한 작품으로 석궁수 길드에서 비용을 지불했다. 당시의 복장을 한 열 명의 인물이 금색 배경 앞에 등장한다. 금색은 성상화에서처럼 표면을 밋밋하게 만들지 않는다. 금색은 마치 비좁은 무대 위의 배우 같은 주인공들 뒤에 자리 잡고 있다. 나무 패널 자체는 그리스도의 십자가 상단이 위치할 수 있는 모양으로 만들어졌다. 한 남자가 십자가 뒤의 사다리 위에 앉아 있는데, 그의 집게는 장례를 위해 그리스도를 내릴 수 있도록 못을 뽑는 그의 임무를 생생하게 상기시켜준다. 세 명의 남자가 생명이 없는 시신을 안고 있는데, 얼굴은 초췌하고 눈에는 눈물이 고여 있다. 그리스도의 어머니 마리아는 기절하여 바닥에 쓰러져 있고 아들의 자세와 흡사하다. 두 사람의 손은 거의 닿을 듯하다. 이는 죽음과 슬픔을 표현한 강렬한 이중 초상화이다. 두 팔의 모양이 활의 곡선을 닮은 것은 이 작품을 의뢰한 길드에 대한 시각적 감사의 표시이다.

이러한 유화로 인해 네덜란드 미술은 높은 인기를 얻었다. 의뢰받은 작품이 아닌 것들은 안트베르펜(지금의 벨기에)과 다른 지역의 국제적인 시장에서 판매되었고 이탈리아의 열성적인 수집가들에게 수출되었다. 판 데르 베이던과 반 에이크는 그 이전의 고대 그리스 화가들처럼 당대에 가장 중요한 예술가이자 환영주의의 대가로 여겨졌다. 이탈리아에서는 원근법의 새로운 발전 덕분에 이러한 환영주의가 더욱 발전했다.

CHAPTER 12

원근법의 문제

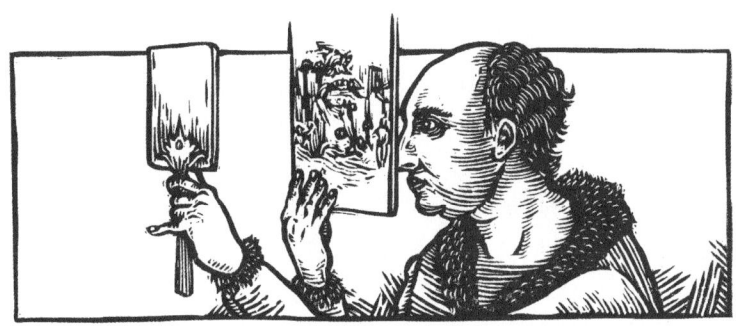

1444년, 코시모 데 메디치가 이탈리아 피렌체의 비아 라르가에서 조금 떨어진 작은 땅 위에 건축가 미켈로조와 같이 서 있다. 그들은 여러 층의 고전적인 건물과 중앙 안뜰이 놓일 코시모의 야심 찬 새 궁전에 관한 계획을 논의하고 있다. 코시모는 처음에 유명한 건축가 필리포 브루넬레스키에게 설계를 맡겼지만, 너무 화려하다는 이유로 그의 계획을 받아들이지 않았다. 코시모는 메디치 은행의 수장으로서 재산이 많았지만 아버지는 항상 그에게 부를 과시하지 말라고 조언했다. 그는 미켈로조의 절제된 계획을 선택했지만 거기에도 점점 늘어나는 회화, 조각, 서적 소장품을 위한 공간이 여전히 포함되어 있었다.

코시모는 당대 최고의 조각가 중 한 명인 도나텔로에게 안뜰 조각을 의뢰하기로 한다. 그는 성경에 나오는 목자 다윗의 모습을 조각하여 중앙의 받침대 위에 세워달라고 부탁할 것이다. 조각상은 일반적으로 건물의 벽감을 차지할 뿐 중앙 무대에 세워지지 않았기 때문에, 이것은 대담한 시도이다. 다윗과 골리앗 이야기는 잔혹한 힘을 압도하는 영리한 속임수에 관한 것이다. 이 때문에 다윗은 교황과 경쟁 도시국가로부터 독립성을 유지한, 자부심 강한 피렌체의 상징으로 오랫동안 사랑받아왔다. 도나텔로는 이미 피렌체 정부 청사인 시뇨리아 궁전에 다윗을 조각한 바 있다. 그는 왕의 자질 대신 다윗의 젊음과 아름다움을 강조했고 피부에 밀착되는 튜닉과 허벅지까지만 내려오는 로브를 입혔다. 최근 만들어진 어떤 조각상보다 고전 그리스 조각상처럼 보인다. 코시모는 도나텔로가 이 새로운 의뢰를 어떻게 풀어낼지 궁금하다. 그는 새로운 다윗 상을 청동으로 주조할 것이기 때문에 가장 부유한 은행 가문, 아마도 메디치 가문만이 감당할 수 있는 작품이 될 것임을 알고 있다.

※

1440년대에 도나텔로(도나토 디 니콜로 디 베토 바르디, 1386?~1466?)가 제작한 청동 「다비드」 상은 남성의 젊음과 아름다움을 찬양하는 작품이다. 다윗은 앞코가 없는 무릎 높이의 부츠 한 켤레를 제외하고는 완전히 벗은 채 서 있다. 그의 투구는 챙이 넓은 모자에 나뭇잎을 감아 만든 것처럼 보이며, 머리의 굵은 컬은 어깨 아래까지 내려온다. 왼손은 엉덩이에 얹고 왼발은 골리앗의 잘린 머리 위에 올려놓았다. 광택을 낸 청동 피부가 빛을 반사하면서 다윗의 털 없는 몸이 반짝인다. 그는 더 이상 건축물의 일부가 아니라 홀로 서서 시선을 요구하고 있다. 1,000년이 훨씬 넘는 세월 동안 아무도 이런 조각품을 만들 수 없었다. 남성 나체 조각상이 주각 plinth 을 장식한 것은 로마인들이 세상을 지배하던 시대가 마지막이었다. 이 조각품은 성서적 기원이 있지만 진정한 주제는 남성의 아름다움과 신체에 대한 고전적 감상이다.

도나텔로의 청동 「다비드」 상.(1440년대)

　　코시모 데 메디치는 인본주의자였으며 고전 사상과 예술 교육을 받았다. 그는 도나텔로가 활동하는 동안 숙식을 제공하고 정기적인 일자리를 지원해주었다. 이 시기에 이탈리아에서는 대부분의 예술 작품이 직접 의뢰를 받아 제작되었다. 도시의 가장 부유한 길드들은 도나텔로 같은 예술가에게 교회를 장식할 조각품을 주문했다. 부유한 가문들은 가족의 장례식 예배당을 위해 중요한 교회 내부의 부지를 구입했고 예술가에게 돈을 지불하여 장식했다. 부유한 가문들은 서로 치열하게 경쟁했다.

　　앞으로 세 장에 걸쳐 피렌체, 베네치아, 로마 등 이탈리아의 경쟁 도시 세 곳이 어떻게 예술가들을 지원하고 르네상스에 기여했는지 살펴볼 것이다. 15세기 로마는 가톨릭교회의 중심지로서 그 위치를 재확인했고, 로마는 교황의 막대한 재정 지원으로 엄청난 혜택을 누렸다. 베네치아는 국제 무역을 기반으로 부를 쌓았고 피렌체는 자유를 소중히 여기는 성공한 상인들이 통치하는 공화국이었다. 각각의 도시에서 예술은 고전 시대 이후 볼 수 없었던 규모로 번성했다.

피렌체에서 메디치 가문은 가장 부유하고 강력했으며, 많은 예술가가 메디치 가문의 후원으로부터 혜택을 받았다. 프라 안젤리코(귀도 디 피에트로, 1395?~1455?) 수사도 그중 한 명이었다. 코시모 데 메디치는 열일곱 명의 도미니크회 수도사를 산 마르코 수도원으로 이주시키기 위해 비용을 지불했다. 코시모는 그들에게 새 수도원과 웅장한 도서관을 지어주고 고전과 신학 서적을 구비해주었다. 도미니크회 수도사들은 청빈을 서약했지만, 피렌체에서 가장 재능 있는 화가 중 한 명이 수도원에 살게 되면서 수도원을 예술 작품으로 장식하는 것을 막지는 않았다. 프라 안젤리코 수사는 1440년대에 조수들과 함께 하느님께 영광을 돌리는 프레스코화로 산 마르코 성당을 가득 채웠다. 십자가상이 사제단 회의장Chapter House에 걸려 있었고, 수도실로 알려진 41개의 금욕의 정사각형 침실에는 각각 영적인 장면이 그려졌다. 계단 꼭대기에 있는 거대한 수태고지에는 가브리엘이 척추에서 펼쳐진 진홍색, 청록색, 복숭아색, 레몬색, 흰색 줄무늬로 이루어진 여러 색깔의 날개로 인해 빛나고 있다. 또 다른 수도실에 그려진 수태고지는 좀 더 절제되어 있다. 성모 마리아가 무릎을 꿇고 있는 모습이 그려진 단순한 아치형 방의 벽은 수도실의 석고 벽과 같은 색상이다. 마치 성모님의 공간이 수사의 침실이 확장된 것처럼 보인다. 예술과 삶, 신앙이 한데 어우러진 프라 안젤리코 수사의 작품은 무엇보다도 헌신을 위한 시각적 보조 도구였다. 엔리코 스크로베니와 용맹공 필리프가 그러했듯이 코시모는 신앙을 공고히 하는 데 자신의 재산을 사용했다. 코시모는 산 마르코 성당에 혼자서 기도할 수 있는 자신만의 방을 마련하기도 했다.

예술가들은 메디치 가문과 교회의 의뢰를 받아 르네상스 예술의 근간이 되는 새로운 기법, 즉 원근법을 실험했다. 로렌초 기베르티(1378?~1455?)는 피렌체의 세례당을 위해 성서의 내용을 담은 부조로 덮인, 두 쌍의 화려한 문을 50년에 걸쳐 제작했고 1452년에 마침내 완성했다. 첫 번째 쌍을 제작할 때는 도나텔로가 그의 조수로 일했지만, 도나텔로가 시에나에서 원근법이라는 새로운 수학적 개념을 실험하기 위해 떠난 후 기베르티는 이 새로운 기법을 수용하기 위해 두 번째 문의 디자인을 수정했다.

원근법이란 무엇일까? 원근법은 어떤 물체를 다른 물체보다 더 가깝게 보이게 하여 평면에 사실적인 3차원 장면을 재현하는 방법이다. 브루넬레스키와 마사초(토마소 디 세르 조반니 디 시모네, 1401~1428)는 피렌체에서 원근법을 실험했고, 그 후 레온 바티스타 알베르티(1404~1472)는 1435년 저서 『회화에 관하여』에서 원근법을 뒷받침하는 규칙을 발표했다. 원근법은 회화에 혁명을 일으켰지만, 기베르티가 완성한 두 쌍의 문을 비교하면 원근법의 기본을 더 쉽게 이해할 수 있다. 첫 번째 쌍인 북쪽 문(신약성서의 28개 장면)의 경우, 각 장면의 바닥이 선반처럼 보이고 이미지가 밖으로 돌출되어 있다. 두 번째 쌍인 동쪽 문(구약성서의 10개의 더 큰 장면이 있는)에는 땅이 그림 안쪽으로 경사가 진 듯 보인다. 이 두 번째 쌍에서 기베르티의 인물은 멀리 물러나면서 축소되고 건물도 같은 규모로 축소된다. 고정된 수평선과 소실점(수평선에서 움직이지 않는 지점)을 이용하여 각 장면의 모든 선이 이 소실점으로 향하게 되고 벽의 위치, 지붕의 높낮이, 바닥 타일의 각도를 알려준다. 한 위치에서 볼 때 현실의 장면이 예술 안에서도 그대로 펼쳐진다. 기하학은 질서와 통제를 가져와 본다는 경험 전체를 뒷받침했다. 원근법은 평평한 표면을 현실과 가장 유사한 궁극의 '트롱프뢰유'를 만들어주는 마지막 퍼즐 조각이었다.

피에로 델라 프란체스카(1415?~1492?)는 예술의 과학적 혁신에 매료되어 원근법과 기하학적 신체에 관한 논문을 썼다. 파올로 우첼로(파올로 디 도노, 1397~1475)도 원근법에 집착했다. 그의 그림은 마치 3차원의 수학적 모형처럼 보였고, 의뢰받아 제작한 작품에 자신의 연구를 선보이기도 했다. 1438~1440년경에 그린 「산 로마노 전투」에서는 부러진 창이 전쟁터 곳곳에 흩어져 있어서 그림에 깊이를 더하는 기하학적 원근법을 강조하고 있다. 1447년경에 제작된, 피렌체에 있는 산타 마리아 노벨라 교회의 반원형 프레스코화 「홍수」에서는 절망에 빠진 사람들이 거대한 방주의 가장자리에 매달려 있다. 방주는 떠다니는 배라기보다는 난공불락의 벽처럼 보이지만 원근법을 강조하려는 우첼로의 욕망에 부합하는 작품이었다. 방주는 붉은 번개로 표시된 소실점까지 뻗어 있다. 또한 우첼로는 일반적으로 드로잉 연습에서만 볼 수 있었던 사물을 포함시켰다. 두 사람의 목과 머리에 두른 '마조키Mazzocchi'라

파올로 우첼로의 프레스코화 「홍수」. (1447년경)

는 원형의 머리장식 틀이 그 예인데, 원근법의 기하학을 사용하면 마치 3차원으로 보였다. 오른편에서 시체의 눈을 쪼아대는 까마귀는 '마조키'나 극적으로 멀어지는 방주의 벽만큼 우리의 시선을 끌지 못한다. 이 놀라운 그림의 진정한 주제는 원근법이다.

마사초, 우첼로, 산드로 보티첼리(알레산드로 디 마리아노 필리페피, 1445?~1510?), 도메니코 기를란다요(도메니코 디 토마소 비고르디, 1449~1494) 등 피렌체의 위대한 예술가들이 산타 마리아 노벨라 교회를 위해 많은 작품을 완성했다. 보티첼리는 1476년경 가스파레 디 자노비 델 라마의 새 장례식장 제단을 위해 「동방박사의 경배」를 그렸다. 현재는 피렌체의 우피치 미술관에 소장되어 있다. 이 무렵 원근법은 더 이상 보여주기 위한 것이 아니라 그림의 필수적인 부분이 되었다. 「동방박사의 경배」의 배경에 펼쳐진 고대 유적은 원근법을 따르고 있지만, 이를 부각하지는 않는다. 대신 보티첼리는 이 그림을 메디치 가문의 호의를 얻는 데 이용했다. 델 라마는 메디치 가문과 같은 은행가 길드에 속해 있었고, 보티첼리가 이 작품에 메디치 가문의 초상화를 많이 넣은 이유였을 것이다. 코시모 데 메디치는 동방박사 중 한 명으로 불멸의 존재가 되어 중앙의 성모자에게 무릎을 꿇고 있다. 이 무렵 코시모는 그의 아들 피에로(그림 속 또 다른 현자)와 마찬가지로 이미 사망했다. 코시모의 손자 줄리아노 데 메디치가 맨 왼쪽에 최신 유행의 옷을 입고 젊은 자부심에 가슴을 부풀린 채 등장한다. 두 동방박사의 바로 뒤 오른쪽에는 짧고 검은 망토를 두른 로렌초 데 메디치가 서 있다. 그는 줄리아노의 형이었으며 보티첼리는 그를 아기 그리스도를 만날 다음 순서로 그렸는데, 이는 최근 가업을 물려받은 젊은이로서는 적합한 위치였다. 이 초상화는 로렌초에게 호평을 받았고, 로렌초는 오랜 세월 동안 보티첼리의 든든한 후원자가 되었다. 보티첼리는 작품의 맨 오른쪽에 자신을 배치

하고 관객을 바라보며 이렇게 말하는 듯하다. '어때, 이 정도면?'

로렌초는 아버지 피에로가 사망했을 때 겨우 스무 살이었으며, 국제 메디치 은행을 장악하고 사실상 피렌체의 지도자가 되었다. 1478년 4월, 피렌체의 경쟁 가문인 파치 가문은 로렌초가 교회에서 예배를 드리는 동안 암살을 시도했다. 파치 가문은 동생 줄리아노를 죽이는 데 성공했지만, 로렌초는 탈출하여 공모자들을 재판에 넘겼다. 로렌초는 그들을 시뇨리아(지금의 팔라초 베키오 - 옮긴이)의 창문 밖으로 내던져, 간이 교수대에 매달려 목이 졸려 죽게 했다. 보티첼리는 시뇨리아 옆 감옥 벽에 모든 공모자의 초상화를 실물 크기로 그려달라는 의뢰를 받았다. 이 초상화는 더 이상 존재하지 않지만 소름 끼치는 볼거리로 대중에게 위험을 무릅쓰고 메디치 가문에 대적하는 자들에 대한 경각심을 불러일으켰을 것이다.

끝없는 정치적 다툼과 여러 도시국가 간의 전쟁, 자신의 은행 제국의 문제에도 불구하고 로렌초는 예술가와 시인들을 후원하며 피렌체에 대학을 설립하고 콘스탄티노플이 튀르크족에 함락되었을 때 피난 온 그리스 학자들을 위한 자리를 마련하는 등 지속적인 지원을 아끼지 않았다. 이는 지성적인 피렌체에서 여전히 지배적인 세력이었던 인본주의에 대한 로렌초의 관심의 연장선이었다. 로렌초의 좌우명인 '르 탕 레비앙Le temps revient(시간은 돌아온다)'은 고전 그리스와 로마에 대한 지속적인 관심을 의미하며, 오늘날 우리가 이 시기를 가리키는 르네상스 또는 재탄생이라는 단어와도 일맥상통한다.

피렌체의 예술가들은 고대 예술과 사상에 대한 끝없는 갈증을 해소하기 위해 도나텔로의 고전적인 「다비드」와 같은 입체적인 조각상을 재현하고 보티첼리의 「비너스의 탄생」(1485~1486년)과 같은 그리스 신화를 그렸다. 이와 대조적으로 베네치아 예술가들은 전 세계의 무역상으로 붐비는 흥미진진한 도시의 일부로 현재를 살았다. 다음 장에서는 베네치아 예술가들이 피렌체식 원근법을 사용하기 시작하면서 색채감을 더욱 높여갔음을 살펴볼 것이다. 그들의 서사적인 일대기를 통해 이 풍요로운 도시국가에 거주하고 일하며 교역했던 사람들의 알력 다툼이 펼쳐질 것이다.

CHAPTER 13

동과 서가 만나다

　젠틸레 벨리니는 붓을 들기 전에 손을 입으로 불어 따뜻하게 한다. 그는 술탄 메흐메트 2세의 갈색 수염을 두껍게 그리기 위해 캔버스에 작은 획을 만든다. 콘스탄티노플은 봄이지만 여전히 춥다. 벨리니는 6개월 전인 1479년 9월, 두 명의 조수와 함께 갤리선(배)을 타고 고향인 베네치아를 떠났다. 오스만 술탄은 자신의 왕국과 베네치아 사이에 진행 중인 평화 협상의 일환으로 초상화에 능숙한 화가를 요청했다. 빠르게 팽창하는 제국과 부유한 이탈리아 도시국가는 15년간 전쟁을 치렀고, 베네치아의 무역과 도시 금고는 파탄 지경에 이르렀다. 당대 최고의 예술가로 꼽히는 벨리니가 콘스탄티노플로 가게 된 것은 베네치아로서는 큰 희생을 치른 것이었다.
　벨리니는 오스만 제국의 수도에서 이전까지는 카펫, 책, 벨벳 등 베네치아에서 거래되는 사치품을 통해서만 알고 있었던 이슬람 문화를 경험했다. 그는 거리의 사람들을 스케치하고 일하는 필경사들을 그렸다. 메흐메트의 궁정은 고대 그리스, 페르시아의 철학자와 역사가의 저서를 번역하는 학자로 가득했다. 그들은 벨리니에게 메흐메트가 시를 쓰고 여러 언어를 구사한다고 말했다. 벨리니가 메흐메트를 방문했을 때 실제로 그는 다소 조용한 편이었고, 그가 병에 걸렸다는 소문이 돌기도 했다.

벨리니는 술탄을 그린 일련의 스케치를 완성했고 유화 초상화를 완성해가는 중이다. 이 초상화는 화려한 건축 아치와 값비싼 보석이 달린 천으로 덮인 난간parapet(낮은 벽) 뒤에 있는 술탄의 모습을 그린 것이다. 초상화를 그릴 때 술탄은 가슴을 단단히 감싸는 무거운 붉은색 카프탄과 두꺼운 민소매 모피 코트를 입었다. 머리에는 모든 오스만 남성이 착용하는 터번을 썼는데, 긴 흰색 천으로 감겨 있는 빨간색 펠트 모자이다. 벨리니는 이 작품이 평화 협상의 일부임을 알고 있었기 때문에 쉰 살의 술탄 얼굴에 잡힌 눈가 주름을 강조하지 않았다. 하지만 술탄의 모습을 포착하기 위해 고용되었기 때문에 그의 부정교합이나 코와 턱의 독특한 곡선은 피할 수가 없어서 부드럽게 표현했다.

※

메흐메트 2세는 자신의 초상화에 상당히 만족했던 것 같다. 이방인 젠틸레 벨리니(1429~1507)에게 기사 작위를 수여하고 상당한 양의 금줄을 주었다. 1450년대부터 이탈리아 예술가들을 궁정에 초대했던 메흐메트는 이탈리아의 실물 같은 초상화와 죽은 후에도 초상화 속 인물이 살아 있는 것 같은 방식에 감탄했다. 이탈리아 예술가에게 초상화를 의뢰함으로써 그는 자신의 국제적인 인맥과 세계적인 지도자로서의 지위 또한 스스로 확인했다. 작품에서 그는 오스만 제국의 복장을 유지했지만, 르네상스 남성으로 그려져 있다. 이 점은 진실에 가까

젠틸레 벨리니가 그린 술탄 메흐메트 2세의 초상화(왼쪽)와 튀르크 화가 시난 베그가 그린 메흐메트 2세의 초상화(오른쪽). (1480년)

왔다. 메흐메트는 인본주의를 높이 평가하고 고전 유물 자료에 정통한 그리스인, 이슬람교도, 이탈리아 학자들과 어울렸기 때문이다. 그는 1450년대에 그리스를 정복하고 아테네에서 시간을 보냈으며 파르테논 신전에 매료되어 신전을 모스크로 개조했다. 벨리니의 초상화가 완성된 지 1년 만에 죽지 않았다면 메흐메트는 이탈리아를 정복하고 한때 강력했던 로마 제국의 땅을 재통일하려 했을 것이다.

메흐메트의 초상화는 이전의 로마 황제들처럼 청동 메달에 새겨져 널리 유통되었다. 그중 몇 가지는 이탈리아에서 제작되어 외교 선물로 메흐메트에게 보내졌다. 로렌초 데 메디치는 자신을 죽이려 했던 파치 가문의 공모자 중 한 명을 메흐메트가 넘겨준 것에 대한 감사의 표시로 메달을 보냈다.

메흐메트는 또한 동로마 제국의 옛 비잔틴 수도였던 콘스탄티노플에 있는 자신의 궁정에서 페르시아와 튀르크 화가들에게 초상화를 의뢰했다. 이는 곧 자신의 영향력이 동서양에 걸쳐 있음을 과시하고 싶어 했음을 시사한다. 오늘날에는 세밀화 몇 점만 남아 있다. 이들 작품에는 유럽의 초상화에서 볼 수 있는 공간적 깊이가 거의 없지만 풍부한 세부와 문양이 있다. 튀르크 화가 시난 베그(1470~1480년대 활동)의 작품으로 추정되는 수채화에서 메흐메트는 4분의 3 각도의 비스듬한 옆모습으로 등장한다. 술탄의 왼쪽 귀 윗부분은 터번의 무게로 인해 구부러져 있다. 이러한 초상화는 이탈리아식 자연주의 측면에 바탕을 두고 페르시아, 튀르크의 세밀화 전통과 결합한 것이다. 이를 통해 메흐메트의 다문화 제국을 표현하는 새로운 혼성적 양식이 탄생했으며 16세기까지 영향을 미쳤다.

궁정에서는 예술가들 간의 교류도 있었다. 벨리니가 콘스탄티노플에 머물던 당시에 펜, 잉크, 수채화로 그린 앉아 있는 필경사 드로잉(벨리니의 작품으로 추정되는)은 메흐메트의 후원이 어떻게 다양한 양식의 통합을 장려했는지 보여준다. 필경사는 벨벳 가운을 입고 터번을 쓴 채로 다리를 꼬고 앉아 있다. 그는 공간 속에서 하나의 몸으로 존재하는 확고한 존재감을 지니며, 이 유럽 화가는 그의 실물을 직접 보고 그린 것으로 추정된다. 그러나 장식적인 무늬와 오른쪽의 아랍어 글자, 종이에 잉크를 사용한 것으로 보아 페르시아와 튀르크의 세밀화에 대해서도 그가 잘 알고 있었던 게 분명하다. 베그는 전통을 더욱 모호하게 하면서 유사한 이미지를 만들었다. 이번에는 앉아 있는 화가의 이미지이다. 베그는 세밀화 전통에 따라 더 평면적이고 장식적인 양식을 따랐다. 인물은 공간에 떠 있지만 세부 묘사가 떨어지지 않으며 얼굴은 이탈리아 초상화처럼 자연스럽다. 종종 이 작품은 앉아 있는 필경사의 모사본으로 여겨지지만, 같은 궁정에서 성공한 두 명의 예술가가 서로의 양식을 실험하면서 동시에 그린 것이라면?

집으로 돌아온 벨리니는 콘스탄티노플과 베네치아의 유사성에 놀랐을 것이다. 두 도시 모두 거대한 무역의 중심지였고 다양한 언어를 사용하는 여러 문화권의 사람들로 붐볐기 때문이다. 그리스 추기경 베사리온은 베네치아를 콘스탄티노플과 동등한 '또 하나의 비잔티움'이라고 칭하며 극찬했다. 프랑스 외교관 필리프 드 코민은 베네치아를 '내가 본 도시 중 가장 성공한 도시이자 대사와 외국인을 존중하는 도시'라고 묘사했다. 콘스탄티노플과 실크로드에서 실어온 사치품을 사고 싶어 하는 플랑드르 상인들은 동양의 대사들과 유대 관계를 맺었다. 이슬람교도, 유대인, 기독교인이 중앙 광장에서 함께 어우러졌다. 이곳에는 유럽 고딕 양식과 이슬람 건축 양식이 통합된 건물이 있었고, 비잔틴 양식의 돔과 모자이크가 가톨릭 성당인 산 마르코를 덮고 있었다. 베네치아에는 독일인과 달마티아 사람들이 '스쿠올레Scuole'라고 부르는 그들만의 친목 단체를 결성할 만큼 많이 살고 있었다. 각 단체(또는 '스쿠올레')는 도시 내에 자체 본부와 거래 지역을 갖고 있었다.

벨리니는 부유한 '스쿠올레'와 두칼레 궁전을 포함한 정부 건물의 벽을 장식하는 서사화의 전문가였다. 벨리니는 비토레 카르파치오(1465?~1525?) 같은 예술가들과 함께 다양한 주민이 등장하는 당대 도시를 배경으로 베네치아의 종교 행렬, 기적, 성서 이야기 등의 장면을 구성하며 베네치아의 일상적인 삶을 기념했다. 이 작품들은 마치 실제 행렬과 기적을 본 목격자의 이야기를 들려주는 것처럼 놀라울 정도로 세밀하다. 1496년 스쿠올레 그란데 디 산 조반니 에반젤리스타를 위해 그린 벨리니의 「산 마르코 광장의 행렬」에서는 비잔틴 양식의 산 마르코 대성당과 고딕·이슬람 양식의 두칼레 궁전 앞 광장에서 행진하는 '스쿠올레' 회원들의 모습을 볼 수 있다. 이들 주변으로 삶은 계속

비토레 카르파치오의 템페라화 「리알토 다리의 십자가의 기적」.(1494년)

된다. 검은색 챙 모자를 쓴 그리스 상인 네 명이 광장 왼쪽에서 사업에 대해 이야기를 나누고 터번을 쓴 세 명의 남성이 대성당 앞에 서 있다. 같은 '스쿠올레'를 위해 1494년에 그린 카르파치오의 「리알토 다리의 십자가의 기적 Miracle of the Relic of the True Cross on the Rialto Bridge(성 십자가의 기적)」에서는 맨 왼쪽의 1층 로지아 loggia(지붕이 있는 발코니)에서 작품과 같은 제목의 종교 행사가 진행되고 있다. 그러나 우리의 시선은 베네치아의 주요 운송 수단인 대운하 Canal Grande에서 벌어지는 광경을 따라간다. 베네치아 무역의 중심지인 리알토 다리에서 아르메니아 상인과 튀르크 남성이 협상을 하고, 아프리카계 사공이 분주한 운하를 따라 곤돌라를 젓는 모습도 볼 수 있다. 서사화를 선호했던 다양한 '스쿠올레'는 북유럽에서 콘스탄티노플, 아시아와 아프리카로 이어지는 국제 무역 네트워크 위에 세워진 도시의 다양성을 포용했다.

젠틸레 벨리니는 생전에 베네치아를 대표하는 예술가로 칭송받았지만, 오늘날 가장 높이 평가받는 것은 그의 동생 조반니(1430?~1516?)의 작품이다. 두 사람 모두 아버지 자코포가 일찍이 탐구한 피렌체의 원근법과 베네치아 색채를 기반으로 한다. 여기에 조반니는 광채를 추가했는데, 색을 만드는 데 사용하는 얇은 기름을 이용해 회화에 반짝이는 생기를 부여하는 기법이었다. 이 기법은 얀 반 에이크 같은 북부 르네상스 예술가들의 작품에서 처음 등장했으며, 15세기 말에는 이탈리아로 점점 더 많이 수출되었다.

나무 패널에 유화물감으로 작업한 조반니 벨리니는 베네치아의 초상화와 종교화에 새로운 생명을 불어넣었다. 그는 1501년 신임 총독 레오나르도 로레단을 그려달라는 의뢰를 받았고, 그렇게 만들어진 초상화는 공식 예복을 입고 선명한 파란색 배경의 돌난간 뒤에 서 있는 로레단을 보여준다. 조반니 벨리니는 값비싼 흰색과 금색 공단 다마스크 천의 광택을 포착하고, 가운 앞쪽의 조개껍데기 같은 여밈 주위에 두꺼운 주름을 잡아 적절한 무게감을 부여한다.

총독의 오른쪽에서 쏟아지는 듯한 빛은 '코르노 두칼레corno ducale'(뿔 모양의 모자)의 금테 장식을 더욱 돋보이게 하고 그의 노화한 피부로 흡수된다. 총독의 이목구비는 멀리서 바라보는 시선에도 불구하고 진지하며, 그의 넓은 입은 단호하다. 이 인물의 모든 권위가 그대로 그려졌다. 이 작품은 원래 총독궁의 의회실, 젠틸레 벨리니의 서사화 위에 걸려 있었을 것이며, 로레단을 수 세기 동안 베네치아의 독립을 유지하고 부를 관리한 지도자의 대열에 세워주었을 것이다.

젠틸레 벨리니가 그린 술탄의 초상화와 총독의 초상화를 비교해보면 동생 조반니의 기술이 뛰어났음을 알 수 있다. 술탄은 실물과 똑같고 난간 뒤에 앉아 있는데, 총독도 마찬가지이다. 하지만 총독은 금방이라도 고개를 돌려 강렬한 눈빛으로 우리를 바라볼 것만 같다. 우리가 그림을 보고 있다는 사실을 잊고 마치 우리와 함께 방에 있는 것처럼 느끼게 된다.

독일 예술가 알브레히트 뒤러(1471~1528)는 베네치아를 방문해 조반니 벨리니를 '최고의 화가'라고 극찬했다. 베네치아는 야심 찬 예술가들이 모여드는 도시였고, 뒤러는 우선 르네상스 예술을 공부하고 부유한 후원자를 찾기 위해 두 번이나 이곳에 머물렀다. 두 번째 방문에서는 그의 중요한 초기 작품인 「장미 화관의 축제」(1506년)를 그렸다. 당국과 질투심 많은 경쟁자들로 인해 어려움을 겪었지만, 이 작품으로 뒤러는 베네치아에서 명성을 확립했다. 총독과 베네치아 가톨릭교회의 수장인 총대주교가 이 그림을 보러 뒤러의 작업실을 찾았고, 뒤러는 나중에 총독이 베네치아에 머물면서 일해달라는 요청을 했다고 회고했다. 그는 거절했다. 「장미 화관의 축제」는 무역 중심지이자 모든 독일 상인의 고향인 폰다코 데이 테데스키와 관련된 교회인 산 바르톨로메오에 설치되었다.

「장미 화관의 축제」는 선명한 파란색과 빛나는 노란색으로 조반니 벨리니가 사용한 베네치아의 색감을 떠올리게 한다. 조반니와 뒤러는 모두 초기 북부 르네상스 회화에서 볼 수 있는 자연주의와 섬세한 세부 묘사에 대한 관심에서 영감을 얻었다. 그러나 조반니의 고요한 장면과 달리 뒤러의 회화는 모두 움직임에 관한 것이다. 성모와 그리스도, 천사들은 교황과 신성로마제국의 황제가 포함된 무릎 꿇은 신도들에게 장미 화관을 나눠준다. 천사들이 실체 없는 구름을 타고 공중을 날아다니고 성모는 황제의 머리를 만지고 있는데, 뒤러는 이 불가능한 야외 의식을 현실처럼 보이게 만들었다. 교황은 금색, 황제는 빨간색, 성모는 파란색으로 표현한 중앙의 피라미드 형태는 전체적으로 자연스러워 보인다. 이는 뒤러가 무릎 아래의 풀, 장면을 구획하는 구부러진 나무, 그 너머의 먼 산을 정확하게 그렸기 때문에 인공적인 요소를 간과하게 된다.

    베네치아는 여러 국적과 문화, 그리고 위대한 예술품을 의뢰한 다양하고 부유한 후원자들의 용광로였다. 대부분의 베네치아 예술가들은 일거리를 찾아 다른 도시로 이동할 필요를 느끼지 않았지만, 이탈리아의 다른 지역에서는 그렇지 않았다. 점점 더 많은 이탈리아의 야심 찬 예술가들이 교황을 위해 일하고자 로마로의 이주를 선택했다. 다음 장에서는 세 명의 르네상스 최고의 예술가가 모두 수익성 높은 의뢰 건을 위해 피렌체를 떠나는 과정을 따라가도록 하겠다. 이 예술가들은 오늘날 우리에게 너무나 친숙해서 이름만 들어도 알 수 있는 미켈란젤로, 레오나르도, 라파엘로이다.

CHAPTER 14

로마의 귀환

1504년 5월 14일 자정, 벌거벗은 거대한 남자가 피렌체의 고요한 거리를 따라 움직이기 시작한다. 이 남자는 미켈란젤로가 지금까지 만든 조각상 중 가장 야심 찬 작품인 「다비드」이다. 깎는 데만 2년이 걸렸고, 성당 이사회가 설치할 위치를 결정하는 것만도 그와 맞먹는 시간이 걸렸다. 미켈란젤로는 대성당의 정면 꼭대기에 놓을 거대한 조각품을 제작하는 계약을 체결했지만, 이사회는 이 조각품을 더 공개적인 곳에 설치하기로 결정했다. 이제 이 조각상은 피렌체 정부의 본거지인 시뇨리아 궁전 바깥에 놓일 예정이다.

교회가 미켈란젤로에게 사용하라고 준 크고 좁은 대리석 덩어리는 결코 이상적인 재료가 아니었다. 이미 다른 두 명의 조각가가 작업을 시도했지만, 성당 경내용으로 사용할 수 없다는 이유로 포기했다. 미켈란젤로는 새로운 조각품을 완성하는 데 매달 6골드 플로린(현재 기준으로 약

1,000파운드)과 재료비, 조수를 지원받았다. 지금 이 거대한 「다비드」는 그리스 신처럼 벌거벗은 채로 서 있고, 어깨 위로 보이는 새총만 성경의 다윗과 골리앗 이야기에서 그가 맡은 역할을 알려주는 표식이다.

 미켈란젤로는 「다비드」가 로마에서 본 고대 그리스와 로마 조각상, 특히 콘스탄티누스 황제의 목욕탕에서 만난 카스토르Castor와 폴룩스Pollux의 거대한 나체 조각상에 견주어지기를 원한다. 그의 「다비드」는 곱슬곱슬한 머리카락과 고전적으로 아름다운 얼굴을 갖고 있다. 몸은 날씬하고 근육질이며 손은 조각가의 손처럼 힘줄이 드러나 강인해 보인다. 「다비드」는 멀리 아래에서 볼 수 있도록 조각했기 때문에 머리와 손이 실제보다 더 크다. 이제 조각상 주위에 밧줄이 묶여 있고 미켈란젤로의 조각 작업장에서 시뇨리아 궁전으로 작품을 옮기는 받침 위에 조각상 전체가 놓여 있다. 40명의 남자가 주위를 둘러싸고 밧줄을 잡아당긴다. 「다비드」가 천천히 여정을 시작한다.

※

 10대 시절 미켈란젤로 부오나로티(1475~1564)는 피렌체에 있는 로렌초 데 메디치의 새로운 조각 학교에서 훈련받았다. 로렌초는 모든 경력 단계의 예술가를 지원했고, 열다섯 살이 되는 해에 성질 급한 미켈란젤로는 메디치 가문의 일원이 되어 메디치 궁전에서 2년간 살았다. 그곳에서 그는 안뜰에 있는 도나텔로의 청동 「다비드」 상을 연구할 수 있었을 것이다. 도나텔로의 조각상은 10대 소년의 키 정도 크기인데, 미켈란젤로의 「다비드」 상은 그 세 배가 넘는다. 높이가 5미터로 이층 버스보다 더 높고 로마 시대 이후 이탈리아에서 만들어진 가장 큰 조각상이다.

 미켈란젤로는 조각뿐 아니라 회화에도 능했던 야심 찬 젊은 예술가였다. 「다비드」 조각상을 마치면서 그는 시뇨리아 궁전에 있는 대공

레오나르도 다 빈치의 유화 「모나리자」. (1503~1506년)

의회 홀의 두 개의 전투 장면 중 하나를 그려달라는 의뢰를 받았다. 레오나르도 다 빈치(1452~1519)는 밀라노에서 피렌체로 돌아와 다른 한 장면을 그렸지만, 결국 두 장면 모두 완성되지 못했다. 미켈란젤로는 로마로 이주했고 레오나르도는 부유한 비단 상인의 아내인 리사 델 지오콘도 Lisa del Giocondo를 그리기 시작했다. 오늘날 우리는 이 작품을 「모나리자」로 알고 있다.

레오나르도는 유약과 얇은 붓을 사용해 어디에서 한 색이 멈추고 다른 색이 시작되는지 알 수 없을 정도로 색을 혼합할 수 있었다. 이 기법은 연기가 자욱한, 또는 흐릿하다는 뜻의 '스푸마토 sfumato'로 알려져 있다. 「모나리자」에서 상인의 아내는 금실로 수놓은 드레스를 입고 두 손을 모은 채 앉아 있는데, 투명한 베일 아래 머리카락은 느슨하게 풀어져 있다. 그녀의 몸은 돌아앉아 있지만 그녀는 고개를 돌려 정면을 바라보고 있다. 그녀의 눈동자가 차분하게 우리의 시선과 마주할 때 그녀의 입가에는 살짝 미소가 번진다. 그녀의 뒤로는 환상적인 풍경이 멀리 녹아들어 작품에 몽환적인 느낌을 더한다.

레오나르도는 이 작품을 리사나 그녀의 남편에게 주지 않았고 죽을 때까지 소장하고 있었다. 오늘날에는 걸작으로 여겨지지만, 레오나르도는 이 작품을 미완성이라고 생각했을 수도 있다. 그는 시작한 작품 중 비교적 적은 수의 작품을 완성해서, 작품을 의뢰한 사람들을 실망시키곤 했다. 그는 종종 다양한 종류의 안료를 실험했지만, 항상 성공적이지는 않았다. 대공의회 홀의 전투 장면에서는 작품이 완성되기도 전에 안료가 벽을 타고 흘러내리기 시작했다. 그는 세상에 매료되어 있었다. 그는 잘라서 열어놓은 시체를 갖고 있어서 태아부터 노년기, 기형에 이르기까지 삶의 모든 단계를 연구하고 스케치했다. 새가 어떻게 나는지를 연구하고 그것을 헬리콥터의 원형 설계에 반영했다. 그는 전쟁, 물 공급, 도시 요새화를 위한 기계도 만들었다. 왼손잡이였던 그는 오른쪽에서 왼쪽으로, 거꾸로 필기했다. 이는 적은 내용이 번지지 않게 하거나 남의 눈에 띄지 않도록 보호하기 위해서였을 것이다. 그의 필기를 읽으려면 거울이 필요하다.

레오나르도는 여러 여성의 뛰어난 유화 초상화를 완성했고, 작지만 부유한 이탈리아 도시국가 만토바의 통치자였던 프란체스코 곤자가의 아내 이사벨라 데스테를 그려주기로 약속했다. 이사벨라와 프란체스코는 15년 전에 결혼했으며, 그 순간부터 그녀는 열렬한 미술품 수집가가 되었다. 그녀는 유명 예술가들에게 의뢰한 그림으로 가득 찬 화려한 서재인 '스투디올로studiolo'와 고대 미술품, 서적, 메달을 전시할 수 있는 '그로타grotta' 또는 소장실을 만들었다. 이는 당시 여성으로서는 전례가 없는 일이었다. 그녀는 레오나르도에게 자신의 초상화를 그려달라고 간청했고, 레오나르도는 동의했지만 두 점의 분필 드로잉만 완성되었다. 그녀는 피렌체의 한 수도사의 편지로 레오나르도의 활동 소식을 접했고 로마의 미술품 중개인을 통해 미켈란젤로의 조각품이 판매된다는 소식을 듣는 등 이탈리아 전역의 다양한 정보에 정통한 인사들과 인상적인 교류를 이어갔다.

교황 율리우스 2세 치하에서 로마는 고대 이후 처음으로 이탈리아에서 가장 중요한 예술 도시로 급부상하고 있었다. 1503년에 집권한 율리우스는 로마를 유럽에서 가장 위대한 도시로 만들겠다고 결심했다. 그는 예술이 그 목표를 달성하는 열쇠임을 깨달았다. 그는 가장 야심 찬 프로젝트를 의뢰했고, 찾을 수 있는 최고의 예술가들을 고용했다. 그의 후원은 15세기 피렌체의 메디치 가문과 흡사했다. 로렌초 데 메디치는 미켈란젤로와 레오나르도 등 많은 예술가를 후원했지만 1492년에 사망했다. 그의 장남 피에로는 그와 같은 지도력을 이어받지 않았고, 2년 안에 메디치 가문은 피렌체에서 추방되었다. '위대한' 로렌초의 시대는 끝이 났다. 메디치 가의 망명으로 로마는 르네상스의 새로운 중심지가 되었다.

미켈란젤로, 레오나르도, 그리고 촉망받는 젊은 화가 라파엘로(라파엘로 산티, 1483~1520)는 모두 로마로 이주했다. 미켈란젤로는 교황으로부터 3층 높이에 40여 개의 조각상으로 덮인 기념비적인 자신의 무덤을 만들어달라는 의뢰를 받고 가장 먼저 로마에 도착했다. 미켈란젤로가 한창 그 작업을 하는 중에 고대 조각상 「라오콘」이 로마의 한 포도밭에서 발굴되어 교황은 미켈란젤로를 보내 살펴보도록 했다. 「라오콘」이 제작된 당시 플리니우스 장로는 「라오콘」이 현존하는 최고의 조각품이라고 평가했지만, 발굴 당시까지 분실된 것으로 추정되고 있었다. 교황은 즉시 바티칸(가톨릭교회의 본부)에 있는 조각 정원에 놓기 위해 「라오콘」을 구입했고 미켈란젤로는 느긋하게 그 작품을 연구할 수 있었다.

교황의 무덤은 미켈란젤로에게 많은 문제를 안겨주었다. 결국 완성하는 데 40년이 걸렸고 율리우스가 죽은 후에는 규모가 크게 축소되었다. 미켈란젤로가 초기에 이 작업을 진행하자 사람들은 그의 재능을 질투하기 시작했다. 미켈란젤로의 첫 전기 작가인 아스카니오 콘디비에 따르면 건축가 도나토 브라만테는 미켈란젤로의 무덤 작업을 방해하고자 미켈란젤로에게 새로운 의뢰를 맡기라고 교황을 설득했다. 브라만테의 바람은 미켈란젤로가 너무 난감해져서 박차고 일어나 로마를 영원히 떠나버리는 것이었다. 교황이 의뢰한 새로운 일은 시스티나 성당의 천장 전체를 그리는 것이었다. 보티첼리, 기를란다요와 같은 예술가들은 우주를 재현하기 위해 성당 천장에 금색 별을 뿌리고 파란색 칠을 했던 30년 전에 천장 아래의 벽에 프레스코화를 그렸다. 이제 교황은 천장 전체를 성서의 인물로 뒤덮기를 원했다.

미켈란젤로는 이 무렵까지 여러 점의 회화 작품을 완성했지만, 무덤 작업을 중단해야 한다는 사실에 화가 난 것은 말할 것도 없고 이 의뢰가 부담스러웠을 것이다. 당연히 그는 가능한 한 빨리 천장을 완성하고 싶어 했다. 유일한 문제는 길이가 40미터, 폭이 13미터가 넘는 축구 경기장의 절반 크기라는 것이었다. 천장은 휘어져 있고 가장 높은 지점은 지상에서 20미터가 넘었다. 미켈란젤로의 첫 번째 과제는 어떻게 올라갈지를 파악하는 것이었다. 그는 직접 나무 비계를 설계했다. 그리고 프레스코 기법을 사용해 매일 아침 새로 칠해야 하는 석고 위에 그림을 그렸다. 인물을 축척에 맞추고 각 부분을 정렬하기 위해 '밑그림cartoon'이라고 부르는 실물 크기의 드로잉을 바탕으로 작업했다.

이 거대한 도면의 윤곽선에 일정한 간격으로 핀을 찔러 넣었다. 그런 다음 밑그림을 그날그날 젖은 석고에 올려놓고 그 위에 숯가루를 뿌려 그림의 윤곽선을 재현하는 검은 점이 남게 했다.

1508년에 시작된 시스티나 성당의 천장은 완성하는 데 4년이 걸렸다. 성서의 첫 장인 창세기를 바탕으로 한 아홉 개의 패널이 천장의 길이만큼 뻗어 있다. 신은 신성한 손을 뻗어 세상을 밝히고 아담과 이브에게 생명을 불어넣는다. 그 후 이 두 사람은 에덴에서 추방되고 신은 대홍수를 일으켜 인류를 벌한다. 미켈란젤로는 이 인물들을 마치 「라오콘」처럼 조각적으로 그려서 무게감과 입체감을 부여했으며, 바닥에서 보았을 때 인물들이 휘어진 천장을 따라 실제로 앉거나 누워 있는 것처럼 보이도록 길이를 단축하는 등 세심한 주의를 기울였다. 그리고 거대한 무녀들sibyls과 선지자들은 아래로 연장되는 양옆의 벽에 그려 넣었다. 이들 모두는 천장이 처마 장식과 기둥으로 이루어진 것처럼 눈을 속이는 건축적 구성 안에 앉아 있는 모습이다. 미래를 예언하는 무녀들은 하느님이나 아담과 이브의 모습보다 훨씬 더 크다. 이들은 모두 인체의 근육 구조에 대한 놀라운 이해를 보여주지만 리비아인 무녀처럼 다수는 넓은 등과 강한 팔뚝을 지닌, 다소 과도하게 남성적으로 보이기도 한다. 미켈란젤로는 여성이 아닌 남성의 나체만 스케치했는데, 미혼의 동성애 남성으로서 여성의 형태에 대한 지식이 제한적이었다. 중앙 패널을 감싸고 있는 천장을 가로질러 기대고 누워 있는 스무 명의 아름다운 '이뉴디ignudi'(나체의 남성)가 더 정확한 관찰을 바탕으로 이루어진 듯하다.

미켈란젤로는 비계 꼭대기에서 팔을 뻗고 목을 뒤로 젖힌 채 중력을 거스르며 그림을 그렸다. 반면 라파엘로는 1509년부터 1511년까지 안뜰 바로 건너편에서 훨씬 더 유리한 조건에서 작업했다. 스물다섯

라파엘로의 프레스코화 「아테네 학당」.(1509~1511년)

살의 라파엘로는 교황의 개인 숙소에 프레스코화를 그렸다. 그중 현재 스탄자 델라 세냐투라(서명의 방)로 알려진 이곳은 교황의 도서관으로 지정된 곳이었다. 이 공간의 디자인 주제는 철학, 신학, 문학, 사법 등 인문주의 지식의 네 가지 분야를 반영했다. 라파엘로는 철학이나 정의에 대한 우화allegory(이러한 지식 분야를 상징하는 인물)를 만드는 대신 실제 인물을 그려 넣어 프레스코화 아래 벽에 줄지어 설 책의 저자들에게 생동감을 불어넣었다.

라파엘로는 고대 그리스와 당시 로마를 모두 연상시키는 배경에 역사 속의, 그리고 당대의 우수한 사상가를 그려 넣음으로써 그들을 기념했다. 그가 그린 철학자, 과학자, 수학자의 프레스코 벽화는 현재 「아테네 학당」으로 알려져 있다. 라파엘로는 조각품이 늘어선 널찍한 내부를 들여다볼 수 있는 아치를 그렸다. 플라톤이 제자 아리스토텔레스와 대화하는 모습을 중심으로 다양한 연령대의 철학자가 모여 대화하고 있다. 플라톤은 흰머리와 수염을 기른 노인의 모습으로 등장하는데, 아마도 레오나르도의 초상화일 것이다. 전경에서 돌덩어리에 팔꿈치를 얹고 있는 고독한 외톨이는 그리스 철학자 헤라클레이토스의 모습으로 그린 미켈란젤로의 초상화이다. 라파엘로는 자신의 초상화도 그려 넣었는데, 맨 오른쪽의 프톨레마이오스 뒤로 살짝 보이는 검은 베레모를 쓴 젊은이이다.

시스티나 성당과 교황의 방이 완성된 후 미켈란젤로는 메디치 가가 다시 장악한 피렌체로 돌아갔다. 라파엘로는 로마에 머물며 궁정에서의 지위를 누리고 교황 율리우스 2세와 그의 후계자인 교황 레오 10세를 위한 새로운 의뢰를 맡게 되어 행복해했다. 이 새 교황은 로렌초 데 메디치의 아들이었다. 그는 시스티나 성당에 자신의 이름을 넣고 싶었지만, 미켈란젤로와 어떻게 경쟁하겠는가? 그 해결책으로 천장 아래에 걸 태피스트리 세트 디자인을 라파엘로에게 의뢰한 것이다. 이 태피스트리는 기독교 교회의 창시자인 성 베드로와 성 바울의 생애를 묘사하고 있었다. 제작비는 미켈란젤로가 천장화로 받은 금액의 열 배에 달했다. 큰 비용에도 불구하고 브뤼셀에서는 똑같이 정교하게 그려진 밑그림으로 여러 세트의 태피스트리가 제작되었다. 영국 국왕 헨리 8세는 웨스트민스터에 있는 자신의 궁전을 위해 이 세트를 주문했다. 그는 영국을 교황의 지배에서 단호하게 떼어내고 대안적인 영국국교회를 설립한 지 불과 몇 년 후에 이 태피스트리를 주문했다. 헨리 8세의 궁정에 대해 알아보려면 제16장까지 기다려야겠지만, 다음 장에서는 알프스 북쪽에서 이미 종교적인 불안이 어떻게 일어나고 있었는지 살펴볼 것이다. 개신교가 부상하기 시작하고 종교개혁자 마르틴 루터가 부유한 가톨릭교회의 부패를 고발하면서 예술가들에게도 영향을 주었다.

CHAPTER 15

불과 유황

1515년, 네덜란드의 작은 마을 스헤르토헨보스의 히에로니무스 보스는 붓을 내려놓고 눈앞에 놓인 완성된 그림을 살펴보고 있다. 아마도 그는 이것을 회화라고 불러야 할 것이다. 이 작품은 세 개의 떡갈나무 패널로 이루어졌고 왼쪽과 오른쪽 패널이 가운데 이미지 위로 덮이는 세 폭 제단화 형식이며, 함께 액자에 넣을 것이다. 바깥 면에 그려진 가난한 남자는 그를 둘러싼 위험과 유혹에도 자신의 길을 고수한다. 안쪽 면에 그려진 사람들은 그리 현명하지 않다. 그들은 구름 속을 날며 그들을 심판하는 그리스도를 무시한 채, 건초가 가득 실린 수레에서 탐욕스럽게 건초를 한 움큼씩 집어 든다. 악마는 수레를 지옥으로 끌고 가지만 그 누구도, 심지어 말을 타고 뒤따르는 교황조차도 탐욕에 눈이 멀어 눈치채지 못한다. 그들의 죄는 에덴동산에서 선악과를 따는 이브가 있는 왼쪽 날개 패널에서 시작된다. 오른쪽에는 내장이

제거되고 개에게 먹히고 말뚝에 박힌 사람들이 있는 연옥이 등장한다.

대개 경첩이 달린 패널화는 교회용으로 제작되며 그리스도의 생애를 담고 있다. 하지만 「건초 마차」는 종교적인 환경을 위한 작품이 아니다. 보스는 어떤 교회가 이 작품을 전시한다고 할지 확신이 없다! 이것은 인간의 어리석음을 풍자한 작품이다. 그의 눈에는 이기적이고 무례한 행동이 지옥으로 가는 편도 표이다. 보스는 죄를 주제로 삼은 자신의 초기 세 폭 제단화를 떠올린다. 「쾌락의 정원」에서도 아담과 이브는 왼쪽 날개 부분을 차지하고 있다. 에덴의 비옥한 풍경은 중앙 패널로 이어지고, 이 거짓 낙원에서 남녀가 햇살 아래서 마음대로 결합하고 잘 익은 딸기를 즐기며 뛰논다.

그는 이 작품이 꿈처럼 보이기를 바란다. 흑백의 알몸은 거대한 새와 커다란 열매에 비해 작아 보이고, 작품 전체가 달콤하지만, 부패로 구멍 난 너무 익은 과일 같은 꿈처럼 말이다. 그 꿈은 오른쪽 날개 부분에서 악몽으로 바뀐다. 하프와 류트가 십자가가 되고, 거대한 조류 인간이 사람들을 통째로 먹어 치운다. 보스는 새와 동물은 물론이고 채식필사본과 동료 예술가들의 판화에 등장하는 기괴한 야수도 오랫동안 연구했다. 그러나 그는 여전히 자신이 그리는 최고의 창조물은 자기만의 상상력에서 나온다고 생각하며, 이를 통해 인류가 떨어질 수 있는 나락의 깊이를 드러내는 데 활용한다.

※

보스는 네덜란드로 이민한 독일인의 아들로 히에로니무스 반 아켄(1450?~1516)이라는 이름을 가지고 태어났다. 그의 고향이 스헤르토헨보스였기 때문에 보스로 알려지게 되었다. 많은 예술가가 이런 식으로 본래의 이름을 잃었다. 그의 조상 덕분에 보스는 마르틴 숀가우어(1471~1491년 활동) 같은 독일 예술가들의 판화를 연구하게 되었을 수도

히에로니무스 보스의 「쾌락의 정원」, (1490~1500년)

있다. 「쾌락의 정원」의 전경에 등장하는 화려한 나무, 하늘을 향해 뻗은 야자수 잎은 숀가우어의 동판화와 비슷하다. 또한 기욤 드 로리스의 유명한 시 「장미 이야기」에서 영감을 받았을 수도 있다. 이 시의 배경은 꿈속에서 지저귀는 새와 반짝이는 분수로 가득한 정원이다. 그러나 보스는 성경에 나오는 최후의 심판을 가져와 신랄하게 비판하며 이 꿈에 저주를 불어넣었다.

보스는 라파엘로가 교황 레오 10세의 고가의 태피스트리 제작용으로 세밀한 밑그림을 완성한 1516년에 사망했다. 지금은 마티아스 그뤼네발트(1470~1528)로 알려진 당시 마티스 고타르트는 알브레히트 뒤러(제13장 베네치아에서 언급된)와 함께 독일을 대표하는 예술가 중 한 명이었다. 그뤼네발트는 십자가형 장면의 전문가였으며, 처음으로 그의 작품이 교회와 수도원에 설치되었을 때는 눈이 튀어나올 만한 보스의 타락 장면만큼이나 충격적이었을 것이다. 그뤼네발트가 그린 가장 유명한 십자가형 장면은 1512~1516년에 제작된 「이젠하임 제단화」의 접히는 날개 바깥을 덮고 있다. 「이젠하임 제단화」는 알자스 이젠하임의 성 안토니오 수도원 병원 예배당 내의 높은 제단용으로 제작한 것이며 높이 서 있는 여러 겹의 패널화이다. 그뤼네발트의 작품에는 서양미술에서 가장 참혹하게 고문당한 그리스도가 그려져 있다. 실제 사람보다 큰 이 인물은 황량하고 어두운 풍경을 배경으로 서 있는 초라한 십자가에 못 박힌 모습으로 그려졌다. 그의 손가락은 고통스런 경련으로 신을 향해 구부러져 있다. 너덜너덜해진 허리천만 걸친 그의 쇠약해진 몸은 상처로 뒤덮이고 가시가 박혀 있으며 피부는 괴저가 시작된 것처럼 썩은 회녹색으로 변해 있다. 그의 눈은 감겼고 입은 고통에 벌어졌으며 가시관 때문에 뺨 위로 피가 흘러내리고 수염은 거뭇거뭇하다.

십자가 아래에서는 어머니 마리아가 기도하는 손을 모은 채 실신한다. 성 안토니오와 성 세바스찬은 무기력한 목격자처럼 양 날개 부분에서 지켜보고 있다. 이젠하임의 병원은 16세기에 만연했던 단독 St. Anthony's Fire이라는 피부병으로 고통받는 사람들을 치료했다. 괴저가 손과 발을 덮치면 미쳐 날뛰게 되는 병이었다. 그뤼네발트의 작품은 부패하는 살로 병자들의 고통과 더불어 그리스도의 고통을 형상화한 듯하다.

「이젠하임 제단화」의 패널이 열리면 더욱 찬양하는 분위기로 바뀐다. 왼편의 수태고지와 그리스도의 탄생은 오른편의 그리스도 부활 장면에서 황금빛으로 둘러싸인 회복된 그리스도의 몸과 균형을 이룬다. 이 내부 장면은 1년 중 특정한 날에만 신도들에게 전시되었을 것이고, 성 안토니오 축일에는 이 내부의 경첩을 열어 깃털과 뿔이 달린 괴물에게 성인이 고문당하는 모습을 묘사한 두 개의 그뤼네발트 작품이 추가로 드러났다. 이 안쪽의 작품은 하게나우의 니클라우스(1445?~1538?)가 금으로 장식한 성인의 조각상 양옆에 자리하고 있다.

마티아스 그뤼네발트의 「이젠하임 제단화」.(1512~1516년)

    제단화의 중앙에 있는 하게나우의 니클라우스 조각은 그뤼네발트의 작품에서 볼 수 있는 열정적인 표현이 부족하다. 조각가들은 제단화 안에 숨겨진 작은 중앙 조각상을 만드는 데 고용되곤 했다. 당대 최고의 독일 조각가는 바이트 슈토스(1447~1533)였는데, 앞선 제11장에서 클라우스 슬뤼터르가 돌에 적용했던 모든 기술을 이용해 나무에 생동감을 불어넣은 인물이다. 슈토스는 제단 내부와 교회 전시용 인물상을 조각했다. 그는 독일 뉘른베르크의 성 로렌츠 교회 성가대에 걸린 1517~1518년작 「수태고지의 묵주」 같은 가장 야심 찬 조각품에 가장 큰 문주목 limewood을 사용했다. 미켈란젤로의 「다비드」보다 큰 타원형 묵주가 천사 가브리엘과 성모 마리아의 거대한 두 형상을 둘러싸고 있다. 슈토스는 조각품의 무게와 갈라질 가능성을 줄이기 위해 작품의 속을 파냈다. 그는 나무를 깊숙이 깎아내어 곱슬곱슬한 머리카락과 두꺼운 직물 주름을 만들었고 값비싼 안료를 사용해 조각품이 피와 살처럼 보이도록 했다.

이 세대의 많은 북유럽 예술가는 시대 정치에 관여했다. 이들은 마르틴 루터의 열렬한 추종자가 되었다. 마르틴 루터는 가톨릭교회의 부패와 탐욕을 과감히 고발한 독일 비텐베르크 대학의 종교개혁자이다. 1517년 루터가 비텐베르크의 한 교회 문에 고발 내용을 공개적으로 게시하면서 종교개혁이 시작되었다. 그뤼네발트, 뒤러, 루카스 크라나흐(1472~1553)를 비롯한 예술가들은 루터의 대의에 빠르게 동참했고, 뒤러와 크라나흐는 루터의 초상화를 그렸으며, 크라나흐는 루터의 선동적인 팸플릿에 삽화를 그렸다. 보스도 동의했을 것이다. 루터는 인간이 죄악의 성향을 갖고 있으며 신에 대한 믿음과 자기만의 도덕적 나침반에 의해서만 구원받을 수 있다고 믿었다. 돈을 받고 죄를 사면해주는 '면죄부'를 판매해 수익을 창출하는 교황으로부터 인간은 용서를 살 수 없어야 하는 것이다.

인쇄기는 루터에게 큰 자산이었다. 그의 팸플릿과 아이디어를 같은 생각을 가진 개인들의 국제 네트워크에 신속히 배포할 수 있게 해주었기 때문이다. 활판인쇄기는 1450년경 독일의 요하네스 구텐베르크에 의해 발명되어 유럽 전역으로 빠르게 확산되었다. 그 이전에는 모든 책을 필사해야 했다. 나무 조각에 새긴 이미지는 활자로 된 글과 함께 인쇄되었고, 다수의 복사본을 빠르고 저렴하게 만들 수 있었다. 1521년 루터는 필립 멜랑히톤의 글과 크라나흐의 목판화를 모아 『그리스도와 적그리스도의 생애』를 완성했다. 가톨릭교회의 부와 사치를 그리스도의 고결한 삶과 대조하는, 간결하지만 함축적인 열세 쌍의 이미지로 구성된 것이었다. 제7장에서 정교회 성상 반대파들이 그러했듯, 종교개혁이 가속화되면서 개신교도들은 예배에서 성상 사용에 도전하기 시작했다. 그러나 처음에는 루터가 자신의 종교적 견해를 강화하고 전파하는 데 도움을 주기 위해 최고의 예술가들을 활용했다. 크라나흐의 판화는 새로운 종교가 강력한 선전을 이루어내는 데 이미지가 어떻게 활용되는지를 보여주는 한 예이다.

크라나흐는 맨발의 그리스도가 성전에서 환전상들을 채찍질하여 쫓아내는 모습을 묘사했고, 반대쪽에는 교황이 쿠션 달린 연단에 앉아 면죄부에 서명하면서 돈이 들어오는 것을 지켜보는 장면을 보여주었다. 또 다른 한 쌍의 그림은 교황이 호화로운 잔치를 즐기는 동안 그리스도가 야외에서 설교하는 모습이다. 크라나흐의 목판화에서 교황은 화려한 예복을 입은 호들갑스러운 추기경들에게 둘러싸여 일상적인 사람들과 동떨어진 높은 자리에 있곤 했다. 교황은 연극적인 행사에 참여하며 모든 권위의 장식으로 둘러싸여 있다. 반면에 그리스도는 추종자들 사이에서 자유롭게 움직이며 이야기를 들려주거나 병자를 치유한다. 크라나흐가 이 목판을 제작할 당시에 미켈란젤로가 아직 작업 중이었던 교황 율리우스 2세의 무덤 규모는 가톨릭교회의 웅장함과 과도함에 대한 애정을 설명해준다.

크라나흐와 절친했던 뒤러 역시 목판화를 제작했고 「묵시록」 연작에 목판 기법을 사용해 선례가 없는 가장 표현적인 목판화를 만들었다. 하지만 궁극적으로 매체로서의 목판화는 섬세함과 분위기 측면에서 한계가 있었고 뒤러는 점점 동판으로 방향을 전환했다. 뷰린 burin이라는 도구가 원판이라고 부르는 구리판 위에 드로잉의 윤곽선을 따라 이미지를 새기는 데 사용되었다. 파인 홈에 잉크를 문지르고 그 위에 젖은 종이를 얹었다. 그런 다음 원판과 종이는 판화 프레스기를 통과하는데, 둘을 함께 눌러 홈의 잉크가 종이로 옮아간다. 종이를 벗겨내면 원판에 새겨진 드로잉의 반전된 이미지가 남게 된다. 원판의 선이 흐려지기 시작하면 동판을 버리거나 다시 제작하는데, 그때까지 이 과정을 수백 번 반복할 수 있었다.

뉘른베르크에 살았던 뒤러는 16세기의 가장 재능 있는 판화가였다. 그는 루터나 크라나흐와 달리 판화를 통해 대중과의 소통을 추구하지 않았고, 자기 작품의 진가를 알아보는 시장에 널리 보급하는 것을 목표로 삼았다. 의뢰를 받아 제작하는 대부분의 회화나 조각과 달리 판화가들은 대중적인 인기가 있을 만한 작품을 제작했다. 그들은 마을 박람회에서 낱장 혹은 연작으로 판화를 팔며 전국을 돌아다니고, 그보다 멀리까지도 여행했다. 뒤러의 자연에 대한 사랑은 판화에 드러나는데, 세심하게 관찰한 동물과 새들이 자주 등장했다. 1513년에 제작된 「기사, 죽음, 그리고 악마」는 대형 판화로, 그에게 큰 성공을 안겨주었다. 로테르담의 에라스무스가 쓴 인문주의 서적을 바탕으로 한 이 작품은 말을 탄 기독교 병사가 악마의 방해에도 불구하고 꿋꿋하게 길을 가는 모습을 보여준다. 섬세한 세부 묘사는 판화에 생동감을 불어넣었다. 우리는 말 털의 반짝이는 빛과 기사가 입은 갑옷의 광택을 볼 수 있다. 뒤러는 색을 사용하지 않고도 판화에 회화의 질감과 세부 묘사를 모두 부여했다. 뒤러의 아내 아그네스와 하인 수산나는 독일 박람회에서 이러한 판화를 판매했고, 1520~1521년에 세 사람이 네덜란드로 여행할 때 가져간 많은 판화 중 하나가 이 작품이었다. 그들은 후원자들에게 판화를 판매했고 다른 예술가의 작품과 교환하거나 울트라마린 같은 값비싼 재료와 물물교환을 하는 데에도 판화를 사용했다.

열렬한 판화와 예술 작품 수집가였던 뒤러는 라파엘로와 드로잉을 교환했고, 헨트에서 10대의 수산나 호렌바우트가 그린 그리스도의 세밀화를 구입했다. 우리는 곧 그녀를 다시 만날 것이다. 네덜란드를 방문하는 동안 뒤러는 제단화 연구를 위해 제11장에서 살펴본 반 에이크의 「헨트 제단화」를 포함해 제단화 공개 요청을 하는 데 돈을 지불하기도 했다. 그는 「헨트 제단화」를 '사색으로 가득 찬 가장 귀중한 그림'이라고 불렀다. 그는 또한 스페인 정복자 에르난 코르테스가 '신세계New World'에서 보내온 풍부한 자료를 목격한 최초의 북유럽인 중 한 명이었다. 1520년 이 자료들은 유럽 순회전의 일환으로 브뤼셀의 쿠덴베르그 궁전에 전시되고 있었다.

지금은 중앙아메리카인 당시 메소아메리카의 조각품들은 뒤러를 놀라게 했고, 그는 아즈텍의 심장부를 '새로운 황금의 땅'이라고 불렀다. 그는 '내 평생 이것들만큼 내 마음을 기쁘게 하는 것을 본 적이 없다. 나는 그 가운데에서 훌륭한 예술 작품을 보았고, 이국땅 사람들의 섬세한 특성에 경탄했다'라고 썼다. 16세기 초 유럽인들에게 세계는 급속도로 팽창하고 있었고, 다음 장에서 살펴보겠지만 뒤러는 이를 진지하게 받아들였다.

CHAPTER 16

야만인들의 출현

아즈텍의 통치자 몬테수마 2세는 방금 들은 이야기를 생각하고 있다. 때는 1520년, 불과 몇 달 전 그의 왕국 해안에 상륙한 에르난 코르테스가 이끄는 스페인군이 대량의 아즈텍 금 조각품과 전투 장비를 발견하고 녹여버렸다. 대체 무엇 때문에? 그래서 그들의 빈곤한 고국으로 금을 실어 보낼 수 있게 되었다. 그들은 존경심도 없고 멧돼지처럼 탐욕스럽기만 하다고 그는 저주한다. 아즈텍은 상대 도시를 침공할 때 그곳에서 발견한 예술 작품을 존중한다고 그는 생각한다. 밝게 채색된 톨텍의 조각상 '착몰 chacmool(누워 있는 인물)'은 지금 그의 도시 사원에서 제물로 바쳐진 심장을 담아내는 데 사용되고 있으며, 그가 정복한 테후아칸 계곡의 예술가들은 지금 추진하는 가장 웅장한 프로젝트에서 그를 위해 일하고 있다.

스페인 사람들의 눈은 그의 도시 테노치티틀란에 들어선 순간부터 줄곧 튀어나와 있었다. 그들은 연결된 수로 위에 돌로 지어진 집, 나무 부조 조각으로 덮인 실내장식, 신을 묘사한 피라미드 사원의 거대한 석조 조각 등과 같이 웅장한 것을 본 적이 없는 것 같았다. 특히 그들은 '코아틀리쿠에'를 두려워하는 하는 듯한데 놀라운 일이 아니다. 이 여신은 템플로 마요르에 있는 네 개의 거대한 석조 조각 중 하나로, 신전은 도시 중심부의 신성한 구역에 위치하고 있다. 그녀는 목이 잘려 머리가 없고 두 마리의 산호뱀이 비늘 가면이 되어 뱀의 눈으로 앞뒤를 모두 볼 수 있다. 그녀는 과거 희생 제물에서 받은 사람의 심장과 손으로 만든 목걸이를 하고 있으며 허리에는 해골이 매달려 있다.

※

정복자 코르테스는 결국 몬테수마 2세를 죽이고 테노치티틀란을 폐허로 만들었다. 그는 이곳을 멕시코시티로 재건했다. 코르테스는 확장하는 스페인 제국의 핵심 종교인 기독교를 도입하기 위해 아즈텍의 신들을 파괴하고자 했다. 스페인 사람들은 금괴를 유럽으로 운반하기 위해 많은 금은보화를 녹였고, 석조 조각품도 파괴하라고 명령했다. 다행히 '코아틀리쿠에'는 땅에 묻혀서 수 세기 후에 빛을 보게 되었지만 다른 수많은 것들은 유실되었다. 코르테스는 흑요석과 금으로 감싼 두개골, 터키석 조각으로 만든 머리가 두 개인 뱀의 모자이크, 귀한 케찰quetzal(과테말라의 국조) 깃털로 장식한 의상 등 작은 물건들을 유럽으로 보냈다. 뒤러는 이를 '훌륭한 예술 작품'으로 여겼지만, 코르테스는 호기심거리로 보낸 것이었다. 예술가들은 아즈텍 작품의 신비와 '마법'의 진가를 알았는지 모르지만 코르테스 같은 사람들에게는 주로 전시용 호기심거리나 귀중한 재료를 구할 수 있는 수익의 원천, 즉 금전적인 자산일 뿐이었다.

반면 아즈텍은 로마인이나 그리스 예술처럼 적국의 예술을 존중했다. 아즈텍은 오악사카Oaxaca 같은 정복 국가에서 온 믹스텍Mixtec 부족 예술가들을 고용해 최고급 금속 작품을 만들었다. 그들은 또한 톨텍의 '착몰'과 올멕의 두상(제2장에서 살펴본 거대한 조각품) 같은 다른 문화권의 예술을 재사용하고 연구했다. 이들에게 스페인 사람들은 귀중한 유물을 녹이고 문화적인 건물과 조각품을 파괴하는 이교도처럼 보였을 것이다.

모든 유럽 국가가 이처럼 야만적으로 낯선 땅을 대하지는 않았다. 포르투갈인들도 16세기 초에 바다를 통해 널리 여행했고 역시 금을 찾고 있었다. 1520년에 그들은 아프리카 서부 해안을 탐험하고, 희망봉을 돌아 멀리 인도까지 무역로를 개척했다. 1543년에는 일본에 이르렀다. 이 시기에 제작된 예술품은 문화 교류의 정도를 기록하고 있다.

1521년 뒤러는 안트베르펜에 있던 포르투갈의 국제 무역 장관 로드리고 페르난데스 달마다와 친한 친구가 되었다. 뒤러는 시에라리온에서 온 상아로 만든 두 개의 소금 통에 3플로린(현재의 약 500파운드)을 주고 아프리카 예술품을 구입했다. (당시 상황을 고려해보면, 뒤러는 수산나 호렌바우트의 세밀화에 2플로린을 지불했고 자신의 작은 그림도 같은 금액에 판매했을 것이다.) 시에라리온의 사피Sapi족 조각가들이 만든 소금 통은 포르투갈의 대륙 간 무역 중심지였던 북유럽의 안트베르펜으로 수입되기 전 수십 년 동안 이미 포르투갈에 판매되고 있었다. 예술가들은 둥근 용기인 소금 통을 만들기 위해 상아의 몸통 중심을 깊숙이 깎아냈는데, 이 소금 통을 한 무리의 사람들이 떠받치고 있었다. 섬세한 조각으로 덮인 소금 통은 실용성보다 예술적 사물로 감상하고 감탄하는 대상으로 계획한 것이었다.

포르투갈이 서아프리카와의 관계를 강화하면서 어느 정도의 교류가 이루어졌고, 그 결과 아프리카의 남성·여성·동물 조각과 포르투갈의 상인·군인·배·성서 장면을 결합한 아프리카-포르투갈 소금 통이 만들어졌다. 소금 통을 만든 예술가들의 이름은 알려지지 않았지만, 그들은 고도로 숙련되어 있었고 새로운 후원자들의 요구에 빠르게 적응했다. 그들은 두 문화의 통합을 이루기 위해 유럽의 기도서와 여행 회고록의 판화를 활용했다.

비슷한 소금 통이 에도Edo와 오워Owo 예술가들에 의해 베냉국(지금의 나이지리아 일부)에서도 제작되었다. 16세기의 한 작품에는 멋지게 차려 입은 포르투갈 상인 네 명이 소금 통을 에워싸고 있으며, 그 위에는 삭구rigging와 새 둥지가 있는 작은 포르투갈 선박이 자리 잡고 아래를 내려다보고 있다. 베냉의 소금 통은 시에라리온의 소금 통만큼 정교하게 조각되어 있지 않지만, 상인들 중 한 명의 목에 걸린 십자가 구슬 목걸이부터 빗살무늬로 장식된 장화까지 인물은 섬세한 묘사로 가득하다. 이 인물들은 당시 베냉에서 만들어진 청동 및 황동 부조 패널과 더 많은 공통점을 지닌다.

포르투갈 상인들은 청동과 구리 마닐라manilla를 상아와 교환했다. 구리 마닐라는 묵직한 금속 팔찌처럼 보이는 화폐 형태로서 녹여서 예술 작품을 만들 수 있었다. 베냉과 포르투갈은 원만한 무역 관계를 유지했고 베냉의 예술가들은 포르투갈과 오바Oba(베냉의 왕)의 역사적인 만남과 교류를 직사각형의 황동과 청동 명판에 기록하여 오바의 궁전 기둥에 부착했다. 베냉의 예술가들은 13세기부터 청동으로 작업했으며, 제9장에서 만났던 이페족으로부터 무역 기술을 배웠다. 예술가들은 특정 길드에 속해서 작업했는데 한 사람은 청동 길드, 또 한 사람은 상아 길드에 참여하는 식이었고, 그들은 오바의 궁전에서 가까운 이군 스트리트Igun Street에 거주했다.

그들이 만든 명판은 오바의 생애를 전달하고 있으며, 제2장에서

베냉의 청동 명판에 기록된 베냉의 왕 오바(왼쪽)와 포르투갈인(오른쪽). (16세기)

살펴본 아슈르바니팔의 부조 조각과 비슷한 방식이었다. 중요한 전투는 물론 궁정 관리와 포르투갈 상인의 만남도 기록되어 있다. 많은 작품에서 오바는 표범 발톱으로 만들어진 고리를 목과 이마에 두르고, 커다란 도금 투구를 쓴 채 중무장한 모습으로 등장한다. 그는 항상 창과 방패를 휘두르는 작은 수행원들을 대동하고 강인한 모습으로 나타난다. 포르투갈인들은 쉽게 알아볼 수 있는데, 몇몇은 콧수염이 있지만 전부 턱수염이 있다. 긴 직모는 좁은 얼굴을 감싸고 둥근 모자가 뾰족한 코 위에 씌워져 있다. 주름치마가 달린 장식된 튜닉 위에 몸에 꼭 맞는 조끼를 입고 있다.

1540년대에는 포르투갈인들이 일본까지 항해했으며, 17세기 초에 일본이 대외 무역을 금지할 때까지 포르투갈 선박은 일본 항구에 정기적으로 입항했다. 일본 예술가들은 '남방인(남쪽에서 온 야만인)'을 소재로 한 새로운 형식의 병풍 예술로 포르투갈의 도착에 반응했다. 길이가 4미터에 달하고 종종 쌍으로 만들어진 병풍은 일본 수집가들에

가노학교에서 제작된 남방인을 묘사한 병풍.(16세기 후반)

게 큰 인기를 얻었다. 최고의 병풍은 일본 회화 역사상 가장 유명한 학교 중 하나인 교토의 가노학교에서 제작되었다. 이 학교는 그로부터 100년 전 가노 마사노부狩野正信(1434~1530)가 설립한 것으로 19세기까지 이어졌다. 가노 마사노부는 중국 서예 화풍으로 작업을 시작했지만 학교는 곧 독자적인 전통을 발전시켰고, 야마토에倭繪 양식을 사용해 일상의 장면을 그렸다. 이것은 밝은 색채와 자유로운 금박의 사용 방식을 보여주었다. 금을 사용함으로써 하늘과 구름, 도로와 풍경을 대체하는 구도(예술 작품의 배열 방식)는 단순화되었다. 초점은 그 외의 것, 특히 사람에게 집중되었다. 포르투갈 상인들은 '봄바차bombacha'를 입은 모습으로 묘사되었는데, 이것은 모기를 쫓기 위해 유럽인들이 입었던 독특하고 헐렁한 바지이다. 한편 포르투갈 무역선의 선원들 중에는 인도, 말레이, 아프리카 선원들도 볼 수 있다.

이 시기에 유럽에서는 각국의 예술가들이 부유한 왕실로 이주하면서 문화적 사고의 교류도 생겨났다. 수산나 호렌바우트(1503~1554?)는 10대 시절 오빠 루카스(1495?~1544?)와 함께 영국으로 이주했다. 그녀는 헨트에 있는 아버지 제라드의 작업장에서 일하며 자랐고 세밀화를 잘 그리는 것으로 유명해졌다. 그녀의 세밀화는 종교적인 인물이나 귀족의 초상화를 그린 아주 작은 그림으로, 폭이 몇 센티미터에 불과했다. 호렌바우트와 그녀의 오빠는 헨리 8세의 고문이었던 울시 추기경의 초청을 받아 영국으로 건너갔고, 두 사람은 왕의 세밀화를 여러 점 그렸다. 헨리 왕의 궁정에 들어가고 4년 후인 1526년, 호렌바우트는 왕의 이미지를 더욱 강렬하게 표현했다. 오빠가 서른다섯 살의 헨리 왕을 이목구비가 뭉툭한 얼굴로 그렸다면, 그녀는 왕의 턱을 각지게 하고 경계심이 느껴지는 눈빛을 부여했다. 그녀는 헨리 왕의 넓은 가슴을 강조하고 수염을 그려 중후함을 더했으며, 검은 모자를 약간 비스듬하게 묘사해서 쾌활해 보이도록 했다. 이를 통해 그녀는 헨리 8세가 자신감 넘치고 강인해 보이게 만들었고, 이 세밀화는 왕의 공식적인 '모습'의 표본이 되었다. 한스 홀바인 더 영거(한스 홀바인의 아들, 1487?~1543)를 비롯한 예술가들이 그녀의 뒤를 이었고, 이 세밀화는 튜더 왕조 초상화의 기본 이미지가 되었다. 헨리 8세는 이에 고마워했던 것 같다. 그해 말 수산나가 존 파커와 결혼했을 때 왕은 결혼 선물로 파커를 궁정의 하급직에서 웨스트민스터 궁전의 수문장으로 승진시켰다.

 세밀화는 16세기에 성행했다. 유럽의 왕족과 귀족들 사이에서는 외교적 선물로 주고받았으며, 영국에서는 플랑드르와 네덜란드 최고의 예술가들에 대한 수요가 많았다. 이 예술가들은 북부 르네상스의 유산인 세부 묘사에 대한 관심과 소규모로 작업할 수 있는 능력을 높이 평가받았다. 호렌바우트는 나중에 또 다른 플랑드르 화가인 레비나 티어링크(1510?~1576)와 함께 헨리 8세의 여섯 번째 부인 캐서린 파를 위해 일했다. 캐서린은 세밀화를 다수 주문하여 친구와 동맹국에 나눠주었고, 세밀화는 장신구처럼 착용하는 드레스 액세서리같이 유행했다.

 독일 태생의 홀바인도 헨리 8세를 여러 번 그렸지만 오늘날 우리를 가장 매혹하는 작품은 「대사들」(1533년)이라는 2인 초상화이며, 개인적으로 의뢰받은 것이었다. 헨리 8세가 로마에서 분리되어 영국국교회를 설립한 해에 그린 이 작품은 런던 주재 프랑스 대사 장 드 댕트빌과 그의 절친한 친구인 라보르 주교 조르주 드 셀브의 초상화이다. 두 사람은 튀르크 양탄자, 류트, 천체 및 지구본, 루터교 성가집을 포함한 과학, 음악, 이국적인 물건으로 가득 찬 선반 옆에 고급스러운 옷을 입고 서 있다. 이 작품은 너무 세밀해서 댕트빌이 금방이라도 지구본 중 하나에 손을 뻗을 것만 같다. 두 사람 뒤에는 무거운 커튼 사이로 은색 십자가가 드러나 있고 그림 앞을 가로질러 대담한 환영 표현 방식으로 왜곡된 두개골이 놓여 있지만, 이것은 특정 각도(오른쪽 아래)에서 보았을 때만 선명해진다. 과연 댕트빌은 계단에 이 그림을 전시하여 올라갈 때 두개골을 볼 수 있게 했을까? 「대사들」의 주요 주제는 필멸이며, 물건이나 유행하는 옷은 모두 덧없고 오직 신만이 영원하다는 것인가? 가톨릭 주교의 초상화에 왜 마르틴 루터의 개신교 서적을 집어넣었을까? 오늘날에도 여전히 우리를 매혹하는 것은 이러한 해답 없는 질문들이다.

홀바인은 호렌바우트, 티어링크와 함께 활동한 궁정 예술가였다. 전 세계 왕족들은 자신의 왕국을 미화하고 통치를 기념하기 위해 최고의 국제적인 예술가들을 고용했다. 40년 이상(1520~1566년) 오스만 제국을 통치한 술탄 술레이만은 튀르크인, 이슬람인, 유럽인 등 많은 예술가를 궁정에 두었고, 그의 후원은 오스만 예술의 황금기를 이끌었다. 지금은 이름을 알 수 없는 예술가 팀이 술탄의 재위 첫 35년간을 기록한 화려한 연대기 『술레이만의 서Süleymannâme』를 공들여 작업했다. 이 책은 아리프Arif가 페르시아어로 쓴 서사시로서 65개의 전면 페이지 그림이 수록되어 있으며, 그중 다수는 피비린내 나는 다양한 전투에서 이상화된 술레이만의 모습을 묘사하고 있다. 한 희생자의 머리는 오스만 군인이 검을 꽂아 피구름을 일으키며 폭발하고, 또 다른 희생자는 술레이만이 지켜보는 가운데 코끼리에 짓밟혀 죽는다. 금색 배경과 평편해진 원근법은 비잔틴 모자이크의 느낌을 주지만, 전체의 세부적인 문양은 이슬람 예술에서 가져온 것이며 풍부한 색상은 페르시아의 세밀화를 연상시킨다. 이러한 양식의 통합은 알제리와 이집트에서 시리아, 헝가리, 흑해까지 뻗어나간 제국을 기록한 예술에 적절하다.

16세기 후반, 한 유럽 왕실이 예술 후원 면에서 다른 모든 왕실을 능가했다. 1556년부터 40년 넘게 통치한 스페인의 펠리페 2세 왕실은 다음 장에서 만나게 될 티치아노와 안귀솔라를 비롯해 최고의 외국 예술가들을 불러들였다.

CHAPTER 17

스페인 통치 시대

　1555년, 이탈리아 북부의 크레모나이다. 소포니스바 안귀솔라는 다섯 자매 중 체스를 두고 있는 미네르바와 루치아, 두 사람의 모습을 관찰하고 있다. 소포니스바는 맏이였고, 손에 숯을 들고 자매의 표정을 포착하며 스케치를 하고 있다. 그녀는 성장하면서 드로잉과 회화의 개인 교습을 받았고 지금은 예술가로 활동하고 있다.

　그녀는 동생들이 체스 두는 모습을 이미 그린 적이 있다. 「체스 게임」에서 미네르바와 루치아는 서로 마주 보고 있고 그들 사이에 체스판이 놓인 좁은 탁자는 무늬가 있는 튀르크 카펫으로 덮여 있다. 그들의 여동생 유로파가 두 사람의 경기를 지켜보고 있다. 미네르바는 오른손을 들어 항의하고 루치아는 다음 수를 두기 전에 모든 사람이 보고 있는지 확인한다. 최근 이탈리아에서 체스 규칙이 개정되었는데(오늘날 우리가 알고 있는 규칙), 루치아의 손 위치를 보아 유리한 고지를 점령하고

소포니스바 안귀솔라의 「체스 게임」.(1555년)

있는지도 모르겠다. 유로파는 미네르바의 불평에 큰 소리로 웃는다.

    소포니스바는 얼마 전 알파벳을 공부하며 웃고 있는 유로파의 모습을 그린 드로잉에서 유로파의 표정을 「체스 게임」에 가져왔다. 아버지 아밀카레는 그 유명한 미켈란젤로에게 소포니스바의 그림을 보내어 의견을 물었다. 아밀카레는 딸들에 대한 야망이 컸고 소포니스바의 예술을 후원하는 데 열정적이었다. 미켈란젤로는 또 다른 시험으로 응했다. 그는 포착하기 더 어렵다고 생각한 우는 소년의 모습을 소포니스바가 그릴 수 있는지 요구했다. 그래서 소포니스바는 동생 아스드루발레가 호기심에 누나의 바구니에 손을 넣었다가 가재에 손가락이 물린 모습을 목탄으로 스케치했다. 스케치에는 아스드루발레의 손이 충격으로 움츠러든 채 뒤로 당겨져 있고, 입은 우느라 벌어져 있으며, 이마는 고통으로 주름 잡혀 있다. 표정이 가득한 드로잉이다. 이 드로잉을 본 미켈란젤로는 깊은 감명을 받았고 자신의 드로잉과 함께 코시모 1세 데 메디치에게 선물로 보냈다. 「가재에게 물린 소년」은 로마의 인본주의 사서인 풀비오 오르시니의 소장품이 되어 다른 예술가들에게 생명력을 잃지 않고 순간을 포착할 수 있는 방식으로 소개되며 영향을 미치게 된다.

※

소포니스바 안귀솔라(1532~1625)는 찰나의 감정을 포착하는 데 매우 능숙했다. 그녀는 장르화라고 불리는 자신만의 일상 회화를 만들었다. 그녀는 플랑드르 예술가들의 모범을 따르며 이탈리아에 새로운 유행을 불러일으켰다. 그녀는 감정과 표정을 포착하는 훌륭한 기술을 얻기 위해 주기적으로 생활 속에서 스케치했을 것이며, 「가재에게 물린 소년」에서처럼 「체스 게임」에는 생생한 순간의 신선함과 활력이 모두 담겨 있다.

안귀솔라는 야망이 있었지만 귀족 출신 여성이기 때문에 작품을 눈에 띄게 판매할 수 없었다. 그런 이유로 1559년에 스페인의 펠리페 2세가 궁정으로 오라고 요청했을 때 분명 좋은 기회로 여겼을 것이다. 그의 궁정은 유럽에서 가장 강력했다. 안귀솔라는 펠리페의 세 번째 부인인 엘리자베스의 시녀가 되었고 펠리페를 비롯한 많은 왕족의 그림을 그리는 존경받는 예술가였다.

펠리페 2세는 1556년부터 1598년에 이르는 오랜 재위 기간 동안 스페인의 예술을 지방 수준에서 국제적으로 존경받는 예술로 변화시켰다. 그는 외국 예술가들을 궁정에 초대하고 유럽 전역에서 작품을 수집했다. 그는 1,500점의 회화를 수집했으며, 여러 궁전에 예술 작품을 전시한 것이 오늘날 근대 미술관의 표준이 되었다. 펠리페의 광대한 제국은 유럽, 아메리카 대륙, 필리핀에 걸쳐 있었고 네덜란드(지금의 벨기에와 네덜란드)를 포함했다. 안귀솔라가 궁정에 합류한 해인 1559년 펠리페는 스페인으로 귀국했고 이전에는 10년간 네덜란드에서 살았다. 그는 이후 다시는 스페인을 벗어나지 않았다. 1560년대 내내 스페인의 네덜란드 통치에 대한 분노가 커졌고 1568년에는 두 나라가 전쟁을 치르게 된다.

펠리페 2세는 네덜란드 미술을 공부했고 그 섬세한 자연주의에 감탄했다. 그는 많은 작품을 수집했고, 제15장에서 소개한 「쾌락의 정원」을 포함해 히에로니무스 보스의 작품을 가장 많이 소장했다. 펠리페의 숙모는 펠리페가 로히어르 판 데르 베이던의 「십자가에서 내림」을 보고 감탄하자 그 작품을 펠리페에게 보냈다. (제11장에서 우리도 감탄했던 작품이다.) 이 걸작들은 현재 스페인 마드리드의 프라도 미술관에 소장되어 있는데, 펠리페 2세가 400여 년 전에 수집했기 때문이다.

펠리페는 네덜란드 화가들의 작품을 많이 구입했지만, 그의 궁정에서 활동한 예술가는 대부분 안귀솔라 같은 이탈리아 화가였다. 이탈리아 화가들은 대상을 유사하게 그릴 수 있었고 감성으로 채울 수도 있었다. 안귀솔라는 다음 장에서 만나게 될 라비니아 폰타나와 같이 자신의 사례를 따르려는 여성 예술가들에게 영감을 주는 인물이 되었다.

안귀솔라가 펠리페 2세의 궁정에 합류할 무렵, 또 다른 이탈리아 예술가 티치아노 베첼리오(1490~1576)는 왕을 위해 '포에지에'라는 장대한 신화적 회화 연작을 마무리하고 있었다. 베네치아의 젊은 예술가였던 티치아노의 제단화는 베네치아에서 본 것들 중 가장 큰 규모였으며, 그가 그린 인물은 에너지와 표정으로 넘쳐나고, 색채는 풍부하고 대담했다. 그는 벨리니 형제에게 사사했고 실물 같은 초상화로 유명했다. 그러나 나이가 들면서 그의 양식은 더 느슨해지고 생동감이 넘쳤으며 펠리페 2세를 위한 작품을 만들며 말년을 보냈다.

티치아노의 '포에지에'는 로마 시인 오비디우스의 「변신 이야기」에 나오는 고전 신화를 바탕으로 삼았고 완성하기까지 11년이 걸렸다. 독실한 가톨릭 신자였던 펠리페 2세의 궁정에서는 이 작품을 어떻게 생각했을까? 이 작품은 본질적으로 웅장하게 그려진 난잡한 그림이었다. 여섯 개의 캔버스를 가로질러 스무 명이 넘는 여성이 등장하며, 모두 알몸이거나 가슴과 허벅지를 드러내고 있다. 연작 '포에지에' 중 두 작품에는 펠리페 2세의 대역인 신들의 왕 유피테르(제우스)가 등장한다. 두 장면 모두에서 유피테르는 여신을 강간한다. 그는 다나에를 임신시킬 때는 황금빛 소나기로, 에우로페를 납치할 때는 황소로 위장한다. 이것은 권력을 강조하는 표현이며, 유럽 대부분을 통치하고 여성에 대한 남성의 지배를 지속하고 있는 펠리페의 권력에 관한 것이다.

16세기를 대표하는 예술가 중 한 명인 엘 그레코('그리스인', 도메니코스 테오토코폴로스, 1541~1614)는 왕실의 의뢰를 받기 위해 스페인으로 이주했지만, 펠리페 2세의 아낌없는 후원에서 제외되었다. 엘 그레코는 크레타 섬에서 태어났고 그리스계 후손이었다. 그는 제8장에서 살펴본 「블라디미르의 성모」의 전통 안에서 성상 화가로 훈련받은 뒤 20대에 베네치아로 이주했다. 이탈리아를 여행하면서 그의 딱딱한 회화 양식은 완화되었고, 성숙한 학생 시절에 함께 시간을 보냈던 티치아노의 풍부한 색채를 받아들였다.

결국 엘 그레코는 완전히 다른 두 가지의 회화 양식 사이에 놓인 예술가였으며, 그가 이탈리아에서 그린 작품은 오늘날에도 큰 반향을 일으키지 못하고 있다. 죽을 때까지 거의 40년 동안 살았던 스페인으로 이주한 후에야 그동안 그가 흡수한 모든 것이 기묘하게 혼합된 성숙한 양식이 형성되었다. 그의 후기 회화는 색채로 맥박 치고 원근법을 의도적으로 무시했으며(성상 화가로서의 훈련에서 비롯된), 스페인의 종교 재판으로 종교적인 열광에 휩싸인 나라에서 그렸기 때문에 감정적이고 영적인 충만함이 타오른다.

엘 그레코가 1579~1582년에 에스코리알 궁전의 왕실 예배당을 위해 「성 마우리티우스의 순교」를 그린 후 펠리페의 후원이 중단되었다. 이 작품은 남성의 나체와 누구나 알아볼 수 있는 유명한 군사 지도자가 등장했기 때문에 부적절하다고 간주되어 빠르게 교체되었다. 이러한 좌절에도 불구하고 엘 그레코의 선구적인 종교화는 곧 그를 스페인에서 가장 인기 있는 예술가 중 한 명으로 만들었다. 당시 스페인은 가톨릭 신비주의의 영향 아래에 있었고, 독실한 신자들은 환영을 통해 신과 직접 대화할 수 있다고 믿었다. 엘 그레코가 1608~1614년에 그린 「성 요한의 환영」에는 등장인물에 대한 믿을 만한 배경을 만들려고 노력한 흔적이 전혀 느껴지지 않는다. 왜냐하면 진리는 성상 회화에서처럼 물리적인 것이 아니라 영적인 것이기 때문이었다. 티치아노의 붉은색과 파란색의 유산은 무릎을 꿇고, 다리를 벌리고, 팔을 들고, 턱을 치켜들고, 눈을 굴리며 환상을 체험하는 성 요한의 주름진 옷에 활력을 불어넣는다. 신체는 최대한의 표현을 위해 조작된다. 성인의 허벅지는 다리 전체 길이에 맞먹고, 목은 믿을 수 없을 정도로 작은 머리를 지지하고 있다. 그 뒤에는 살아 있는 듯한 하늘이 캔버스를 가로지르며 오르내린다. 이와 같은 후기 작품에서 엘 그레코의 양식은 매우 극단적이어서 20세기까지 감히 그의 발자취를 따라갈 수 있는 예술가가 없었다.

이탈리아에서는 베네치아가 여전히 중요한 예술의 중심지로 남아 있었다. 티치아노가 펠리페 2세를 위해 거의 독점적으로 일하면서 이탈리아에서는 틴토레토(자코포 로부스티, 1518~1594)와 베로네제(파올로 칼리아리,

1528~1588) 같은 젊은 예술가들에게 의뢰가 주어졌다. 이들은 1573년에 베로네제가 베네치아의 한 수녀원을 위해 그린 「최후의 만찬」('레위 가의 향연'으로 제목이 바뀌었다)과 같이 화려하고 에너지 넘치는 캔버스로 베네치아의 '스쿠올레', 교회와 궁전을 가득 채웠다. 틴토레토와 베로네제의 회화적인 패기는 수도원과 수녀원에서 평생을 보낸 다른 이탈리아 예술가들에 의해 공격받았다. 플라우틸라 넬리 수녀(폴리세나 넬리, 1523~1588)는 열네 살 때 피렌체의 산타 카타리나 도미니코 수녀원에 입회했다. 그녀는 대중에게 공개된 도시 안의 작품들을 보며 그림 그리는 법을 독학했다. 수녀원의 원장 수녀가 되면서 그녀는 다른 종교 단체와 피렌체 귀족에게 회화와 조각품을 판매하는 예술가 팀을 이끌었다. 1568년경 넬리가 그린 「최후의 만찬」에서 깔끔한 흰색 식탁보와 단순한 배경은 동시대 화가인 베로네제의 작품보다 레오나르도 다 빈치의 작품과 더 많은 공통점을 보여준다. 이 작품은 여성 화가가 그린 것으로 알려진 최초의 「최후의 만찬」으로, 수녀원의 식당에 설치되어 있었다. 길이가 거의 7미터에 달하는 거대한 작품이지만 넬리는 다른 베네치아 예술가들처럼 대중의 인정을 받기 위해 노력하지 않았다. 그녀의 주된 목표는 동료 수녀들이 그림 속 주제에 공감하게 하는 것이었고, 그들의 명상을 돕기 위해 당시 유행하는 생각보다 역사적 사례에 바탕을 두었다.

넬리가 「최후의 만찬」을 완성했을 때 르네상스는 완전히 종료되었다. 예술가들 사이에서는 이제 양식 또는 '마니에라 maniera'가 화제의 중심이 되었고, 회화는 더욱 화려하고 과장되었다. 양식 혹은 사물이 어떻게 보이는지가 실물을 스케치했을 때 실제로 어떻게 보이는지보다 더 중요해졌다. 팔다리는 더 길어지고 자세는 더 복잡해졌다. 오늘날 파르미자니노(프란체스코 마졸라, 1503~1540), 폰토르모(자코포 카루치,

1494~1557)와 같은 이 예술가들을 통칭하여 매너리스트라고 부른다.

잠볼로냐(장 드 불로뉴, 1529~1608)는 16세기에 피렌체를 유럽 조각의 중심지로 확고히 자리매김하게 만든 대표적인 매너리스트이다. 아이러니하게도 그는 이탈리아 사람이 아니라 플랑드르(지금의 벨기에 일부)에서 태어났다. 그는 스물한 살 때 로마에서 고전 조각을 공부하기 위해 이탈리아로 왔다. 그는 특히 「라오콘」과 같이 폭발적인 움직임을 포착한 헬레니즘 조각에 매료되었다. 귀국길에 그는 여전히 피렌체를 지배했던 메디치 가문의 설득으로 피렌체에 머물게 되었다. 그렇게 새로운

잠볼로냐가 제작한 실물 크기의 대리석 조각 「블레셋 사람을 처단하는 삼손」. (1560~1562년)

이탈리아 후원자를 만나면서 그는 잠볼로냐라는 이탈리아식 이름으로 바꾸게 되었다.

잠볼로냐는 유럽에서 가장 영향력 있는 조각가가 되어 고전과 르네상스 조각가들이 가능하다고 믿는 수준을 훨씬 뛰어넘어 기술적으로 놀라운 작품을 창조했다. 그의 이름을 널리 알린 걸작은 1560~1562년에 제작된 실물 크기의「블레셋 사람을 처단하는 삼손」으로, 원래 분수대 가운데에 설치되었다. 이 작품은 돌로 만든 것으로는 움직임이 최정상급으로, 두 개의 몸이 조작되고 비틀어져서 전체적인 구성 면에서 극적인 분위기를 만들어낸다. 삼손은 서서 오른손으로 나귀의 턱뼈를 무기처럼 휘두르고 있다. 그는 알몸이고 치명타를 날릴 기대감에 근육이 긴장되어 있고, 몸은 애써 휘어 있다. 그는 왼손으로 웅크린 블레셋 사람의 머리를 뒤로 잡아당기고, 남자는 삼손의 아래에서 몸을 비틀며 벗어나려고 애쓴다. 두 몸이 서로 감기면서 만드는 움직임이 이 조각의 전부이다. 이 작품은 모든 각도에서 극적인 동작의 소용돌이, 즉 조각적인 허세의 극명함을 볼 수 있도록 작품 주위를 걸어 돌아보라고 한다.

매너리즘은 르네상스 말기에서 바로크의 초기에 이르는 기간을 포괄하기 위해 18세기에 만들어진 용어이다. 움직임과 극적인 드라마로 가득 찬 조각품을 만든 잠볼로냐 같은 사람을 초기 바로크 조각가라고도 할 수 있다. 그는 바로크의 거장 카라바조와 베르니니의 예술을 예견했는데, 다음 장에서 이 두 예술가의 연출법이 우리를 놀라게 할 것이다.

CHAPTER 18

인생극장

 카라바조는 짐을 싸고 있다. 때는 1595년이고, 그는 로마의 델 몬테 추기경의 집에 있는 새 숙소로 이사하려는 참이다. 지난해에 추기경은 「집시 점쟁이」와 「카드 사기꾼」을 구입했고, 이제 카라바조는 그를 위해 일하게 되었다. 카라바조는 자신의 행운을 뒤돌아본다. 불과 3년 전, 스물한 살의 열혈 청년이었던 그는 카발리에레 다르피노의 공방에 꽃과 과일을 그리는 화가로 고용되어 로마에 왔다. 그런데 이제는 추기경을 후원자로 갖게 되었다.

 카라바조는 매혹적이고 도발적인, 육감적인 입술과 반짝이는 눈을 가진 잘생긴 소년들을 즐겨 그렸다. 최근에 그는 추기경의 지인 중 한 명인 파르네세 추기경의 사서 풀비오 오르시니의 소장품 중 한 드로잉에서 영감을 받아 새 작품을 계획하고 있다. 그 작품은 소포니스바 안귀솔라의 「가재에게 물린 소년」이다. 카라바조는 유아가 아닌 사춘기 소년을 그릴 예정이지만 같은 느낌의 충격을 전달하고 싶어 한다. 뒤로 빼서 가재를 털어내려는 오른손, 고통으로 주름 잡힌 이마, 벌린 입 등이 그것이다. 카라바조는 이제 자신의 작품인 「도마뱀에 물린 소년」을 볼 수 있다. 소년 앞의 탁자에는 잘 익은 체리가 흩어져 있고 그의 귀 뒤에는 꽃이 꽂혀 있다. 젊음의 단맛과 날카로운 한입의 사랑이다.

그는 이 같은 어린 소년을 즐겨 그리지만 카발리에레 다르피노를 뛰어넘어 로마에서 가장 인기 있는 화가가 되려면 더 큰 의뢰 건이 필요하다는 것을 알고 있다. 델 몬테 추기경이 그 목표를 달성하는 데 도움을 줄 수 있을 것 같다.

✤

미켈란젤로 메리시 다 카라바조(1571~1610)는 델 몬테 추기경과 5년 동안 지냈다. 그 무렵 로마 최고의 예술가 자리를 놓고 경쟁한 또 다른 화가로 안니발레 카라치(1560~1609)가 있었다. 카라치도 카라바조와 마찬가지로 이탈리아 북부 출신이었다. 그는 형인 아고스티노, 사촌인 루도비코와 함께 볼로냐에서 공방과 미술 아카데미를 성공적으로 운영했다. 그곳에서 그는 매너리스트의 인위적인 과장과는 대조적으로 실물 드로잉으로 돌아가는 것을 옹호했으며 티치아노와 베로네제의 작품을 연구했다. 1594년 로마에 도착한 그는 이미 성공한 예술가였으며, 권위 있는 의뢰 건을 빠르게 수주했다. 카라바조가 파르네세 추기경 사서의 드로잉 소장품을 연구하는 동안 카라치는 파르네세 궁 내부의 천장 전체에 프레스코화를 그렸다. 이 천장화는 고대 신화에 나오는 사랑 이야기와 이상적인 풍경 속에서 노니는 벌거벗은 신·여신으로 가득했고, 각각의 장면은 안료로만 구현된 '조각품'으로 둘러싸였는데, 고도의 기교를 보여주는 '트롱프뢰유' 기법을 사용한 것이었다. 천장은 파르네세의 인상적인 골동품 조각 소장품을 보완하기 위해 설계되었으며, 그중 다수가 그 아래 벽감에 전시되어 있었다. 그러나 진정한 목적은 조각이 아닌 회화가 더 우월한 예술임을 증명하는 것이었을 것이다. 당시 이론적인 글을 달궈놓은, '파라고네paragone'라고 알려진 논쟁이 한참 진행 중이었다.

17세기에 접어들면서 로마는 예술적 재능들이 활기를 띠었다. 왜 그리 많은 예술가가 여전히 로마로 이주했을까? 로마는 가톨릭교회의 세력이 다시 한 번 강력해지면서 가장 많은 자금과 가장 큰 의뢰 건이 있는 곳이었기 때문이다. 또한 고전 예술과 미켈란젤로, 라파엘로가 만든 르네상스의 찬란함을 배우기 위해 유럽 전역에서 예술가들이 모여들었다. 그들은 로마에 머무는 동안 작품을 수주하기 위해 경쟁하거나 같은 장소에서 그림을 그리며 맞붙었다. 1600년 7월 카라치는 로마의 산타 마리아 델 포폴로에 있는 티베리오 체라시 예배당을 위해 천장 프레스코화와 제단화를 그리는 의뢰를 받았다. 그로부터 두 달 후 교황청의 재무총장이자 부유한 변호사였던 체라시는 카라바조에게 같은 제단 옆에 있는 두 개의 대형 패널화를 의뢰했다.

카라치의 제단화 「성모 승천」은 움직임이 조화로운 걸작이다. 성모는 두 팔을 뻗어 천국으로 올라간다. 천사들이 성모를 잡아 올리는 동안 신성한 빛이 성모의 황금빛 후광을 드리운다. 예배당에 다가서면 성모 마리아는 두 팔을 벌려 우리를 환영하는 듯하다. 양옆 벽에 카라바조가 그린 두 개의 패널과는 너무나 대조적이다. 초월적인 파랑, 빨강, 금색 대신 카라바조의 갈색, 흰색, 황토색의 색감으로 우리는 다시 땅에 발을 딛는다. 그의 패널화 두 점에는 시선을 사로잡고 「성모 승천」과 경쟁하려는 붉은색 섬광이 등장하지만 성스러운 주제임에도 현실 세계, 즉 지상에 뿌리를 두고 있다.

오른쪽에 있는 카라바조의 「다메섹 도상에서의 개종」에서는 성

로마의 산타 마리아 델 포폴로의 티베리오 체라시 예배당에 있는 카라치의 「성모 승천」(중앙)과 카라바조의 「성 베드로의 십자가형」(왼쪽). (1600~1601년)

바오로가 얼룩무늬 말 앞의 땅바닥에 누워 있고 말은 그의 주위를 비켜가고 있다. 성 바오로는 천국을 향해 손을 들고 있고, 몸은 극적으로 짧아지고, 신성한 빛에 눈이 멀었다. 마치 그가 우리 앞에 실제로 있는 듯하다. 카라바조가 빛과 어두운 색조를 극적으로 사용하는 방식은 성 바오로를 우리의 공간에 밀어 넣는다. 카라치의 「성모 승천」에서 성모의 팔이 그림이 그려진 표면의 일부로 남아 있는 반면 성 바오로의 팔은 실제 공간을 점유하는 조각처럼 보인다. 왼쪽의 「성 베드로의 십자가형」에서 카라바조는 한 걸음 더 나아갔고, 마치 움직일 듯 느껴지는 지그재그 구도에는 활력이 넘친다. 오늘날 영화와 텔레비전을 많이 보고 자란 우리는 카라바조의 극적인 사실주의와 공감하지만, 카라치의 이상화된 고전적 양식과는 그렇지 않다. 이는 예술을 바라볼 때 우리가 자신의 경험을 예술에 적용한다는 점에서 예술을 얼마나 주의 깊게 생각해야 하는지를 보여주는 예이다. 카라바조는 우리에게 강하고 분명하게 말을 건네고 있으며 현대 예술가들은 여전히 그의 힘차고 극적인 캔버스에 반응하고 있다.

카라바조와 카라치는 오늘날 '바로크 예술가'로 불린다. 바로크는 17세기의 모든 예술에 적용되는 광범위한 용어이다. 그 중심에는 카라바조의 흥미진진한 회화로 대표되는 드라마, 움직임, 동작의 정서가 있다. 그러나 당시에는 고대 조각, 그리스 신화, 르네상스에 뿌리를 둔 카라치의 고전적 양식이 새로운 미술 아카데미의 교육을 지배했다. 초기 미술 전기 작가들은 카라바조의 놀라운 사실주의보다 카라치의 이상주의를 선호했고, 그 결과 카라치의 양식은 이후 300년간 모든 아카데미 학생들의 염원이 되었다.

체라시 예배당 의뢰 건을 받을 때 카라바조와 카라치는 냉혹한 경쟁 관계였다. 카라바조의 극적인 양식을 모방하는 이들은 유럽 전역에서 거의 즉각적으로 생겨났고 카라바지스티(카라바조 추종자)로 알려졌다. 볼로냐의 카라치 아카데미는 귀도 레니(1575~1642) 같은 고전주의 화가를 꾸준히 배출하며 카라바지스티에 맞섰다. 라비니아 폰타나(1552~1614) 역시 볼로냐에서 자랐지만 여성이라서 카라치 아카데미에 입학할 자격이 되지 못했다. 다행히도 그녀의 아버지 프로스페로 폰타나는 볼로냐의 대표적인 매너리즘 화가 중 한 명이었고 집에서 그녀를 가르쳤다.

라비니아 폰타나는 결혼하여 자녀를 열한 명이나 낳았는데도 가족의 생계를 책임지며 자신의 작업장을 운영하는 동시에 종교화, 제단화, 볼로냐 귀족의 초상화를 그렸다. 1088년에 설립된 볼로냐의 대학은 오랫동안 여성 교육을 발전시켜왔으며, 그 결과 볼로냐는 여성 예술가를 지원하는 데 앞장섰다. 그녀는 자기 작품에 가격을 책정할 수 있었는데, 이전에는 여성 예술가에게 불가능했던 일이다. 그리고 소포니스바 안귀솔라의 유산과 의식적으로 경쟁하면서 메디치 가문과 스페인의 펠리페 2세를 위한 의뢰 작업을 수행했다. 초기 전기 작가들은 그녀가 당시 주요 남성 예술가들과 똑같이 돈을 벌었다고 하며, 교회 기록에 따르면 카라치 가문이 비슷한 작품에 대해 받은 것보다 그녀가 볼로냐 대성당의 제단화에서 받은 돈이 더 많았다고 했다.

볼로냐에서 성공적인 경력을 쌓은 폰타나는 1604년 교황을 위해 일하기 위해 가족과 함께 로마로 이주했다. 로마에서 그린 첫 번째 작품 중 하나는 「누드 미네르바」였다. 로마의 전쟁 여신은 금으로 짠 투명한 드레스를 입고 나타나 빛을 받는다. 그녀는 붉은 깃털과 흰 깃털로 장식된 투구를 쓰고 전투에 대비해 옷을 차려입으려 한다. 드레스 아래로 나신이 드러나지만, 미네르바는 수동적인 아름다움의 대상으로 제시되지 않는다. 그녀는 옆모습으로 등장하는데 곧 장착하게 될 흉갑을 향해 걸어가고 있으며 강인한 허벅지와 엉덩이, 팔뚝은 그녀의 육체적인 힘을 암시한다. 이 작품은 당시 오타비아노 라바스코의 시를 통해 찬사를 받았고 폰타나는 남성 예술가로만 구성된 성 루크 아카데미에 받아들여져 1614년 사망할 때까지 로마에 살면서 큰 명성을 누렸다.

폰타나가 사망했을 때는 카라치와 카라바조의 로마도 사라졌다. 카라치는 1609년 마흔아홉 살에 신경쇠약으로 사망했고 라파엘로와 함께 판테온에 묻혔다. 카라바조는 불법 결투에서 라누치오 토마소니를 죽인 후 도주했고 1610년 토스카나에서 서른여덟 살의 나이로 사망했다. 하지만 카라바지스티와 고전 아카데미 화가들의 작품에는 그들의 양식이 계속 이어졌다.

화가 오라치오 젠틸레스키는 카라바조의 친구 중 한 명으로 카라바지스티였다. 오라치오의 딸 아르테미시아(1593~1653)는 예술가들 사이에서 자랐고 아버지의 영향으로 일찍 재능을 키웠다. 그녀는 10대에도 「수산나와 두 늙은이」(1610년) 같은 커다란 성서의 장면을 그렸는데, 어린 수산나가 목욕하는 동안 두 남자가 그녀를 범하려고 훔쳐보는 이야기를 바탕으로 한 것이다. 아르테미시아 젠틸레스키의 삶은 예술과 판박이였다. 그녀는 열일곱 살에 두 남자(한 명은 아버지와 함께 일하는 예술가)에게서 강간을 당했던 것이다. 오랜 법정 소송 끝에 그들은 로마에서 추방 명령을 받았으나 결코 로마를 떠나지 않았다. 대신 그녀가 이주했고 피렌체에서 다른 화가와 결혼하고 로마로 돌아오기까지 7년 동안 피렌체에서 살았다.

젠틸레스키는 피렌체에서 뛰어난 화가로서 명성을 얻었다. 그녀는 카라바조의 작품에 영향을 받아 매우 육감적이고 사실적인 그림을 그렸다. 그녀는 카라바조가 그린 「홀로페르네스를 참수하는 유디트」(1599년)를 재해석하여 유대인 과부 유디트에게 훨씬 더 많은 사실성을 부여했다. 여기서 유디트는 자신의 고향 베툴리아를 멸망시키려는 술 취한 아시리아 장군 홀로페르네스의 목을 베어낸다. 젠틸레스키의 첫 번째 버전(1612~1613년)에서 홀로페르네스는 관람객 쪽으로 머리를 향한 채 침대에 누워 있고, 어두운 텐트 안에는 유디트와 그녀의 하녀 아브라만 등장한다. 유디트 같은 여자가 전투병의 힘에 맞설 수 없다는 것을 알았던 젠틸레스키는 유디트가 그의 목에 칼을 들이대는 동안 하녀가 제압하게 했다. 유디트는 왼손으로 그의 머리카락을 한 움큼 잡고 칼날을 잡아당겨 비튼다. 균형을 잡기 위해 그녀의 한쪽 무릎은 침

아르테미시아 젠틸레스키의 「홀로페르네스를 참수하는 유디트」(두 번째 버전). (1620~1621년)

대 위에 놓여 있다. 젠틸레스키는 카라바조가 죽어가는 홀로페르네스에게 주었던 에너지를 이제 홀로페르네스를 살해하는 두 여인에게로 옮겨놓은 것이다.

1년이 지나지 않아 스무 살의 젠틸레스키는 같은 장면을 다시 그렸는데, 이번에는 코시모 2세 데 메디치를 위한 것이었다. 이 작품에서 그녀는 길어진 검 뒤로 온몸을 비틀고 있는 유디트에게 더 많은 힘을 부여했다. 피가 시트를 더럽히고, 목에서 분출되어 그녀의 팔, 드레스, 가슴에 튄다. 젠틸레스키는 격동적인 여성의 몸이 어떤 모습인지 보여주는 데 주저하지 않는다. 유디트의 이마에 주름이 잡히고 칼날에 힘을 주면서 턱은 두 겹이 되고, 몸을 돌릴 때 그녀의 가슴은 찌그러져 코르셋 안쪽으로 말려 들어간다. 젠틸레스키가 이 장면을 최대한 사실적으로 표현하기 위해 거울 앞에서 자세를 연구하며 시간을 보냈음을 느낄 수밖에 없다.

이 작품으로 젠틸레스키는 위대한 바로크 화가로서의 입지를 확고히 했다. 그녀는 피렌체 미술 아카데미에 입학한 최초의 여성이 되었고, 집을 떠나 당시 여성으로서는 쉽지 않았던 작업실을 설립하는 데 성공했다. 여성을 능동적이고 적극적인 역사의 주인공으로 묘사한 그녀의 작품은 여성을 수동적인 욕망의 대상으로 그린 당시의 성공한 남성 예술가들과 뚜렷하게 대조된다.

젠틸레스키와 폰타나의 업적은 여성 예술가들에게 중요한 순간을 일깨운다. 이들에 앞서 성공한 여성 예술가들이 있었다. 호렌바우트나 소포니스바 안귀솔라처럼 왕과 왕비를 그리거나 플라우틸라 넬리처럼 성공적인 수녀원 미술학교를 운영한 여성 예술가들이 있었다. 그러나 지금까지 보아 알다시피 그들은 원칙이 아닌 예외로 등장한다. 젠틸레스키와 폰타나에 이르러서는 무언가가 달라진다. 그들은 성서의 장면, 여성 나체 같은 전통적으로 남성이 그린 주제를 맡아 다른 시각에서 보여준다. 강인하고 자신감 있어 보이는 그들이 그린 여성에게 힘을 부여한다. 이들은 생전에 뛰어난 재능을 인정받아 피렌체와 로마의 남성 중심적인 미술 아카데미에 들어간 최초의 여성이 되었다. 젠틸레스키와 폰타나는 여성 화가도 남성과 동등하게 (남성) 동료들에게 인정받을 수 있음을 증명했다. 앞으로 이 책에 등장하는 여성 예술가가 점점 더 많아지면서 그 영향력을 확인할 수 있을 것이다.

CHAPTER 19

새로운 방식으로 보기

1614년, 페테르 파울 루벤스는 안트베르펜에 있는 성모 마리아 대성당의 높이 솟은 하얀 본당에 서 있다. 그는 두 기둥 사이에 서서 높은 제단에 가까운 예배당을 바라보고 있다. 예배당 제단 위에는 금색 액자에 담긴 자신의 작품 「십자가에서 내림」이 걸려 있다. 이것은 높이 3미터가 넘는 거대한 작품으로, 중앙에 있는 그리스도의 모습을 감싸는 두 개의 날개가 양옆에 있다.

루벤스는 작품을 살펴본다. 여기에는 그리스도를 품었던 세 요소가 등장한다. 성모 마리아, 시몬, 그리스도가 죽임을 당한 십자가이다. 왼쪽 날개에는 세련된 플랑드르 여인처럼 옷을 입은 마리아가 임신한 배에 손을 얹고 있으며, 그 안에는 아직 태어나지 않은 그리스도가 있다. 오른쪽 날개에는 갓난아기인 그리스도를 안고 있는 늙은 시몬이 있다. 그러나 궁극적으로 그의 눈길을 끄는 것은 십자가가 있는 중앙

페테르 파울 루벤스의 제단화 「십자가에서 내림」.(1614년)

패널이다. 예루살렘 교외의 골고다에 해가 지면서 생기를 잃은 그리스도의 몸이 내려지고 그의 뒤에 매달린 흰 천에는 핏방울이 얼룩져 있다.

루벤스는 이 천을 사용하여 오른쪽 위에서부터 왼쪽 아래로 떨어지는 띠 모양의 빛을 작품의 중앙에 비추었다. 여러 개의 손이 이 천을 잡고 있는데, 맨 위에 있는 인부는 천을 제자리에 고정하려고 자신의 이를 사용한다. 사도 요한은 아래에서 그리스도의 몸을 받치고 있다. 요한은 희생된 그리스도의 피를 상징하는 붉은색의 풍성한 가운을 입고 그리스도의 유산을 이어받을 준비를 하고 있다.

❦

루벤스(1577~1640)는 이탈리아에서 배운 것과 북유럽 후원자들의 요구를 통합한 뛰어난 예술가였다. 그는 고위 외교관이자 궁정화가였으며, 직업윤리와 에너지로 유명한 인본주의자였다. 안트베르펜에서 큰 성공을 거둔 공방을 운영하면서 조수를 고용하여 자신의 유화 스케치를 바탕으로 하는 작품을 완성했고, 이 장의 뒷부분에서 만나게 될 안토니 반 다이크 같은 역량의 예술가를 끌어모았다.

이탈리아에서 만토바의 공작을 위해 그림을 그리던 젊은 청년 루벤스는 로마에서 「라오콘」을 비롯한 고전 조각을 스케치했다. 그는 그러한 형태에 대한 이해를 바탕으로 「십자가에서 내림」에 등장하는 인체에 깊이와 견고함을 부여했다. 그는 붉은색과 금색 의복에는 티치아노의 뜨거운 색채를, 측면 날개의 인물에는 라파엘로(베로네제를 거쳐)의 깔끔한 선을, 십자가 위의 인부에게는 카라바조의 극적인 연출을 적용했다. 북유럽식 대위법으로는 그리스도의 팔과 늘어진 고개의 휘어진 형태에 반영된 로히어르 판 데르 베이던의 「십자가에서 내림」과의 공감대도 있어 보인다.

루벤스는 일생의 대부분을 여러 유럽 왕실을 오가며 외교관으로 일했고 유럽 왕족의 일대기를 만들었다. 앞서 살펴본 바와 같이 유럽의 부유한 궁정에서는 영국의 홀바인, 스페인의 안귀솔라 같은 외국에서 온 예술가를 고용하곤 했고, 마찬가지로 인도의 무굴 황제들도 이란의 페르시아 예술가로 궁정 공방을 채웠다. 무굴 제4대 황제 자한기르Jahangir 밑에서 일한 사파위Safavid 화가 아카 리자Aqa Riza(레자 압바시, 1580~1635년 활동)도 그런 예술가들 중 한 명이었다. 리자와 같은 예술가들은 선형적인 표면 문양과 형식적인 구성의 페르시아 전통을 인도 궁정에 도입했다. 리자는 알라하바드(지금의 인도 프라야그라즈)에 있는 자한기르의 궁정 안 회화 공방을 운영했지만, 서양의 자연주의에 대한 자한기르의 관심이 커지면서 그의 경력은 사그라들었다. 그러나 리자의 아들 아부엘 하산Abu'l Hasan(1588~1630?)은 당대 최고의 궁정화가로서 명성을 얻게 된다.

페르시아와 무굴 왕실의 공방은 오랫동안 공동 작업을 이어왔으며, 많은 예술가가 익명으로 화려한 그림책을 만들었다. 하지만 17세기에 들어서면서 이러한 공방은 유럽의 공방을 닮아가기 시작했다. 대략 스승 한 명당 화가 열 명이 고용될 정도로 공방은 경쟁적이고 위계적으로 바뀌어갔으며 무굴 예술가들은 점점 더 개인으로서 가치를 인정받게 되었다. 서양 예술가들처럼 배경이 있는 자화상을 그리거나 독창적인 양식을 개발하는 등 자신의 작품에 서명하기 시작한 것이다.

자연주의에 대한 자한기르의 관심은 당시 인도에 소개된 유럽의 예술로부터 시작되었다. 그의 부친인 아크바르는 무역 협상을 모색하는 유럽인들에게서 받은 유럽의 회화와 판화를 상당수 보유하고 있었다. 유럽 판화의 자연주의는 무굴 회화로 확산되기 시작했고 인물에는 견고함을, 장면에는 깊이를 부여했으며 더욱 강렬한 감성적 관계를 표현할 수 있게 했다. 열세 살 소년이었던 하산은 뒤러의 판화「십자가형」(1511년)에서 성 요한의 모습을 따라 기도하는 깍지 낀 손가락과 슬픔에 잠긴 눈빛을 세심하게 모사했다. 이후 하산의「플라타너스 나무에 있는 다람쥐」(1605~1608년)를 보면 그가 유럽의 원근법과 실물 묘사에 어떻게 반응했는지 알 수 있다. 하산은 아버지 작품의 전통적인 금색 배경과 양식화된 나무를 유지하면서 뒤로 물러나는 바위 풍경과 나뭇가지 위로 뛰어다니는 붉은다람쥐를 비롯하여 면밀히 관찰한 동물을 추가했다. 하산은 1615~1618년에 자한기르 회고록의 공식 버전인『자한기르나마 Jahangirnama』를 위한 그림을 그렸는데, 여기서 황제는 하산을 '현재로서는 경쟁자나 비등한 존재가 없다. 진정으로 그는 시대의 경이로움이 되었다'라고 묘사했다.

무굴 제국의 황제들은 서양미술품을 즐겨 수집했고 유럽의 선교사들도 유럽 미술품을 중국 황실에 가져다주려 했다. 그러나 제9장에서 처음 만났던 존경받는 아마추어 예술가인 중국 문인들은 세상을 묘사하는 이 낯설고 새로운 방식에 거의 주목하지 않았고, 서양미술은 19세기까지 중국에서 발판을 마련하지 못했다.

예술가 동기창董其昌(1555~1636)에 따르면 17세기에 중국 예술은 두 진영으로 나뉘었다고 한다. 북종화는 주로 인물을 그리는 최자충崔子忠(1574~1644) 같은 숙련된 전문 예술가들이 주축을 이루었고, 남종화는 동기창 같은 문인들과 단색 풍경에 대한 그들의 애정이 주축을 이루었다. 동기창의 예술에 관한 저술은 수 세기 동안 중국 내에서 큰 영향을 미쳤지만, 서양에는 최근까지 거의 알려지지 않았다. 이는 개인의 천재성과 고전적 모사mimesis라는 서양의 모델과 대조된다. 경쟁적인 서양의 회화 양식이 기껏해야 수십 년간 유행하는 사이에 중국 예술가들은 수천 년 된 전통을 활용했다. 동기창은 예술가들이 여행을 통해 자연을 흡수하고 과거 위대한 중국 예술가들의 양식을 통해 자연을 드러내야 한다고 믿었다. 예술가들은 그들을 앞서간 예술가들에게 경의를 표하면서 자기만의 독창성을 표현하는 개인적인 양식을 창조해야 했다. 따라서 동기창의 풍경화는 자연에서 관찰한 것을 그대로 재현하는 것이 아니라 선대 화가들이 표현한 것처럼 그 안에서 관찰한 본질을 재현하려고 노력했다. 1620년 그는 강변, 나무, 풀, 산, 설경을 차분하게 그린 화첩『추흥팔경화책秋興八景畫冊』을 제작했는데, 이전의 해석을 바탕으로 하지만 수묵과 붓으로 다재다능한 그의 면모를 보여주었다. 각각의 장면에는 풍경에 생기를 불어넣는 사려 깊은 시가 포함되어 의도적으로 비워놓은 부분에 적혀 있고, 그것은 보는 사람의 마음이 거닐 수 있게 한 공간이다.

16세기에 유럽의 탐험은 대부분 포르투갈과 스페인이 주도했지만, 17세기에 국제 무역을 지배하게 된 것은 네덜란드였다. 네덜란드 공화국은 남부의 플랑드르를 장악했던 스페인 왕실로부터 땅을 빼앗아 독립을 쟁취했다. 중국 도자기 같은 상품이 네덜란드로 운송되면서 스페인 왕족이 아닌 네덜란드 중산층의 주머니가 두둑해졌고, 인구밀도가 높은 마을과 도시가 부유한 거주지로 탈바꿈했다. 이에 따라 네덜란드 황금시대라고 불리는 예술 시장의 번성기를 만들어냈다. 그러나 이것은 루벤스의 플랑드르 제단화와 같은 규모의 예술은 아니었다. 사람들은 박람회, 상점, 화상에게서 작은 회화 작품을 사들였고 일상 생활이나 사물과 풍경을 반영한 장면을 선택했다. 예술 시장의 지배적인 세력은 더 이상 교회나 국가가 아니었고, 예술가들은 새로운 구매층의 요구에 부응해야 했다. 오늘날 남아 있는 예술품 대부분은 원래 거물급 고객을 위해 제작된 것이기 때문에 일반인들이 예술을 어떻게 경험했는지에 대한 우리의 이해가 왜곡될 수 있다. 네덜란드 황금시대의 예술은 우리가 17세기의 네덜란드 공화국에 살았다면 어떤 종류의 그림을 우리 집 벽에 걸었을지 가늠할 수 있게 한다.

정물화는 인기를 끈 새로운 회화 양식 중 하나였으며 클라라 페테르스(1588?~1657?)는 아침 식사에서 연회까지 음식이 가득한 식탁을 그리며 그 선두에 섰다. 그녀는 북부 르네상스의 세밀한 자연주의를 바탕으로 딱딱한 빵 껍질, 깃털의 부드러운 광택, 납땜한 술병의 윤기 있는 곡선 등 각각의 작품에 여러 대비되는 질감을 표현했다. 「새매, 가금류, 도자기와 조개껍데기가 있는 정물」(1611년)에는 청둥오리, 털을 뽑은 비둘기 두 마리, 피리새를 포함한 죽은 새들이 흩어져 있는 식탁 위에 암컷 새매는 황금빛 눈을 반짝이며 고리버들 바구니의 손잡이를 잡고 있다. 새들은 조개껍데기 네 개, 도자기 한 더미와 함께 식탁 위에 놓여 있다. 조개껍데기는 카리브 해와 서아프리카에서, 도자기는 중국에서 수입한 것으로서 한 무더기의 사물이 암시하듯, 그 소유자는 부유하고 세상 경험이 많은 사람이다. 정물화는 대부분 의뢰를 받지 않

클라라 페테르스의 「새매, 가금류, 도자기와 조개껍데기가 있는 정물」.(1611년)

고 완성된 후 판매되었다. 화가들은 묘사된 대상의 실제 소유권을 표시하기보다 대상의 소유자가 가진 열망과 가치를 표현했다.

　어떤 이들은 자신의 집에 인물화를 걸어두고 싶어 했고, 프란스 할스(1582?~1666)의 활기차고 빠르고 느슨한 양식이 매우 인기 있었다. 하를렘에 있는 할스의 작업장에서 훈련받은 것으로 추정되는 주디스 레이스테르(1609~1660)의 작품처럼 말이다. 할스는 초상화 전문가로서 건배를 외치는 유쾌한 중산층 남성이나 곡을 연주하는 음악가의 모습을 주로 그렸다. 할스는 한바탕 웃음, 곁눈질, 술에 취한 미소 등 순간적인 삶의 표정을 포착할 때 최고의 기량을 발휘했다. 레이스테르는 「제안」(1631년)과 같은 장르화(일상의 삶을 포착한 그림)를 그렸다. 할스는 레이스테르의 넓고 생동감 넘치는 붓 터치 사용에 영향을 주었고, 카라바조는 인물을 더욱 사실적으로 보이게 하고자 어두운 그림자를 활용하는 데 영감을 주었다. 레이스테르의 장면은 매 작품에 교훈적인 이야기를 엮

어냈기 때문에 할스의 작품보다 더 많은 감성적 깊이가 존재한다. 「제안」은 2인 초상화가 아니라 여성의 끈기와 좌절된 남성의 욕망에 관한 이야기이다. 한 여인이 새하얀 숄을 두르고 얼굴을 비추는 램프 불빛 앞에 앉아 있다. 그녀는 고개를 숙인 채 바느질에 열중하고 있다. 그리고 모피 모자를 쓴 남자는 그녀의 어깨를 쓰다듬고, 그의 오른손에는 그녀가 제안에 동의하는 경우를 대비해 그녀에게 줄 동전이 가득하다.

스페인 통치하의 플랑드르로 돌아온 안토니 반 다이크(1599~1641)는 루벤스가 안트베르펜에 머무는 한 늘 그의 그림자 속에 있을 것이라는 사실을 깨닫고 루벤스의 작업실을 떠났다. 그러고는 이탈리아를 여행했는데 제노바, 다음엔 로마, 그리고 팔레르모에서 나이 든 소포니스바 안귀솔라와 회화에 관해 이야기하며 그녀를 스케치하고 그렸다. 반 다이크는 거의 한곳에서 몇 년 이상 머물지 않고 왕실을 돌아다니며 작품 의뢰를 받았다. 그는 자신의 모델이 된 사람의 부와 생활양식을 포착해냈다. 로마에 있는 페르시아 복장을 한 영국인 모험가 로버트 셜리 경, 서식스의 집에 있는 아룬델 백작과 그의 아내 알레테이아 탤벗을 그렸다. 이 부부는 영국의 마다가스카르 식민지 개척을 계획하며 대형 지구본 위의 마다가스카르를 가리키고 있다.

반 다이크는 17세기 영국을 대표하는 초상화가가 되었다. 찰스 1세는 1632년에 그에게 기사 작위를 수여했고, 이후 9년 동안 반 다이크는 그의 대표 화가가 되었다. 1635년에는 이탈리아의 유명한 조각가 잔 로렌초 베르니니가 국왕의 실제 모습을 조각할 수 있도록 각기 다른 세 각도에서 왕을 그려달라는 요청을 받았다. 반 다이크는 정면과 옆면, 4분의 3의 옆면 자세로 왕을 묘사했다. 찰스 1세는 얼굴이 창백하고 좁으며 턱수염이 나 있고, 크지만 살짝 감긴 갈색 눈을 가졌다. 그의 입술은 부드럽지만 미소를 짓지 않고 가느다란 손가락으로 정교하고 넓은 레이스 옷깃 아래 공단 예복을 잡고 있다. 그의 경계하는, 우울한, 거의 유령에 가까운 얼굴에서 찰스 1세의 말년 운명을 예견하고 싶어진다. 그는 영국 내전에서 올리버 크롬웰에게 패한 후 반역죄로 참수형을 당한다. 반 다이크의 초상화가로서의 능력은 단순한 사실 묘사가 아닌, 한 인간의 내면을 포착하는 것으로서 인간의 모습을 구성하는 데 작은 비대칭적 세부 사항을 모두 활용했다.

    17세기에는 새로운 미술 시장의 성장과 더불어 특히 중산층이 성장하면서 다양한 유형의 미술이 등장하기 시작했다. 그중 하나가 정물화였고 다른 하나는 풍경화인데, 다음에서 살펴볼 것이다.

CHAPTER 20

거짓의 땅

1648년, 니콜라 푸생은 앞에 놓인 두 점의 유화를 바라보며 생각에 잠겨 있다. 이 두 작품은 기원전 318년 적들에게 독살당한 아테네의 장군 포키온이 성벽 안에 매장이 거부된 장면을 보여준다. 첫 번째 작품인 「아테네에서 실려 나오는 포키온의 시신이 있는 풍경(포키온의 장례)」에서는 죽은 장군이 하얀 수의에 말린 채 들것에 실려 있고, 비포장 길을 따라 들것을 들고 나오는 두 남자는 고개를 숙이고 있다. 그들은 들판을 굽이치는 길을 따라간다. 두 번째 작품인 「포키온의 유골을 수습하는 미망인이 있는 풍경(포키온의 유골이 있는 풍경)」에서는 한 여인이 그림자 속에 웅크리고 앉아 하인이 지켜보는 가운데 죽은 남편의 유골을 맨손으로 퍼내고 있다. 나무가 전경을 채우고 고전적인 신전 너머 멀리 유적지로 우리의 시선은 따라 올라간다.

푸생은 작품 사이를 오가며 근처 책상 위에 놓인 관람 상자를 살짝

니콜라 푸생의 「아테네에서 실려 나오는 포키온의 시신이 있는 풍경」.(1648년)

들여다본다. 이것은 푸생이 그리는 모든 장면을 재현하는 축소판 극장 같은 것이다. 그는 수일간 밀랍으로 인물과 건물을 만들고, 빛을 차단한 다음 특정 각도에서 빛을 조심스럽게 비춰서 거기에 만들어지는 그림자를 연구할 수 있다. 우연한 것은 없다. 그는 균형과 조화를 이루기 위해 매 장면의 모든 상황을 빈틈없이 통제한다.

푸생은 프랑스 리옹의 세리시에Cérisier라는 상인을 위해 이 두 점의 회화를 완성했다. 프랑스는 그가 태어난 나라이다. 그는 24년간 로마에서 살았는데도 프랑스 수집가들을 위해 그림을 그리곤 한다. 그의 후원자는 모두 인본주의 지식인으로, 고전적인 행동이 정제되고 삶의 철학적인 성찰로 응축된, 이성적이고 계산된 푸생의 회화를 즐겼다.

⁂

니콜라 푸생(1594~1665)은 왜 서른 살의 나이로 로마에 정착했을까? 그는 카라바조의 뒤를 따르지도, 열렬한 갈채를 받지도 못했다. 그는 작품 의뢰를 받기 위해 화수분 같은 교황의 주머니에 손을 넣지도 않았다. 그렇다, 카라치를 이어 푸생에게 로마는 고전 예술의 진원지로서 17세기 내내 프랑스 예술가와 골동품 전문가들antiquarians(고전 예술을 연구하는 사람들)을 매료시킨 곳이었다.

점점 더 푸생의 신화적이고 종교적인 장면은 그 배경이 되는 풍경으로 인해 축소되었다. 왜 그랬을까? 이때까지 풍경은 북부 르네상스의 창문 너머로 보이는 장면이나 「모나리자」에서 저 멀리 보이는 배경에 지나지 않았다. 이제 풍경은 빠르게 무대의 주인공이 되어갔다. 푸생은 풍경화를 통해 인본주의 후원자와 지지자들에게 고대 로마의 이상화된 시골 풍경을 보여줄 수 있었다. 그는 또 다른 프랑스 화가인 클로드 로랭 또는 클로드(클로드 젤레, 1604?~1682)와 함께 로마 외곽의 언덕에서 스케치한 드로잉을 사용하기도 했다. 이 두 프랑스 화가는 17세기와 18세기에 큰 인기를 누린 새로운 고전 풍경화 전통의 초석이 되었다.

클로드의 작품을 수집하는 이들은 푸생의 지식인 수집가들이 아니라 유럽의 귀족이었다. 클로드의 회화에서는 나무가 다시 풍경을 구성하고 우리를 풍경 속으로 끌어들인다. 그의 「전원 풍경화」(1647년)에는 나무가 강을 따라 늘어서 있고, 그 길을 따라 멀리 흐릿한 산으로 향하면 우리는 장면에 더욱 빠져들게 된다. 사람들은 규모와 색채를 강조하기 위해서 등장한다. 그의 많은 풍경에는 태양이 떠오르고 나뭇잎과 풀잎마다 황금빛 광채를 드리운다. 풍부한 아침 햇살이 닿는 모든 것의 위, 아래, 앞을 비추고 있다.

풍경은 자연스러운 것이 아니다. 단순히 존재하는 것도 아니다. 풍경은 땅 자체가 아니라 인간과 대지의 관계에 대한 특정 이야기를 전달하기 위해 스케치하거나 그린, 신중하게 선택된 시선이다. 푸생과 클로드에게 풍경은 가상의 로마 신전으로 점철되어 있으며 고전주의의 새벽을 상기시킨다. 반면 네덜란드 예술가들에게 풍경은 당시 생활상을 반영한 것이었다. 풍차와 교회가 평평한 대지 위에 솟아 있고, 흐린 하늘 아래서 배가 항해를 시작한다. 네덜란드 풍경화의 부흥은 작품을 구매한 중산층 수집가들의 관심에 힘입은 것이다. 그들은 개인 궁전이나 성당의 수도원에 살지 않고 정박한 그들의 배가 찰랑거리고 그들의 풍차가 들판에서 돌아가는 현실 세계에서 살았다. 그들은 경쟁 국가는 물론 더 많은 농경지를 만들기 위해 저지대 호수의 물을 퍼내어 말리는 방식으로 바다와도 싸워가며 땅을 얻기 위해 열심히 투쟁했다.

1648년은 이탈리아에서 푸생과 클로드의 고전 풍경화가 정점을 찍은 해이기도 했지만, 네덜란드에서는 가톨릭 신성로마제국의 황제와 네덜란드 공화국을 포함한 개신교 국가 간의 30년 전쟁이 종식된 해였다. 1648년에 체결된 베스트팔렌 조약은 새로운 평화의 시대를 열었다. 전쟁의 대가에도 불구하고 네덜란드의 황금시대는 꺾일 기미가 보이지 않았다. 전 세계의 영토와 무역사절단에서 돈이 흘러 들어왔고, 이득을 본 상인들은 집을 장식할 그림에 아낌없이 돈을 썼다. 1640년에서 1659년 사이에 100만 점 이상의 회화가 제작되었고, 가장 인기 있는 예술 유형은 풍경화였다.

하를럼 출신의 야코프 반 로이스달(1628~1682) 같은 네덜란드 화가들은 풍경화 전문가로서 성공적인 업적을 거두었다. 그가 그린 「무이더베르크 교회가 있는 나르덴의 풍경」(1647년)의 평편한 땅은 하늘로 하여금 풍경을 지배하게 만든다. 비를 위협하는 구름이 하늘을 가로질러 질주하고, 그 광활함은 우리의 얼굴을 스치는 바람을 느끼게 한다.

이러한 회화는 네덜란드 공화국 전역의 마을과 도시에 살며 갇혀 지냈던 상인들에게는 신선한 공기였다. 풍경화는 실재하는 것을 그대로 재현하지 않았지만 그렇게 '보였다'. 모래언덕은 넘치는 회색 바다 위에 바로 서 있고, 나무는 활기찬 하늘을 향해 가지를 뻗고 있다. 바다로부터 간척지를 만드는 데 사용되는 새로운 배수 시스템이나 확장하는 운하 네트워크의 흔적은 거의 없다. 상인들이 수백만 점이나 사들인 풍경화는 오늘날 우리에게 향수를 불러일으킬지 모르지만, 17세기 네덜란드의 도시 거주자들에게도 아마 이상화된 전원생활의 모습으로 보였을 것이다.

알베르트 코이프(1620~1691) 같은 다른 네덜란드 화가들은 클로드의 영향을 받아 해안가 마을의 황금빛 풍경을 그렸다. 그의 1655년경 작품 「도르드레흐트의 풍경」에는 돛대가 두 개인 대형 선박이 정박해 있고, 부두에 모여 있는 어선들은 작게 보인다. 네덜란드 국기를 달고 있는 이 배는 바다를 횡단할 수 있고 네덜란드 서인도회사와 동인도회사의 국제적인 네트워크를 암시한다. 동인도회사가 아시아에서 성공적인 무역로를 운영하는 동안 서인도회사는 브라질에서 활발히 활동하며 해안을 따라 설탕을 가공하기 위한 식민지를 건설했다. 브라질 식민지의 총독은 이 '새로운' 땅을 기록하기 위해 네덜란드 예술가들을 고용했고, 1640년대에 알베르트 에크하우트(1610~1666)와 프란스 포스트(1612~1680)는 브라질에 머물렀다.

브라질에 8년간 머물면서 포스트는 새로운 네덜란드 식민지의 재산과 요새를 그렸지만, 1644년 네덜란드 공화국으로 돌아간 후 완성한 브라질의 이국적인 풍경이 그의 경력에 추진력이 되었다. 그는 잘 가꾸어진 풍경에 놓인 티끌 하나 없는 제당 공장에서 일하는 무명의 흑인 노동자를 그렸다. '이국적'인 차이를 위해 야자수가 추가되었다. 이것은 분명 허구였다. 실상은 매년 수천 명의 노예가 안전하지 않은 제당 공장에서 일하다 사망했기 때문이다. 포스트가 1659년에 완성한

25개의 버전 중 하나인 「제당 공장」을 그렸을 때는 이미 5년 전 포르투갈에 식민지를 빼앗기면서 브라질에서의 네덜란드의 꿈이 종료된 이후였다.

17세기 유럽 전역에서 풍경화가 부상했음에도 불구하고 많은 예술가는 계속해서 인물을 그렸다. 자화상은 예술가들이 자신의 기량을 보여주기 위해 자주 사용하는 일종의 예술적 명함이었다. 플랑드르 화가 미카엘리나 바우티르(1604~1689)의 1640년대 자화상에는 그녀가 캔버스를 펼쳐놓고 왼손에는 팔레트를, 오른손에는 붓을 든 채 관객을 바라보고 앉아 있다. 그녀는 그림을 그릴 때 입을 법한 옷이 아닌, 레이스 장식이 달린 세련된 겹 옷깃, 크림색 공단 치마, 풍성한 벨벳 망토를 입고 있다. 그녀는 목과 손목에서 어슴푸레 빛나는 진주, 공단의 은은한 광택, 뺨의 홍조를 포착하여 자신의 기량을 보여준다. 1640년대와 1650년대의 작품에서도 앉아 있는 인물에 생명을 불어넣는 데 비슷한 실력을 보여주었다. 그녀는 머리카락의 윤기, 어린아이 얼굴의 통통한 볼륨감, 풍파에 지친 노인의 주름을 포착하는 데 능수능란한 기술을 가지고 있었다.

잔 로렌초 베르니니(1598~1680)는 조각가들이 바우티르와 같은 화가들과 경쟁할 수 없다고 생각했다. 왜냐하면 조각가들은 색을 사용할 수 없고, 오로지 빛과 그림자만 사용할 수 있기 때문이었다. 그러나 그는 교황과 추기경의 연이은 후원을 받아 바로크 양식의 탁월함을 담은 방대한 조각 작품을 선보이며 자신의 생각이 틀렸음을 증명했다.

로마의 산타 마리아 델라 비토리아 교회에 있는 페데리코 코르나로 추기경의 예배당을 위해 베르니니는 1651년경 「성녀 테레사의 법열」을 제작했다. 성녀 테레사는 자서전에서 자신의 신비로운 환희에 관해 썼다. 그녀는 황금빛 불타는 창을 든 아름다운 천사를 보았다. '그

잔 로렌초 베르니니의 「성녀 테레사의 법열」.(1651년경)

것으로 그는 내 심장을 여러 번 찔러 나의 내장까지 관통하는 듯했다.' 그가 창을 뽑았을 때 '그는 하느님에 대한 큰 사랑으로 나를 완전히 불타오르게 했다'. 그녀를 보라. 그녀의 온몸이 감각에 반응하는 것처럼 고개는 뒤로 젖히고, 눈은 감겨 있고, 내맡기듯 두 팔을 벌리고, 발가락은 경련을 일으킨다. 당시 익명의 글에 따르면 베르니니는 성녀가 '몸을 팔게' 했고, 성녀는 마치 오르가슴을 느끼는 것처럼 신의 손길을 경험하는 것 같다고 했다. 베르니니는 바로 이 점을 강조하기 위해 캐노피 위의 숨겨진 창문으로부터 조각상에 조명을 비춰 성녀가 빛나도록 했다. 베르니니는 예배당 벽에 기부자의 초상화를 새겨 넣어 그녀에게 관객을 선사하기도 했다. 마치 극장의 객석에 있는 관객들은 무대 위에서 펼쳐지는 황홀한 환희를 지켜보는 듯하다.

베르니니는 대규모의 조수 팀과 함께 테라코타로 만든 '보제티

bozetti'(점토 모형)를 대리석 조각으로 확대했다. 이 방법으로 「성녀 테레사의 법열」과 같은 해에 로마 나보나 광장에 있는 「4대 강 분수 Four Rivers Fountain」 같은 대형 작품을 만들 수 있었다. 교황 이노센트 10세를 위해 설계한 이 분수는 교황의 가족 궁전이 향하고 있는 광장에 놓여 있으며 거대한 인물, 동물, 지질학, 그리고 고대 이집트의 오벨리스크까지 있는 역작이다.

베르니니가 이노센트 10세를 위한 분수를 완성할 무렵 스페인의 화가 디에고 로드리게스 데 실바 이 벨라스케스(1599~1660)는 교황의 초상화를 완성했다. 벨라스케스의 예리한 눈과 강렬한 사실주의는 교황에게 놀랍지 않았을 것이다. 벨라스케스는 이미 교황의 여러 수행원을 그린 적이 있었기 때문이다. 그러나 벨라스케스는 일흔다섯 살의 교황의 취향에 비해 지나치게 사실적으로 묘사했던 것 같다. 교황의 입가는 긴장되어 찡그렸으며, 이마는 찌푸렸고, 피부는 오랜 안락한 생활로 인해 붉어져 있다. 붉은 공단 망토와 모자 아래 리넨 옷을 입고 앉아 있는 그는 금방이라도 일어나 일로 복귀할 듯 조바심을 내고 있다. 완성된 작품은 교황 생전에 대중에게 공개되지 않았고 교황의 가족 궁전에 있는 갤러리에 위탁되었지만, 권력의 무거운 짐과 부패한 영향력을 보여주는 웅장한 초상화이다.

벨라스케스는 1651년 마드리드로 돌아와 이 초상화를 여러 점 모사했다. 그는 거의 30년 동안 스페인 국왕이자 펠리페 2세의 손자인 펠리페 4세를 위해 일했으며, 티치아노의 에로틱한 '포에지에'를 비롯한 이탈리아 왕실의 미술품 컬렉션을 연구하는 데 많은 시간을 보냈다. 1656년 「시녀들」에서 펠리페의 딸을 그릴 무렵에는 확고하고 자신감 넘치는 양식을 갖게 되었다.

「시녀들」은 다섯 살배기 마르가리타 공주와 수행원들의 초상화이다. 하지만 공주의 부모를 그리는 자기 모습을 넣었기 때문에 작업하는 벨라스케스의 초상화이기도 하다. 우리는 뒷벽의 거울에 흐릿하게 비친 반영으로만 공주의 부모를 볼 수 있다. 벨라스케스는 그림 그리는 행위를 왕의 미술 컬렉션에 적절한 주제로 선보였다. 자신을 왕의 초상화 안에 그려 넣음으로써 궁정 예술가들의 격상된 지위를 강조했다. 이러한 측면에서 「시녀들」은 정치적인 그림이기도 하다. 당시 스페인에서는 전통적으로 예술가를 포함한 육체노동자가 사회 상류층에 들어갈 수 없었다. 예술가들은 자신의 작품을 육체노동이 아닌 시와 같이 인문학으로 인정받기 위해 조직 활동을 벌였다. 「시녀들」은 벨라스케스가 그러한 논쟁에 기여한 작품으로, 완성된 지 2년 후인 쉰아홉 살에 벨라스케스는 최고 훈장인 기사 작위를 받았다. 이는 벨라스케스뿐만 아니라 모든 스페인 예술가의 승리였다. 하지만 안타깝게도 평생 큰 성공을 거둔 또 다른 위대한 예술가는 60대에 접어들면서 상황이 다른 방향으로 흘러가고 있었다. 바로 렘브란트 반 레인이었다.

CHAPTER 21

정물과 정적인 삶

때는 1658년이다. 렘브란트는 이젤 위에 놓인 그림을 바라보고 있다. 커다란 크기의 앉아 있는 자화상이다. 작품에는 그가 칠흑 같은 어둠 속에서 어렴풋이 나타난다. 그는 고대 왕처럼 화려한 금색 튜닉과 무거운 망토를 입고 왼손에는 은색 지팡이를 마치 홀처럼 쥐었다. 그의 모자는 초췌한 눈을 가리고 턱에는 수염이 덥수룩하지만, 그가 그림을 그리는 데 사용하는 오른손은 의자의 팔걸이를 감싼 채 쇼의 주인공인 것처럼 밝게 조명을 받고 있다. 그의 초상화는 점점 더 넓은 붓터치로 그려진다. 때로는 팔레트 나이프를 사용해 물감을 뭉개고 표면에 질감을 더하기 위해 거친 안료를 사용한다. 이 자화상에는 그의 얼굴과 오른손만 마치 가장 중요한 것처럼 세밀하게 묘사되어 있다.

결국 그에게 큰 명성을 가져다준 것이 바로 이 손이다. 이 손이 만든 작품으로 그가 지금 서 있는 암스테르담의 부유하고 세련된 지역에 위치한 건물을 구매할 수 있었다. 그는 이 위풍당당한 5층짜리 저택을 티치아노와 뒤러를 비롯한 예술가들의 다양한 예술품과 판화로 장식했고, 그의 공방은 중국 비단, 페르시아 터번, 네덜란드 무기 등 세계 각국의 의상과 소품으로 가득 채워졌다. 그러나 그의 모든 지출이 그를 따라잡았다. 한때 네덜란드 공화국의 대표 화가였던 그는 파산하여 모든 것을 팔아야만 한다.

※

현재 렘브란트로 알려진 렘브란트 하르먼손 반 레인(1606~1669)은 독특한 인물이었다. 하지만 어떤 인물인지는 때에 따라 달라졌다. 그는 평생 자화상을 그리고 스케치하고 판화로 제작했으며, 그중 80여 점이 남아 있다. 스물세 살에 자신의 헝클어진 갈색 머리를 붓의 반대 끝으로 그려내어 앳된 모습을 거친 에너지로 감싸기도 했다. 스물다섯 살에는 페르시아식 터번과 어깨에 패드를 넣은 비단 가운을 입고 발밑에는 푸들을 데리고 서서 국제적인 스타가 되고자 하는 야심 찬 예술가의 모습을 선보였다. 그는 모피로 장식된 더플코트와 패치 재킷을 입고 등장해 첫 번째 부인 사스키아와 함께 웃고 술을 마셨으며 고운 흰색 주름 옷깃을 두른 부유한 시민으로 변신했다. 그는 날카로운 유사함을 잃지 않으면서 어떤 인물로든 변신할 수 있었고, 이는 다시 말해 초상화를 의뢰한 이에게도 똑같이 해줄 수 있음을 의미했다. 렘브란트는 곧 부유한 대도시 상인과 도시의 길드원들에게 최고의 화가가 되었고, 이들은 모두 렘브란트에게 초상화 의뢰를 열망했다.

렘브란트는 1642년 화승총병 사단(무장 시민 경비대)의 한 부대로부터 부대원 전체를 그려달라는 의뢰를 받았다. 「야간 순찰」이라는 이 거대한 작품에서 그는 단체 초상화 방식을 재창조했는데, 후손을 위해 고정된 대열을 그린 기존의 것을 역동적인 경비대에 헌정하는 장면으로 바꾼 것이다. 코크 대위와 그의 부하들은 총과 창을 들고 깃발을 휘날리며 북소리에 맞춰 아치형 통로를 행진한다. 개 한 마리가 짖고 어린 소녀가 행렬을 보기 위해 고개를 돌린다. 이것이 전성기 렘브란트의 모습이었다. 그러나 1658년 무렵 초상화 의뢰가 줄어들었고, 그의 느슨한 양식은 세밀한 자연주의를 추구하는 유행과 상충했으며, 따라서 그는 점점 더 많은 시간을 판화 제작에 할애하게 되었다.

렘브란트는 판화 제작에 에칭 공정을 사용했다. 에칭은 동판과 비슷하지만 렘브란트는 힘들게 금속판에 선을 새기는 대신 뷰린을 사용해 구리판 위에 녹여 올린 얇은 왁스 층에 그림을 그렸다. 그림이 완성되면 산성용액에 담그고 산이 왁스를 긁어내어 노출된 금속에 닿아 인쇄용 잉크를 먹을 수 있는 선이 만들어진다. 렘브란트는 여러 번 판화를 재작업하기도 했다. 인물을 지우고, 그림자나 하이라이트를 추가하고, 더 이상 필요하지 않은 선을 채우기 위해 바니시를 사용했다. 그의 생전과 그 이후에 걸친 명성은 1653~1660년에 제작된 「세 개의 십자가」와 같은 종교적 주제가 담긴 풍부한 명암 조의 에칭이 널리 확산되면서 만들어졌다.

17세기 후반에 암스테르담의 운명은 국내외 전쟁으로 인해 기복이 심했다. 불안정한 중국 정세는 도자기 수출을 제한했고 유럽에는 도자기 품귀 현상이 벌어졌다. 이는 네덜란드 도공들, 특히 델프트의 도공들에게 희소식이었으며, 이들은 중국 도자기의 청화백자 모조품 제작에 들어갔다. 이 모조품은 델프트 도자기로 알려졌고 도자기는 황금 거위가 되었다. 델프트 도자기는 인구 2만 명의 작은 도시를 부유한 예술의 중심지로 탈바꿈시키는 데 기여했다. 요하네스 페르메이르(1632~1675)는 델프트에서 태어났고 피테르 데 호흐(1629~1684)는 1650년 로테르담에서 이곳으로 이주했다. 페르메이르는 헤라르트 테르 보르

요하네스 페르메이르의 「편지를 읽는 푸른 옷의 여인」.(1663~1664년)

흐(1617~1681)의 풍속적 장면에서 영향을 받았다. 테르 보르흐는 여행을 많이 다닌 네덜란드 화가로서 네덜란드 공화국으로 돌아오기 전 로마와 스페인의 펠리페 4세 궁정에서 지냈던 인물이다. 테르 보르흐는 천을 묘사하는 능력이 뛰어난 화가였으며 흰색 공단 치마의 미묘한 광택을 포착하는 능력을 보여주기 위해 류트 연주, 편지 읽기 등 부유한 가정생활의 친밀한 장면을 연출했다. 페르메이르도 악기를 연주하거나 편지를 읽는 여성을 그렸지만, 그의 작품에는 뚜렷한 고요함이 있다. 그는 공단 치마 대신 단순한 요소들을 세밀하게 재현했다. 의자 등받이의 금속 장식, 최근 벽에 걸린 지도의 접힌 부분, 1663~1664년에 그린 「편지를 읽는 푸른 옷의 여인」에서 창문을 바라보며 서 있는 임신한 아내 카타리나에게 비추는 차가운 회색빛 등이다.

지난 장에서 푸생이 밀랍 인형을 관람 상자 안에 넣고 광원을 조작하여 그림을 그리기 전에 장면을 통제할 수 있었다는 것을 살펴보았다. 광학 기술의 발전 덕분에 페르메이르는 더 나아가 자기 집을 카메라 오브스쿠라를 위한 무대 세트장으로 만들었다고 많은 이들이 믿고 있다. 카메라 오브스쿠라는 알다시피 카메라의 전신이다. 이것은 렌즈를 사용해 앞쪽의 시야를 뒤쪽의 어두운 방 벽에 거꾸로 투사한다. 그러면서 페르메이르는 의자, 테이블, 주전자, 심지어 사람까지 다양한 자세로 실험해보고 각 구도에 맞는 요소 간의 균형을 맞추었을 것이다. 페르메이르가 느리기로 악명 높은 화가였다는 점을 고려할 때, 이것은 유용한 도구였을 것이다. 투영된 장면의 윤곽을 따라 그리는 방법은 그가 캔버스에 작업하는 데 유리했을 수도 있다. 이러한 방식으로 그는 가장 관심 있는 부분에 집중할 수 있었다. 빛이 자기 앞의 인물과 사물을 변화시키는 방식을 포착하고 델프트 청색과 황토색 등 몇 가지의 색상만으로 조화로운 구도를 만들었던 것이다.

피테르 데 호흐 역시 일반 가정을 주제로 삼았지만 페르메이르처럼 장면을 방 한구석으로 한정하지 않고 창문과 문이 열려 있고 그 너머로 다른 사람들의 삶이나 풍경 엿보기를 즐겨 그렸다. 또한 그는 1660~1663년경에 그린 「안뜰의 여인과 하녀」에서처럼 물 펌프와 빗자루, 판석을 깐 바닥, 열린 대문을 그리며 뒷마당으로 눈을 돌렸다. 그는 1660년에 이주한 델프트와 암스테르담에서 작품의 장면들을 그렸고, 하녀와 집주인 여성이 요람을 흔들거나 동전을 세거나 아이들을 가르치거나 요리를 하는 등 일상생활을 영위하는 것들이었다.

페르메이르, 데 호흐, 테르 보르흐 같은 17세기 예술가들의 회화는 당시 이탈리아 예술가들과 달리 역사나 성경에 나오는 이야기를 제공하지 않는다. 탁자 위에 놓인 사물 혹은 인물 배치를 결정하는 데 있어 종종 도덕적 메시지를 엿볼 수 있지만, 17세기 네덜란드의 예술가들은 빛, 형태, 구도 등 회화 자체의 예술을 전면에 내세우고자 이야기의 결여를 즐기는 듯했다. 그들은 당시 가장 뜨거운 과학 주제였던 시각과 광학 기술을 우선시했다. 그들은 이야기를 '상상하는' 방식보다 세상이 어떻게 '보이는지'를 탐구했다.

이와 대조적으로 엘리자베타 시라니(1638~1665)는 그러한 이야기를 그린 이탈리아 화가였다. 그녀는 볼로냐에 있는 아버지의 작업장에서 훈련받았고, 아버지가 통풍으로 불구가 되자 열여섯 살의 나이에 작업실 운영과 남성 조수들을 물려받았다. 이후 10년 동안 귀도 레니의 가장 뛰어난 제자였던 아버지를 능가해 볼로냐를 대표하는 화가가 되었다. 아르테미시아 젠틸레스키와 마찬가지로 그녀의 전문 분야는 성서나 고전을 바탕으로 한 강인한 여성 영웅이었다. 하지만 젠틸레스키와 달리 그녀는 고도의 연극적 기교나 극적인 조명을 그리지 않고 안니발레 카라치의 작품에서 처음 보았던 고전적인 이상주의를 따랐다. 이러한 이상주의는 레니 같은 카라치 아카데미에서 공부한 후학들에게로 이어졌다.

1664년 시라니가 「자신의 허벅지를 찌르는 포르티아」를 위해 선택한 극적인 순간에도 불구하고 젠틸레스키가 시라니의 여성 주인공들에게 심어준 열정은 거의 찾아볼 수 없다. 포르티아는 로마 원로원 의원이었던 브루투스의 아내로 자기를 다치게 한 단검을 수동적으로 들고 있지만, 그녀의 몸은 매끈하고 이상화되어 있다. 포르티아는 여성도 남성만큼 용감하므로 남성들의 비밀, 이 경우에는 율리우스 카이사르의 암살 계획을 자기와 나누어도 된다는 믿음을 주기 위해 칼로 자신을 찔렀다. 시라니는 포르티아가 멀리 떨어진 방에 있는 다른 여성들과 대화를 하거나 브루투스에게 애원하는 모습을 보여주지 않는다. 대신 시라니는 포르티아가 자신의 운명을 관장하는 그녀의 고독한 용기에 초점을 맞추고 있다. 어쩌면 시라니는 남성의 세계에서 자신의 길을 개척하려는 여성 포르티아와 자신을 동일시했는지도 모르겠다.

이 작품을 그리기 4년 전, 시라니는 유럽 최초로 여성 미술 아카데미를 설립했다. 볼로냐는 항상 여성 교육에 앞장서왔으며 유럽의 다른 지역에서도 여성 예술가들이 서서히 전문성을 인정받기 시작했지만, 예술가 부모를 두지 않은 여성이 예술가가 되는 경우는 여전히 드물었다. 시라니의 아카데미는 예술가 집안 출신이 아닌 여성도 교육받을 수 있다는 점에서 중요했다. 그녀는 여동생과 열네 명의 여성을 전문 화가로 양성했으며, 스물일곱 살의 나이로 사망할 때까지 200여 점의 작품을 남겼다. 후대의 미술사에서는 소홀히 다루어졌지만, 시라니는 사망 당시에 레니와 같은 수준의 인물로 여겨졌다. 볼로냐 시에서 공식적인 장례식을 치러주었고 그녀는 레니와 같은 묘지에 묻혔다.

네덜란드 공화국과 플랑드르에는 시라니의 아카데미 같은 것이 없었지만 남성 예술가들이 여성 제자를 받아들이곤 했다. 그중 한 명이 안트베르펜의 얀 다비드 데 헴(1606~1684)으로 꽃 정물화를 잘 그렸는데, 그의 공방에 열여섯 살의 마리아 판 우스테르베이크(1630~1693)가 제자로 들어갔다. 그녀의 작품「바니타스」(1668년)는 데 헴의 작품과 유사한 꽃이 그려져 있지만 그녀는 인간의 두개골, 옥수수 속대를 삼키는 쥐, 붉은제독나비 같은 죽음의 상징을 추가했다.

1630년대에 네덜란드 공화국을 휩쓴 '튤립 광풍' 이후 정물화 시장에서는 꽃 그림이 인기를 얻게 되었다. 튤립 열풍으로 구근 하나가 집 한 채 가격에 거래되는 광란의 거래가 벌어졌고, 사상 초유의 극적인 시장 폭락으로 끝이 났다. 튤립을 비롯해 꽃을 그린 그림들은 이제 최고가를 구가하고 있었다. 매우 귀한 줄무늬 튤립은 백합, 장미와 같은 시기에 피지 않는데도 종종 함께 등장했다. 화가들은 계절마다 다른 꽃을 그리기 위해 꽃 도감의 삽화를 참고했다. 라헬 라위스(1664~1750)는 80대까지 그림을 그리며 당대를 대표하는 꽃 화가가 되었다. 많은 네덜란드 예술가가 책에서 본 꽃을 조합하여 꽃 구성을 만드는 데 능숙했지만, 라위스는 꽃에 생명을 불어넣었다. 라위스의 아버지는 해부학자이자 식물학자였기 때문에 그녀는 1680년에 출간된 마리아 시빌라 메리안의 『새로운 꽃 도감』과 같은 책에서 손으로 채색

라헬 라위스의 「꽃이 있는 화병」. (1700년)

한 동판화를 접할 수 있었을 것이다. 그녀는 또한 꽃마다 깊이를 부여하기 위해 빛과 음영을 사용하고 꽃이 역동적으로 보이도록 세심하게 배열하여 작품에 생동감을 불어넣었다.

1700년에 제작된 라위스의 「꽃이 있는 화병」에는 진한 푸른 붓꽃이 꽃잎이 날아간 홍백 줄무늬의 튤립과 균형을 이루고 있다. 그 아래에는 분홍색 모란, 흰 들장미, 그리고 끝이 푸른 삼색 메꽃이 부러진 줄기 아래에 모여 있는데 마치 죽은 꽃은 진열에서 미리 치워진 듯하다. 이것은 모든 꽃의 구성에서의 메시지, 즉 삶의 아름다움과 덧없음에 관한 것이다.

이러한 정서와 이러한 예술은 18세기에 접어들면서 프랑스에서는 유행으로부터 뒤처지기 시작한다. 프랑스 귀족들 사이에서는 죽음을 간과하고 삶을 영원한 환상으로 표현하는 허황된 장식용 그림이 유행하기 시작했다. 그러나 이러한 사치스러운 일탈은 결국 대가를 치르게 된다.

CHAPTER 22

로코코의 현실도피주의와 런던의 삶

때는 1717년이다. 장 앙투안 와토가 파리에 있는 프랑스 아카데미의 회의실에서 창문을 등지고 서 있다. 그의 앞에는 당대 최고의 예술가들이 모두 그의 최신작 「키테라 섬의 순례」를 바라보고 있다. 와토는 5년 전에 작품을 제출해달라고 요청받았지만, 개인 고객들의 의뢰 작품을 소화하느라 바빴고 그사이 시간이 흘렀다. 그는 또한 자신이 그린 최고의 작품을 제출하고 싶어 했다. 이 작품은 회원 자격의 대가로 아카데미 소장품으로 들어갈 것이며, 루브르 박물관(옛 왕궁)의 1층을 가로질러 뻗어 있는 아카데미 방 가운데의 한 곳에 전시될 예정이다. 이 작품은 실물 묘사 수업을 받는 예술가와 존경받는 손님들, 그리고 그의 동료와 경쟁자들이 볼 수 있게 된다.

아카데미 원장은 지금 그에게 말을 걸어 문제가 하나 있다고 설명한다. 아카데미에 입회하는 모든 예술가는 역사화, 인물화, 장르화, 풍

장 앙투안 와토의 『키테라 섬의 순례』. (1717년)

경화 혹은 정물화라는 하나의 범주에 배치된다. 여기에는 위계질서가 있다. 지적인 주제와 회화적인 감각을 결합하는 능력을 바탕으로 평가받는 역사화가 가장 위에 있고 정물화가 가장 아래에 있다. 아카데미의 문제는 와토를 어디에 배치할 것이냐다. 와토의 이 작품은 고대 그리스의 사랑의 섬 키테라에 있는 귀족 커플들을 그린 것으로, 일부분은 신화적 풍경화이고 일부분은 궁정 초상화이다. 공기 중에는 반짝이는 안개가 끼고 아프로디테가 마법을 부려 작은 천사들이 허공에서 장난을 친다. 이 작품을 어떻게 해야 할까? 그리고 와토를 어떻게 할까? 아카데미 측은 당혹스러워한다. 아카데미는 70년간 존재해왔지만 이런 문제를 겪어본 적이 없었다.

마침내 새로운 부문을 신설하고 그의 작품을 이 부문에 포함시키자는 제안이 만들어졌다. 야외 궁정화라는 뜻으로 '페트 갈랑트'라고 부를 것이다. 그렇게 와토는 마침내 '페트 갈랑트'의 화가로 아카데미에 입회하게 된다.

장 앙투안 와토(1684~1721)는 '페트 갈랑트'를 위해 티치아노와 루벤스의 작품에서 영감을 받았다. 그는 부드럽고 몽환적인 하늘 아래 고전적인 풍경을 배경으로 사랑 이야기를 그렸으며, 후원자들을 위해 금박입힌 로코코 양식의 주택 실내장식과 잘 어울리도록 파스텔 색조로 부드럽게 처리했다. 그의 가장 인기 있는 회화는 도자기 화병, 코담뱃갑, 병풍 등에 빠르게 모사되었고 유럽 귀족들에게 수천 개씩 판매되었다. 또한 판화로 재해석되어 유럽 전역에 퍼짐으로써 토머스 게인즈버러, 프랑수아 부셰 등 다양한 예술가에게 영향을 주었다.

와토처럼 프랑수아 부셰(1703~1770)도 가난한 집안 출신으로 아카데미에서 교육받지 않았다. 당시 주요 예술가들은 고전적인 교육을 받은 경우가 많았다. 그들은 신체를 철저히 이해하기 위해 실물 모델을 그리기 전에 그리스와 로마 조각을 스케치하며 형태를 연구하기 시작했다. 그런 다음 아카데미 위계의 최고 단계에 도달하기 위해 노력하며 고대 역사나 신화적인 장면을 그리길 열망해야 했다. 그러나 부셰는 아버지에게 교육받았고 원래는 와토의 작품을 에칭으로 완성하는 판화가로 생계를 유지했다. 그는 루브르 박물관에서 대리석 토르소를 스케치하는 것보다 더 실질적인 미술 교육을 받은 셈이다. 부셰 역시 와토와 마찬가지로 아카데미 회원이 되었다. 그의 아카데미 입회 작품은 1734년작「리날도와 아르미다」로, 사라센의 여자 마법사 아르미다가 리날도를 속여 사랑에 빠지게 하는 16세기의 시를 매혹적으로 재구성한 것이다.

「리날도와 아르미다」는 입회 승인을 받은 뒤 최고의 회화와 조각품이 전시된 아카데미의 심장부 '그랑 살르'에 걸렸다. 부셰는 다른 아카데미 회원들처럼 루브르 박물관 북관에 작업실을 얻었고, 그곳에서 세련된 실내장식을 배경으로 하는 집 안 풍경을 그렸다. 이것은 자신의 부와 세련된 취향을 드러내기 위해 더욱 새로운 사치품을 갈망하는 귀족들의 마음을 사로잡기 위한 것이었다.

19세기의 냉정한 관점에서 볼 때, 와토와 부셰의 예술은 비판적인 명칭 '로코코' 아래에 하나로 묶여 있었다. 이것은 단두대의 칼날 아래서 최후를 맞이해야 했던 현실도피주의 사회를 위한 허영심 많고 낙천적이며 에로틱하고 경박한 도피주의적 예술이었다. 로코코는 고전주의와 정반대였다. 로코코 화가들은 루벤스를 동경하고 선보다 색채를 우선시하면서 고전적으로 훈련받은 아카데미 회원들의 예술에 대안을 제시했다.

18세기 내내 예술에 관한 잡지와 신문 기사에서는 선과 색채가 맞서는, 지성과 자연의 진실이 맞서는 논쟁이 끊이지 않았다. 소설가 드니 디드로는 자신의 견해를 분명히 한 인물이었다. 1737년부터 아카데미는 살롱 카레에서 정기적인 무료 전시회를 열었다. 이곳은 아카데미의 맨 끝에 있는 루브르의 큰 방인데, 일반인이 길에서 바로 들어올 수 있는 곳이었다. 디드로는 살롱전으로 알려진, 2년에 한 번씩 열리는 이 전시회를 논평하면서 부셰의 작품이 '재능과 시간의 낭비'라고 일축하며 그의 '발그레하고 울퉁불퉁한 엉덩이'를 비판했다. 디드로는 장 시메옹 샤르댕(1699~1779)과 같이 냉철하고 깊이 있는 구성을 보여주는 예술가를 선호했다. 디드로는 '여기, 진짜 화가가 있다. 이런 마법은 이해를 넘어선 수준이다'라며 감탄했다.

부셰의 작품이 귀족의 침실에 걸기 위한 기교와 에로티시즘의 분칠이었다면, 샤르댕의 작품은 일상의 진지한 순간을 보여주었다. 그는 1737년 살롱전에서 「셔틀콕을 든 소녀」와 「카드로 만든 집」이라는 장르화를 전시했다. 두 작품 모두 아이들이 다른 일을 하고 있을 시간에 놀이를 하는 모습을 묘사한 것이다. 소녀 옆구리의 두꺼운 파란색 리본에는 재단 가위가 눈에 띄게 달려 있고, 소년 하인은 청소 일을 잠시 쉬고 카드 집을 짓고 있다. 두 작품은 경박함과 즐거움은 일시적이고 덧없으며, 더 시급한 의무를 소홀히 할 수 있다는 것을 암시한다. 「셔틀콕을 든 소녀」와 「카드로 만든 집」은 독일의 작센 총리가 구입했다. 살롱전은 파리 사람들의 행사 목록 중에 빠르게 주요 행사가 되었고, 외국의 수집가를 끌어모았다. 이 전시회는 유럽 현대 미술 전시회의 기원이 되었다.

말년에 샤르댕은 파스텔을 사용하여 일련의 자화상을 그렸다. 파스텔은 이탈리아의 예술가 로살바 카리에라(1675~1757)가 초상화를 그릴 때 사용했던 매체라는 이유로 인기를 얻게 된 색분필인데, 막대 모양으로 생산되었다. 카리에라는 1720~1721년 와토와 함께 작품을 교환하고 루이 15세의 모습을 파스텔로 그리면서 파리에서 1년을 보냈다. 파스텔은 쉽게 번지고 부서지기 쉬워서 사용하기 어렵고 까다로운 재료이다. 카리에라 이전에는 스케치용으로만 사용되었다. 하지만 카리에라는 피부색을 혼합하는 데 파스텔을 사용하여 볼은 자연스러운 윤기를 입고 옷은 반짝였다. 그녀는 프랑스에서 1년밖에 머물지 않았지만, 그녀가 그린 초상화는 로코코 미술 발전에 큰 영향을 미쳤고 그녀는 프랑스 아카데미의 회원이 되었다. 그 후 카리에라는 베네치아로 돌아갔고, 그녀의 작업실에는 그랜드 투어의 일환으로 베네치아를 방문한 유럽 귀족들의 발길이 끊이지 않았다. 그랜드 투어는 주로 남성인 젊은 유럽 귀족들이 고전 교육을 받기 위해 대륙을 여행하는 것을 말한다. 라틴어와 그리스어 교육을 받은 이들은 고전 신화와 사상을 깊이 이해했고 로마의 예술과 건축을 현장에서 공부하기 위해 이탈리아로 향했다. 여행자들의 최종 목적지는 로마였지만 도중에 파리, 피렌체, 베네치아를 비롯한 여러 의미 있는 도시를 경유했다.

그랜드 투어로 베네치아를 방문한 많은 사람들은 신기루처럼 석호에서 솟아오른 도시의 매력에 푹 빠졌다. 영국의 기품 있는 집에서 두칼레 궁전이나 대운하의 경치를 얻고 싶다면 꼭 방문해야 하는 공방이 있었다. 바로 카날레토(조반니 안토니오 카날, 1697~1768)의 작업실이었다. 카날레토는 아버지 밑에서 연극 무대를 그리는 화가로 훈련받았지만, 곧 대부분 영국인 고객을 위해 자기 고향 도시의 눈부신 '베두테vedute'(풍경 그림) 작품으로 전향했다. 영국 영사 조지프 스미스가 그의 대리인 역할을 했고, 두 사람은 함께 카날레토의 작품 구매를 그랜드 투어 경험의 하이라이트로 만들었다. 그런데 수요가 공급을 초과하여 때로는 의뢰한 작품이 완성되도록 뇌물을 바쳐야 했다.

귀족들은 후손에게 물려줄 자신의 모습을 기록하기 위해 오랫동안 초상화에 의존해왔다. '베두테'를 포함한 풍경화가 등장하면서 이 두 장르의 예술은 토머스 게인즈버러(1727~1788)의 작품에서 통합되었다. 1750년작 「앤드루스 부부」는 영국의 스투어 계곡을 배경으로 한다. 수확물을 모아놓았지만, 일꾼의 흔적은 보이지 않는다. 잘 관리한 정원은 경작지와 맞닿아 있고, 그 가장자리에는 젊고 허리를 꼿꼿이 세운 프랜시스 앤드루스 부인이 약간 얼떨떨한 표정으로 뒤축이 없는 실내 슬리퍼와 때 묻지 않은 푸른 치마를 입고 앉아 있다. 그녀는 열여덟 살이고 최근에 결혼했다. 그녀의 남편 로버트 앤드루스는 일곱 살 연상이다. 그는 벤치 옆에 기대어 한쪽 다리를 다른 쪽 다리 위로 자연스럽게 꼬고 주머니에 손을 넣고 있다. 총신이 긴 산탄총이 초상화에 포함되었는데, 마치 그가 사격 게임을 하러 나선 것처럼 보인다. 앤드루스 부인의 무릎 가운데는 채색되지 않은 채로 남아 있다. 이 자리는 남편의 사냥물, 또는 미래의 후계자인 아이를 안고 있는 장면을 나중에 추가하기 위해 비워둔 것일까? 이 그림은 부부의 자연스러운 야외 초상화 양식으로 그려졌지만 가짜다. 프랜시스가 그런 하이힐을 신고 벤치까지 걸어갔을 리가 없다! 궁극적으로 이 작품은 소유권을 증명하는 것이다. 이 부부의 연합으로 뒤로 펼쳐진 3,000에이커에 달하는 대규모 부지가 조성된 것이다.

게인즈버러가 이 작품을 그렸을 때는 막 화가로 첫발을 내디뎠을 때였다. 그는 로버트 앤드루스와 동갑이었고 함께 학교에 다녔다. 이후 게인즈버러는 초상화와 풍경화로 유명한 당대 최고의 화가가 되었고 런던 왕립아카데미의 창립 회원이 되었다. 하지만 그는 1750년, 런던이 아닌 에식스의 시골 풍경 그리기를 좋아했다. 왜냐하면 런던의 상황이 좋지 않았기 때문이다. 강도들이 대낮에 피커딜리에서 마차를 털었고, 해고된 군인과 선원들이 생존을 위해 범죄를 저질렀다. 도시의 빈민가에 갇힌 사람들은 점점 더 많은 양의 진gin에 의지했다. 윌리엄 호가스(1697~1764)는 런던의 삶의 고단한 측면에 가차 없이 초점을 맞추어 게인즈버러 및 그의 귀족적 도피주의와 극명한 대조를 이룬다.

가난한 집안 출신인 호가스는 판화가의 견습생으로 시작했다. 독학으로 그림을 배워 많은 초상화와 컨버세이션 피스conversation piece(집안을 배경으로 하는 단체 초상화)를 완성했지만, 그를 유명 인사이면서 정부의 눈엣가시로 만든 것은 그의 판화 작품이었다. 1751년 호가스는 「맥주 거리」와 「진 골목」을 출간했다. 그는 의도적으로 작품 가격을 낮게 책정하여 각각 1실링에 판매했다. 판화는 수 세기 동안 유럽 박람회에서 유통되었는데, 우리는 제15장에서 뒤러도 박람회에서 판화를 판매한 것을 보았다. 이 판화들은 예술 작품으로 판매되었다. 한편 호가스의 판화는 오늘날 예술 작품으로 평가받지만 당시에는 가능한 한 많은 이들에게 다가가기 위해 사회적인 풍자를 담고 있었다.

월리엄 호가스가 출간한 한 쌍의 판화 작품 「맥주 거리」와 「진 골목」.(1751년)

　진은 60년 전 네덜란드 공화국에서 영국으로 처음 수입되었고 이제 많은 노동자가 애용하고 있었다. 호가스의 친구인 소설가 헨리 필딩은 1751년 1월 진 유행의 파괴적인 결과에 대해 보도했고, 호가스는 불과 한 달 후 이 두 점의 판화를 출간했다. 결국 필딩과 호가스의 캠페인 이후 진에 관한 법률이 개정되었다. 「진 골목」에는 한 여인이 인사불성이 되어 앉아 있고 아기는 그녀의 팔에서 떨어져 죽기 일보 직전이다. 비쩍 마른 가수는 진 잔을 들고 있는데, 마지막 숨을 쉬는 듯하다. 그의 바구니에는 「진 부인의 몰락」이라는 발라드곡의 악보가 들어 있다. 진 부인은 호가스의 들쭉날쭉한 도시 풍경을 가로질러 나쁜 짓을 일삼는 것으로 보인다. 한 남자는 버려진 집의 대들보에 매달려 있고, 한 여인은 관에 담기고 있다. 오로지 전당포 주인만 좋은 사업을 하고 있다. 이와 대조적으로 「맥주 거리」는 진이 유발한 죽음과 파괴에 대한 유쾌하고 매혹적이며 애국적인 대안을 제시한다. 맥주는 허리 치수를 늘릴 수 있지만, 호가스는 맥주를 정직하고 근면한 남성과 여성들의 음료로 소개한다. 이 대안적 현실 속에서는 도시의 나머지 사람들이 번성하는 반면 궁핍한 사람이 전당포 주인이다.

호가스는 인간 본성에 대한 놀라운 관찰력을 갖고 있었고 모든 사회계층의 특성과 타성에 대한 안목을 지니고 있었다. 호가스는 「결혼 풍속」(1743년)에서 부유한 도시 시의원(의원)의 딸과 매독에 걸린 가난한 백작 아들 사이의 사랑 없는 결혼 이야기를 여섯 점의 작품으로 들려준다. 네 번째 작품인 「단장 La Toilette」에서는 부인이 침실에서 연인을 맞이하는 동안 흑인 하인이 뜨거운 초콜릿을 대접한다. 깃털 달린 터번을 쓴 어린 흑인 소년은 고인이 된 백작의 소장품 중 작은 조각상을 가지고 놀고 있다. 이 조각상은 현금 마련을 위해 경매에 부쳐질 것이다. '이국적인' 흑인 하인부터 그녀의 멍청한 손님을 즐겁게 해주는 카스트라토와 플루트 연주자에 이르기까지 모든 것이 쇼다.

궁극적으로 호가스는 자신이 그린 당시 영국의 풍경이 역사상 가장 위대한 역사화와 나란히 평가받기를 원했고, 그렇게 되지 않자 점점 더 괴팍해졌다. 그는 런던에 왕립예술아카데미가 설립되기 4년 전에 사망했지만, 이론가와 아카데미를 싫어하는 그의 성향을 고려할 때 그가 가입했을 가능성은 거의 없다. 그는 영국해협 양쪽의 아카데미 회원들과 어울리기엔 너무 현실주의자였고 거리의 사람이었다.

CHAPTER 23

왕립아카데미 : 고향과 타지

1772년 런던에 새로 설립된 왕립아카데미의 창립 회원 대부분이 실물 소묘실에 모였다. 때는 밤이었고, 천장에 매달린 기름등에서 나오는 빛이 전부였다. 그 아래, 얕은 단상 위에 두 명의 남성 모델이 앉아 있다. 한 사람은 이미 벌거벗은 채였고 조지 모저가 요구하는 대로 자세를 취했다. 모저는 아카데미의 학교를 책임지고 있는 예술가이다. 모저는 천장에 매달린 올가미 모양의 끈 안으로 모델의 오른손을 끼워 넣어 모델이 팔을 들고 있는 어색한 자세를 유지할 수 있게 했다. 실물 소묘는 18세기 아카데미 훈련의 핵심으로서 이 훈련 없이는 어느 예술가도 큰 성공을 꿈꿀 수 없었다.

왕립아카데미의 초대 학장인 조슈아 레이놀즈는 백색 새틴 안감을 댄 검은색 재킷을 입고 빛을 머금은 은제 나팔 모양 보청기를 들고서 우아한 자태를 보여주고 있다. 그는 모델을 바라보지 않고 아카데미의 비서가 하는 말을 듣는 중이다. 한편 가발을 쓰고 스타킹을 신은 회원들은 반원형의 그림 그리는 벤치를 가득 채우고 있다. 풍경화가인 리처드 윌슨은 구석에 기대어 있고, 객원 예술가인 중국인 화가 탄체콰(譚其奎)는 미국인 역사화가 벤저민 웨스트가 느긋하게 기대어 서 있는 모습 뒤에 서 있다. 탄체콰는 웨스트에게 말을 걸지 않고 오히려 멀리 있는 벽을 바라보고 있는데, 여성 예술가를 그린 두 점의 초상화를 향하고 있다. 실물 소묘 시간에는 여성들의 참여가 엄격히 금지되었기 때문에 이 방 안에서 찾아볼 수 있는 '여성'은 바로 이 두 명의 여성 예술가뿐이다.

✣

이런 모임이 실제로 있었던 건 아니다. 혹은 최소한 이러한 식은 아니었을 것이다. 왜냐하면 이 장면은 그려진 것이며 1771~1772년에 제작된 「왕립아카데미의 회원들」이라는 작품이다. 이 작품은 단체 초상화로서 왕립아카데미의 첫 회원 중 한 명이자 독일에서 태어난 요한 조파니(1733~1810)가 그렸다. 조파니는 자신을 왼쪽 아래 구석에 팔레트를 들고 있는 모습으로 배치했다. 여기서 분명한 것은 초상화 속에 그려진 두 여성, 즉 메리 모저(1744~1819)와 안젤리카 카우프만(1741~1807)도 창립 회원이었지만 왕립아카데미의 실물 소묘실 내부를 본 적이 없다는 점이다. 레이놀즈의 최대 경쟁자였던 게인즈버러를 비롯한 몇몇 남성 회원도 완성된 이 작품에 등장하지 않았다.

「왕립아카데미의 회원들」은 제14장에서 살펴보았던 라파엘로의 작품 「아테네 학당」을 근대적으로 해석한 것이다. 이 작품에는 수십여 명의 회원이 장르화로 알려진 구도 안에 정교하게 배치되어 있다. 조파니는 이러한 방식을 구사하는 데 뛰어났고 이 작품을 완성하자마자 샬럿 왕비로부터 비슷한 주제의 또 다른 작품을 주문받기도 했다. 그것은 피렌체에 새로 개관한 우피치 미술관 내부의 트리부나(명작실)로,

영국인 그랜드 투어 여행자로 붐비는 곳이었다. 1772~1777년에 제작된 「우피치 미술관의 트리부나」에는 팔각형의 방이 바닥에서 천장까지 그림으로 가득 채워져 있다. 우피치 미술관은 메디치 가문의 소장품으로 채워졌는데, 조파니는 그중 주요 작품을 선정하여 자세히 볼 수 있게 했다.

「왕립아카데미의 회원들」과 「우피치 미술관의 트리부나」는 서로 연관성이 있다. 두 작품 모두 귀족적이고 예술적 조예가 있는 남성들에 초점을 맞추고 있으며, 여기에 포함된 여성은 단지 바라보는 대상으로서의 이미지일 뿐이다. 「우피치 미술관의 트리부나」에는 가발을 쓴 남성들이 헬레니즘 양식의 나체 조각상인 「메디치의 비너스」와 티치아노의 작품 「우르비노의 비너스」를 에워싸고 있다. 그리고 「왕립아카데미의 회원들」에서 두 명의 여성 회원은 실물 소묘실의 모델에게 자세를 요청하거나 레이놀즈에게 자신의 미술 이론을 이야기하는 것과 같은 적극적 참여자로 등장하지 않는다. 두 여성은 오히려 감상의 대상이 되어 머리에서 어깨까지 드러나는 초상화로 등장한다. (이들 다음으로 1936년에 로라 나이트가 여성 회원이 되었지만, 이때는 거의 200년이 흐른 뒤였다. 최근까지도 왕립아카데미는 남성들의 세계로 남아 있었다.)

메리 모저는 아카데미 회원인 조지 모저의 딸이자 유명한 꽃 그림 화가였고, 안젤리카 카우프만은 아카데미에서 가장 높은 계급인 역사 화가를 꿈꾼 뛰어난 초상화가였다. 스위스에서 태어난 카우프만은 재능 있는 음악가였지만 열두 살에 최초의 작품으로 알려진 자화상을 완성하면서 회화를 시작했다. 그녀는 20대에 이탈리아의 피렌체, 볼로냐, 로마에 거주했고 1776년 런던으로 이주해 15년간 살았다. 그녀는 이 네 도시 모두에서 아카데미 회원 자격을 받아 자신의 실력을 인정받았고,

충성심 높은 추종자들과 샬럿 왕비를 포함한 몇몇 영향력 있는 후원자를 모았다. 역사화의 핵심인 누드모델을 앞에 두고 훈련받는 것은 금지되었지만 그녀는 1775~1780년에 「트로이의 헬레나를 그리기 위해 모델을 고르는 제욱시스」와 1783년 「텔레마코스의 슬픔」 같은 신화와 역사적 주제를 성공적으로 그릴 수 있었다. 그녀는 크게 성공했고, 그녀의 중요한 동판화는 유럽에서 유통되었는데 런던에 주재한 덴마크 대사가 1781년에 온 세상이 '안젤리카 광팬'이 되었다고 회상할 정도였다.

조슈아 레이놀즈(1723~1792)는 초상화가로, 초상화 속 인물들을 여신과 영웅의 지위로 끌어올려 아카데미 전시회에서 카우프만의 신화적인 역사화와 경쟁했다. 그러나 동료 회원이었던 벤저민 웨스트(1738~1820)가 1770년 「울프 장군의 죽음」에서 당대에 벌어진 퀘벡 전투의 장면을 장대한 역사화로 바꿔놓자 레이놀즈는 경악을 금치 못했다. 이제까지 역사적인 주제는 고전적이고 교훈적인 것이었지 동시대의 것이나 현실의 것이 아니었기 때문이다. 웨스트는 병사들의 현대적인 복장을 그대로 재현했고 앉아 있는 모호크족 전사를 그렸는데, 전사의 세밀한 문신과 구슬 장식들은 웨스트가 일찍이 이런 인물에 대해 면밀히 연구했음을 말해준다. 레이놀즈의 우려에도 불구하고 웨스트는 동시대적 장면에 고전적인 역사화의 무게를 부여했다. 죽어가는 울프 장군은 루벤스의 「십자가에서 내림」(제19장 참조)에 가깝다. 「울프 장군의 죽음」은 큰 인기를 끌며 베스트셀러 판화가 되었고, 레이놀즈가 결국 물러나자 웨스트가 아카데미 회장직을 맡게 되었다.

아카데미 회원들의 신작은 연례 전시회에 출품되었는데 프랑스의 살롱전에 해당하는 것이었다. 몇 실링(당시 5펜스로, 현재의 5파운드 정도다)만 있으면 누구나 전시회를 관람할 수 있었고 아카데미는 파리와 경쟁하며 런던 미술계의 중심이 되었다. 모든 아카데미 회원이 이 전시회가

벤저민 웨스트의 「울프 장군의 죽음」.(1770년)

살롱전에 상응한다고 확신하지는 않았으며 자체적으로 해결하고자 했다. 존 싱글턴 코플리(1738~1815)는 웨스트를 따르는 미국인 추종자였고, 1779년에 아카데미 회원이 되었다. 그는 자신의 현대적인 역사화를 따로 임대한 공간에서 전시하여 모든 관심이 자기 작품에만 집중되게 했다. 이는 레이놀즈와 다른 회원들을 화나게 했다. 코플리의 「피어슨 소령의 죽음」(1784년)을 관람하는 데는 1실링이면 충분했고, 존 보이델의 의뢰로 제작한 이 그림은 판화로 널리 유통될 예정이었다. 보이델은 웨스트의 「울프 장군의 죽음」의 판화를 판매해 1만 5,000파운드, 즉 현재 가치로 약 300만 파운드를 벌어들였는데, 이 매출을 재현하길 기대했다.

피어슨 소령은 널리 알려진 인물이 아니었지만 코플리가 그린 장면에서는 애국심과 충성심으로 충만했다. 피어슨 소령은 저지에서 프랑스군을 공격하다가 사망했다. 이 사건에 대한 코플리의 해석에 따르면 백인 소령이 죽어가고 있을 때 그의 흑인 병사는 무기를 들고 가해자를 쏜다. 총을 조준하고 있는 흑인의 코트 꼬리는 마치 날아가는 듯하고, 버티고 있는 그의 몸은 전진하는 병사들, 도망가는 여성과 어린 아이들이 이루고 있는 사선을 반영하며, 휘날리는 거대한 유니언 깃발에 의해 더욱 격앙된다. 이 사선들은 전투를 심화시키고 관람객을 전장의 한가운데로 데려간다.

아카데미 회원이 모두 영국에 거주하지는 않았다. 윌리엄 호지스(1744~1797)는 젊은 시절 쿡 선장의 레졸루션 호에서 3년을 보냈다. 그는 1772년부터 1775년까지 쿡의 두 번째 항해에 참여해 지구를 한 바퀴 돌며 타히티, 뉴질랜드, 라파누이에서 본 지역 동식물군과 주민들을 그렸다. 이 시기는 과학 지식이 급속도로 확장된 계몽주의의 전성기였는데 유럽인들은 전 세계를 보고, 이해하고, 분류하고자 했다. 동시에 공격적인 제국 건설을 통해 세계를 착취했다. 쿡 선장의 첫 항해를 함께했던 식물학자 조지프 뱅크스는 쿡과 다시 동행하기로 되어 있었다. 뱅크스는 조파니를 선내 예술가로 고용했지만 쿡 선장이 뱅크스의 수행원 모두를 받아들이지 않기 때문에, 뱅크스는 조파니를 데리고 철수했다. 조파니는 샬럿 왕비를 위해 피렌체에서 일하게 되었고, 호지스가 두 번째 항해의 공식 화가로 조파니를 대신하게 되었다.

호지스가 영국으로 돌아와 완성한 오세아니아를 그린 그림은 그가 마주한 열대 풍경을 정확히 표현한 것은 아니었다. 대신 그는 클로드의 황금빛 분위기로 풍경을 물들였고, 유럽인들이 이해할 수 있는 회화적인 장면으로 바꿔놓았다. 이 작품들은 호지스가 사사한 풍경화가 리처드 윌슨(1714~1782)의 작품에서 볼 수 있는 당대 유럽인들의 취향에 부합했다. 호지스의 작품들은 자세히 관찰한 섬의 식물군을 보여주며, 섬의 원주민들이 사용하는 건물이나 배를 이따금 포함하고 있다. 그러나 그는 궁극적으로 유럽인의 편견에 따르고 있었다. 1776년에 제작된 「오타헤이테 섬의 마타바이 만 전경」에 등장하는, 배를 탄 타히티 남성들은 피부색이 검고 해안을 따라 전투용 카누를 저으며 섬의 해안을 지키고 있다. 이와 대조적으로 앞선 작품의 동반 작품인 「오타헤이테 페하 만에서 바라본 풍경」에 등장하는 여성들은 피부색이 밝다. 이들은 잔잔한 작은 만에서 알몸으로 목욕을 하고 있으며, 여성의 엉덩이에 새겨진 문신만이 유럽 여성과의 차이를 드러낸다. 무성한 야자수와 훨씬 크게 확대된 타히티의 티이ti'i(타히티의 전통 신) 조각이 '이국적인' 요소로 가미되었고, 그 외에는 구불구불한 수역의 익숙한 풍경이 나무와 먼 산으로 둘러싸여 있다. 프랑스의 항해가 루이 앙투안 드 부갱빌이 1771년에 영어로 출간한 타히티에 대한 유명한 기록은 타히티를 새로운 키테라 섬으로 묘사했다. 앞 장에서 우리가 살펴보았던 와토의 작품에 등장하는 사랑의 섬이다. 호지스는 이를 영속화시켰고 영국의 관람객들은 여인과 풍경을 바라보며 두 대상을 시각적으로 소유할 수 있었다.

 호지스의 두 작품은 1776년 레이놀즈의 작품 「오마이의 초상」과 함께 왕립아카데미에 전시되었다. 쿡 선장의 두 번째 항해에 참여한 폴리네시아 출신의 라이나테아 섬 주민 마이는 런던에서 오마이로 알려진 인물인데 런던에 도착하자마자 영국 사회의 일원이 되었고, 이 작품은 그와의 '유사함'을 그린 것이다. 이 작품은 의뢰받은 것이 아니었다. 레이놀즈는 연례 전시회의 관람객들이 이 '이국적인' 외국인에 대해 궁금해할 것이라고 예견했다. 마이에 대한 레이놀즈의 왜곡은 불쾌하고, 심지어 오늘날에는 인종차별적이다. 그는 맨발의 젊은 마이에게 풍성한 백색 겉옷과 터번을 입혔고, 그의 문신은 오로지 손에만 보인다. 마이의 피부는 호지스가 그린 마이의 초상화에서보다 훨씬 밝아졌다. 호지스는 레이놀즈의 초상화에 드러나는 서구적인 이목구비와 달리 마이에게 더 넓적한 코와 입을 부여했고, 레이놀즈가 연극적인 장엄함을 위해 적용한 시각적인 면밀함도 느껴진다.

호지스의 「오타헤이테 페하 만에서 바라본 풍경」에 등장하는 티이 조각은 쿡의 항해에서 영국으로 가져온 것이다. 오늘날 우리는 이것을 조각 작품으로 여기지만 18세기에는 그렇지 않았다. 마이가 그러했던 것처럼 서양인들의 눈에는 인류학적인 호기심의 대상이었으며, 이국적이고 색다른 것이었다. 유럽에서 이 조각품들은 예술로 간주되지 않았는데, 이것들을 만든 무명의 예술가들이 실제와 같은 유사성을 추구하지 않았기 때문이다. 이상주의적이든 자연주의적이든, 느슨한 묘사든 눈속임이든, 18세기의 모든 예술은 모방의 숙련도에 따라 평가되었고 자연 세계를 모방하거나 복사하는 기술은 앞서 살펴본 것처럼 고전 그리스와 로마의 예술에서 그 기원을 찾을 수 있었다.

현재 옥스퍼드에 있는 피트리버스 박물관에는 두 점의 남자와 여자 티이 조각이 전시되어 있다. 이 두 조각품은 뚜렷하게 표현한 특징들보다 본질적인 특성을 갖고 있다. 머리는 크고 짧은 다리는 구부러졌으며 눈과 손가락은 선 자국으로 표시되어 있다. 폴 고갱처럼 근대 예술가들이 19세기 후반 만국박람회에서 유사한 작품을 접하고 풍부한 영감의 원천으로 삼기 시작한 후에야 서양은 이들의 미학적인 가치를 조금씩 인정하게 되었다. 제29장에서 우리는 고갱을 따라 타히티로 이동할 것이다. 그때에도 이러한 작품의 본래 맥락은 결코 인정받지 못했고, 우리는 이러한 조각상이 폴리네시아의 신을 상징하는지, 신앙 체계와 연결되어 있는지, 혹은 주로 예술적인 목적을 지니고 있었는지 알지 못한다.

쿡이 항해하는 동안 섬 주민들은 서양의 예술 양식을 접하지 못했을 것으로 생각된다. 따라서 영국 해군 장교와 폴리네시아 현지인의

쿡 선장의 두 번째 항해에서 수집한 타히티의 티이 나무 조각상.(1772~1775년)

초기 만남을 그린 일련의 구상적인 수채화는 영국인 선원이 그린 것으로 간주되었다. 1997년에야 뱅크스의 편지를 통해 라이아테아족의 대제사장 투파이아가 쿡의 첫 항해를 함께하면서 서양식으로 그림 그리는 법을 배웠다는 사실이 밝혀졌다. 이후 투파이아가 나중에 그린 수채화 중에는 바지와 버클 장식 신발을 신은 뱅크스가 짚망토를 두르고 문신을 한 마오리족과 닭새우를 물물 교환하는 모습이 담겨 있다. 투파이아는 또한 제사장의 의상을 본질적인 형태로 추상화해서 그렸다. 이는 서양의 예술가들이 150년이 지나서야 근접할 수 있었던 것이다. 우리가 살펴본 것처럼 유럽의 아카데미들은 여전히 고전적인 전통과 교습법에 얽매여 있었기 때문이다. 이러한 접근법은 프랑스의 신고전주의 대가인 다비드의 회화에서 잘 드러난다.

CHAPTER 24

자유, 평화, 박애?

자크 루이 다비드가 마침내 「호라티우스 형제의 맹세」를 완성한 해는 1785년이다. 폭이 4미터가 넘는 이 작품은 전쟁을 준비하는 호라티우스 가문의 모습을 담고 있다. 네 명의 남성은 실제 사람 크기이다. 세 명은 검을 향해 형제의 경례를 하고, 아버지 호라티우스는 그들의 검을 높이 들고 있다. 형제들은 로마를 수호하기 위한 맹세를 하고 있으며, 아버지는 마치 신에게 충성심을 축복해달라고 요청하는 듯 하늘을 바라보고 있다.

다비드는 로마와 인근 도시 알바의 분쟁을 해결하기 위해 형제들이 싸우는 고대 이야기를 바탕으로 이 작품을 그렸다. 그는 호라티우스 가족을 세 개의 아치로 둘러싸인 엄숙한 고전 양식의 실내에 배치했다. 왼쪽에는 수염이 없는 젊은 형제들이 투구와 흉갑을 착용한 채, 전투에 대비한 복장을 갖추고 있다. 중앙 아치 앞에는 수염을 기른 건장한 체격의 아버지가 시선을 끌어모으는 붉은 망토를 두르고 서 있다. 세 번째 아치에는 가족의 여인들과 그 아이들이 남성들의 강인한 회복력과 더불어 감정적 균형을 이루고 있다.

이제 다비드는 이 그림이 전시될 살롱전 시기에 맞춰 파리의 아카데미로 작품을 가져갈 방법을 찾아야 한다. 쉽지 않은 일이다. 다비드는 프랑스 국왕 루이 16세를 위해 이 작품을 그렸지만, 고전주의 조각의 본고장이자 신고전주의의 발상지인 로마에서 그렸기 때문이다.

※

「호라티우스 형제의 맹세」는 프랑스에서 고전주의를 부활시켰다. 묻혀 있던 로마의 도시 폼페이와 헤르쿨라네움이 19세기 초반에 발굴되었고, 고전주의 예술에 관한 영향력 있는 책들이 발간되었다. 이러한 부흥은 오늘날 신고전주의로 알려져 있는데, '신'은 단지 '새로움'

자크 루이 다비드의 「호라티우스 형제의 맹세」.(1785년)

을 의미할 뿐이었다. 자크 루이 다비드(1748~1825)의 신고전주의 회화는 고대 이야기를 바탕으로 했으며, 프랑스 아카데미의 엄격한 서열에서 최상위를 차지하는 역사화였다.

아카데미에는 엄격한 규칙이 있었다. 한 번에 네 명의 여성만 회원으로 가입할 수 있었으며, 영국의 왕립아카데미와 마찬가지로 여성은 실물 소묘실에 들어갈 수 없었다. 화가였던 아델레이드 라빌 기아르(1749~1803)와 엘리자베스 비제 르브룅(1755~1842)은 모두 아카데미 회원이었다. 다비드의「호라티우스 형제의 맹세」와 같은 살롱전에 라빌 기아르는 자신의 거대한 작품「두 제자와 자화상」을 전시했다. 이 작품은 여성 예술가들에 대한 교육과 지원의 필요성을 강조하는 언명이었다. 그다음 살롱전에서 그녀는 자신의 변함없는 후원자이자 국왕의 고모를 그린「아델레이드 부인의 초상」을 전시했다.

살롱은 산만한 곳이었다. 바닥부터 천장까지 그림이 걸려 있었고, 몰려든 인파는 가장 잘 보이는 자리를 차지하기 위해 서로 다투었다. 예술가들은 거대한 크기, 밝은 색채의 사용, 혹은 명성을 얻기 위해 벽에서 가장 좋은 자리를 차지하는 등 어떤 식으로든 산만한 관람객의 관심을 끌어야 했다. 영국과 프랑스의 아카데미 회원들은 이 가장 좋은 자리를 머리 높이에서 1미터 위, 즉 '온 더 라인 on the line'이라고 불렀다. 다비드의 작품이 걸린 곳이 바로 이 자리였다. 1787년 살롱전에 라빌 기아르와 비제 르브룅의 초상화가 천장까지 붙어 있는 무명작가들의 작품과 함께 높이 걸리지 않고 다비드의「소크라테스의 죽음」바로 위에 나란히 걸렸다는 사실은 이들의 명성을 잘 말해준다.

비제 르브룅의 1787년 살롱전 작품은「마리 앙투아네트와 그녀의 아이들」이라는 아첨용 초상화였다. 마리 앙투아네트의 명성을 살리기 위한 마지막 시도로 왕실에서 의뢰한 작품이었는데, 당시 마리 앙투아네트는 경박하고 대중과 동떨어진 인물로 알려져 있었기 때문이다. 이 그림이 왕실에 얼마나 중요했는지는 비제 르브룅에게 지급한 금액으로 짐작할 수 있는데, 당시 가장 큰 규모의 역사화에 지급한 것보다 더 큰 금액이었다. 그러나 당시의 정치적인 분위기가 너무 불안정했기 때문에 비제 르브룅의 작품은 대중의 항의 가능성을 최소화하고자 공식적으로 살롱전이 문을 연 이후에 걸렸다. 비제 르브룅은 마리 앙투아네트가 선호한 화가로서 대가를 치르게 되었다. 2년 후 프랑스 혁명이 시작되자 그녀는 단두대를 피해 망명길에 올라야 했던 것이다.

프랑스에서 왕의 퇴위가 가까워지면서 귀족들의 초상화는 유행에서 빠르게 멀어져갔다. 그리고 다비드와 다른 화가들의 냉정하고 도덕적인 신고전주의풍의 장면으로 대체되었다. 앞서 살펴본 것처럼 다비드의 신고전주의는 베네치아 출신의 안토니오 카노바(1757~1822)의 작업실이 있던 로마에서 시작되었다. 이 예술가들은 요한 요하임 빈켈만의 영향력 있는 저술을 중심으로 형성된 고전주의로의 회귀를 지지했다.

1764년에 처음 출간된 『고대 미술사』와 같은 책에서 빈켈만은 고전 조각에 대해 열정적으로 기술했다. 그는 이들 작품에 생명을 불어넣었고, 그 안에서 보편적인 아름다움을 발견했으며, 카노바와 같은 당대 예술가들에게 고대 그리스인의 뒤를 따르도록 독려했다. 빈켈만은 예술의 아름다움에 대한 특별한 시각을 지니고 있었다. 그는 백인 유럽인 남성이었고, 당시는 그러한 남성들이 모든 것을 계몽주의라는 이름 아래 분류하고 표식을 달고, 그에 따라 주변 세계를 질서화하고 통제하던 때였다. 빈켈만의 동성애는 종종 흥분으로 숨이 멎을 듯한 남성 고전 나체의 묘사를 뒷받침해주었다. 그는 가장 아름다운 그리스의 나체는 남성이라고 주장하며 「벨베데레의 아폴로」를 '최고의 이상적인 예술'이라고 극찬했다. 그리고 그의 시각은 서양미술사의 근대적 규범이 세워지는 초석이 되었다. 그는 이후의 모든 예술은 '고귀한 단순함과 조용한 위대함'이라는 그리스의 이상을 지향해야 한다고 믿었다. 그랜드 투어를 떠난 영국인들은 바로크 조각이 너무 연극적이라고 생각했고, 냉철하고 시대를 초월하는 예술 작품으로 그들의 신고전주의 양식의 주택을 채우고 싶어 했다. 프랑스인 수집가들은 로코코의 퇴폐성과 정반대되는 예술을 원했다. 빈켈만의 주장처럼 이 고전적인 가치로의 회귀는 이상적인 형태를 연상시키는 백색 대리석과 더불어 이들의 모든 바람을 채워줄 수 있었다. 완벽한 남성의 신체, 정제된 동작과 피부가 드러난 이 일련의 조각품을 보면서 빈켈만에게 에로티시즘의 절정이란 결코 멀리 있는 것이 아니었다.

카노바는 빈켈만의 생각에 크게 의존했지만, 제17장의 잠볼로냐 작품에서 보았던 사방에서 깎아내는 초기 바로크 기법이나 사랑이라는 로코코의 매혹에서 완전히 탈피하지 않았다. 1787~1793년에 제작된「큐피드의 키스로 환생한 프시케」와 같이 불행한 연인을 우아하고 에로틱하게 조각한 그의 작품에는 앞의 요소들이 모두 영향을 미치고 있다. 필멸의 프시케는 날개 달린 연인 큐피드에게 안겨 있고, 거의 나체에 가까운 그녀의 몸은 큐피드가 그녀를 애무하는 데에 따라 그를 향하고 있다. 큐피드는 빈켈만이 많은 잉크를 쏟아부었던 아름다운 그리스 젊은이들의 업데이트된 버전이다.

상트페테르부르크에 있는 에티엔 모리스 팔코네(1716~1791)가 만든 러시아 황제 표트르 1세의 청동 기마상부터 미국 리치먼드에 있는 장 앙투안 우동(1741~1828)이 만든 조지 워싱턴의 등신대 조각에 이르기까지 18세기에는 백인 남성 영웅에 헌정하는 기념비가 끝없이 만들어졌다. 그리고 이 시기는 조각가들이 흑인 모델의 작품을 만들기 시작한 때이기도 하다. 영국의 그랜드 투어 조각가인 프랜시스 하우드

(1727~1783)가 제작한 운동선수로 추정되는 무명의 흑인 남성의 초기 흉상을 보면 작가가 대리석 대신 검은 돌을 사용하여 유사성을 포착하고자 했음을 알 수 있다. 우동은 샤르트르 공작을 위해 자신이 디자인한 분수에 흑인 여성을 조각했다. 납으로 주조한 이 여인은 목욕 중인 백색 대리석 여성의 시종이었다. 프랑스 혁명이 시작되고 공작이 1793년 단두대에서 목이 잘린 후 분수는 희생양이 되어 방치되었고, 지금은 채색한 석고 습작만 남아 있다.

영국의 선구적인 예술가이자 시인이었던 윌리엄 블레이크(1757~1827)는 출판사의 장서표용 동판 제작으로 수입을 보충했다. 1796년 그는 존 스테드먼의 『수리남의 반란을 일으킨 흑인들에게 대항한 5년간의 탐험 이야기』의 삽화를 그렸다. 이 책은 네덜란드 식민지였던 남아메리카의 수리남에서 벌어진 농장 노예에 대한 잔인한 고문과 살육을 자세히 묘사하고 있다. 한 채색 판화에서 블레이크는 특히 야만적인 처벌을 묘사했는데, 결박된 흑인이 갈비뼈를 관통하는 쇠갈고리에 끼어 교수대에 매달려 있는 모습이다. 나무 기둥 위에 놓인 해골들이 흑인 노예의 배경을 점철하는 가운데 노예들이 생산한 설탕을 유럽의 탐욕스러운 식탁으로 실어 가는 네덜란드 상선이 만을 떠나고 있다. 스테드먼의 책은 영국의 노예제 반대주의자들에게 채택되었고, 이 동판화는 가장 중요하고 널리 복제된 노예제 반대 예술 작품 중 하나가 되었다.

이전까지 흑인이라는 주제는 두 가지 역할 중 하나를 채우기 위해 회화에 포함되었다. 제22장에서 본 호가스의 작품 같은 장르화에서는 유행하는 '이국적인' 하인의 역할로, 혹은 뒤러, 보스나 루벤스의 「동방박사의 경배」에서처럼 별을 따라 베들레헴의 아기 예수에게 선물을 가져온 세 명의 왕 중 한 명인 아프리카의 왕 발타자르 역할이었다. 그러나 18세기 말로 접어들면서 프랑스가 혁명으로 인해 단기간에 민주주의가 되었을 때 예술가들은 흑인 모델을 개별적인 인물로 그리기 시작했다. 가장 인상적인 사례 중 하나는 1798년 살롱전에 전시된 안느 루이 지로데(1767~1824)의 「벨리 의원의 초상」이다.

벨리는 수년간의 노동 끝에 해방된 세네갈 출신의 아동 노예였다. 그는 프랑스 혁명군에서 복무하여 대위까지 오른 후 카리브 해의 히스파니올라 섬(지금의 아이티)에 위치한 프랑스 식민지 생도밍그를 대표하는 국민회의(프랑스 임시 의회)의 대의원이 되었다. 벨리는 자신의 지위를 이용해 노예제도에 반대하는 주장을 펼쳤고, 1794년 프랑스 식민지에서 국민회의가 노예제도를 폐지할 때도 그 자리에 있었다. 이 초상화가 전시되었을 때 벨리는 자리에서 물러나 고향으로 돌아갈 참이었는데, 이 초상화의 배경은 그의 고향 생도밍그로 볼 수 있다.

벨리의 초상화는 살롱에서 좋은 반응을 얻었고 프랑스 혁명의 목표, 즉 자유와 평등을 상징하는 인물로 여겨졌다. 벨리는 그가 기대고 있는 대리석 흉상만큼이나 눈에 잘 띄는데, 이 흉상은 노예제 폐지를 주장한 초기 백인 지지자로서 전년도에 사망한 아베 레이날의 모습이었다. 벨리는 흰머리를 뒤로 빗어 넘긴 채 자신의 이전 공직 유니폼을 입고 있다. 귀걸이를 한 벨리의 모습은 프랑스 사회에 완전히 동화된 모습으로 보이지 않지만, 이 작품은 벨리와 벨리의 신념을 믿었기 때문에 만든 작품으로서 작가의 공감대를 담은 초상화이다. 이처럼 초상화는 우리가 다음 장에서 살펴볼 새로운 진정성과 극적인 미술 사조, 즉 낭만주의의 문턱에 서 있다.

지로데는 다비드의 조수였지만 이제는 그의 경쟁자로 자리매김했다. 마리 기유민 브누아(1768~1826)는 지로데와 동년배였고 다비드의 작업실에서 함께 지냈으며, 비제 르브룅의 제자였다. 그녀는 「마들렌의 초상」이 1800년 살롱전에 소개되면서 명성을 얻게 되었다. 작품 속

마리 기유민 브누아의 「마들렌의 초상」.(1799년)

마들렌은 젊은 흑인 여성이며 고정된 눈으로 우리의 시선을 만나는데, 관람객을 똑바로 마주 보며 앉아 있다. 그녀는 주황색 띠로 둘러진 헐렁한 백색 드레스를 입었고, 의자 등받이에는 파란색 숄이 걸쳐져 있다. 이런 식으로 흑인 여성이 노예나 왕족 역할이 아닌, 주제 그 자체로 표현되는 것은 전례가 없는 일이었다. 마들렌이 군주제에서 갓 해방된 프랑스, 평등을 핵심으로 다시 태어난 나라, 노예제도를 폐지한 프랑스의 어머니를 상징할 수 있었을까? 그녀가 흑인 여성과 여성들의 해방을 상징했을까? 만약 그녀가 이러한 생각들을 상징했다면 그런 시각은 잠깐이었다. 브누아는 살롱-전에서 메달을 수상했지만, 남편이 승진하면서 작품 활동을 포기해야 했다. 그리고 나폴레옹은 폐지된 노예제도를 1802년에 복구했다.

프랑스 혁명은 왕을 처형하고 황제를 탄생시켰으며, 그 황제는 이제 유럽과 그 너머를 정복하고 각국의 보물을 약탈하는 데 착수했다. 1808년 나폴레옹이 스페인으로 진군할 무렵, 그는 수레 가득히 약탈해온 걸작으로 루브르 박물관의 방을 가득 채웠다. 그는 「메디치의 비너스」, 「벨베데레의 아폴로」, 그리고 「라오콘」을 이탈리아에서 실어왔다. 그의 측근들은 안트베르펜에서 루벤스의 「십자가에서 내림」을 약탈했고, 나폴레옹은 바티칸 벽에 있는 라파엘로의 프레스코화 「아테네 학당」을 떼어내려 했다. 베네치아의 도미니코회 수도원에 있던 가로 10미터에 달하는 베로네제의 「가나의 혼인 잔치」는 알프스 산맥을 넘는 도중에 두 동강이 났고, 급히 수리해야 했다.

나폴레옹은 결국 약탈을 중단했고 궁극적으로 다수의 미술 작품이 반환되었지만, 이 또한 6년에 걸친 스페인 침공 이후에 이루어졌다. 반도전쟁 혹은 스페인 독립 전쟁으로 알려진 이 전쟁을 프란시스코 호세 데 고야 이 루시엔테스(1746~1828)가 기록했다. 그 결과물인 1810~1815년에 제작된 판화 연작 「전쟁의 참화」는 이제까지 제작된 전쟁 관련 작품들 중 가장 참혹한 것이었다. 고야는 이미 노쇠하고 청각 장애가 있었지만 82점의 판화를 완성했고 에칭과 애쿼틴트라는 새로운 처리 과정을 통해 선보다 회색 톤의 색채 영역을 부여할 수 있었다. 여기에는 기아, 광기, 상상하기 힘든 폭력 장면들이 있다. 고야는 39번 판에 나무에 매달린 잘리고 거세된 시체 세 구를 새겨 넣었고, 5번 판에는 다섯 명의 여인이 돌과 나무 막대를 든 채 무장한 병사들과 대치하는데, 아기를 보호하기 위해 뒤로 움켜잡고 있다. 「전쟁의 참화」는 너무 잔인했기 때문에 고야는 차마 그의 생전에 출판하려 하지 않았다. 그가 사망하고 35년이 지난 1863년에야 공식적으로 출판되었다.

CHAPTER 25

낭만주의에서 오리엔탈리즘으로

1819년 7월, 테오도르 제리코는 붓을 내려놓는다. 작품이 완성되었다. 그는 지난 9개월 동안 작업실에 틀어박혀 광적으로 그림을 그렸는데 가로 7미터, 세로는 거의 5미터에 달하는 캔버스를 난파선 생존자들의 감정으로 채웠다. 바다 멀리 떨어진 작은 뗏목에는 아프리카 군인들, 지중해 출신 선원들, 그리고 창백한 프랑스인 시체가 타고 있다. 맨가슴을 드러낸 흑인 남자는 지나는 배의 주의를 끌기 위해 임시로 만든 깃발을 높이 들어 흔들지만 작은 돛의 바람은 그들을 다른 방향으로 데려간다. 파도는 이들을 삼킬 듯 위협하고 죽음은 이미 그들 중 다섯 명을 데려갔다.

제리코는 자신의 작업실을 돌아본다. 그의 친구들은 더 이상 찾아오지 않는데, 이곳의 냄새를 견딜 수 없어서다. 그는 배달된 시신들에 값을 지불하고 시신의 팔다리, 피부색을 연구할 수 있었고, 이 시체들은 이곳에 오래 있었다. 사방에는 온통 「메두사 호의 뗏목」과 관련된 드로잉과 그림으로 가득하다. 조난자들의 처지를 생생하게 표현하기 위해 그는 밤낮으로 생존자들을 인터뷰하고 각기 다른 구도의 아이디어를 작업했다.

이 작품은 1816년 프랑스 호위함 메두사 호에서 벌어진 참사를 바탕으로 삼았는데, 세네갈 해안에서 좌초한 메두사 호가 150명의 선원과 승객을 임시 뗏목에 버린 사건이다. 이들은 지나는 배에 구조될 때까지 13일간 표류했고, 겨우 열다섯 명만 살아남았으며, 생존자들은 해안으로 돌아와 인육을 먹은 이야기를 전했다. 제리코는 여러 사람이 멀리 보이는 배를 향해 손을 뻗고 있는 모습을 그렸지만, 그 배는 수평선 끝 아주 작은 삼각형 돛에 지나지 않는다. 제리코는 그들의 울부짖음을 들을 수 있었고, 바다의 소금기를 냄새 맡을 수 있었으며, 공포를 맛볼 수 있었다. 그것은 삶과 죽음 사이의 투쟁이며, 그는 정의를 실현하기로 결심했다.

※

「메두사 호의 뗏목」은 1819년 살롱전에서 금메달을 수상했지만, 국가가 바로 작품을 구매하지는 않았다. 프랑스가 노예무역에 다시 참여하게 된 상황에서 이 작품은 흑인 남성에게 중심적인 위치를 부여했기 때문이다. 비평적인 반응은 두 부류로 나뉘었고, 테오도르 제리코(1791~1824)의 사실주의를 칭송하는 부류와 참혹한 동시대 삶의 이야기를 고전적인 역사화의 단계로 고양한 것이 지나치다는 부류가 있었다. 제리코에게 「메두사 호의 뗏목」은 예술가가 아카데미의 규율에 얽매이지 않고 자신에게 감동을 주는 것을 자유로이 그려야 한다는 신념을 보여주는 것이었다.

제리코는 불과 5년 후 사망했지만, 그의 작품은 자신을 표현하고

테오도르 제리코의 「메두사 호의 뗏목」.(1819년)

자신의 감정에 따라 작품 활동을 하고 싶어 하는 예술가들에게 분명한 메시지로 보였다. 낭만주의자로 알려진 이들은 신고전주의를 부정하고 대신 그들 자신의 개성과 경험을 표현하고자 했다. 그들은 고전적인 훈련과 거리를 두면서 색채, 감정, 느낌과 감각을 우선시했다. 낭만주의자들은 이제까지 미술의 교육 방식과 어떤 양식이 중요시되는지를 통제한 이들, 즉 지배적인 유럽 아카데미의 갑옷 속에 첫 균열을 낸 것이다.

유럽의 풍경화는 18세기 내내 클로드에게서 큰 영향을 받았지만 이제 낭만주의 예술가들은 자연이 감각을 완전히 압도하는 지점에서 더 심오하고 영적인 경험을 모색했다. 그들은 치솟은 절벽과 망망대해를 그리며 감정적인 상태를 표현하기 시작했다. 그들의 풍경은 우리에게 활기를 불어넣으며 경외감, 즉 자연의 힘이 지닌 두려울 정도의 경이로움으로 가득 차게 한다. 이를 숭고라고 한다. 에드먼드 버크와 같은 유럽의 지식인들은 18세기에 숭고함에 대해 글을 썼지만, 반세기가 지나 카스파르 다비트 프리드리히(1774~1840)의 예술에서 가장 훌륭하게 표현되었다. 프리드리히에게 독일의 풍경은 개인적인 사색의 장소이자 영적으로 연결된 장소가 되었다. 그는 엄격한 개신교 집안에서 태어났고, 그의 많은 풍경은 종교적인 상징을 보여준다. 가령 산꼭대기의 십자가, 겨울 숲속의 폐허가 된 수도원, 거대한 바다를 바라보며 모래언덕에 서 있는 수도사들이다.

프리드리히는 자기 작품에서 숭고한 감정을 고양하기 위해 자연적 특징을 확대했다. 1818년작 「안개 바다 위의 방랑자」에는 한 남자가 돌출된 바위 끝에 서서 낮은 구름으로 휩싸인 계곡을 내려다보고 있다. 바람은 그의 머리카락을 휘감고 우리는 그에게 가장자리에서 물러나라고 하고 싶다. 그가 관조하는 풍경은 거대하다. 프리드리히는 이 같은 자연의 숭고한 측면을 자주 소환했다. 숨을 멎게 하고, 자연 세계의 신성한 장엄함을 전달하는 측면들이다.

영국에서는 존 컨스터블(1776~1837)이 어린 시절을 보낸 평평한 서펴의 들판에 집중했다. 프리드리히가 숭고한 경험을 포착하고자 했다면, 컨스터블은 영국의 일상적인 자연을 재현하고자 했다. 그는 보리가 고개를 숙인 들판 위로 흘러가는 구름과 더불어 영국 여름날의 신선한 변덕스러움을 전달하고자 했다.

컨스터블은 자신의 풍경화에 야심을 담아 왕립아카데미 전시에서 역사화와 경쟁하기를 바랐다. 이러한 이유로 그는 1821년에 그린 「건초 마차」처럼 가로 2미터에 달하는 '6피트 크기'의 캔버스 연작을 제작했다. 변덕스러운 하늘 아래 말이 끄는 마차는 컨스터블의 아버지가 소유했던 플랫퍼드 밀 근처의 얕은 스투어 강을 건너고 있다. 햇빛 아래 이파리들은 모두 생기로 넘쳐나고, 강 너머 얼룩덜룩한 들판은 위에 떠 있는 구름 덩어리들을 반사한다. 영국 내에서 컨스터블에 대한 반응은 종종 미적지근했으나 「건초 마차」는 1824년 파리의 살롱전에 전시되면서 금메달을 수상했다. 컨스터블은 프랑스에서 낭만주의 화가로 칭송받았고 외젠 들라크루아를 비롯한 낭만주의자들에게 영향을 주었다.

이 무렵 영국 태생의 토머스 콜(1801~1848)은 미국에서 입지를 다지고 있었다. 콜은 정식 교육을 받지 않은 채 판화가로 시작했다. 그러나 허드슨 강, 캐츠킬 산맥 등 미국 동부 해안의 새로 개발된 관광지에 매료되어 풍경 전망 화가가 되었다. 콜은 미국에서 이런 방식으로 그림을 그린 최초의 화가였다. 식민지 유럽인들에게 미국 땅은 정복하고 소유해야 할 대상이자 자원이었다. 미국 땅에 최초의 관광호텔이 문을 열고 전망대에서 폭포수의 장엄한 낙하 혹은 산봉우리의 솟아오름을 감상할 수 있게 되기 전까지, 이곳은 단순히 바라만 보는 풍경으로 여겨지지 않았다.

콜의 시각에는 단지 한 가지 문제가 있었다. 그는 클로드처럼 그림에 고전 건축물을 담을 수가 없었다. 미국에는 그런 것들이 존재하지 않았기 때문이다. 그래서 콜은 미국의 고유 역사에 바탕을 두고 대신 미국 원주민을 담았다. 1826년 그의 친구인 제임스 페니모어 쿠퍼가 『모히칸족의 최후』라는 역사소설을 썼다. 이 소설의 배경은 초기 프랑스인과 원주민이 전쟁을 벌인 시기였고 콜은 이것을 '풍경 구도', 즉 심오한 의미를 전달하도록 상상의 요소를 가미한 풍경화를 그릴 수 있는 기회로 삼았다. 1827년작 「타메눈드의 발치에 무릎 꿇은 코라」에는 미국 원주민 무리가 산악지대를 배경으로 바위 위에 모여 있다. 쿠퍼 소설의 여주인공인 코라는 그들 앞에 나와 여동생과 동료들을 풀어달라고 간청하고 있다. 콜은 미국 원주민들이 당대의 중요한 문제들을 논의하는 부족평의회에 참가하여 그들의 오랜 역사를 접할 수 있었다. 콜에게 이것은 포럼에 참여한 로마인들에 상응하는 것이었다. 여기에는 유럽과 다른 역사가 있었지만 똑같이 유효한 것이기도 했다.

19세기 일본의 가쓰시카 호쿠사이(1760~1849)와 우타가와 히로시게(안도 히로시게, 1797~1858)는 풍경에 대해 더 간결한 접근 방식을 취했다. 그러나 그들이 출판한 결실인 목판화는 마찬가지로 극적이었다. 일본은 1850년대까지 외국인에게 폐쇄적인 곳으로 남아 있었고, 네덜란드인만 무역선을 보낼 수 있도록 허용했다. 그리고 이 무역선들은 이탈리아의 '베두테'를 비롯해 서구의 풍경화와 판화에 관한 책을 실어왔다. 이들이 가져온 풍경은 그 수학적인 원근법으로 인해 일본에서 찬사를 받았다. 일본인 관람객들은 그림 속으로 마치 떨어지는 것 같은 느낌을 받았기 때문에 이것들을 '우키-에' 혹은 '떠다니는 그림'이라고 불렀다. 이러한 효과를 실험한 호쿠사이와 히로시게에 의해 일본에서는 풍경 판화가 하나의 장르로 발전하게 되었고 '우키요에' 혹은 '떠다니는 세계의 그림'으로 알려졌다. 우키요에는 국수 두 그릇 가격이면 살 수 있어서 최극빈층을 제외하고 모든 가정에서 소유할 수 있었다.

호쿠사이는 에도 시대에 살았고 그의 오랜 삶 동안 판화를 제작했으며, 나중에는 그의 딸 가쓰시카 오이(1800?~1866?)의 도움을 받았다. 서양에는 그가 후기에 제작한 후지산 화산 풍경이 잘 알려져 있다. 가장 유명한 작품은 '후지산 36경' 연작 중 1829~1833년경에 제작한 「가나가와 해변의 높은 파도 아래」다. 이 채색 판화에는 집게발 모양의 백색 거품으로 양식화된 파도가 세 척의 배를 집어삼킬 듯 위협하는데, 이 배들은 괴물 같은 파도 가운데에서 거의 보이지 않는다. 멀리 보이는 눈으로 덮인 후지산은 판화의 중심을 차지하고, 바다는 눈보라 같은 거품으로 산을 감싸고 있다. 이렇듯 근경과 원경의 조합은 우키요에의 전형적인 요소이며, 구성 내 모든 부분이 전체적인 작품의 조화를 이루도록 작용한다.

일본이 세계 무역에 다시 문을 열면서 이 판화들이 1850년대와 1860년대 유럽에 나타나기 시작했고 당시 파리에서 활동하는 젊은 예술가들 사이에서 수요가 늘어났다. 우리는 다음 장에서 빈센트 반 고흐 같은 예술가들에게 미친 일본 판화의 영향을 살펴볼 것이다. 그러나 우키요에가 프랑스에 도착하기 전에는 예술가들이 새로운 관점과 시각을 찾아 유럽 너머로 여행해야 했다. 낭만주의 화가 외젠 들라크루아(1798~1863)는 그의 영웅 제리코의 「메두사 호의 뗏목」을 위한 모델이 되기도 했는데, 자신의 열정적이고 정치적인 작품 「민중을 이끄는 자유의 여신」을 1831년 살롱전에 전시했다. 1832년 그는 프랑스를 떠나 북아프리카의 모로코로 향했다.

들라크루아는 외교관들과 동행하여 모로코를 여행했지만, 그의 목적은 '동양'을 그리는 것이었다. '동양'은 유럽 너머 지중해의 아프리카 연안으로 형성되고 중동을 가로지르는 나라들을 지칭하는 서양의 용어였다. 이 지역에 대한 관심은 세기 전환기에 나폴레옹의 이집트 점령과 1830년 프랑스의 알제리 침공으로 환기되었다. 들라크루아에게 북아프리카 마그레브를 직접 방문한 경험은 압도적이었다. '나는 마치 꿈속에서 사라질까봐 두려운 것들을 바라보는 사람 같다'라고 그는 적었다. 그는 모로코에서 6개월을 보냈고, 알제리를 거쳐 귀국했다. 그리고 그곳을 떠날 때 '로마는 더 이상 로마에서 찾을 수 없다'라고 썼다. '동양'은 여전히 로마의 고전주의 예술에 초점을 맞춘 아카데미 훈련이라는 갑옷에 또 다른 균열이 되었다.

들라크루아보다 나이가 더 많았던 프랑스 화가 장 오귀스트 도미니크 앵그르(1780~1867)도 동양에 대한 환상을 그렸지만, 그는 로마에

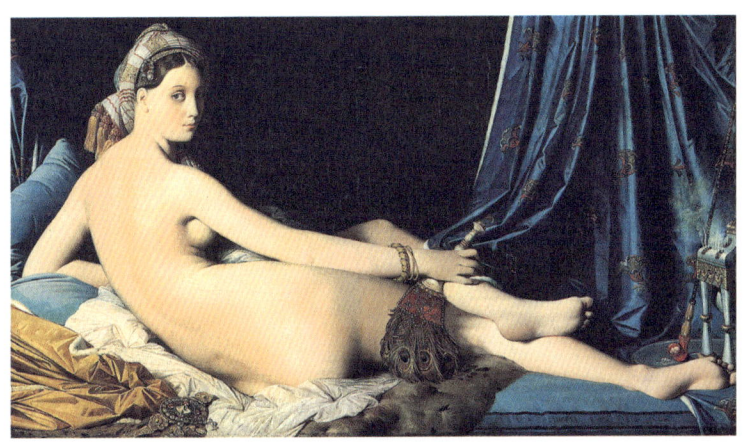

장 오귀스트 도미니크 앵그르의 「그랑 오달리스크」.(1814년)

있는 편안한 자신의 작업실에 머물렀다. 앵그르는 다비드의 제자였고 신고전주의의 또 다른 주역이었다. 앵그르의 섬세한 선과 빛나는 표면은 들라크루아의 활기차고 감성적이며 낭만주의적인 붓질과는 정반대였다. 그리고 이 두 화가는 종종 언론에서 연필과 붓으로 싸움을 벌이는 적대적 인물로 희화되었다.

1814년 앵그르는 첫 번째 오달리스크, 혹은 여성 노예를 그렸다. 「그랑 오달리스크」는 상상 속의 동양 세계에 나체의 여성이 침대에 누워 손님을 기다리는 모습으로 남성의 환상에 관한 것이다. 놀랍게도 이 작품은 여성이 의뢰한 것이었으며 나폴리의 카롤린 여왕이 그녀의 남편에게 줄 선물이었다. 여성이 여성 나체를 의뢰하는 것은 매우 드문 일이었는데, 여성 누드화는 이들을 바라보고 '소유'하는 것을 즐기는 남성들의 전유물이었기 때문이다.

카롤린의 남편은 이미 앵그르의 1808년 작품으로 침대 위의 전면 누드화인 「나폴리의 잠자는 미녀」를 구매한 적이 있었다. 카롤린이 의뢰한 누드화는 이와 다른 시각을 보여준다. 우선 「그랑 오달리스크」는 우리에게 등을 돌리고 있다. 지나칠 정도로 긴 등이지만, 이는 그녀의 관능미를 더해준다. 그녀는 터번처럼 스카프를 머리에 감았고, 공작 깃털로 만든 부채를 들고 있다. 우리는 그녀의 부드러운 곡선을 바라보지만, 그녀의 시선을 만나야 한다. 그녀가 보석으로 장식한 머리를 돌리면 우리의 눈은 그녀의 눈과 만나게 된다. 카롤린이 이 구도에 관여했는지 궁금해진다. 오달리스크는 단순히 '공짜로' 바라보는 대상이 아니다. 그녀의 눈은 그녀를 바라보는 당신을 면밀히 관찰한다.

들라크루아는 아프리카 현지에서 그린 드로잉과 스케치를 바탕으로 1834년 작품 「알제리의 여인들」을 그렸는데, 이것은 여행을 바탕으로 그린 그의 첫 번째 살롱전 작품이다. 들라크루아, 앵그르, 장 레옹 제롬(1824~1904)과 데이비드 로버츠(1796~1864)의 작품은 '오리엔탈리즘'이 유행하면서 더욱 인기를 얻게 되었다. 오리엔탈리즘은 서양의 관람객들을 위한 아랍 문화에 대한 왜곡된 시선으로서 마치 여성 성노예와 파이프 담배를 피우는 남성들의 화려한 세계처럼 묘사했다. 예술가와 수집가들은 오리엔탈리즘이 영속화하는 불평등, 특히 유럽 여성들이 평등권을 위한 캠페인을 통해 점점 더 목소리를 높이고 있는 시기에 여성들을 격리하고 성노예로 판다는 생각에 빠져들었다.

들라크루아의 아프리카에 대한 호응은 길어졌고, 그의 주제와 색조에 영향을 미쳤다. 반면 조지프 말로드 윌리엄 터너는 여전히 충격적이었던 60년 전의 사건들을 바탕으로 그린 그의 후기 걸작을 통해 단번에 아프리카를 다루기로 했다. 그것이 1840년 왕립아카데미에 전시된 「노예선」이다.

CHAPTER 26

아픈 현실

　1840년 따뜻한 6월의 어느 날이다. 젊은 학생 존 러스킨이 넥타이와 코트를 갖춰 입고 모자를 쓴 채 왕립아카데미의 여름 전시회에 걸린 터너의 그림 「노예선」 앞에 서 있다. 러스킨은 격렬한 바다와 기울어지는 배, 해가 지면서 불타는 하늘에 압도되어 넋을 잃고 본다. 그의 시선은 파도가 일렁이는 전경의 파도에 머물고 있는데, 파도 위로 다리 하나가 보이고 그 발목에는 숨길 수 없는 노예의 족쇄가 채워져 있다. 보면 볼수록 거품이 이는 바다 바깥으로 뻗어 나온 손과 그 주변을 돌며 먹이를 노리는 물고기와 갈매기들을 알아볼 수 있다. 러스킨 자신은 폭풍에 휩쓸린 배의 윤곽 뒤로 핏빛처럼 가라앉고 있는 불타는 석양을 갈구한다.
　스물한 살인 러스킨은 정신 건강상의 이유로 옥스퍼드 대학교를 휴학하고 1년간 이탈리아를 여행하려는 참이다. 부모님이 그의 열세 번째 생일에 이탈리아 풍경으로 가득한 여행 안내서를 선물한 이후로 그는 터너의 예술을 동경해왔다. 그는 또 다른 생일 선물로 받은 터너의 수채화를 갖고 있었고, 곧 이 위대한 화가를 만나길 고대하고 있다. 그는 이미 터너와 연락을 주고받았으며, 터너가 재미있고 관대하다고 생각했다. 대부분의 사람이 터너가 거칠고 무식하다고 말하는 것을 러스킨도 이미 알고 있지만 말이다.

러스킨은 올해 여름 전시회 평을 절망적으로 읽었다. 그는 터너가 생존하는 가장 중요한 화가라고 생각하지만, 비평가들은 그의 최근작을 비웃었다. 그들은 터너가 '색채 광증의 기괴함'으로 터너 자신을 벗어났다고 말했다. 러스킨은 이 화가의 훌륭함을 그들이 보지 못하는 이유를 이해하지 못했다.

※

존 러스킨은 19세기 영국 최고의 영향력 있는 미술비평가가 되었다. 그는 터너의 「노예선(배 밖으로 던져져 죽거나 죽어가는 노예들 - 몰려오는 태풍)」을 본 지 3년 후 대표작인 『근대 화가론』의 초판을 출판했다. 그리고 이 작품을 이후 소유하게 된다. 『근대 화가론』에서 그는 「노예선」의 진정한 주제는 '넓고 깊은, 형언할 수 없는 바다의 힘과 장엄함, 그리고 죽음'이라고 썼다. 러스킨이 철저히 회피한 것은 '죽음성'이라는 숭고한 반향을 바탕으로 한 터너의 동시대적인 주제로서 바로 노예제도이다.

조지프 말로드 윌리엄 터너(1775~1851)는 노예제도 폐지론자들을 지지했으며, 이들은 1833년 마침내 영국의 노예제도 참여를 종식시킬 수 있었다. 폐지 운동은 50년이 걸렸다. 「노예선」은 노예선 종Zong 호의 선장이 저지른 비인간적인 행위에 대한 역사적인 기록에 바탕을 두었다. 이 배는 1781년 가나에서 자메이카로 가는 항해 중 물이 부족해졌다. 갇혀 있던 많은 노예가 병에 걸렸고 폭풍우마저 다가오자 선원

조지프 말로드 윌리엄 터너의 「노예선(배 밖으로 던져져 죽거나 죽어가는 노예들 – 몰려오는 태풍)」. (1840년)

들은 130명 이상의 살아 있거나 족쇄에 묶여 있는 노예를 배 밖으로 던지라는 지시를 받았다. 그래야만 노예의 주인들이 보험금을 청구할 수 있었는데, 선상에서 질병으로 사망한 노예가 아니라 바다에서 사망한 노예에 한해 보험금을 지급한다는 방침 때문이었다.

비평가들은 터너의 작품 주제를 싫어하지 않았다. 같은 전시회에 나온 프랑수아 오귀스트 비아르(1799~1882)의 「노예무역」이 그 영리함과 정확함 때문에 찬사를 받았다. 비평가들이 헤아리지 못한 것은 사실 그들 모두가 이야기할 수 있었던 것으로, 「노예선」이 그려진 방식이었다. 소설가 윌리엄 새커리는 그 작품이 '에메랄드색과 보라색의 끔찍한 바다'라고 조롱했고, 또 다른 논평가는 '메리골드색 하늘의 정열적인 화려함'을 비판했다. 반면에 「노예선」 같은 터너의 후기 작품들은 오늘날 우리와 가장 직접적으로 소통한다. 종 호 책임자들의 비열한 행동과 마주함으로써 석양은 노예무역의 종말과 이 배에 탄 노예들의 비참한 최후, 돈을 위해 선장들이 얼마나 타락했는지, 그리고 바다의 힘 앞에서 잔인한 인류의 무력함을 동시에 시사한다.

강렬한 감정으로 가득한 터너의 후기 작품들은 종종 매끈한 아카데미의 작품에 익숙한 비평가들에게 오해를 받기도 했다. 그러나 터너를 비롯한 낭만주의자들은 예술이 꼭 매끈할 필요가 없음을 보여주었고, 프랑스에서는 젊은 예술가들이 이러한 생각으로부터 자신감을 얻고 다시 한 번 아카데미에 맞섰다.

구스타브 쿠르베(1819~1877)는 역사화의 규모와 웅장함을 유지하면서도 떠돌이 음악가, 돌 깨는 사람, 소작농과 농부 등 역사에 흔적을 남기지 못하는 가난한 배경의 인물들을 소재로 선택했다. 1849년작 「오르낭의 매장」은 쿠르베의 고향인 프랑스 동부의 오르낭에서 열린 장례식 장면으로 50여 명의 인물이 등장한다. 각각의 인물은 실제 사람 크기로 그려져 폭 6미터가 훨씬 넘는 거대한 캔버스에 펼쳐져 있다. 여기에는 주목해야 할 영웅도, 중심인물도 없다. 쿠르베는 마을 사람들을 모델로 삼았고 다비드의 신고전주의 장면으로부터 100만 마일이나 떨어진, 위축되지 않은 사실주의 작품을 만들고 싶어 했다. 1851년 쿠르베는 '나는…… 무엇보다 사실주의자이다. (……) 왜냐하면 사실주의자는 정직한 진실을 진심으로 사랑하는 사람을 의미하기 때문이다'라고 썼다. 그는 노동자 계급을 지지하기 위해 예술을 무기로 삼았지만, 그의 회화는 많은 비평가에게 너무 과했고, 그래서 그들은 쿠르베의 작품을 욕하고, 너무 추하고, 너무 품위 없고, 너무 거대하고, 너무 사회주의적이라고 매도했다.

비평가들은 로사 보뇌르(1822~1899)의 작품을 더 선호했다. 일하는 말과 소를 그린 그녀의 활기찬 캔버스들은 큰 인기를 얻었고, 그녀는

19세기 프랑스에서 가장 성공한 여성 화가가 되었다. 1853년 작품「말 박람회」는 희망에 부푼 상인들이 활기차게 휘몰아치는 페르슈롱 마차용 말들을 가까스로 잡고 있는 장면이다. 폭이 5미터가 넘는 이 작품은 살롱전에 전시되었을 때 역대 가장 큰 동물 그림이었다. 여성이었기 때문에 보뇌르는 여전히 아카데미의 인체 실물 묘사 수업에 참여할 수 없었지만, 도축장이나 박람회에는 그러한 규정이 적용되지 않았다. 하지만 안전하게 그림을 그릴 수 있도록 남장을 하기 위해 바지를 입을 수 있는 특별 허가를 받아야 했다. 이후 살아 있는 대상으로부터 얻은 스케치들 덕분에 캔버스를 가로질러 흥흥거리고 우는 소리를 내는 말과 동물을 그릴 수 있었다.

 영국에서는 또 다른 혁명이 진행되고 있었다. 스스로 '라파엘 전파' 혹은 'PRB'라고 자칭하는 한 무리의 조숙한 예술가들이 주도하고 있었다. 다시 말해 그들의 혁명은 아카데미 미술의 전통적인 교습법을 거부하는 것이었다. 그들은 왕립아카데미 전시가 타성에 빠진 회화 양식을 맹종하는 거만한 작품으로 가득 찼다고 느꼈다. 그들은 근간의 역사를 쓸어버리고 지오토와 반 에이크를 돌아보며, 예술이 너무 아는 척하지 않았던 순수한 시대로 돌아가기를 원했다. 존 에버렛 밀레이(1829~1896)는 1840년 열한 살의 나이에 역대 최연소 학생으로 왕립아카데미 학교에 입학했다. 그곳에서 그는 단테 가브리엘 로세티 (1828~1882)와 윌리엄 홀먼 헌트(1827~1910)를 만났고, 1848년에 그들은 비밀조직인 라파엘 전파를 결성했다. 1850년 밀레이는「부모님 집에 있는 그리스도」를 아카데미의 연례 전시회에 출품했다. 어린 그리스도는 요셉의 목공소 안에 서 있다. 쓸지 않은 바닥에는 대팻밥과 톱밥 부스러기들이 조심스럽게 그려져 있다. 그리스도는 창백하고 상처를 입었는데, 요셉이 만들고 있는 문짝의 못에 손을 다쳤다. 이는 훗날 그리스도의 십자가형을 예감하게 한다. 이 작품은 비평가들을 분노하게 했다. 성스러운 가족이 신성해 보이지 않고 보통 사람들로 보였던 것이다. 문학가 찰스 디킨스는 그리스도가 도랑에서 갓 기어 나온 듯 '흉측하고, 구부러진 목에 징징대는, 잠옷을 입은 붉은 머리의 소년'이라고 호통을 쳤다. 라파엘 전파를 지원하러 나선 사람은 존 러스킨으로, 그들의 작품은 '역겹고 혐오스럽지'(디킨스의 표현) 않다고 주장했다. 그러나 라파엘 전파는 이 같은 작은 세부와 자연에 대한 주의를 통해 더 깊은 진실로 향하는 중이었다.

　라파엘 전파가 결성된 무렵까지 사진은 거의 10년간 상업적인 용도로 사용되었다. 사진은 최상의 모사를 제공하는 것으로 보였다. 즉 역사상 처음으로 예술가들은 세상의 이미지를 재현할 수 있는 유일한 이들이 아니게 된 것이다. 카메라 오브스쿠라가 수 세기 동안 알려져 왔지만, 1820년대까지 발명가들은 그것이 생산하는 이미지를 포착하는 방법을 파악하지 못했다. 1839년 프랑스의 루이 자크 망데 다게르(1787~1851)는 빛에 민감한 소금을 사용하여 은으로 코팅된 동판 위에 이미지를 고정하는 방식으로 카메라 피사체의 '양화'를 만들었다. 그의 다게레오타이프 daguerreotype가 나오기까지는 몇 분이 소요되었고, 초창기 인물 사진의 대상들은 움직이지 않게 목 보조대에 묶여 있었다. 같은 해 영국의 사진 선구자 윌리엄 헨리 폭스 탤벗(1800~1877)은 캘러타이프라고 알려진 종이 '네거티브' 위에 이미지를 고정했다. 초기의 이미지는 다게레오타이프만큼 선명하지 않았지만, 네거티브는 인화처럼 여러 번 복제할 수 있었다. 결국 '빛으로 그리는' 이 두 가지의 탁월한 과정은 1850년대 초반에 개발된 콜로디온 방식으로 이어졌는데, 이는 유리판 위에 네거티브로 이미지를 포착해 선명한 복사본을 반복해서 인화할 수 있는 방법이었다.

1850년대에 사진은 값싼 초상화의 형식이자 '내가 그곳에 있었다'라는 것을 증언하는 방식에서 인기를 끌었다. 사진 스튜디오가 전 세계적으로 빠르게 생겨났고, 카메라는 북극 탐험과 크림 반도의 전쟁터에 투입되었다. 1850년대에 사진은 나시르 알 딘 샤의 이란 궁정에서도 널리 사용되었는데, 그 자신이 열정적인 아마추어 사진가였다.

    당시 사진은 예술 형식이라기보다는 현대식 스케치북과 연필처럼 예술가에게 유용한 도구로 여겨졌고, 즉시 영향력을 발휘했다. 1856~1857년에 사니 알 물크(아불 하산 가파리, 1814~1866)가 그린 페르시아 세밀화 작품「'알리 쿨리 미르자' 왕자 초상화」는 화려한 배경과 세심하게 꾸며진 실내 풍경이 있는 유행하는 스튜디오 초상사진처럼 보인다. 마찬가지로 중국에서도 상하이학파의 중요한 예술가인 런슝(1823~1857)이 놀라운 자화상을 그렸는데, 그의 자연스러운 삭발 머리와 맨가슴은 사진처럼 선명하지만, 고도로 양식화된 중국 전통 상의와 바지를 입고 서 있다.

    그러나 일부 초기 사진가들은 새로운 기술의 예술적 가능성을 실험하기 시작했다. 프랑스에서는 구스타브 르 그레(1820~1884) 같은 예술가들이 1857년「세트의 큰 파도」같은 풍경을 찍기 위해 카메라를 사용했다. 영국에서는 줄리아 마가렛 카메론(1815~1879)이 르네상스 예술에서 영감을 받아 인물 사진에 대한 카메라의 창조적인 가능성을 탐구했다. 그녀는 어린아이를 천사와 몽상가로, 젊은 여인을 그리스 신화의 요정 키르케와 성모 마리아로 변신시키는 소프트 포커스 구도를 창조했다.

    조각은 자체적인 혁명을 조금 더 기다려야 했고 신고전주의 양식은 대서양 양쪽에서 19세기 내내 인기를 유지했다. 그런데 1850년대와 1860년대 로마에 살던 한 무리의 대담한 미국인 여성들은 신고전주의를 새로운 조각적 주제로 더욱 많이 사용했다. 소설가 헨리 제임스가 '이상한 여성 공동체'라고 불렀던 이 여성들은 최고의 대리석을 수급하고 고전적인 조각품을 보기 위해 로마로 이주했는데, 숙련된 조수가 충분히 공급되는 곳이기 때문이기도 했다. 19세기 여성들에게 놓인 일반적인 제약에서 벗어나 방해받지 않고 자유로이 작업할 수 있는 나라라는 매력이 불러온 결과였을 것이다. 해리엇 호스머(1830~1908)는 1852년 로마에 가장 먼저 도착한 사람들 중 한 명이었다. 이후에 그녀는 '여기 로마에는 모든 여성이 기회를 얻는다. 만약 자신이 그것을 잘 이용할 만큼 용감하다면 말이다'라고 썼다.

 호스머는 보스턴에서 개인 교습으로 해부학을 공부해서 인체에 관해 철저히 이해하고 있었다. 그녀는 시장성이 높은 천사 조각품을 만들어 로마에서 체류하기 위한 자금을 조달하는 한편, 「쇠사슬에 묶인 제노비아」(1859년) 같은 강인한 여성을 조각했다. 제노비아는 서기 3세기에 지금의 시리아인 팔미라 제국의 여왕이었는데 정복자들에게 잡혀 쇠사슬에 묶였다. 그녀는 머리를 약간 숙였지만, 자신의 투옥을 고귀하게 받아들이며 당당하게 서 있다. 이 조각품이 1862년 영국에서 선보였을 때 비평가들은 여성이 이러한 작품을 조각할 수 있는지에 대해 언쟁을 벌이기도 했다. 그들은 이 작품이 분명 호스머의 전 가정교사나 로마인 인부가 만든 것이라고 했다. 호스머는 그렇게 추정한 두 잡지를 바로 고소했고, 남성과 여성 조각가에게 똑같이 적용되는 조수들과의 협업 과정을 설명하는 기사 형식의 긴 반박문을 발표했다.

 호스머의 무리에는 메리 에드모니아 루이스(1844~1907)도 포함되어 있었다. 루이스는 1865년 미국을 떠나 로마에 도착했다. 때는 마침내 미국이 흑인 노예들에게 자유를 부여한 해였고 그녀는 남북전쟁 영웅들의 흉상과 노예제 폐지론자들의 메달을 만들어 팔아 여비를 마련

메리 에드모니아 루이스의 대리석 조각 「영원한 자유」.(1867년)

했다. 아프리카계 아버지와 미국 원주민 어머니를 둔 혼혈 여성으로서 루이스는 미국에서 수많은 편견의 대상이었기에 자신의 공공 조각품 개막식 때에만 미국으로 돌아오고 생애 대부분을 로마에서 지냈다. 그녀는 전통적인 주제에 얽매이는 대신 1867년 작품 「영원한 자유」에서와 같이 흑인 해방의 조각을 제작했다. 2년 후 이 작품은 보스턴의 트레몬트 교회당에 설치되었다. 공중에 손을 뻗은 흑인 남성은 링컨 대통령이 모든 노예에게 자유를 선포한 날을 기념하고 있다. 그의 옆에 무릎을 꿇은 여성은 기도하듯 두 손을 들어 감사를 표한다.

1860년대 로마는 미국 여성 예술가들에게 미래지향적이었을지 모르지만, 프랑스는 여전히 아카데미와 살롱에 집착하고 있었다. 하지만 1863년, 기득권층의 중심에서 열린 폭발적인 전시회가 상황을 완전히 바꿔놓았다.

CHAPTER 27

인상파 화가들

　1863년, 에두아르 마네의 야심작 「풀밭 위의 점심 식사」가 파리의 한 전시회에 잘 보이도록 걸려 있다. 이 전시는 하루에 1,000명 이상의 방문객을 끌어모으고 있다. 마네가 이 전시를 유명한 살롱전으로 만들어놓았다. 그러나 문제가 하나 있었다. 이 전시회가 진짜 살롱전이 아니라는 점이다. 1863년 프랑스의 황제 나폴레옹 3세는 불만을 품은 예술가들의 압력에 굴복하여 공식 살롱전에서 낙선한 예술 작품(약 3,000점)을 '낙선전'(떨어진 예술 작품 전시회)이라는 일회성 전시회에 출품할 수 있다고 선언했다. 심사위원들이 왜 이 작품을 떨어뜨렸는지 대중이 직접 확인하게 하자! 그래서 마네의 그림은 보수적인 살롱 심사위원들이 너무 미완성이거나 너무 과감하다고 판단한 다른 많은 작품과 함께 비좁은 전시장에 채워 넣어졌다.
　전시 작품들은 지그소 퍼즐처럼 배치되어 바닥에서 천장까지 길게 늘어져 있다. 풍성한 드레스를 입은 여성과 모자를 쓴 남성들은 전시 작품을 더 잘 보려고 목을 길게 내밀었다. 「풀밭 위의 점심 식사」는 한 벽의 가운데인 좋은 자리에 걸렸다. 이 작품은 전시 작품 중 가장 파격적이었는데, 작품에 옷을 차려입은 남성들과 피크닉 중인 나체의 여인이 등장하기 때문이다. 남성 예술가들은 나체의 여성들을 수 세기 동안 그려왔지만, 그들이 실제가 아니라 상상의 대상임을 암시하기 위해 요정이나 여신으로 가장했다. 그러나 마네의 여인은 누드가 아니다. 그녀는 너무 사실적이라 그러한 묘사에 적절치 않다. 그녀는 멋지게 차려입은 남성들과 함께 앉아 있고 그녀의 옷은 흩어져 있다. 전시장에 있는 사람들은 그녀와 남성들의 관계를 가늠할 수 없고, 그녀의 나체는 그들을 불편하게 했다. 그러나 진짜 기괴한 것은 그녀가 파리의 관람객들을 태연히 응시하는 방식이다. '그래서?'라고 그녀가 말하는 듯하다. '뭘 봐?'

※

에두아르 마네(1832~1883)는 활동 기간 동안 동시대 삶의 모습을 그렸지만, 궁극적으로 그가 원한 것은 공식 살롱에서 인정받고 벨라스케스와 할스처럼 그가 존경하는 예술가 선배들과 같은 맥락에서 평가되는 것이었다. 프랑스에서는 1863년까지 살롱이 작품을 전시할 수 있는 유일한 공공장소였다. 살롱을 운영한 예술가들은 18세기의 위계, 즉 최상위의 역사화, 최하위의 정물화에 집착했고, 예술은 주로 모사적인 유사성에 따라 평가되었다. 마네의 그림은 신선하고 흥미롭고 거칠었으며, 그림자가 어둡고 주제는 뜻밖의 것이었다. 같은 해에 출판된 시인 샤를 보들레르의 영향력 있는 에세이 「현대 생활의 화가」에서 묘사한 예술가를 마네가 구현한 것이다. 여기서 예술가는 '역사 속에서 유행이 담아내는 시적인 요소를 추출하고, 일시적인 것에서 영원한 것을 추출하는 것을 자신의 업으로 삼는다'. 마네는 일상의 재료에서 본질적인 진리를 찾고자 했다. 그러나 마네의 주제는 살롱의 심사위원과 관람객들에게 너무 현실적이고, 너무 현대적이고, 너무 충격적이었다.

비록 마네는 살롱에 자기 작품을 소개하기 위한 노력을 포기하지 않았고 말년에는 살롱에서 성공을 거두었지만, 그와 같은 세대의 예술가들에게 문을 열어준 것은 '낙선전'이었다. 이 전시회에서 처음으로 대중이 직접 예술을 판단할 수 있었다. 이때까지 야심 있는 예술가들은 아카데미에서 수학하고, 중요한 수집가들이 볼 수 있는 공식 살롱전에서 자신의 작품을 선보였고 성실하게 계급을 높여가야 했다. 아카데미는 아직도 윌리엄 아돌프 부게로(1825~1905)처럼 신화 속 여신과 장르화를 그리는 예술가를 양성하고 승진시켰다. 1879년 작품 「비너스의 탄생」에는 나체의 여신이 가리비 껍데기를 타고 바다를 떠다니며 켄타우로스, 요정, 천사들에 둘러싸여 있다. 바다는 녹색이고, 하늘은 파랗고 모두 행복하다. 부게로의 인물들은 고전 조각품처럼 흠이 없고, 그의 회화 양식은 세련되고 고상하다. 오늘날 그의 작품에는 아무런 문제가 없다. 약간 단조롭고 다소 구식으로 보일 뿐이다. 이 작품들은 제작 당시의 시대와 전혀 관련이 없는데, 당시의 세상은 근대로 접어들면서 급변하고 있었기 때문이다.

1860년대에 예술가들은 더욱더 아카데미가 지나치게 고루하고 구식이라는 느낌을 받았다. 만약 자신들이 함께 뭉친다면 살롱이 더 이상 그들에게 열려 있는 유일한 길이 아닐 수 있다는 것을 깨닫게 되었다. 1860년대와 1870년대 초에 걸쳐 클로드 모네(1840~1926), 베르트 모리조(1841~1895), 피에르 오귀스트 르누아르(1841~1919), 카미유 피사로(1830~1903) 등 한 무리의 젊은 예술가들은 부게로가 최고로 군림하는 살롱에서 전시하기 위한 다양한 시도를 했다. 살롱이 그들의 작품을 받아들였을 때, 그 작품들은 한적한 구석에 걸렸다. 벽면을 가득 채운 거대한 크기의 역사 및 신화 그림과 비교해 크기가 작았기 때문이다. 부게로의「비너스의 탄생」은 높이가 3미터에 이를 정도였다.

  이 예술가들은 서로 가까이 활동했고 1874년에는 '예술가, 화가, 조각가, 판화가 협회'라는 이름으로 독립 전시회를 개최했다. 이들은 파리의 카푸신 거리에 있는 사진작가 나다르의 스튜디오 안의 방을 여러 개 빌렸다. 이 전시회는 총 165점의 작품을 선보였고 모네의 1872년 작품「인상 : 해돋이」가 포함되었다. 이 작품은 배와 굴착기, 공장의 회색 실루엣 뒤로 떠오르는 붉은 태양을 스케치한 작품으로 빛이 아래쪽 물과 위쪽의 하늘을 복숭앗빛으로 물들이고 있었다. 비평가 루이 르로이는 모네의 작품 제목에 주목하여 이 단체를 인상파라고 불렀다. 이것은 칭찬이 아니었다. 단지 인상, 즉 무언가를 살짝 본 듯한 느낌, 스

클로드 모네의「인상 : 해돋이」.(1872년)

케치만 했다는 뜻이었다. 면밀하게 계획된 구도의 완성된 작품이 아니었던 것이다. 쥘 카스타냐리 같은 다른 비평가들은 조금 더 관대했다. '풍경이 아니라 풍경이 만든 감각을 그려낸다는 점에서 그들은 인상주의자라 하겠다'라고 그는 썼다. '인상파'라는 이름은 고착되었고 1877년 세 번째 전시회가 열릴 무렵에는 예술가들 스스로 이 명칭을 받아들였다.

 인상파 화가들은 크지 않은 작품을 그렸다. 그들은 주로 야외에서 작업했고, 그리고 싶은 대상의 바로 앞에서 그렸으며, 매일 원하는 장소로 캔버스를 가지고 갔다. 그들은 빛이 물 위에서 어떻게 작용하는지, 혹은 온종일 그림자의 색이 어떻게 변하는지를 밝히고자 적시에 순간을 포착하는 데 매진했다. 그들은 변화하는 상황을 포착하고자 붓을 빠르게 놀렸다. 그들은 스튜디오에서 손으로 색을 혼합하는 것보다 훨씬 더 휴대하기 편한 물감 튜브의 발명, 세룰리언 블루와 버리디언 그린같이 새롭고 생생한 색조의 등장으로 많은 혜택을 받았다. 그들의 밝은 물감 팔레트는 또한 미셸 슈브뢸의 이론에서도 영향을 받았는데, 그는 붉은색과 녹색 같은 보색이 어떻게 서로를 자극하여 더욱 밝아 보이게 하는지를 설명하는 색상환을 만든 인물이다.

 이 예술가들은 오스망 남작이 최근에 건설한 대로로 알려진 새로운 넓은 길에서 콘서트홀과 카페, 공원과 기차역, 거실과 정원에 이르기까지 동시대 파리 생활의 모든 측면을 탐구했다. 하지만 그들 중 다수는 모네의 「생 라자르 역」(1877년)에 등장하는 생 라자르 기차역의 수증기 구름에서 피사로의 「하얀 서리」(1873년)에 등장하는 시골 들판의 서리가 내린 고랑에 햇살이 비치는 모습까지 각 장면의 분위기를 일제히 포착하고자 했다. 이것은 인상파 화가들에게 새로운 현실이었다. 살롱이 추구했던 세상을 재현하는 전통적이고 변화하지 않는 방식이 끊임없는 변화와 흐름으로 대체되는 현실이었다. 1869년 모네의 「라 그르누이예르」에서처럼 인물은 때때로 한 획의 물감으로 축소되었고, 모네는 센 강변의 인기 있는 수영 장소인 이곳에서 끊임없이 움직이는 물에 반사되는 나무의 다양한 모습에 집중했다. 이것은 전체가 아닌 스냅샷이나 찰나의 순간 같은 삶의 단편을 보는 것과 같다. 우리가 실제 세상을 경험하는 방식에 가까운데, 우리의 기억이 일련의 순간적인 장면을 모아서 보다 포괄적인 장면으로 재구성하는 것이다.

이 예술가들 중 다수가 비교적 새로운 매체인 사진의 영향을 받았는데, 살롱 회화와 크게 상반된 동시대적 삶의 시각을 제공했다. 에드가 드가(1834~1917)는 화가이자 조각가였지만 사진을 직접 찍었다. 그의 작품에 반영된 특이한 시각은 자신의 사진 실험과 열렬히 수집한 일본 판화에서 영향을 받았다. 예를 들어 1874년작 「무대 위의 두 무희」처럼 그림 가장자리에서 팔다리가 잘려나가는 경우가 많았는데, 마치 무용수가 이미 멀어지고 있는 듯했다. 모리조의 장면 구도도 이와 다르지 않았다.

모리조와 그녀의 언니 에드마는 1864년부터 1867년까지 매년 살롱에 출품하며 화가로서 일찌감치 성공을 거두었다. 모리조는 이듬해에 마네를 만났고, 결국 마네의 동생 외젠과 결혼했다. 에드마는 해군 장교와 결혼한 후 작품 활동을 포기해야 했고, 동생에게 보낸 편지에서 불만을 토로하기도 했다. 모리조는 여덟 번의 인상파 전시회 중 일곱 번 참여했으며, 딸 줄리가 태어나면서 단 한 번 불참했다. 당시 사회는 모리조가 하루 일과를 마친 남성 화가들처럼 혼자 카페에 가는 것을 금지했지만, 그녀는 마네가 매주 여는 술 파티에 참석할 수 있었다. 모리조의 작품은 잘 팔렸고, 1877년 신문 〈르탕〉의 한 비평가는 그녀를 '이 단체에서 진정한 인상파 화가'라고 불렀다. 그녀는 집에 있는 어머니와 언니, 책을 읽는 여인들을 그렸지만 야외에서 공원 풍경, 보트 여행, 가족 나들이도 담아냈다.

미국인 화가 메리 카사트(1844~1926)도 살롱에서 일찍이 성공을 거두었다. 드가는 살롱전에서 그녀의 그림을 보고 그녀를 인상파에 초대했고, 그녀는 1877년 인상파에 합류했다. '드디어 어떤 심사위원의 의견도 걱정하지 않고 완전히 독립적으로 작업할 수 있게 되었다!'라고 그녀는 썼다. 카사트의 1880년 작품 「검은 옷을 입은 오페라 극장의 여인」은 극장이나 오페라의 특별석에 있는 여성을 그린 것으로 인상파 화가들에게 인기 있는 주제를 다루었다. 예를 들어 르누아르의 1874년작 「특별석」에는 세련된 흑백 줄무늬 드레스를 입은 여인이 응시하고 있다. 그녀의 목에는 진주 목걸이가 둘러져 있고, 장갑 낀 손에는 작은 금색의 오페라 안경이 쥐어져 있다. 그녀의 뒤에 있는 남자는 쌍안경처럼 생긴 오페라 안경을 이용해 객석의 사람들을 자세히 보고 있다. 남자가 다른 여자를 관찰하듯 우리는 마치 그녀가 전시된 사물인 것처럼 그녀를 관찰한다. 이를 카사트의 접근 방식과 비교해보면 더욱 흥미롭다. 카사트의 여성은 홀로 앉아 있다. 그녀가 검은색 옷을 입었기 때문에 우리는 그녀가 과부임을 알 수 있다. 과부는 극장에 갈 때 동반인이 필요하지 않고 같은 배경이나 계급의 다른 여성들보다 더 많은 자유를 누렸다. 카사트의 여성은 장신구를 잘 단장한 대상으로서 우리를 마주하지 않는다. 대신 그녀는 르누아르의 그림 속 남자처럼 적극적으로 관찰에 참여한다. 왼손에 부채를 꼭 쥐고, 장갑을 끼지 않은 오른손은 오페라 안경을 고정하기 위해 긴장 상태를 유지하며 집중하는 중이다. 그녀도 모르게 어떤 남자가 그녀를 바라보고 있다. 그는 원형 좌석 박스 바깥으로 몸을 기대고, 그의 팔꿈치는 박스 가장자리에 놓인 그녀의 팔꿈치를 반영한다. 그러나 그녀는 그를 의식하지 않

메리 카사트의 「검은 옷을 입은 오페라 극장의 여인」.(1880년)

고 그는 초점에서 나와 물러나 있다. 이러한 방식으로 카사트는 우리가 여인을 보는 방식과 우리가 그림을 보는 방식을 모두 통제한다. 남자와 극장을 흐릿하게 그리는 방식으로 우리는 과부에게 집중하게 되고, 그녀가 자신의 시선을 통제하고 있음을 명확히 보여준다.

에바 곤잘레스(1849~1883)도 오페라에 있는 여성과 남성을 그렸지만, 인상파 화가들과 함께 전시하지 않았다. 마네와 마찬가지로 그녀는 성공의 공식적인 표식으로서 살롱을 주시했다. 그녀는 마네와 함께 공부했고, 짙은 검은색 배경과 강렬한 조명이 있는 「이탈리아 극장의 특별석」(1874년) 같은 그녀의 초기 작품에는 마네의 영향이 크게 남아 있다. 곤잘레스의 여인도 오페라 안경을 들고 있으며 자신감 있게 우리를 응시한다. 반면 같은 해에 그려진 르누아르의 「특별석」과는 깔끔하게 성별이 반전되어 자세히 살펴볼 수 있도록 남성은 자신의 옆모습을 내어놓았다.

곤잘레스와 모리조는 마네의 지원을 받았지만, 당시 모든 여성 예술가가 그렇게 운이 좋았던 건 아니다. 마리 브라크몽(1840~1916)은 인상파 화가들과 함께 전시했던 재능 있는 화가였지만, 남편인 판화가 펠릭스 브라크몽은 그녀의 경력을 지원하는 만큼 방해하기도 했다. 질투심이 종종 그를 압도했기 때문이다. 마리 브라크몽에 대해 들어본 적이 있는가? 들어본 적 없는가? 바로 그 때문일 것이다.

총 8회에 이르는 인상파 전시는 1874년부터 1886년에 걸쳐 있었다. 함께 전시한 55명의 예술가는 공동으로 예술에 지대한 영향을 미쳤다. 그들은 21세기까지 이어지게 될 새로운 길을 열었다. 그들은 사진의 발명으로 인해 르네상스 시대의 원근법 규칙과 고전적 모방으로부터 벗어날 수 있었다. 그들은 인기 있는 휴양지 위로 떠오르는 태양이나 연기로 가득 찬 기차역을 목격하기 위해 실제로 본다는 것이 무엇인지를 포착하고자 노력했다. 그러나 프랑스에서 인상파가 성장하는 동안에도 다른 예술가들은 예술의 한계를 밀어붙이며 가능성의 경계를 탐구하고 있었다. 따라서 종종 문제가 벌어졌다. 아주 큰 문제 말이다.

CHAPTER 28

예술가들이 법정에 서다

　1878년 11월 26일, 화려한 미국인 제임스 애벗 맥닐 휘슬러가 지팡이를 휘두르며 런던의 법정으로 걸어간다. 마흔네 살인 그는 곱슬거리는 검은 머리에 단안경, 몸에 꼭 맞는 코트와 에나멜가죽 구두로 한껏 멋을 냈다. 오늘은 휘슬러 대 러스킨의 재판 둘째 날이다. 그는 나쁜 리뷰 때문에 존 러스킨을 고소했고 자신의 명성을 위해 법정에서 싸우는 중이다. 또한 그가 요청한 1,000파운드의 손해배상금으로 늘어가는 자신의 빚을 갚는 데 사용할 수도 있었다.
　현재 영국에서 가장 영향력 있는 미술비평가 러스킨은 휘슬러의 최근 전시회에 대해 악평을 썼다. 오랫동안 자연을 주의 깊게 연구해 온 전문가인 러스킨은 휘슬러의 「검은색과 금빛의 야상곡 : 떨어지는 불화살」을 접하고 분노로 끓어올랐다. 이 그림은 템스 강에서 불꽃이 터지는 찰나의 순간을 포착한 것이었다.

제임스 애벗 맥닐 휘슬러의 「검은색과 금빛의 야상곡 : 떨어지는 불화살」. (1875년)

러스킨은 휘슬러를 '속물(자만한 사람)'이라 불렀고 대중의 얼굴에 물감 통을 내던진 대가로 200기니(현재 약 1만 5,000파운드)를 요구했다고 비아냥거렸다. 휘슬러는 「검은색과 금빛의 야상곡」에서 사실주의를 추구하지 않았다. 그는 밤하늘의 불꽃이 만드는 패턴과 저녁의 분위기를 포착하고자 했다. 러스킨만 그 점을 전혀 보지 않았다.

휘슬러가 증인석에 서면서 법정은 사람들로 가득 찼다. 러스킨은 자신을 변호하기 위해 법무장관 존 호커 경을 선임했다. 호커는 휘슬러의 그림을 이해하려 애쓰며 열심히 들여다보고 있다. "「검은색과 금빛의 야상곡」을 그리는 데 시간이 오래 걸렸나요?" 그가 묻는다. "얼마나 빨리 해치웠나요?" 배심원들이 웃는다. 휘슬러도 동의하는 척하며 "아마 며칠 만에 해치웠습니다"라고 대답한다. 호커는 자신이 궁지에 몰렸다고 생각한다. "그게 200기니를 요구한 노동의 대가인가요?" 휘슬러는 아니라고 대답하며 그건 자신이 평생 얻은 지식에 대한 대가라고 덧붙인다. 박수가 터져 나왔고 휘슬러는 승리에 대한 희망을 잃지 않았다.

※

　제임스 휘슬러(1834~1903)는 19세기에 가장 유명한 명예훼손 소송에서 이겼지만 1,000파운드의 손해배상금이 아닌 단돈 1파딩, 즉 4분의 1페니를 배상받았다. 그리고 그는 자신의 재판 비용도 내야 했다. 그것은 소득 없는 승리였다. 실제 손해가 난 승리였던 것이다. 판사가 몇 마디 말 때문에 싸움을 벌이는 두 명의 성공한 남자를 참을 수 없었던 것이라고밖에 생각할 수 없다. 두 사람 모두 소송으로 인해 피해를 입었지만 휘슬러는 모든 것을 잃었다. 일본풍의 하얀 새 집, 가구, 판화와 도자기 컬렉션, 특수 제작한 작업실에 있던 작품을 모두 잃었다. 그는 파산한 것이다.

　미국에서 태어난 휘슬러는 어린 시절 한동안 러시아에서 보냈는데, 그의 아버지가 러시아의 새로운 철도망을 자문했기 때문이다. 그리고 그는 미국과 프랑스에서 각국의 다양한 예술적 환경을 흡수하며 예술을 공부했다. 라파엘 전파와 가까웠던 휘슬러는 마침내 영국에 정착하고 영국 미학 운동의 중요한 인물이 되었다. 미학 운동에 참여한 예술가와 디자이너들은 내재하는 구상적인 주제 없이도 색채, 모양, 선만으로 아름답고 조화로운 예술 작품을 창조할 수 있다고 믿었다. 그들의 좌우명은 '예술을 위한 예술'이었다.

휘슬러는 일본 미술에서 발견한 조화에 반응하여 이를 서양 유화에 적용했다. 그의 초상화는 흑백의 연구였으며 그의 강 풍경은 회색, 파란색, 검은색의 절제된 분위기의 것이었다. 그의 예술이 중요한 이유는 실제 세계를 묘사하는 데서 회화를 떼어놓았고 회화 자체의 언어를 탐구했기 때문이다. 그는 대중적인 멜로디를 부르는 가수라기보다 무드와 분위기를 만들기 위해 음표와 음색으로 작업하는 고전적인 음악가와 같았다. 훗날 휘슬러는 한 강연에서 '자연은 모든 그림의 색과 형태의 요소를 담고 있다. 마치 건반이 모든 음악의 음표를 담고 있는 것처럼 말이다. 그러나 예술가는 혼돈에서 영광스러운 조화로움을 끌어낼 때까지 고르고 선택하도록 태어났다'라고 말했다. 휘슬러의 작품은 20세기 초반의 예술가들에게 더 나아가 주제를 모두 제거하고 서양 미술의 최초 추상회화를 창조할 수 있다는 확신을 주었다.

미국의 동부 해안에서 살며 활동한 휘슬러의 동시대 예술가들의 예술은 휘슬러의 예술과 너무나 달랐다. 윈슬로 호머(1836~1910)는 1861~1865년에 60만 명이 넘는 군인이 사망한 잔인한 남북전쟁 이후 사람들이 동경한 미국의 모습을 그렸다. 보스턴 태생의 호머는 판화가로 훈련받았고 인기 있는 잡지 〈하퍼스 위클리〉에 전쟁 장면을 그렸다. 그는 곧 폭력을 뒤로하고 전원생활의 향수를 부르는 장면을 그렸다. 1870년대의 오랜 경기 침체기에 그의 등장인물들은 1873~1876년 작 「산들바람(순풍)」에서처럼 말을 타고, 수영을 하고, 낚시를 하고, 항해술을 배웠다. 1876년에 제작된 「수박 소년들」에서는 세 명의 소년이 훔친 수박을 즐기고 있다. 그중 한 명은 기다란 수박 껍질 조각을 들고 자신의 왼편을 초조하게 바라보며 감시자 역할을 하고 있다. 다른 두 명은 배를 바닥에 대고 엎드려 열심히 먹어 치우는 중이다. 호머는 흑인과 백인 소년을 함께 그려서 미국의 현실과는 머나먼 수준의 인종 통합을 제안했다. 미국은 1863년에 노예제도가 폐지되었는데도 여전히 인종차별이 심했다.

필라델피아 출신의 토머스 에이킨스(1844~1916)는 미국인들에게 피부색은 단지 피상적인 것임을 보여주고자 했다. 1875년에 제작된 「그로스 클리닉」에는 존경받는 외과의사 새뮤얼 그로스가 강당 안의 열성적인 학생들 앞에서 사람의 다리를 해부하는 모습을 보여주고 있다. 에이킨스는 이 작품에서 자신이 받았던 해부학 훈련을 내보인다. 그로스 박사가 환자의 다리를 절단하지 않도록 죽은 뼈 일부를 제거하는 방법을 학생들에게 설명하는 동안 네 명의 남자가 그를 돕고 있으며 피 묻은 메스를 손에 쥔 박사는 말을 이어간다. 이러한 수준의 사실주의는 많은 사람의 속을 불편하게 했고 「그로스 클리닉」은 폭력적이고, 추악하고 외설적이라는 이유로 1876년 필라델피아에서 열린 '100주년 기념전'에 출품을 거절당했다. 그로스 박사가 이 그림을 전시회에 허용하라는 캠페인을 벌인 뒤에야 병동 건물의 벽에 전시되었다. 이 작품은 신체의 안과 밖을 그린 그림이 아니라 수술 장면을 묘사하는 그림으로 전시되었다.

에이킨스는 신체의 민주주의를 믿었고, 흑인과 백인이라는 주제를 편견 없이 관찰했다. 그러나 평등을 위한 미국 내의 투쟁이 인종 문제였다면, 러시아에는 계급 문제가 있었다. 링컨 대통령이 미국에서 노예제를 폐지하기 2년 전인 1861년, 러시아 황제 알렉산더 2세는 모든 농민을 농노(노예제의 한 형태)에서 해방시켰다. 그런데도 농노들의 삶은 믿을 수 없을 만큼 어려운 상태로 남아 있었다. 러시아의 예술가들은 사회적 목적을 지닌 예술을 창조하는 것이 자신의 의무임을 점차 깨달았고, 그들 중 열세 명은 여전히 신고전주의를 표방하는 상트페테르부르크의 지배적인 미술 아카데미를 떠났다. 이 예술가 단체는 자신들을 '방랑자들'이라고 부르며 전국의 소도시에서 전시회를 열고, 사실적이고 민족주의적인 예술을 대중에게 소개했다. 휘슬러가 단순히 자신의 오명을 씻기 위해 투쟁했다면, '방랑자들'은 억눌리고 핍박받는 이들을 위해 대의를 안고 그들을 위해 대신 투쟁했다.

일리아 레핀(일리아 예피모비치 레핀, 1844~1930)은 언뜻 보기에 방랑자 그룹이 아닌 듯하지만 인상파가 결집한 즈음 파리에서 3년을 보냈고, 1878년 방랑자 그룹에 가입했다. 레핀은 이 단체의 중요한 구성원이 되었고, 다른 예술가들과 사실주의 문학가 레오 톨스토이에게서 큰 존경을 받았다. 그는 톨스토이를 여러 번 그리기도 했다. 프랑스의 쿠르베처럼 레핀과 '방랑자들'은 1870년 레핀의 작품 「바지선을 끄는 인부들」에서와 같이 최저임금 노동자들의 고통을 조명하며 예술을 통해 사회에 대한 비판적 의견을 제시했다. 1884년에 그린 대형 작품 「아무도 기다리지 않았다」는 정부에 의해 시베리아로 추방되었던 어느 나로드니크(인민주의자/개혁운동가)의 귀환을 그린 것이다. 남자는 아직도 낯선 사람처럼 코트를 입고 응접실에 서 있으며, 얼굴은 거의 그림자에 가려져 있고, 눈은 어둡게 비어 있다. 아이들은 그를 알아보지 못하고, 신기한 듯 호기심 어린 눈빛으로 바라본다. 그리고 상복을 입은 그의 어머니만 의자에서 일어나 다가서려 한다. 비어 있는 마룻바닥은 그가 떠난 후의 삶이 고단했음을 암시한다.

예술가들은 왜 이러한 사람들을 그리려 했을까? 프랑스에서 쿠르베가 그러했듯, '방랑자들'은 이 사람들에게 빛을 비추고 목소리를 부여하고자 했다. 예술가들은 또한 근대사회가 수백 년을 이어온 전통을 소멸시키고 있음을 인식하고 이러한 사람들의 삶을 기리고자 했다. 예술가들은 오래된 길이 사라지기 전에 포착하고자 새로 놓인 기찻길을 따라 육지가 바다와 만나는 여러 나라의 변두리를 여행했다. 그것은 브르타뉴의 퐁타벤에서 네덜란드의 잔드보르트와 영국의 뉴린에 이른다. 이들 바닷가 동네는 저렴한 숙소와 함께 전통적인 복장으로 예배에 참여하는 어부와 여인들, 마을 사람들, 그림 같은 시골 풍경 등 이미 마련된 주제를 제공했다. 그들은 인상파를 매료시킨 근대 도시 삶의 소요로부터 멀리 떨어져 있었고, 예술가들에게 더욱 전통적인 삶의 방식을 그릴 기회를 제공했다.

엘리자베스 포브스(엘리자베스 암스트롱, 1859~1912)는 캐나다 태생의 예술가로 런던과 뉴욕에서 공부한 후 퐁타벤과 잔드보르트를 여행하고 1884년에 「잔드보르트의 처녀 어부」를 그렸다. 젊은 여인은 한 손을 엉덩이에 올리고, 오른팔은 생선 쟁반을 들고 서 있다. 포브스는 그녀를 밋밋한 벽 앞에 세워 모든 관심이 그녀의 단호한 시선에 모이도록 했다. 그녀의 머리와 앞치마는 이른 아침 햇빛에 빛나고 그녀는 우리를 정면으로 응시한다.

포브스의 어머니는 포브스와 함께 여행을 했고, 두 사람은 함께 영국 콘월의 뉴린에 정착했다. 이곳에서 포브스는 거대한 어망 더미가 쌓여 있는 작업실을 구했다. 바로 이곳 콘월에 사는 동안 그녀는 스탠호프 포브스(1857~1947)를 만나 결혼했다. 스탠호프 포브스가 1884~1885년에 그린 「콘월 해변의 생선 판매」는 어선들이 경매에 부칠 어획물을 내려놓는 바쁜 해안 생활의 모습을 포착한 작품이다. 가오리, 고등어와 여러 물고기가 두 여인의 발치에 흩어져 있다. 그들은 아직 방수모를 쓰고 있는 머리가 희끗희끗한 어부와 이야기하고 있다. 다른 여인들은 어획물을 가득 담은 무거운 바구니를 옮기고 있고, 회색의 파도가 그들의 발아래 찰랑거린다. 스탠호프 포브스는 런던에서 작품을 전시했고, 곧 '뉴린화파'가 존재한다는 믿음을 불러일으켰다. 스탠호프와 엘리자베스는 지금은 '뉴린 아트 갤러리'라고 불리는 전시장과 미

조르주 쇠라의 「그랑드자트 섬의 일요일 오후」.(1884~1886년)

술학교를 열었다. 뉴린화파는 오늘날까지 이 지역에 굳건한 예술적 입지가 존재하는 데 토대가 되었다.

많은 프랑스 예술가는 예술의 가장 흥미로운 발전이 바로 파리에서 일어나고 있다는 사실을 인지했기 때문에 해외여행을 하지 않았다. 인상파 화가들은 수도를 그렸고 그곳에서 1886년에 마지막 전시회를 열었다. 이 전시회에는 1884~1886년에 조르주 쇠라(1859~1891)가 획기적인 양식으로 그린 「그랑드자트 섬의 일요일 오후」가 포함되어 있었다. 쇠라는 인상파 화가들과 같은 과학적 색채 이론을 사용했지만, 그것을 뒤집었다. 그는 두 가지 색을 섞으면 새로운 색을 얻게 된다는 점을 이해했다. 가령 붉은색과 노란색을 섞으면 오렌지색이 되는 식이다. 그러나 만약 캔버스 위에서 두 색을 섞지 않고 대신 빨간색과 노란색의 점을 칠해 당신의 눈으로 색을 섞는다면? 색채들을 진짜 생동감 있게 만들기 위해 이 두 색을 보색의 점들과 함께 겹쳐 바른다면? 그 결과가 「그랑드자트 섬의 일요일 오후」이고 폭이 3미터가 넘는 대작이다.

그랑드자트는 센 강 위의 큰 섬으로 파리 외곽에 위치해 있다. 쇠라의 그림에는 한 중산층 부부가 그늘에 서서 반짝이는 강을 바라보고 있는데, 허리를 곧게 펴고 가장 좋은 옷을 격식 있게 차려입었다. 그들 주위에는 원숭이와 개, 뛰어노는 아이들, 꽃다발을 만드는 여성, 휴식을 취하는 남성들이 있다. 비평가 펠릭스 페네옹은 이 작품이 '대기가 매우 투명하고 생동감 넘치며 표면은 떨리는 것 같다'라고 감탄했다. 쇠라는 캔버스와 액자 부분을 모두 점으로 그려 넣었다. 액자 부분의 붉은 점들이 그림 속 잔디 옆에 줄지어 있어 초록색 표면이 마치 살아 있는 것처럼 튀어나오고 반짝인다. 반면에 사람들은 정적이고 생동감이 없어 보인다. 마치 벽감 안에 그려진 인물처럼 주로 옆모습으로 그려진 그들은 앉아 있거나 홀로 서 있고, 자기만의 그늘 안에 고립되어 있는데 근대 도시 사회의 익명성을 반영한다.

점묘법이라고 알려진 쇠라의 눈부신 새 양식은 인상주의에서 완전히 탈피한 것이며 수많은 추종자에게 영감을 주었다. 페네옹은 이를 신인상주의라는 새로운 미술 사조의 시작이라고 일컬었다. 그는 이것을 인상주의의 '순간적인 양상들'에 대한 거부라고 부르며 신인상주의가 장면의 시대를 초월하여 정수를 포착하려는 열망을 보여주었다고 했다. 그를 추종하는 예술가들을 우리는 오늘날 '후기인상파'라고 부른다. 반 고흐, 고갱, 세잔이 여기에 포함된다. 이들의 작품은 세계적으로 가장 높은 가치를 인정받고 있다. 그러나 이들은 생전에 작품을 거의 팔지 못했다. 이처럼 대중적 지지가 없었는데도 예술에 대한 그들의 헌신은 때때로 위험하고 심지어 치명적이기까지 했다.

CHAPTER 29

후기인상파 화가들

때는 1888년 9월 말, 빈센트 반 고흐는 프랑스 남부에 위치한 아를의 작업실 테이블에 앉아 있다. 그의 앞에는 파리에서 화상을 하는 동생 테오에게 보내는 반쯤 쓴 편지가 놓여 있다. 반 고흐는 1년에 수백 통의 편지를 쓰는데 그중 상당수가 테오에게 보내는 것이다. 그의 동생은 예술가인 그를 지원하고 있으며, 집세를 내주고 물감을 사준다. 5월에 반 고흐는 테오의 돈으로 지금 사는 집을 빌렸다. 그는 이 집을 '노란 집'이라고 부르며 자신의 '남부 작업실'로 꾸몄다. 그는 친구 폴 고갱과 같은 다른 사람들이 아를에 와서 그와 함께 예술가 공동체를 만들길 희망하는 중이다.

지금은 그가 혼자 앉아 펜을 쥐고 테오에게 방금 완성한 그림에 관해 이야기한다. 「밤의 카페」라는 작품인데, 밤새 문을 여는 술집을 묘사한 것으로 아를에서 반 고흐는 그 술집의 위층에 살았다. 주인은 당구대 옆에 서 있고, 남자들은 술에 취해 테이블에 함께 고꾸라져 있고, 한 커플은 뒤편에서 친근하게 대화를 하고 있다. 시계는 시간을 가리키는데, 지금은 자정이 조금 지난 때이다. 가스등 불빛이 새로운 인공적인 조명과 더불어 카페를 밝히고, 동심원을 그리며 천장에서 퍼져 나온다. 그는 '카페가 사람들이 자멸할 수도, 미치거나 범죄를 저지를 수 있는 곳이라는 생각을 표현하려고 노력했다'라고 적었다. 그는 테오에게 자신이 사용하는 거친 녹색과 유황색, 그가 창조한 혼미한 분위기에 관해 이야기한다. 그는 사흘 밤을 꼬박 새워 카페 안에서 이 그림을 그렸다. 술에 취한 손님들의 감정과 그들의 어지러운 상태를 표현하기 위해 그는 붉은색과 녹색같이 대조적인 색상을 사용했다.

※

빈센트 반 고흐(1853~1890)의 초기 작품들은 네덜란드의 농민을 그린 침울한 회화였다. 그가 네덜란드에서 파리로, 그리고 아를을 향해 남쪽으로 이동하면서 그의 작품은 더욱 밝고 대담해졌다. 그는 우타가와 히로시게의 「가메이도의 매화정원」(1857년)과 사토 도라키요의 「게이샤가 있는 풍경」(1870년대)을 포함한 일본 판화들을 '노란 집'으로 가져갔다. 안트베르펜과 파리의 시장에서 구매한 이 판화들은 그림자를 제거하고 「밤의 카페」에서처럼 굵고 어두운 선으로 사물의 윤곽선을 그리는 반 고흐의 회화 양식에 영향을 주었다.

왜 그렇게 많은 서양 예술가가 영감을 얻기 위해 일본 판화로 눈을 돌렸을까? 이 판화들은 서양의 원근법과 세련된 아카데미의 모사(미메시스)를 극복하는 방법을 제시하는 듯했다. 예술가들은 일본 예술가들의 풍경을 해석하는 방식에 감탄했다. 일본인들은 자연스럽게 보이도록 노력하지 않고 오히려 자연의 근원적인 조화를 포착하는 평편한 장면을 만들어냈던 것이다. 그들은 3차원의 세계를 평면적인 2차원 이미

빈센트 반 고흐의 「밤의 카페」.(1888년)

지로 전환하는 새로운 방법을 제안했다. 반 고흐는 1889년 제작한 자신의 「귀에 붕대를 맨 자화상」에 「게이샤가 있는 풍경」을 각색하여 배경에 후지산을 그려 넣음으로써 일본 판화에 대한 동경을 보여주었다.

「귀에 붕대를 맨 자화상」은 아를에서 반 고흐와 함께 작업하던 폴 고갱(1848~1903)이 두 달 간의 다툼 끝에 '노란 집'을 떠난 후 그린 작품이다. 분노한 반 고흐는 자신의 귓바퀴를 잘랐다. 그의 정신 건강은 급격히 악화되었고 병원과 정신병원을 들락거렸지만 계속 그림을 그렸다. 「밤의 카페」를 완성한 이후 2년 만에 그는 사망했다. 1890년의 작품 「까마귀가 있는 밀밭」에 그토록 생생하게 그렸던 들판에서 자신에게 총을 쐈다. 그는 생전에 오로지 단 한 점의 작품을 판매했다.

반 고흐는 주로 고립된 채로 작업한 예술가였지만, 이제 우리는 그의 표현적인 회화가 다른 북유럽 예술가들, 특히 에드바르트 뭉크(1863~1944)의 작품과 유사성이 있음을 알 수 있다. 뭉크는 노르웨이에서 태어났지만 파리에서 공부했고, 독일 베를린으로 이주했다. 반 고흐와 마찬가지로 그의 예술과 삶은 밀접하게 연관되어 있었으며, 그의 가장 유명한 작품인 1893년작「절규」는 해골같이 생긴 머리에서 나오는 고통스러운 외침을 보여준다. 하늘은 뒤로 붉게 끓어오르고 바다는 아래에서 소용돌이치는데, 이는 마치 영혼으로부터 비명을 지르는 듯한 중앙 인물의 감정을 반영하는 불안한 상태이다.

「절규」는 뭉크의 '생의 프리즈' 연작의 정점이었다. 이 연작은 남성의 고통, 여성의 신비, 다가오는 죽음의 존재를 표현하고 있었다. 뭉크는 내면의 감정 세계를 물리적 시각이나 주제보다 우선시하는 예술 형식인 독일 표현주의의 중요한 선구자였다. 뭉크는 사랑하는 사람의 질병과 죽음, 그리고 자신의 우울증에 대한 개인적인 경험을 바탕으로 예술 세계를 형성했다. 그는 일기에 예술은 책을 읽거나 뜨개질을 하는 사람들을 그린 차분한 그림이 아니라 '숨을 쉬고, 고통받고, 느끼고, 사랑하는 진짜 사람들'을 등장시켜야 한다고 썼다.

반 고흐와 뭉크는 모두 현대적인 삶의 압박감에 대응했다. 이들은 평생 정신 건강 문제와 거부감으로 인해 어려움을 겪었지만, 이제 그들의 작품은 우리 자신의 감정과 불안에 직접적으로 닿음으로써 사람들에게 큰 울림을 준다. 이들의 예술은 숨겨진 감정, 내면의 현실과 다시 연결되면서 인상주의를 넘어서게 되었다.

폴 세잔(1839~1906) 역시 인상주의의 찰나적인 세계관을 넘어 근원적인 진리를 그리고자 했다. 그는 파리에서 공부했지만, 나중에 자신이 태어난 프랑스 남부의 엑상프로방스로 돌아갔다. 그리고 평생 그림과 씨름했다. 1863년 '낙선전'에서는 마네와 함께, 이후에는 인상파 화

폴 세잔의 「커다란 소나무와 생트 빅투아르 산」. (1887년경)

가들과 함께 전시회를 열었다. 그리고 쉰여섯 살에 파리에서 첫 개인전을 개최할 때까지 완전히 전시를 중단하기도 했다. 그는 미술계에서 떨어져 나와 형식의 본질, 즉 색, 무게, 형태를 표현하는 데 집중했다.

    세잔의 가장 잘 알려진 그림 중 일부는 지역 명소 중 하나인 생트 빅투아르 산을 그린 것이다. 일본 판화가들의 후지산처럼 세잔에게 이 산은 중요했다. 이곳은 프로방스의 상징으로서 세잔은 1880년대에 소나무를 이용해 구도를 짰고, 1890년대에는 산을 보라색으로 칠했으며, 1900년대 초에는 종이와 캔버스 위에 일련의 색채 자국으로 산을 축소했다. 「커다란 소나무와 생트 빅투아르 산」(1887년경)에는 아래쪽 들판에 상자 같은 집과 산이 하늘과 전경의 나무들과 함께 녹아드는데, 마치 형태와 색의 조각을 모은 조각보처럼 갑자기 풍경 속에서 술을 마시는 경험을 재구성하기 위한 것이었다. 세잔은 '원통, 구, 원뿔로' 자연을 다루고 싶다고 말했다. 사물을 본질적인 형태로 환원하는 이 새로운 회화 방식은 인상주의를 극복하는 또 다른 방법을 제시했으며, 세잔의 양식을 바탕으로 다음 장에서 살펴볼 입체파를 창시한 파블로 피카소를 비롯해 많은 예술가에게 영향을 미쳤다.

폴 고갱 역시 자신의 예술 세계를 추구하고자 파리를 떠나기로 결심했고, 그의 작품은 인상주의를 넘어 제3의 길을 제시했다. 이번에는 상징주의에 대한 새로운 관심을 통해서였다. 고갱은 처음에 프랑스 북서부 해안의 브르타뉴로 가는 예술가들의 여름 탈출에 합류했고, 퐁타벤에서 지내며 현지 여성들과 그들의 풍습을 그렸다. 이곳에서 그는 일본 판화의 영향을 받았고, 평편한 색과 강한 윤곽선의 양식을 개발했다. 그는 이것을 종합주의라고 불렀다. 당시의 많은 예술가처럼 고갱은 급속히 근대화되는 세상을 등지고 도시에서 벗어나 살아가는 사람들의 전통을 관찰하고자 했다. 이러한 삶은 더욱 검소하고, 더욱 깊게 자연에 뿌리내린 것이라고 그는 믿었다. 그러나 고갱에게 브르타뉴는 그다지 먼 곳이 아니었다.

고갱은 보다 '원시적인' 무언가를 갈망했다. 자신의 현실에서 벗어나 자유로울 수 있는 영원한 환상의 장소를. 그래서 그는 윌리엄 호지스가 1775년에 그렸던 열대의 섬 타히티로 향했다. 우리는 제23장에서 타히티를 방문한 적이 있다. 태평양에 있는 폴리네시아의 일부 지역으로 1880년에 프랑스의 식민지가 된 곳이다. 그리고 11년 후 고갱은 타히티로 항해했다. 그는 유럽에 남아 있던 인내심 많은 아내 메테에게 '유럽에서의 삶을 힘들게 만드는 모든 것이 더는 존재하지 않는 듯하고, 내일은 오늘과 똑같을 것 같으며, 마지막까지 그러할 것 같다'라고 썼다.

고갱의 회화에 등장하는 타히티는 신화이다. 고갱은 타히티를 마치 열대림의 빈터나 모래밭에서 휴식을 취하고 있는 아름답고 성적으로 유효한 젊은 여성이 가득한, 손길이 닿지 않은 낙원처럼 그렸다. 이곳은 자신의 환상을 만끽하고 자연으로 돌아갈 수 있는 곳이었다. 그러나 현실은 프랑스 식민지가 된 이 폴리네시아의 섬이 의도치 않게 유럽인들에 의해 유입된 성병과 기독교 선교사들로 벌집이 된 상태였다. 고갱은 열세 살의 타히티 소녀로 그의 '타히티 여인', 즉 타히티 아내가 된 테하아마나와 사는 동안에도 메테에게 계속 편지를 썼다. 그는 지속적으로 테하아마나를 모델로 삼아 거친 마대천 캔버스에 그림을 그리며, 자연과 여성의 섹슈얼리티를 현지의 영적 신념과 결합시켰다. 이를 통해 자신의 이국적인 식민주의 환상을 만들고자 했던 것이다. 미성년 소녀들에게 가해진 성적 착취, 그리고 타히티를 자신의 필요에 맞춰 재구성하는 장소로 여긴 그의 식민지적 태도로 인해 고갱은 오늘날 문제의 인물로 남아 있다.

고갱의 가장 야심에 찬 작품은 1897년작 「우리는 어디에서 왔는가? 우리는 무엇인가? 우리는 어디로 가는가?」이다. 이 작품은 폭이 6미터인데, 고갱이 섬에 지은 작업실의 너비와 같다. 그림 속 여성들은 인류의 다양한 시대를 의미한다. 중앙의 인물은 마치 성경의 에덴동산에 있는 것처럼 사과를 따고 있지만 타히티의 신들이 사는 풍경 속에 있다. 이 작품은 숨겨진 의미로 가득 찬 꿈과 같다. 실제 장면이 아니라 상징적인 장면을 의도한 것이다. 상징주의는 예술이 자연주의에서 벗어나는 또 다른 방식이었다. 단순히 사물 자체를 복제하는 것이 아니라 사물을 통해 생각과 감정을 표현하는 것이었다.

고갱이 타히티로 두 달간의 여정을 떠날 때, 미국 화가 헨리 오사와 태너(1859~1937)는 고갱의 초기 휴양지였던 퐁타벤에서 첫 여름을 보낼 준비를 하고 있었다. 태너는 프랑스에서 거의 50년 동안 살았고 이곳의 분위기는 미국보다 인종차별이 덜하다고 생각했다. 아프리카계 미국인인 그는 필라델피아에서 성장했고, 그의 아버지는 나중에 아프리카 감리교 성공회의 주교가 되었다. 태너는 펜실베이니아 예술아카데미에서 공부했지만 백인 학생들이 자신을 동등하게 받아들이지 않는다는 것을 알게 되었다. 지난 장에서 만났던 토머스 에이킨스의 초기 지원에도 불구하고 그는 미국 내에서 지속되는 편견을 경험했기 때문에 초기 작품의 판매 수익금으로 파리행 편도표를 구매했다.

태너는 1893년 시카고에서 열린 세계아프리카회의에 참석하기 위해 잠시 미국으로 돌아왔고 그곳에서 '예술 속의 미국 흑인'이라는 제목으로 강연했다. 그는 미국 방문 기간에 오늘날 가장 잘 알려진 작품인「밴조 레슨」을 그렸다. 이 작품은 어린 소년에게 밴조 연주를 가르치는 늙은 흑인의 측은한 초상화이다. 태너는 미국 흑인들에게 미술사 안에 존재감을 부여하고 실제 인간으로서 그들을 진지하게 표현하고자 일상의 모습을 그렸다.

태너는 프랑스에서 성공적인 업적을 쌓았지만, 미국에서는 역사적인 아프리카 예술이 매우 다른 방식으로 취급되고 있었다. 1897년 2월 9일, 영국군은 서아프리카의 니제르 강 삼각주에 도착했다. 이들은 하선하여 베닝 시(지금의 나이지리아 남부 에도 주)로 향했다. 한 달 전에 소규모 영국군 습격대가 베닝 시의 경비병들에게 살해당했기 때문에 이번의 새로운 공격은 대대적으로 커진 보복 조치였다. 영국군은 로켓 발사기와 기관총으로 무장하고 주변 숲에서 반격에 나선 에도 병사들을 전멸시켰다. 결국 베닝 시는 점령당했고 왕궁은 모든 보물을 조직적으로 약탈당한 후 전소되었다. 여기에는 제16장에서 우리가 감탄했던 역사적인 부조 작품인 베닝 청동상 수백 점이 포함되어 있었다.

신전에서 떼어내거나 보물 창고에서 부조 작품을 가져 나오기 전까지 이 조각품들은 고고학적으로 목록화되어 있지 않았다. 오히려 서양의 가치관에 따라 궁정 뜰에 놓이거나 나누어 가졌다. 가장 화려한 작품은 빅토리아 여왕을 위해 남겨놓았는데, 구리 점으로 상감한 한 쌍의 상아 표범 같은 것이었다. 가장 복잡한 부조 작품은 런던의 식민지 사무소로 옮겨져 탐험을 위한 자금 마련용으로 판매되었다.

이들 부조의 3분의 2는 대영박물관에 소장되었고 7개월 동안 그곳에서 전시회가 열렸다. 사람들은 청동 작품을 보고 놀라움을 금치 못했다. 유럽인들은 아프리카 미술이 그렇게 정교하거나 기술적으로 발전했다고 생각하지 않았기 때문이다. 당시 아프리카 미술은 '예술'로 간주되지도 않았다. '원시적'이라고 분류되어 민족학 박물관에 보관되었던 것이다. 이 작품에 찬사를 보낸 이들이 있었다면, 이 작품이 인간과 자연의 긴밀한 유대감, 즉 고갱이 타히티에서 갈망했던 거의 어린아이와 같은 순수함을 보여준다고 생각한 사람들이었다. 그러나 베냉의 청동상은 서양미술과 별개로 아프리카에서 높은 수준의 예술적 기술이 발전했음을 분명히 보여주었다. 아프리카가 고유한 미술의 역사를 지니고 있다는 점을 밝힌 것이다. 베냉 청동상은 대륙의 명작이었고 영국은 그것을 훔친 것이었다.

CHAPTER 30

거인의 어깨 위에 서서

 1903년 독일 베를린이다. 케테 콜비츠는 드레스덴 프린트룸의 관장 막스 레어스의 에세이가 실린, 새로 출간된 판화 도록을 살펴보는 중이다. 판화 제작은 독일에서 매우 인기 있고 콜비츠는 독일을 대표하는 예술가 중 한 명이다. 그녀의 판화는 베를린, 파리, 런던에서 전시되어 수집가와 미술관이 작품을 구매하기 위해 경쟁한다.
 콜비츠의 강렬한 판화는 삶의 고단함을 전달한다. 사람들은 들판에서 일하고, 굶주리고, 집에서 아이들이 죽어가는 모습을 지켜본다. 콜비츠는 의사인 남편의 직업을 통해 그런 사람들을 접하게 된다. 남편은 바이센부르거슈트라세(현재 '콜비츠슈트라세'로 불리는 거리)에 위치한 그들의 아파트 아래에 있는 자신의 병원에서 가난한 사람들을 치료한다. 콜비츠의 판화는 특정한 개인의 초상화가 아니라 집단적 고통의 초상화이다. 슬픔에 잠겨 손으로 얼굴을 가렸기 때문에 얼굴은 보이지 않

케테 콜비츠의 에칭 「죽은 아이를 안고 있는 여인」.(1903년)

는다. 막스 레어스는 그녀가 표현의 힘을 통해 보편적인 슬픔을 포착한다고 이야기한다.

 콜비츠는 도록을 내려놓고 최신 에칭 작품 「죽은 아이를 안고 있는 여인」을 집어 든다. 그녀는 흔히 연작으로 작품을 출판하지만, 이 이미지는 하나짜리다. 한 여인이 작품을 가득 채우고 있는데, 그녀의 맨다리는 포개져 있고, 어깨는 구부러져 있다. 그녀는 품안에 어린아이를 안고 있으며, 아이의 머리는 뒤로 젖혀져 있고 몸은 여인의 마지막 포옹 속에 동그랗게 말려 있다. 여인의 슬픔은 끝이 없어 보인다. 콜비츠는 이 작품에 자신의 일곱 살짜리 아들 페터와 그녀 자신을 모델로 삼았다. 그러나 여기서 슬픔은 어린 시절 그녀의 아기 남동생 벤저민의 죽음에서 온 것이다.

※

케테 콜비츠(1867~1945)는 베를린 예술아카데미에 선출된 최초의 여성 예술가였다. 1898년 베를린 미술대전 심사위원단은 그녀의 첫 번째 주요 판화 연작인 「직공들의 반란」에 금메달을 수여하기로 했다. 그러나 황제 빌헬름 2세가 이를 거부했다. 그는 '신사 여러분, 여성에게 메달을 수여하다니 너무 멀리 갔네요'라고 말했다. 보다시피 당시 여성 예술가들을 위한 분위기는 여전히 매우 열악했다. 독일의 한 잡지사 편집자인 한스 로젠하겐은 '여성의 예술 제작에는 강렬한 표현, 독창적인 발상, 감성의 깊이가 부재한다'라면서 모든 여성의 예술을 비판했다. 그러나 이러한 모든 특징은 콜비츠의 작업에 강렬하게 드러난다. 지친 노동자와 슬퍼하는 어머니는 그녀가 같은 세대의 가장 표현적인 예술가 중 한 명임을 보여준다. 그녀는 거대한 권력의 이미지를 드러내고자 역사적 기록과 사회 불평등의 동시대적 사례를 사용했으며, 거기에는 에드바르트 뭉크의 작품에서와 같이 많은 감정과 표현이 존재한다.

독일 예술가들은 계속해서 내면의 감정 상태를 표현하고, 이를 대담하고 들쭉날쭉한 양식과 결합하여 독일 표현주의를 탄생시켰다. 드레스덴과 뮌헨에서 예술가들이 함께 모여 자신들의 신념을 담은 선언문을 발표했다. 1905년 에른스트 루트비히 키르히너(1880~1938)를 비롯한 네 명의 학생이 '다리파'를 결성했다. 다리파는 선언문에서 '우리는 청년으로서 미래를 짊어지고 있으며, 오래된 기성세력에 맞서 삶과 행동의 자유를 스스로 창조하고자 한다'라고 주장했다. 키르히너는 화려한 색채와 점점 더 뾰족해지는 사선으로 그려진 외로운 사람들의 분주한 거리 풍경을 담아냈고, 날카로운 에너지로 보는 이들의 눈을 공격한다. 다른 예술가들은 1911년에 '청기사파'를 조직했다. 이 단체에는 바실리 칸딘스키(1866~1944), 가브리엘레 뮌터(1877~1962), 프란츠 마르크(1880~1916)가 포함되었고 예술의 개념을 유리그림, 러시아 민속예술, 아동미술로 확장했다. 이들은 이러한 다양한 영감을 바탕으로 재현적인 아카데미 미술로부터 점점 더 멀리 밀고 나갔다. 반 고흐가 일본 판화에 매료된 것처럼 이 예술가들은 20세기에 예술이 될 수 있고, 되어야 하는 것의 경계를 확장하기 위해 전통적인 아카데미 방식의 시각 너머를 바라보았다.

독일과 이웃 국가 오스트리아의 예술가들은 다른 유럽의 동향에 반응했다. 보릅스베데는 프랑스의 퐁타벤과 비슷한 독일 북부의 예술가 공동체였다. 보릅스베데의 예술가들은 야외에서 그림을 그리고 시골 생활의 느긋한 속도를 즐겼다. 파울라 모더존 베커(1876~1907)는 스물두 살에 이곳으로 이주했다. 그녀는 1906년 고갱의 파리 회고전(한 예술가의 업적을 총망라하는 전시회)을 관람한 후 영감을 받았고, 고갱의 굵은 윤곽선과 밝은 색채를 사용해 뭉툭한 여인들을 그렸다. 그녀는 반 고흐의 표현력을 작품에 담기 위해 고갱보다 훨씬 더 큰 감성적인 깊이로 그림을 그렸다. 1907년작 「벌거벗고 누워 있는 어머니와 아이」는 옆으로 누운 한 여성과 그녀에게 달라붙어 잠자는 아기의 모습을 보여준다. 우리는 어머니의 유방과 음모를 보게 되지만, 고갱의 작품과 달리 이 나체에는 에로틱한 요소가 전혀 없다. 이 작품은 모성애, 다산, 함께함, 견고함과 강인함의 그림이다. 보릅스베데의 예술가들은 무미건조한 기계적인 도시 생활의 대안으로 '대지의 어머니'의 중요성을 강조했다. 슬프게도 모더존 베커에게 모성애의 현실은 매우 달랐다. 그녀는 출산 후 며칠 만에 사망했다.

독일과 오스트리아의 도시에서 예술가들은 유럽 전역에서 그랬던 것처럼 아카데미 교육에 반기를 들었다. 그들은 고갱, 반 고흐, 세잔에게서 영감을 받은 새롭고 흥미로운 작품을 전시할 수 있도록 '분리파'라 불리는 대안적 협회를 설립했다. 인상파와 후기인상파의 작품은 20세기의 첫 10년 동안 독일에 전시되지 않았다. 그전에는 파리가 유럽 예술의 중심지로 여겨졌기 때문에 이 흥미로운 새 미술을 직접 보기 위해 파리로 여행해야 했던 것이다. 이전 세기 동안 예술가들이 로마로 여행을 떠난 것과 마찬가지였다.

파리의 예술적 열기는 조각가들에게 신고전주의를 넘어 더욱 표현적인 작품을 창작하도록 영감을 주었다. 1900년, 파리에 거주하며 활동한 예순 살의 조각가 오귀스트 로댕(1840~1917)은 파리 만국박람회에 작품을 전시했다. 그는 전시회를 직접 기획했고 1898년에 완성한 「키스」와 같이 마치 살아 숨 쉬는 듯한 대리석 조각상들을 전시에 포함시켰다. 또한 그는 더욱 실험적인 조각 작품을 소개했다. 로댕은 젖은 석고와 점토를 잘 다루었고, 조각품이 어떻게 만들어졌는지를 표면에 흔적으로 남겼다. 1892~1897년에 제작한 「발자크 상」은 프랑스 소설가 오노레 드 발자크가 망토처럼 어깨에 걸친 커다란 실내복을 입고 있는 모습으로 표현했다. 이 조각상은 현재 청동으로 주조되어 파리의 몽파르나스 대로에 서 있으며, 또 다른 청동 주조 작품은 로댕 박물관의 정원에 놓여 있다. 그러나 당시에는 실물 크기의 석고 버전만 전시되었다. 이 석고 버전은 비평가들의 비난을 초래했는데, 덩어리진 실내복 아래의 몸이 형태를 이루지 못한 채 거의 보이지 않는다는 이유로 이 작품을 미완성으로 보았던 것이다. 로댕은 발자크의 신체적인 외관보다 소설가의 정신, 그의 우뚝 솟은 창의력을 묘사하고자 노력했다고 말했다. 「발자크 상」은 오늘날에도 매우 강렬하고 인상적이어서 사람들이 이 작품과 교감하지 않는 것을 상상하기 어렵다. 오늘날 이 작품은 최초의 근대 조각 작품으로 여겨지는데, 처음으로 서양 조각가가 수 세기 동안 물리적으로 실제와 같은 형태를 만드는 데서 의도적으로 탈피한 것이다.

다른 예술가들도 로댕의 조각적 실험에서 용기를 얻었다. 카미유 클로델(1864~1943)은 로댕의 작업실에서 일했고, 1895년 작품 「왈츠」에서처럼 세밀한 인물과 더욱 표현적이고 자유로이 흐르는 부분을 결합하여 자기만의 청동 조각상을 제작했다. 로댕은 여성 예술가들을 지원했으며, 파리에서 활동하다가 미국으로 돌아간 아프리카계 미국인 조각가 메타 복스 워릭 풀러(1877~1968)를 후원했다. 풀러는 아프리카계 미국인의 불평등을 작품의 주제로 삼았고, 앞 장에서 만났던 헨리 오사와 태너의 지도를 받았다.

앙리 마티스(1869~1954)를 비롯한 많은 예술가가 로댕의 작업실을 방문했다. 마티스는 조각가이자 화가였다. 그는 1905년 전시회를 열었던 한 단체의 리더로서 명성을 떨쳤다. 이 단체의 예술가들에게 충격을 받은 비평가는 이들에게 '포브스Fauves', 즉 야수라는 별명을 붙였다. 「모자를 쓴 여인」에서 마티스는 아내 아멜리에에게 녹색 줄의 코를 만들어준 것이다! 중요한 수집가였던 거트루드 스타인은 이 그림과 마티스의 다른 작품들을 구매했다. 그녀는 마티스가 자기 아내의 콧등에 대담한 녹색 띠를 실제 사용했지만, 그는 그림자를 표현하는 것뿐만 아니라 코 아래의 붉은 윗입술과 대비되도록 하기 위함이었음을 이해했다. 이에 따라 붉은색과 녹색의 보색이 생기를 띠게 되었다.

마티스는 초기 초상화와 실내 풍경부터 이후에 밝게 칠한 종이 모양으로 만든 콜라주에 이르기까지 오랜 활동 기간 동안 계속해서 색채를 우선시했다. 1904년 파리에 정착한 마티스와 동시대의 젊은 스페인인 파블로 피카소(1881~1973)도 색채로부터 작업을 시작했고 장미 시대와 청색 시대로 알려진 초기 연작을 제작했다. 그러나 피카소의 실험적인 캔버스는 점점 선에 의존하게 되었고, 비서구적 조각을 비롯한 새로운 예술 형식의 영향을 받게 되었다.

피카소에게 아프리카 미술을 처음 소개한 사람은 마티스였다. 피카소가 거트루드 스타인을 방문했을 때 마티스는 골동품 가게에서 방금 구매한 나무 빌리 조각을 들고 나타났는데, 그것은 거꾸로 된 가면 같은 얼굴로 콩고에서 온 것이었다. 피카소는 즉시 인간을 연구하는 인류학 박물관인 트로카데로에서 더 많은 비서구 미술품을 찾아보았다. 피카소와 마티스가 파리에서 본 비서구의 조각품과 가면은 대부분 가봉과 말리, 콩고와 코트디부아르 등 서아프리카와 적도 아프리카에 있는 프랑스의 새로운 식민지 영토에서 가져온 것이었다. 이 조각들은 예술품이 아니라 유물로 분류되어 있었다. 마티스와 피카소의 작품에서 이 조각품과 가면의 중요성은 아무리 강조해도 지나치지 않다. 피카소는 '반 고흐에게는 일본 판화가 있었지만, 우리에게는 아프리카가 있었다'라고 말했다. 아프리카 미술, 그리고 오세아니아 미술과 이베리아 미술이 그들을 매료시킨 것은 공간과 형태에 대한 매우 다른 개념이었다. 신체는 원통형의 눈, 정육면체의 입과 같이 비사실적 형태를 사용해 환기되었다. 아프리카 미술은 단순한 유사성의 모방이 아니라 대상의 본질을 표현했던 것이다.

마티스와 피카소는 비서구적 미술이 지닌 본래의 문화적 가치를 전혀 고려하지 않은 채 그 형식적인 형태만 연구했다. 새로운 식민주의 미술관에서는 그러한 조각품이 왕과 여왕의 것인지, 혹은 신과 주술사의 것이었는지에 대한 설명이 없었다. 가령 그레보 부족의 마스크가 숲의 정령을 불러낸다는 것을 그들은 알지 못했던 것이다. (피카소는 후에 코트디부아르에서 온 그레보 부족 마스크를 소장했고 자기 작

파블로 피카소의 「아비뇽의 처녀들」.(1907년)

업실에 걸어놓았다.) 각 마스크와 조각은 본래의 맥락과 시간으로부터 잘려 나와 이제 연대를 알 수 없는 아프리카 골동품으로 서양에 소개되었다.

피카소는 세잔이 어떻게 대상을 캔버스 위에 평편한 색채 조각의 배열로 축소하는지를 연구했고, 이를 비서구 미술에 대한 자기 생각과 결합했다. 피카소는 특정 가면이나 조각품을 직접적으로 모사하지는 않지만, 그것들이 전체적으로 세상을 바라보는 완전히 새로운 방식을 그에게 보여준다는 것을 깨달았다. 그는 신체가 여전히 이해 가능한 선과 형태의 배열로 축소될 수 있는지를 실험하기 시작했다. 그 결과는 1907년의 혁신적인 작품 「아비뇽의 처녀들」(아비뇽 거리의 젊은 여인들)이었다.

이 작품에서는 다섯 명의 여성이 바르셀로나의 아비뇽 거리에 있는 방에 서서 우리를 바라보고 있다. 마치 그들은 무대 위에 있거나 창문 바깥으로 자신을 전시하는 것 같다. 그들은 벌거벗은 성 노동자로서 자기 몸을 과시하기 위해 자세를 취하고 있지만 그들의 커다란 눈에는 무표정한 시선이 들어 있다. 그들 중 두 명은 엄청나게 긴 오목한 코를 가졌고, 얼굴은 피카소가 트로카데로에서 보았던 가봉의 가면과 흡사하다.

「아비뇽의 처녀들」은 거의 10년 동안 피카소의 작업실에 숨겨져 있었다. 그곳에서 이 작품을 본 비평가와 예술가들은 너무 갑작스럽고 공격적인 예술의 파열이라고 느꼈다. 조르주 브라크(1882~1963)는 이 작품을 보고 마치 피카소가 '테레빈유를 마시고 불을 뿜어낸' 것 같다고 말했다. 이 작품은 대중에게 보여주기엔 너무 충격적이라고 간주되었던 반면 브라크와 피카소는 이 작품의 에너지를 다른 작품에 쏟아부었고, '서로 밧줄로 묶은 산악인들'처럼 가까이 작업하며 그들의 예술을 극한으로 밀어붙였다. 입체주의는 그 결과물로서 인체와 사물을 풀어내고 일련의 평편한 각진 면을 사용하여 재구성하는 회화 양식이다. 1910년에는 오로지 대상의 흔적만 남게 되었다. 피카소가 그린 화상 「다니엘 헨리 칸바일러」 초상화에는 콧수염이나 마주 쥔 두 손이, 혹은 브라크의 「바이올린과 물병」에는 바이올린의 스크롤과 물병의 손잡이가 그러한 흔적이다. 나머지는 회색과 갈색의 겹친 도형으로 이루어진 들쭉날쭉한 표면이었다. 남아 있는 작은 단서를 이용해야만 무엇이 있는지를 재구성할 수 있을 것이다.

입체파는 단단한 사물에 대한 우리의 이해가 대부분 기억으로 구성된다는 사실에 매료되어 있었다. 우리가 옆에서 얼굴을 보면 눈은 하나만 보게 되지만 우리는 보이지 않는 곳에 또 다른 눈이 있다는 것을 안다. 왜냐하면 우리는 이전에 얼굴을 본 적이 있기 때문이다. 입체파는 우리가 실제로 어떻게 보는지, 즉 시간이 지남에 따라 우리가 불완전한 짧은 시선으로부터 어떻게 대상을 구성하는지를 더 가까이 탐구하고자 했다. 그들은 알려진 사물을 그리는 대신 우리가 마음속에서 그 대상을 구축하는 작은 단서나 흔적을 작품에 그렸다. 다음 장에서는 입체파 기법과 비서구적 미술에 바탕을 두고 흥미롭고 새로운 방향으로 작품을 발전시킨 조각가들을 살펴볼 것이다.

CHAPTER 31

틀을 깨고 경계를 넘다

    1913년 어느 흐린 날, 프랑스의 젊은 조각가 앙리 고디에 브르제스카와 미국의 시인 에즈라 파운드는 런던에 있는 제이콥 엡스타인의 작업실에 도착한다. 그들은 엡스타인의 최신 조각 작품인 「착암기」를 보러 왔다.

    대영박물관 근처에 있는 엡스타인의 작업실은 차고로 사용되던 곳으로 축축하고 춥다. 그는 어둠 속에서 커다란 형상 옆에 서 있다. 두 사람이 들어오자 엡스타인은 새 조각품을 덮고 있는 방수포를 걷어낸다. 그리고 검은색 드릴 위에 양다리를 벌리고 올라탄 3미터가 넘는 높이의 흰색 갑옷을 입은 인물상이 나타난다. 이 인물상은 마치 말을 타듯이 드릴 위에 앉아 기계와 하나가 되어 조종하고 있다. 가슴에는 태아가 자리 잡고 있는데, 마치 일부는 인간이고 일부는 기계인 새로운 세대의 잡종을 낳을 듯하다. 백색 석고로 만들어졌지만, 작가의 지문이나 미완성된 모서리도 없어 인간의 생산품이라는 흔적이 없다. 이 거대한 괴물은 전체가 기계인데 어깨와 머리에는 갑옷을 둘렀고, 손가락은 드릴의 제어기를 기관총처럼 움켜잡았다. 드릴의 삼각 다리 위에 균형을 잡은 외계 생명체는 땅과 자연, 생명 자체를 전멸시킬 준비가 되었다.

파운드는 이에 대해 열정적으로 이야기를 시작하지만 고디에 브르제스카는 닥치라고 말하며 아무것도 이해하지 못하겠다고 말한다. 엡스타인은 돌아서서 그를 마주하고 다시 파운드를 마주 본다. 고디에 브르제스카는 이 조각 작품이 모든 것을 바꾸게 된다는 것을 알고 있다.

❈

제이콥 엡스타인(1880~1959)은 뉴욕에서 태어났지만, 파리에서 3년간 공부한 후 1905년 런던으로 이주했다. 그는 신고전주의 조각을 배웠고 로댕이 그랬던 것처럼 그 방식을 거부했고 피카소처럼 박물관에서 아프리카와 이집트 미술을 공부하는 길을 선택했다. 그의 초기 작품은 견고하고 덩어리진 형태로서 비서구의 조각과 비서구 조각이 포착한 형태의 본질에 대한 관심을 보여준다. 이러한 경향은 엡스타인과 고디에 브르제스카(1891~1915), 아메데오 모딜리아니(1884~1920), 콘스탄틴 브랑쿠시(1876~1957) 등 서로 알고 지내는 유럽 조각가들 사이에서 떠오르는 것이었다. 하지만 「착암기」는 산업과 기계시대에 대한 엡스타인의 관심도 드러냈다. 작품의 절반은 웨일스의 한 채석장에서 구매한 실제 기계였다. 이 점이 1915년에 작품을 전시했을 때 비평가들의 분노를 사게 했다. 이미 만들어진 기계의 일부를 어떻게 예술로 간주할 수 있는가?

이 전시회 직후 엡스타인은 「착암기」를 분해하고 허리 부분을 절단했다. 그는 한쪽 팔을 제거한 후 청동으로 주조했고, 나중에 드릴이 없는 절단된 몸통만 전시했다. 1914년에 시작된 제1차 세계대전은 미래적인 기계에 대한 그의 열정을 앗아가버렸다. 그는 「착암기」의 모습은 이제 '오늘과 내일의 무장한, 불길한 인물상'을 나타낸다면서 '인간성은 없고 우리가 스스로 만든 끔찍한 프랑켄슈타인의 괴물만 있을 뿐'이라고 썼다. 「스타워즈」에 등장하는 전투 드로이드들은 엡스타인이 만든 인간과 기묘하게 닮았다. 자동무기를 휘두르는 비인간적인 로봇의 모습이다.

제1차 세계대전이 발발했을 때 미래파는 앞선 5년 동안 기계, 전쟁, 속도를 지지해오고 있었다. 이 이탈리아 예술가 단체는 1909년 2월 20일 프랑스 신문 〈르 피가로〉 1면에 선언문을 발표했다. 그들의 대변인이었던 시인 필리포 마리네티는 '우리는 과거에 연연하지 않는다. 젊고 강인한 미래주의자들이다!'라고 외쳤다. 마리네티는 젊음, 위험, 빠른 자동차를 옹호하고 역사를 경멸했다. '우리는 일과 즐거움, 폭동에 흥분한 위대한 군중을 노래할 것'이라며 '근대 도시의 화려하고 다성적인 혁명의 물결을 노래할 것'이라고 약속했다.

자코모 발라(1871~1958)와 지노 세베리니(1883~1966) 같은 미래파 예술가들은 마리네티의 말을 회화로 옮기며 빠르게 변화하는 도시 생활의 소용돌이치는 모호한 장면을 그렸다. 움베르토 보치오니(1882~1916)가 1913년에 제작한 조각 작품 「공간 속에서의 연속적인 단일 형태들」은 그러한 움직임의 감각을 포착했다. 팔이 없는 인물은 마치 강한 바람을 맞으며 걷는 것처럼 고개를 숙이고 걸음을 내디딘다. 몸 전체가 3차원의 입체파 그림처럼 면과 면으로 이루어져 있으며, 인물이 앞으로 나아가는 긴박감으로 윤곽이 지어졌다.

미래파는 이탈리아 예술을 서양 예술 생산의 중심에 놓기를 원했지만, 그들이 새로운 운동을 시작한 곳은 파리였다. 파리는 아방가르드(어느 시대건 예술의 한계를 뛰어넘는 예술가들을 통칭하는 용어)의 중심이었다. 러시아 예술가 류보프 포포바(1889~1924)와 나탈리아 곤차로바(1881~1962)는 파리에서 입체주의와 미래주의를 흡수하며 지냈다. 그들은 러시아로 돌아가 입체미래주의와 광선주의로 알려진 혼성적 미술 사조들을 만들어냈다. 1913년에 제작된 곤차로바의 「자전거 타는 사람」에는 자전거 타는 사람의 미래파 바퀴가 자갈길을 따라 돌아간다. 그는 러시아의 광고로 가득한 도시 풍경을 가로질러 달리고, 풍경은 입체파 회화처럼 파편화되어 있다.

세기 전환기 무렵 파리에서 시작된 예술운동은 엄청난 영향력을 발휘했다. 입체주의는 남미에서 아시아에 이르는 예술가들에게 영향을 미쳤고 1920년대에는 가가넨드라나트 타고르(1867~1938)가 인도 최초의 입체파 예술가가 되었다. 암리타 셰르길(1913~1941)은 고갱의 종합주의의 평면과 무굴 세밀화의 따뜻한 색감을 결합했다. 그녀는 일찍 세상을 떠났지만, 인도의 가정생활 풍경을 그려서 인도에서 가장 중요한 근대 예술가 중 한 명으로 꼽힌다.

워낙 많은 예술가가 다양하고 새로운 작품을 만들다 보니 더욱 눈에 띄기 위해 예술가들은 단체를 결성해야 했다. 그들은 종종 '이즘(주의)'으로 끝나는 단체명을 지어 완전히 새로운 예술 사조를 대표한다는 점을 시사했다. 단체명은 종종 사조의 방향을 정의했다. '미래주의'는 전적으로 미래에 관한 것이었고, '인상주의'는 찰나의 인상에 관한 것이었다. 20세기 초반에는 이러한 '이즘'이 빈발했다. 이 모든 사조를 통칭하는 가장 중요한 용어는 '모더니즘'으로, 1960년대에 절정에 이르는 예술의 100년은 예술가들이 지속적으로 예술의 경계를 넓혀나간 시기였다.

제1차 세계대전 동안 미래파는 새로움을 추구하며 전쟁을 찬양했다. 하지만 전쟁은 예술가들을 찬양하는 대신 그들을 집어삼켰다. 보치오니는 고디에 브르제스카, 프란츠 마르크, 입체파 조각가 레이몽 뒤샹 비용(1876~1918)과 마찬가지로 사망했다. 레이몽 뒤샹 비용의 동생인 마르셀 뒤샹(1887~1968)이 뉴욕으로 이주한 것처럼 다른 예술가들도 전쟁을 피해 대륙을 옮겨갔다. 1912년 파리를 떠나기 전 뒤샹은 「계단을 내려가는 누드 2」를 완성했다. 그는 에티엔 쥘 마레의 과학 사진을 영감으로 삼아 입체파와 미래파의 양식을 혼합해 이 작품을 그렸다. 마레는 걷고 있는 사람처럼 단순한 움직임을 드러내기 위해 시간의 흐름에 따라 여러 번 노출한 사진을 한 장의 인화지에 인화했다. 뒤샹은 이것을 물감으로 변환하여 마치 인물이 계단을 내려가는 것처럼 나체를 일련의 역동적인 면으로 변형시켰다.

「계단을 내려가는 누드 2」는 많은 이들을 놀라게 했다. 뒤샹이 파리에서 이 작품을 전시하려 했을 때, 그의 형 레이몽을 비롯한 입체파 예술가들이 뒤샹을 제지했다. 이 작품이 대서양 양쪽 모두에서 도발적인 그림이기 때문이었다. 1913년 뉴욕에서 열린 아머리쇼에 이 작품이 전시되었을 때 〈뉴욕 타임스〉의 한 비평가는 '지붕널 공장에서의 폭발'이라고 일축했다. 이후에 「계단을 내려가는 누드 2」는 큰 영향을 미친 작품이 되었는데, 회화가 어떻게 움직임과 시간을 고정할 수 있는지를 보여주었기 때문이다. 그러나 바로 그때 뒤샹은 회화를 접고 일상적인 사물로 만들어진 조각에 집중하는 방식으로 대응했다.

엡스타인은 착암기를 자신의 조각 작품을 위해 특이한 좌대로 사용했지만, 뒤샹은 거기서 더 나아갔다. 1913년작 「자전거 바퀴」에서 그는 바퀴 하나를 갈고리에 고정하고 의자 위에 거꾸로 세웠다. 두 개의 사물을 한데 모아 하나의 조각품으로 바꿔놓은 것이다. 1917년에

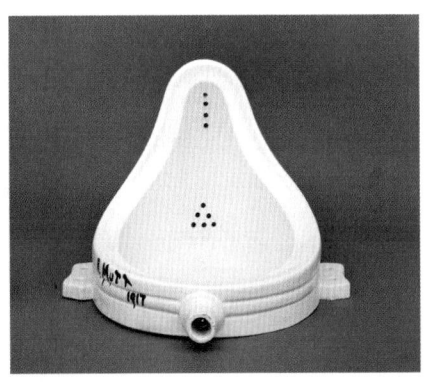

마르셀 뒤샹의 도발적인 조각 작품 「샘」.(1917년)

는 한 걸음 더 나아가 공장에서 만든 도자기 소변기를 가져와 '샘'이라는 제목을 붙이고 R. 머트라는 가명으로 서명한 후 뉴욕의 전시회에 내놓았다. 이 전시회는 모두에게 개방되어 있었음에도 「샘」은 출품을 거절당했다. 이 전시회의 위원이었던 뒤샹은 바로 사임하고 '똥개(Mr. 머트)가 「샘」을 직접 만들었든 아니든 그것은 중요치 않다. 그는 그것을 선택했다'라는 항의문을 발표했다.

「샘」은 20세기의 가장 유명한 조각 작품이 되었다. 그 이유는 무엇일까? 뒤샹은 자신의 조각을 '레디메이드ready-made'라고 불렀는데, 왜냐하면 다른 사람이 이미 만들어놓은 것으로 작품을 만들었기 때문이다. 예술가가 그렇다고 말하면 무엇이든 예술이 될 수 있다는 것을 보여줌으로써 조각에 혁명을 일으켰다. 작품의 아이디어나 개념이 실제 사물만큼이나 강력한 힘을 발휘하게 된 것이다.

유럽 전역의 많은 예술가는 예술을 추상이라는 다른 방향으로 밀고 가는 중이었다. 추상미술이란 무엇인가? 추상미술은 미술 그 자체 외에 주제가 없는 예술이다. 그것은 사람이나 바이올린, 말 등을 재현하려 하지 않았다. 오직 물감, 색채, 형태, 빛, 선으로 제안할 수 있는 표현에만 관심이 있다. 제28장에서 만난 휘슬러와 미학 운동은 추상에 가까웠으며, 그들의 좌우명인 '예술을 위한 예술'은 서양의 추상을 압축한 것이다. 비서구 미술에서 추상은 새로운 아이디어가 아니었지만, 르네상스 이후 서양미술은 모방과 사실주의에 전적으로 매몰되어 있었다. 20세기에 예술가들이 전통적인 예술 제작의 모든 측면에 도전하면서 많은 이들은 추상이 흥미롭고 새로운 기회를 열어줄 것이라고 생각했다.

1910년대에는 러시아, 프랑스, 독일, 네덜란드, 스위스, 스페인, 이탈리아, 미국 등지에서 추상미술이 등장했다. 지난 장에서 '청기사파'의 구성원으로 잠깐 만났던 러시아 태생의 칸딘스키는 거의 20년 동안 독일에서 활동했다. 그의 작품은 러시아와 독일의 민속예술과 이야기에서 영감을 얻었고 천천히 작품을 가득 채운 말과 소를 자유로이 흐르는 형태와 선, 색채 얼룩과 기하적인 모양으로 대체했다. 영향력 있는 저서 『예술에서의 정신적인 것에 대하여』(1911년)에서 칸딘스키는 예술은 본질적이거나 영적인 것과 닿아 있다고 주장했다. 그는 우리가 제23장에서 만났던 티이 조각처럼 아프리카와 오세아니아 예술을 연결하면서 그 점을 보았다. 그는 '우리와 마찬가지로 그 순수한 예술가들은 사물의 내적인 정수를 작품에 포착하고자 했으며, 그 자체가 외적인 것에 대한 거부감을 불러일으켰다'라고 적었다.

네덜란드에서는 피에트 몬드리안(1872~1944)이 1908년부터 1913년까지 인고의 5년을 보내며 사과나무와 바닷가 부두 같은 각 대상의 정수를 일련의 수평선과 수직선으로 추출했다. 몬드리안은 추상이 그에게 보편적인 어떤 대상을 그릴 수 있게 할 것이라고 믿었다. 그는 절대적인 진리를 그리기 위해 세상을 평면적인 선으로 바꾸었다. 왜냐하면 그에 눈에는 회화의 평면성이 공간의 환영보다 더 진실하게 보였기 때

힐마 아프 클린트의 「제단화 1번」.(1915년)

문이다. 그의 작품은 궁극적으로 비대칭으로 정렬된 캔버스 위의 흑백 격자가 되었고 가끔 붉은색, 파란색, 노란색의 직사각형도 있었다. 이것이 그가 '신조형주의'라고 불렀던 양식이다.

　이상의 예술가들이 서양 추상의 선두 주자임을 주장하기 거의 10년 전에 스웨덴의 예술가 힐마 아프 클린트(1862~1944)는 흐르는 선, 표적, 프리즘, 타원, 나선으로 패턴화된 신비로운 추상의 거대한 캔버스를 창조했다. '신전을 위한 회화'로 불리는 1906~1915년에 걸쳐 제작된 200여 점의 연작은 영적·과학적·예술적 삶에 관한 방대한 탐구였다. 그녀의 1915년 작품 「제단화 1번」은 회화라는 행위를 기념하는 것이다. 단계별 색채 도표는 피라미드처럼 솟아 있고 보라색 후광을 두른 황금색 원으로 구획되어 있다. 아프 클린트는 생전에 이 작품들을 공개하지 않았다. 그녀는 영적인 매개였고 그녀가 영성회에서 '대화했던' 영혼들은 이 연작이 세상이 이해하기엔 너무 앞선 것이라고 그녀를 설득했다. 아프 클린트는 자신의 사후 20년이 지나야 작품을 공개할 수 있다고 명시했고, 21세기에 이르러서야 널리 알려지게 되었다. 반면에 추상으로의 도약은 그녀의 동시대 남성 예술가들의 경력을 공고히 했고, 이후의 미술사 책 속에 그들의 자리를 보장해주었다.

러시아의 예술가 카시미르 말레비치(1878~1935)와 블라디미르 타틀린(1885~1953)은 전통적인 러시아 정교회의 성상화 표현 방식을 모방한 추상회화와 조각 작품을 방구석에 걸어놓았다. 그들이 보여준 것은 전통적인 의미에서 종교적이지 않았다. 구성주의 운동의 지도자인 타틀린은 3차원의 입체파 회화처럼 평평한 금속판으로 벽 모서리용 부조를 제작했다. 말레비치는 1915년 페트로그라드(지금의 상트페테르부르크)에서 열린 전시회 '0.10'에서 시작된 절대주의 운동의 지도자였다. 열 명의 모든 전시 참여자는 예술이 본질적인 형태였던 곳, 바로 '0'으로 되돌려놓으려 노력했다. 이에 따라 말레비치는 백색의 캔버스 위에 검정 물감으로 사각형 평면을 그린 「검은 사각형」으로 나아갔다.

추상은 유럽 전역에서 동시에 등장했다. 예술가들은 사물의 재현을 넘어 보편적인 진리를 표현하기 위해 추상으로 향했다. 마치 신앙이나 아름다움을 그리는 것처럼 물리적 실재보다 보편적인 관념을 그리고자 노력했던 것 같다. 추상은 칸딘스키나 아프 클린트의 작품처럼 서정적이고 우아할 수도 있고, 혹은 몬드리안의 기하적인 선과 말레비치의 검은 사각형처럼 환원적일 수도 있다. 예술 그 자체를 넘어서는 주제가 부족한데도 추상은 여전히 인기가 있고 오늘날까지 계속 진행되고 있다.

서양 추상의 부상과 함께, 그 수명이 짧았지만 영향력 있는 운동이었던 다다의 발전도 있었다. 다다는 다음 장에서 살펴볼 초현실주의와 포토몽타주를 비롯한 새로운 양식들을 이끌었다.

CHAPTER 32

정치적 메시지를 담은 예술

　1920년 7월 말, 베를린에서 제1회 국제다다박람회가 한 달째 열리고 있다. 전시실은 회화와 조각으로 가득 차 있고, 천장에는 군복을 입은 돼지가 매달려 있다. 벽에는 '다다는 정치적이다', '다다는 프롤레타리아 혁명가들 곁에 서 있다'라는 문구가 적힌 포스터들이 붙어 있다. 한쪽 벽에는 조지 그로스의 「사회의 희생자」가 걸려 있는데, 자살한 발명가의 불행한 초상화다. 라울 하우스만의 「기계 두상(시대의 정신)」이 전시장 중간의 좌대 위에 놓여 있다. 가발 제작용 나무 모형에는 두뇌 능력을 향상하기 위해 줄자, 자, 지갑, 타자기의 일부가 부착되어 있다. 한나 회흐의 작품 「바이마르 공화국의 맥주배를 부엌칼로 자르자」는 그 가까이에 걸렸는데 신문에서 오려낸 얼굴, 기계 부품, 단어를 일관된 비율이나 깊이 없이 모아놓은 콜라주 작품이다.
　거의 200여 점의 작품이 전시장을 가득 채우고 있다. 이번 박람회

한나 회흐의 포토몽타주 「바이마르 공화국의 맥주배를 부엌칼로 자르자」. (1919년)

의 도록이 방금 도착했고, 하우스만은 표지에서 이렇게 외친다. '다다이스트들은 어리석음을 싫어하고 난센스를 사랑한다!' 다다이스트들은 도록이 방문객 수를 늘리는 데 도움이 되기를 바랄 것이다. 그들은 개관 행사를 위해 전문 사진가를 고용했고, 해외 잡지사에 사진을 보냈다. 이 이미지들과 함께 전시 리뷰가 실렸지만 대부분 혹평이었고 방문객 수는 저조하게도 수백 명에 머물렀다.

✤

다다는 1916년 스위스와 뉴욕에서 시작되었지만 유럽 전역으로 빠르게 퍼져나갔다. 다다라는 이름은 아무런 의미가 없었다. 프랑스어-독일어 사전에서 무작위로 선택되었다는 이야기가 있다('다다'는 '흔들 목마'라는 뜻의 프랑스어이다). 다다 예술가들은 무정부주의적이고 거칠었다. 그들은 부조리를 찬양하고 전쟁을 혐오했으며 반예술적이었다. 베를린 다다는 당시 생겨난 다다 중 가장 정치적이었다. 독일은 제1차 세계대전에서 패배했고 바이마르 공화국이라는 새로운 민주주의 정부가 선출되었다. 경제적인 어려움과 각기 다른 여러 단체의 폭력적인 시위가 불안정한 분위기를 조성하고 있었다.

예술가들은 세계대전으로 1,600만 명의 목숨을 앗아간 정치인과 사회에 환멸을 느꼈다. 다다의 목표는 이 사회가 만들어낸 전통 예술을 파괴하고 새로운 예술이 그것을 대체하게 하는 것이었다. 제1회 국제다다박람회는 베를린에서 열린 첫 번째 주요 다다 전시회였으며, 참여한 예술가들은 이 전시회가 성공하기를 바랐다. 하지만 그것은 무슨 의미였을까? 상업적으로 박람회는 실패했고, 그중 두 명은 이후 불쾌한 재료를 전시한 혐의로 재판을 받게 되었다. 박람회가 8주 동안 진행되었는데도 입장권을 구매한 사람은 1,000명도 채 되지 않았다. 그러나 다다는 반대로 성공이 예술 자체를 평가 절하하는 미술 시장을 파괴한다고 주장했다.

전시 도록은 존 하트필드를 '그림의 적'이라고 칭송했다. 존 하트필드(헬무트 헤르츠펠트, 1891~1968)와 조지 그로스(게오르게 그로스, 1893~1959)는 군인이었고, 이제는 열성적으로 전쟁에 반대했다. 이들은 강화되고 있는 독일 민족주의에 대한 항의의 표시로 이름을 영국식으로 바꾸었다. 이들 중 유일한 여성이었던 한나 회흐(1889~1978), 그리고 라울 하우스만(1886~1971)과 더불어 그들은 사진을 모아 콜라주하는 포토몽타주 기법으로 전향했고 이것은 바이마르 공화국의 실패를 폭로하는 하나의 방식이었다. 이 과정에서 그들은 포토몽타주를 하나의 예술 형식으로 발전시켰는데, 모순적이게도 다다이스트들은 처음에 콜라주를 순수

미술과 반대되는 개념으로 사용했다.

그들의 콜라주는 전쟁터였고 가위는 그들의 무기였다. 그들은 기성품과 이미지를 결합하여 새로운 조합을 끌어냈다. 다다이스트였던 뒤샹이 자전거 바퀴와 의자를 사용했던 것처럼 그들은 사진을 사용했다. 여기에는 3차원의 장면을 창조하려는 어떠한 시도도 존재하지 않았다. 우연적인 배치가 원근법과 논리를 제거했기 때문이다. 어떠한 명확한 내러티브도, 정신적인 메시지도 없었다. 대신 이 이미지들은 빠르게 움직이는, 단절되고 정치적이며 분절적이고 도발적인 근대 세계를 재현했다. 다다는 사조로서 1920년대 중반에 소멸하면서 단명했지만, 그 급진적인 성향은 오늘날까지도 예술에 영향을 미치고 있다.

사진은 예술 작품 제작에 더 많이 사용되고 있었다. 앨프리드 스티글리츠(1864~1946)는 빠르게 근대화되는 뉴욕 시의 모습을 사진으로 담았다. 1902년 그는 예술 형식으로서의 사진을 장려하기 위해 사진분리파를 결성하고, 영향력 있는 자신의 291 갤러리에서 회원들의 작품을 전시했다. 그는 사진이 예술가들에게 유용한 도구가 아니라 그 자체로 하나의 예술 형식이라고 생각했다. 예술사진의 옹호자로서 스티글리츠는 큰 영향력을 미쳤으며 많은 사진가가 스티글리츠의 지원을 받아 경력을 쌓을 수 있었다.

유럽에서는 만 레이(엠마누엘 라드니츠키, 1890~1976)와 클로드 카훈(1894~1954) 같은 예술가들이 사진을 사용하여 합성 이미지를 만들었다. 루시 슈봅은 1917년 클로드 카훈이라는 이름을 골라 당시에는 남성과 여성이라는 이분법적으로 인식된 성별을 초월해 자신의 위치를 확립했다. 카훈의 파트너였던 수잔 말레르브 역시 중성적인 이름인 마르셀 무어(1892~1972)를 사용했고 둘은 함께 자화상을 촬영했다. 1928년 작품 「나에게 무엇을 원하나요?」에서 그들은 삭발한 광대로 등장하고

1927년경 작품 「클로드 카훈의 초상」에서 카훈은 서커스의 힘센 장수로 등장한다. 그녀는 반바지를 입고, 맨가슴을 내놓은 남자처럼 보이게 하는 윗도리를 입은 채로 커다란 아령을 들고 자세를 취하는 동시에, 또한 키스 컬을 하고, 볼 위에는 하트 모양을 붙이고, 과장되게 입술을 내밀며 즐기고 있다. 그녀는 남성이며 여성이고, 연극적으로 남성적이지만 그녀의 가슴에는 '나는 훈련 중이니 키스하지 마시오'라는 글이 적혀 있다. 이 사진들은 비공개로 보관되다가 1980년대에 이르러서야 공개되었다. 이들은 오늘날 정체성, 젠더 유동성과 사진적인 퍼포먼스를 탐구한 중요한 선례로 간주된다. 이는 신디 셔먼과 자넬레 무홀리 같은 여성 예술가들에 의해 더욱 최근에 제기된 것으로 각각 제37장과 제40장에서 살펴볼 것이다.

1922년에 사진 작업을 시작한 만 레이는 '마침내 끈적거리는 물감이라는 매체에서 벗어나 빛 그 자체로 직접 작업하고 있다'라고 주장했다. 그는 빛에 민감한 종이 위에 물체를 올려놓고 햇빛에 노출해 레이요그래프를 만들었다. 또한 1914년 스티글리츠의 291 갤러리에서 열린 전시회를 본 후 아프리카 미술을 촬영하기도 했다. 1926년작 「흑과 백」에서 백인 모델 키키는 코트디부아르의 어두운 바울레 가면을 들고 있다. 눈을 감고 연필로 그린 듯한 눈썹을 지닌 그녀의 아몬드 모양 얼굴은 가면의 본질적인 특징들을 반영한다. 만 레이는 또한 이미지를 반전시켜 키키의 얼굴을 검게, 마스크는 하얗게 빛나도록 만들기도 했다.

만 레이와 카훈은 모두 파리가 중심이었던 초현실주의자들과 연결되어 있었다. 초현실주의는 1924년 초현실주의의 자칭 지도자였던 화려한 시인 앙드레 브르통(1896~1966)에 의해 세상에 알려졌다. 처음에는 문학운동이었지만, 곧 브르통은 자신의 잡지 〈초현실주의 혁명 La Révolution surréaliste〉에 국제적인 예술가들을 포함시키기 시작했고, 다수의 다다 예술가가 초현실주의자가 되었다. 브르통은 독일 화가 막스 에른스트(1891~1976)와 스페인 화가 호안 미로(1893~1983)를 잡지에 실었다. 미로의 초기 회화는 꿈의 색채들, 그리고 꿈을 가득 채운 추상적인 형태와 상징을 탐구했다. 에른스트는 문지르기 방식부터 발견한 재료로 콜라주를 만드는 기법에 이르는 자동기술적인(무의식적인) 방식을 통한 예술 창작을 실험한 다다이스트였다. 1920년대 초반부터 그의 작품은 심적으로 초현실주의였다. 에른스트는 작품 「셀레베스」(1921년)에서 아프리카 옥수수 저장고를 코끼리처럼 그렸다. 코끼리는 뿔이 달린 머리를 돌려 마치 빨간 장갑을 한쪽에 낀 머리 없는 여성 나체를 따라가려고 생각 중인 듯하다.

초현실주의자들은 무의식을 파고드는 방식으로 상상력을 해방시키고자 했다. 무의식은 꿈을 꾸거나 무언가를 끼적거릴 때처럼 생각하지 않는 마음의 일부분이다. 초현실주의자들은 지그문트 프로이트의 영향력 있는 정신분석학과, 성과 무의식에 대한 그의 이론에 바탕을 두었다. 그들은 말과 이미지가 이성에 의해 통제되지 않고 흐르게 두고자 했다. 브르통은 초현실주의가 우연에 열려 있다고 묘사하면서, 그것은 '재봉틀과 수술대 위의 우산이 우연히 만나는 것만큼이나 아름답다'라며 19세기 문학가 로트레아몽 백작의 말을 인용했다. 초현실주의 운동에 참여한 예술가들 중에는 살바도르 달리(1904~1989), 르네 마그리트(1898~1967), 메레 오펜하임(1913~1985)도 포함되어 있었다. 그들은 모두 다양한 재료와 사물을 결합하여, 보는 이들을 놀라게 하고 혼란스럽게 만들었다. 달리의 1838년 작품 「바닷가재 전화기」는 붉은색의 석고 바닷가재가 수화기 위로 구부러져 있고, 마그리트의 1929년 작품 「말의 배신」은 담배 파이프를 그린 그림으로 파이프 아래에 '이것은 파이프가 아니다'라는 글귀가 적혀 있다. 오펜하임의 1936년작

「오브제」는 찻잔과 접시에 가젤 털을 덧대어 쓰다듬을 수 있지만, 한편 불온하고 기괴한 것으로 만들어놓았다.

초현실주의는 1930년대 내내 규모가 성장한, 거대한 국제적인 운동이었다. 영국 초현실주의 그룹은 1936년에 설립되었으며, 에일린 아가르(1889~1991)는 그해 런던에서 열린 첫 번째 국제 초현실주의 전시에 참여했다. 아가르의 「무정부 상태의 천사」는 마네킹의 머리에 천과 깃털을 부착한 것이다. 리본으로 눈을 가린 이 작품은 우리가 영감을 얻기 위해 외부가 아닌 우리의 내면을 보아야 한다고 제안한다. 아프리카계 쿠바인 예술가 위프레도 램(1902~1982)도 1930년대에 초현실주의자가 되었다. 1938년 파리로 이주했을 때 그는 피카소를 통해 브르통과 미로를 만났는데, '나는 가장 심오하게 그림을 그리기 시작했다. (……) 이 이상한 세계는 내 안에서 흘러나오기 시작했다'라고 당시를 회상했다.

한편 1930년대 미국과 멕시코의 예술가들은 사회적 사실주의(사회적 또는 정치적 메시지를 담은 사실주의 미술)를 추구했다. 다음 장에서 그들의 예술을 살펴보겠지만, 이 시기에 사회적 사실주의가 항상 선택의 문제만은 아니었다. 1922년부터 1991년까지 러시아의 새 이름이었던 소련(소비에트 연방)에서는 1934년에 사회적 사실주의가 국가의 공식 미술 양식이 되었다. 예술은 쉽게 이해할 수 있어야 했고, 확고한 민족주의와 집단적 소유권 및 노동에 관한 공산당의 신념을 홍보해야 했다. 정신을 고양하는 구상적 양식만 허용되었고, 다른 모든 예술 형식은 금지되었다. 베라 무키나(1889~1953)의 거대한 조각상 「산업 노동자와 집단농장 소녀」는 소련의 사회적 사실주의의 한 예이다. 철판으로 만들어진 이상화된 남성과 여성은 작업 도구인 망치와 낫을 들고 앞으로 나아간다. 이 도구들은 새로운 소련 국기의 상징으로 선정된 것이다. 25미터

베라 무키나의 거대한 철제 조각 「산업 노동자와 집단농장 소녀」. (1937년 파리 만국박람회)

높이의 이 조각상은 거대한 선전 조각이었다. 1937년 파리에서 열린 만국박람회에서 소련 국가관을 돋보이게 했고, 이후에 모스크바에서 대중에게 공개되었다.

독일에서도 근대 미술과 전위예술이 위협을 받고 있었다. 1937년 아돌프 히틀러의 나치당은 '퇴폐미술'이라는 전시회를 개최했다. 전시 위원회는 단 3주 만에 100개가 넘는 미술관으로부터 무려 1만 7,000점의 예술 작품을 압수했다. (이 작품들은 반환되지 않았고 상당수가 폐기

되었다.) 650점 이상이 '퇴폐미술' 전시회 작품으로 선정되었고, 전시회는 독일을 순회하며 300만 명이 관람했다. 이 전시회는 전위예술이 얼마나 변질되었는지, 그리고 도덕적으로 훼손되었는지를 보여주고자 기획된 것이었다. 나치는 신체를 왜곡하거나 개인의 시각을 보여주는 모든 예술을 싫어했다. 전시에는 100명 이상의 예술가가 포함되었고, 그중에는 키르히너와 마르크 등 독일에서 성장한 표현주의 예술가도 다수 포함되어 있었다. 피카소, 몬드리안, 칸딘스키의 작품도 전시되었다. 전시회의 벽은 예술을 비난하는 구호와 문구로 뒤덮여 있었다.

'퇴폐미술' 전시회는 한 쌍의 전시회 중 하나였다. 이보다 하루 앞서 열린 '독일미술대전'에는 신고전주의 회화와 나치가 '독일적 정서'가 가득하다고 느낀 예술 작품이 전시되었다. 이 전시회의 관람객 수는 하루 2만 명을 기록한 '퇴폐미술' 전시회의 5분의 1 수준이었다. 이 전시회가 나치의 성공이었을까, 아니면 '퇴폐적인' 예술가들의 성공이었을까? 방문객의 반응은 작품에 침을 뱉는 사람부터 반복해서 찾아오는 이들까지 다양했다. 회흐는 심지어 네 번이나 이 전시를 보았다. 이 전시회는 지금까지 개최된 근대 미술 전시회 중 관람객이 가장 많이 방문한 전시회로 남아 있다.

같은 해 파리에서 열린 1937년 만국박람회에 독일 국가관이 공개되었다. 거대한 금빛 독수리가 우뚝 솟은 근엄한 석회암 건축물이었다. 웅장한 건축의 깔끔한 전면은 소련 국가관과 무키나의 구상 조각을 마주하고 있었다. 이들 사이에는 에펠 탑이 평화의 수호자처럼 우뚝 솟아 소련의 공산주의 정권과 나치 제3제국을 갈라놓고 있었다. 그에 비해 스페인 국가관은 아주 낮은 모더니즘 건물로, 온통 유리와 공기로 이루어졌다. 이곳에는 미로와 피카소의 정치색이 강한 두 점의 대작이 걸렸는데, 스페인 정권이 시민전쟁에 대한 응답으로 두 예술가에게 의뢰한 것이었다. 시민전쟁은 프랑코 장군이 이끄는 우익 민족주의자들의 군사 반란으로, 여전히 스페인 내부에서 격렬히 벌어지는 중이었다. 1937년 4월 26일, 나치와 이탈리아 파시스트들은 프랑코를 도와 바스크족 마을 게르니카를 폭격해 민간인 수백 명을 살해했다. 피카소의 대응은 「게르니카」라는 잔인한 그림이었다. 폭이 거의 8미터에 이르는 이 작품은 전체가 흑백으로 그려졌는데, 뉴스 필름 영상의 크기와 색감을 따른 것이다. 이 작품은 공습 폭격을 불덩이와 비명을 지르는 여인과 동물, 죽은 아이들과 쓰러진 군인들이 있는 입체파적 악몽으로 바꿔놓았는데, 이후에는 유럽과 미국을 순회하며 거대한 반전 성명이 되었다.

CHAPTER 33

자유의 땅?

1933년, 프리다 칼로는 거대한 벽화를 그리고 있는 남편 디에고 리베라를 바라보고 있다. 그는 디트로이트 미술관에 디트로이트 자동차 조립 공장과 노동자들을 그리는 중이다. 칼로와 리베라는 둘 다 멕시코인이지만 미국에 온 지 3년이 되었다. 리베라는 미국 전역에서 벽화를, 칼로는 강렬한 자화상을 그린다.

칼로는 리베라를 처음 만났던 때를 기억한다. 1922년이었고 리베라는 멕시코시티에 있는 칼로의 학교 강당 벽에 벽화를 그리고 있었다. 리베라는 서른여섯 살이었고 파리에서 막 돌아온 때였는데, 파리에서는 피카소와 어울리며 화가로서 이름을 알렸다. 리베라가 해외에 있는 동안 멕시코는 어려운 시기를 겪었지만, 새로운 사회주의 정부가 멕시코 국민의 권리를 옹호하고 리베라 같은 예술가들을 고용하여 변화에 영감을 불어넣었다. 리베라는 멕시코의 벽화 화가 중 한 명으로 지역 역사의 감동적인 이야기로 공공건물의 벽을 덮어 새로운 국가 정체성을 확립하는 임무를 맡고 있었다. 벽화 화가들은 자신들이 문화혁명을 일으킬 수 있다고 믿었고, 리베라는 식민지 시대의 건물과 유럽의 영향보다는 아즈텍 사원, 콜럼버스 이전의 조각품, 멕시코 노동자들을 그렸다.

칼로는 학교 강당의 임시로 만든 비계 위에서 작품 「창조」속의 거대한 인물을 그리던 리베라를 기억하지만, 리베라는 숨어 들어온 칼로를 보지 못했다. 강당은 학생들의 출입이 금지된 곳이었지만 칼로는 개의치 않았다. 그녀는 열다섯 살이었고 아직 학교에 다니고 있었으며, 카우보이모자에 작업복을 입은 이 커다란 남자에게 흥미를 느꼈다. 칼로는 리베라가 개구리처럼 생겼다고 생각했다. 그날 그녀는 리베라의 점심 음식을 일부 훔쳤다. 그녀는 그가 그림 그리는 모습을 보기 위해 자주 강당으로 돌아왔지만, 3년 후 버스 사고로 크게 다치기 전까지 그녀는 본격적으로 그림을 시작하지 않았다. 1928년 한 파티에서 칼로는 리베라를 다시 만났고, 둘은 나이 차이에도 불구하고 사랑에 빠져 결혼했다.

이제 칼로는 자기 일로 돌아가려고 떠나기 전, 디트로이트의 비계 위 높은 곳에 있는 리베라를 마지막으로 바라본다.

❋

디에고 리베라(1886~1957)가 「디트로이트 인더스트리 벽화」를 완성하는 동안 프리다 칼로(1907~1954)는 「멕시코와 미국의 국경선 위에 서 있는 자화상」을 그렸다. 그녀는 바닥에 닿는 길이의 분홍색 드레스를 입고 두 개의 대조적인 장면 사이에 서 있다. 그녀의 오른쪽에는 영적 조상이 풍부한 멕시코의 비옥한 땅이 있다. 왼쪽에는 포드 자동차 공장에서 뿜어져 나오는 매연 뒤로 성조기가 희미하게 보이는 산업화된

프리다 칼로의 「멕시코와 미국의 국경선 위에 서 있는 자화상」(1933년)

미국이 있다. 그녀는 멕시코 국기를 들었고, 멕시코 땅에서 자라는 사막식물의 깊은 뿌리는 그녀 자신의 소속감을 상징한다. 칼로는 리베라와 함께 미국에서 활동했지만 그녀의 마음, 이 두 사람의 마음은 멕시코에 머물러 있었다.

열여덟 살에 버스 사고를 당한 후 칼로는 평생 동안 매일 고통에 시달렸다. 허리, 골반, 오른쪽 다리, 발이 모두 다중 골절이었고 그녀는 몇 개월씩 계속 깁스로 몸을 감싸고 있었다. 처음 다쳤을 때 그녀의 어머니는 칼로가 침대에 누워 그림을 그릴 수 있도록 특수한 이젤을 만들어주었다. 그녀는 주로 자신의 감정과 직접적으로 연결되는 강렬한 자화상을 그렸고 종종 부서진 자기 몸을 투영했다. 때때로 팔다리를 감싸는 동맥이 달린 심장을 그리거나 그리스 신전의 부서지고 무너져 내린 기둥처럼 자신의 척추를 그렸다. 또 다른 작품에서는 자기 눈에서 눈물이 뚝뚝 떨어지거나 자기 몸이 피투성이거나 혹은 화살을 맞아 상처를 입은 모습이다. 그녀는 작품에 자신의 감정을 표현하는 것을 주저하지 않았지만, 사람들이 자신을 동정하는 것도 절대로 원하지 않았다. 그들의 생전에는 리베라가 더 성공한 유명인이었지만, 오늘날 우리에게 더 큰 울림을 주는 것은 칼로의 작품에 담긴 감정의 불이다.

1931년에 새로 개관한 뉴욕 현대미술관에서 리베라의 업적을 되돌아보는 대규모 회고전이 열렸다. 미국인들은 그의 작품을 사랑했다. 그의 작품은 유럽에서 미국으로 유입된 추상회화와 달리 이해하기 쉬웠고, 리베라와 칼로는 유명인으로 환영받았다. 같은 시기에 도로시 던(1903~1992)은 뉴멕시코에서 산타페 인디언 학교의 일부로 스튜디오 스쿨을 운영하고 있었다. 미국 원주민들이 그녀의 회화 프로그램에 초대받았고, 팝 찰리(메리나 루잔, 1906~1993)와 나중에 호세 비센테 아퀼라(수아 핀, 1924~) 등이 포함되었다. 던은 무거운 윤곽선과 평면적인 색면이 있는 특정 회화 양식을 가르쳤다. 학생들은 아이디어와 주제에 있어 고유의 문화유산을 탐구하도록 장려되었다. 이 학교의 예술가들은 모두 비슷한 방식으로 그림을 그리는 위험을 감수했지만, 일부 졸업생은 스튜디오 스쿨이 중요한 디딤돌이었다고 찬사를 보냈다. 이곳은 그들이 자신의 문화적 전통에 자부심을 가질 수 있게 해주었다. 이들의 작품은 또한 폭넓은 대중문화에 영감을 주었다. 만화가이자 영화 제작자였던 월트 디즈니는 이 학교를 방문하고 환상적인 숲속을 뛰어다니는 다리가 긴 말과 사슴을 그린 찰리의 작품에 매료되었다. 디즈니는 찰리의 수채화 한 점을 구입했고, 1942년에 제작된 만화영화 「밤비」는 찰리의 작품 덕을 크게 보았다.

리베라는 1933년에 거대한 「디트로이트 인더스트리 벽화」를 완성했다. 그는 이 벽화가 자신의 작품 중 최고라고 생각했다. 2만 달러에 달하는, 그가 받은 의뢰 중 가장 큰 작품이었고 디트로이트에 있는 포드 자동차 조립 공장 설립자의 아들인 에드셀 포드가 그 비용을 지불했다. 작품의 주제는 세계에서 가장 큰 포드 가문의 자동차 공장이었다. 리베라는 작업복과 납작한 작업 모자를 쓴 노동자들이 공장 바닥에서 자동차 부품을 가공하는 동안 윙윙거리며 돌아가는 우뚝 솟은 회색 강철 기계를 그렸다. 넥타이를 매고 웃지 않는 남자들이 생산 과정을 감독하며 클립보드에는 진행 상황이 기록된다. 좌파 리베라의 동정심이 누구에게 있는지는 분명하다. 물론 높은 사람들에게는 아니었다.

리베라는 미국에 온 지 3년이 되었고, 이 기간에 포드 공장의 근로자 수는 절반으로 줄어들고 급여도 절반으로 줄었다. 대공황이 영향을 미치면서 디트로이트에서의 시위행진은 경찰의 총격으로 이어졌다. 미국은 제1차 세계대전 중 주요 해외 투자국이 되었고, 그 결과 경제가 호황을 누렸다. 제조업 분야에서 세계를 선도하며 초강대국이 되었다. 그러나 1929년 '월스트리트 대폭락'으로 알려져 있듯이, 미국 증권거래소는 붕괴했고 제조업이 급격히 둔화했다. 리베라가 「디트로이트 인더스트리 벽화」를 완성할 무렵 미국의 경제는 바닥을 치고 있었다. 대량 실직으로 수백만 명이 극심한 빈곤에 빠지자 정부는 구조 프로그램과 개혁에 나서야 했다. 농촌의 어려움에 대처하기 위해 농업안정국과 같은 프로젝트가 추진되었고, 도로시아 랭(1895~1965)과 워커 에번스(1903~1975) 같은 사진가를 고용하여 기계화와 가뭄으로 땅에서 쫓겨나 캘리포니아로 이주한 농촌 가정의 운명을 기록했다.

대공황은 1930년대 미국 미술에 큰 영향을 미쳤고, 지역주의라는 이름으로 분류되는 사실적인 회화에 대한 선호로 이어졌다. 잡지들은 이것이 '진정한 미국 미술'이라고 호들갑을 떨었다. 1930년 그랜트 우드(1891~1942)의 「아메리칸 고딕」은 이 시기에 만들어진 미국의 가장 상징적인 이미지이다. 빛바랜 올 오버 작업복을 입은 남자가 반짝이는 갈퀴를 들고 우리를 정면으로 응시한다. 동그란 금속 안경이 차가운 갈색 눈을 감싸고 있고 가로로 긴 그의 입은 일자로 굳게 닫혀 있다. 그의 옆에 서 있는 여성은 일하고 있었지만 옷을 더럽히고 싶지 않은 듯 점퍼스커트를 둘렀다. 여인은 남자처럼 바라보지 않지만, 옆을 바라보며 눈살을 찌푸린다. 그녀는 마치 남자가 그녀를 책임지고 있거나 보호하고 있는 것처럼 그의 바로 뒤에 서 있다. 그녀는 그의 아내일까, 아니면 그의 딸일까? 그들의 관계는 모호하고, 그 점이 이 작품의 힘을 더한다. 우리는 그 관계를 알아내려고 계속 작품을 바라본다. 그는 무엇을 지키고 있는가? 뒤에 있는 목조 주택이 그들의 집인가? 그는 오직 갈퀴 하나로 무장한 채다. 화가는 우리에게 그들을 비웃으라는 걸까, 아니면 존중하라는 걸까? 두 사람은 1890년대의 구식 옷을 입고 있으며, 우드는 자신의 누나 낸과 지역 치과의사를 모델로 삼았다. 하지만 우드가 그들을 그린 섬세한 방식은 우리로 하여금 믿을 수밖에 없는 사실주의를 작품에 부여한다.

1930년대 미국의 기록자로서 지역주의 화가들을 넘어선 예술가가 있다. 에드워드 호퍼(1882~1967)는 마흔두 살에 전업 작가가 될 때까지 삽화가로 일했다. 호퍼는 영화와 연극을 좋아했고 그의 작품에는 영화 포스터를 디자인했던 초기 훈련의 흔적이 남아 있는데, 그것은 작품의 배경을 무대 세트처럼 만든 다음 등장인물을 놓는 방식이다. 호퍼의 1939년작 「뉴욕 극장」에는 한 무리의 사람들이 어두운 극장에 앉아 흑백영화를 보고 있다. 옆 복도에는 짙은 남색 재킷과 바지를 입은 여성 안내원이 벽에 기대어 하이힐을 신은 발의 무게를 덜어내고 있다. 그녀는 영화가 끝나기를 기다리며 출구 옆에 서서 풀이 죽은 얼굴로 생각에 잠겨 있다. 호퍼는 그녀의 지루함과 외로움을 포착하고 증폭시켜 이제 도시 전체, 국가 전체의 외로움같이 느껴지게 한다.

호퍼는 1930년대에 엄청난 성공을 거두었다. 대공황은 미국의 진정한, 사실적인 예술에 대한 열망을 불러일으켰다. 케이프 코드 등대와 시골 주유소부터 비좁은 뉴욕의 아파트와 심야 카페에 이르는 호퍼의 세계는 폭넓은 인기를 얻었다. 주요 미술관에서 그의 작품을 구매했고 전시회를 열었다. 그는 빛이 벽을 비추거나 어두운 창문에 반사되는 것 같은 일상의 아름다움을 포착했지만, 궁극적으로는 근대 미국인의 커져가는 소외를 드러냈다.

제이콥 로렌스(1917~2000)는 제1차 세계대전에 뿌리를 두고 1970년까지 이어진 대공황의 또 다른 측면을 기록했다. 흑인 대이동으로 600만 명의 아프리카계 미국인이 공장 일자리에 대한 희망이나 가능성을 믿고 남부의 농촌에서 디트로이트와 뉴욕 같은 북부의 산업도시로 이주했다. 가뭄과 질병은 농작물을 망쳤고, 결과적으로 가난한 소작농들의 생계가 파괴됨으로써 이러한 이주를 더욱 가속시켰다. 1940년 로렌스는 계속되는 이주와 관련한 60점의 패널화를 그리기 시작했다. 작품을 동반하는 설명문은 대이동의 이유와 고된 여정을 떠난 사람들의 경험을 기록했고, 북부에서 벌어진 린치와 새로운 차원의 차별에 대한 보고서도 포함했다.

로렌스는 아프리카계 미국인이었고 할렘 르네상스 시기에 뉴욕의 할렘에서 성장했다. 할렘 르네상스는 불평등과 차별에 대해 커져가는 인식과 더불어 흑인들의 삶에 대한 자부심을 결합한 것으로서 예술 전반에 걸쳐 창의적인 흑인들의 재능이 분출된 것이었다. 1930년대에 할렘은 남부 출신의 많은 가족을 끌어모은 동네였다. 로렌스는 그들의

'북상'에 대한 이야기를 들었고 그것을 회화로 응답했다. 그가 묘사한 드문드문한 배경과 빈 그릇들은 대부분 가족이 원해서가 아니라 강제로 떠나야 했음을 상기시켜준다. 익명의 검은색 인물들은 빨강, 노랑, 청록과 초록의 밝은색 옷을 입었다. 그들을 개개인으로 인식할 수 없으므로 이 이야기는 모든 이주자, 집단적 여정에 관한 것이 된다. 백인은 거의 등장하지 않지만, 등장하더라도 권력의 위치에 있거나 인종차별적 학대에 연루되어 있다.

'흑인 대이동' 연작은 저항적인 내용임에도 1941년 뉴욕의 에디스 핼퍼트 갤러리에서 전시되었을 때 호평을 받았다. 안타깝게도 이후 이 연작의 홀수 번호 패널은 워싱턴DC의 필립스 컬렉션에, 짝수 번호 패널은 뉴욕 현대미술관에 소장되어 나뉘게 되었다. 지금은 전시회를 위해 이 패널들이 정기적으로 다시 모인다.

또 다른 예술가들은 사회문제에 등을 돌리고 광활한 미국의 대자

제이콥 로렌스의 '흑인 대이동' 연작 중 1번 패널.(1940~1941년)
제1차 세계대전 동안 남부의 아프리카계 미국인들은 북부로 대이동을 감행했다.

연을 더 선호했다. 조지아 오키프(1887~1986)는 시카고와 뉴욕에서 공부했고, 그녀의 초기 작품은 이제 막 지어지기 시작한 도시의 고층 빌딩을 그린 것이었다. 하지만 기차를 타고 뉴멕시코를 처음 여행했을 때 그녀는 '그때부터 나는 항상 돌아가는 길이었다'라고 말했다. 그녀는 매년 뉴멕시코 주의 꽃과 풍경을 그리며 시간을 보냈고, 종종 거대한 크기로도 그렸다. 오키프는 새로운 성장, 번식, 그리고 쇠퇴에 이르는 자연의 순환에서 영감을 받았다. 1935년 작품「양의 머리 - 하얀 접시꽃 - 리틀힐스, 뉴멕시코」에는 동물의 머리뼈가 고대 부적처럼 산 위에 떠 있다. 한편 아이리스와 양귀비꽃을 연구한 작품은 감각적인 겹주름이 가득하다. 그녀는 1945년에 어도비라고 불리는 작은 주택을 사들여 타오스 근처의 고스트랜치에서 살았다. 그녀는 다른 화가에게 보낸 편지에 자기 작업실에서 보이는 풍경을 '북쪽으로는 분홍색 대지와 노란 절벽. 이른 아침 라벤더 빛 하늘에는 곧 지는 흐릿한 보름달'이라고 묘사했다. 그녀는 아흔아홉 살의 나이로 사망할 때까지 이 건조한 사막의 풍경에 푹 빠져 살며 작업했다.

CHAPTER 34

전쟁의 여파

1943년, 바버라 헵워스는 「타원형 조각」을 자기 뒤에 있는 집 안의 작업실로 옮기려는 참이다. 그녀는 콘월의 카비스베이에 있는 자기 집 정원에서 이 작품을 제작하고 있다. 멀리 바닷가 마을 세인트아이브스가 보이고, 그 아래로는 초록빛으로 반짝이는 바다가 보인다. 「타원형 조각」은 4년 전 전쟁이 발발한 이후 완성한 첫 작품이다. 달걀 모양의 외관은 너트브라운색의 나무를 깎아 만들었고 바다에서 매끄럽게 마모된 조약돌처럼 곡선으로 휘어 있다. 헵워스는 나무에 구멍을 뚫었고 내부 공간을 흰색으로 칠할 계획이다. 그녀의 조각은 문자 그대로 자연을 재현하지 않지만, 항상 자연에서 영향을 받는다. 「타원형 조각」은 해변에 부서지는 파도의 거품, 수정의 내부, 그리고 인간의 두상을 연상시킨다.

올해 초, 전쟁 중임에도 헵워스는 자신이 태어난 요크셔에서 첫 회고전을 열었고, 지금은 웨이크필드시티 아트 갤러리에서 열릴 전시회를 준비 중이다. 하지만 돌봐야 할 아이들과 식사 준비, 해야 할 집안일과 써야 할 편지가 산더미처럼 쌓여 있다. 그래도 그녀는 계속 작업해야 한다고 생각한다. 오늘 밤 런던에 있는 남편 벤 니콜슨에게 편지를 써서 그녀가 좋아하는 종이와 물감을 더 사달라고 부탁하려 한다. 그녀는 전쟁 기간 내내 그림을 그리며 시간을 보내기 때문이다. 지금은 「타원형 조각」을 집 안으로 옮기고, 세쌍둥이가 학교에서 돌아오면 유모를 만나러 가야 한다.

※

전쟁 전 바버라 헵워스(1903~1975)와 벤 니콜슨(1894~1982)은 런던 북부의 햄프스테드에서 함께 살았다. 이곳은 나움 가보(나움 네에미아 페브스너, 1890~1977)와 몬드리안을 포함한 예술가의 집단 거주 지역의 일부였다. 니콜슨과 가보는 단명했던 잡지 〈서클〉을 발행하여 유럽의 구성주의 예술가들을 지원했다. 창작자들에게 제약이 점점 더 심해지는 러시아와 독일에서 탈출한 예술가들에게 런던은 안식처가 되어주었다. 구성주의자들은 모두 기하학과 추상을 사용해 작품을 제작했다. 가보의 투명한 플라스틱 조각은 철사로 매달아서 작품 내부의 공간을 강조했고, 니콜슨은 원과 정사각형의 흰색 부조를 만들었다. 헵워스는 1930년대에 구성주의와 추상을 탐구했고, 때로는 거의 기하학적인 돌과 나무 조각을 만들었다. 헵워스는 나중에 작품에다 줄을 사용하기도 했다. 하지만 그녀는 모자 관계를 암시하는 유기적이고 둥근 형태 혹은 자연에서 온 사물을 조각하는 더욱 본능적인 방식으로 계속 돌아갔다. 이러한 감수성은 그녀와 마찬가지로 햄프스테드 인근에 살았던 또 다른 요크셔 조각가 헨리 무어(1898~1986)와 정서적으로 공통점이 있었다.

1939년 제2차 세계대전이 발발하면서 많은 예술가가 런던을 떠났다. 헵워스와 니콜슨, 다섯 살짜리 세쌍둥이는 1939년 세인트아이브스로 이사했다. 그해 말에는 나움 가보와 그의 아내 미리암도 합류했다. 1880년대부터 예술가들은 세인트아이브스로 여행했고 그곳의 놀라운 빛과 창의적인 지역공동체, 외딴 지역이라는 이점을 누렸다. 이 외딴곳 덕분에 헵워스는 계속 작업할 수 있었고, 전쟁은 나무토막과 돌에 대한 접근성을 떨어뜨리긴 했지만 그녀의 주제 선택에 큰 영향을 미치지는 않았다. 전쟁이 끝난 후 그녀는 세인트아이브스의 트루윈 스튜디오로 이주했고 1975년 작업실 화재로 사망할 때까지 그곳에 머물렀다.

전쟁이 시작될 무렵 프랜시스 베이컨(1909~1992)은 영국 남부에 있는 비데일즈 학교 부지에 있는 오두막으로 거처를 옮겼다. 블리츠 공습의 먼지가 그의 천식성 폐를 손상시켰지만 1943년에는 런던으로 돌아올 수 있었다. 그는 이전에 라파엘 전파 화가 밀레이가 살았던 집의 1층 방을 빌렸다. 베이컨은 오래된 당구실을 작업실로 바꾸고 이듬해에 「십자가 책형을 위한 세 개의 습작」을 완성했다. 가운데 패널에는 눈이 멀어 날지 못하는 새가 얼굴을 찡그리고 있다. 오른쪽에는 괴물 같은 생명체가 선명한 주황색 하늘을 향해 비명을 지르고, 왼쪽에는 세 번째 형체가 테이블 위에 웅크리고 있다. 마치 세상이 미쳐버린 것처럼 이 혼성적 형태는 인간을 동물로 만들어버렸다.

베이컨은 1945년 르페브르 갤러리에서 「세 개의 습작」을 선보였다. 이것은 용감한 결정이었다. 당시 베이컨은 잘 알려지지 않았고 이 작품은 분노와 고통, 슬픔 등을 참을 수 없어서 표출하는 거친 외침이었다. 비평가 레이먼드 모티머는 베이컨의 작품이 '예술 작품이라기보다는 분노의 상징'이라고 불평했다. 베이컨은 이에 굴하지 않았고 당대의 가장 강력한 구상화가가 되었다. 비명을 지르는 교황과 소외된

제르멘 리시에의 청동 조각 「사마귀」.(1946년)

인물들은 이들을 유혹하는 물감의 맹공격을 받아 얼굴과 몸에서 액체가 흘러내렸다. 관람객들은 베이컨의 회화가 20세기의 잔인함과 익명성을 신랄하게 표현한다고 생각했다.

베이컨은 종종 선을 사용해 인물을 가두거나 투옥하는 것처럼 인물 주위에 새장이나 '공간의 틀'을 그려 넣었다. 조각가 제르멘 리시에(1902~1959)도 인물을 제어하고 활성화하기 위해 일종의 공간의 틀 형식을 사용했다. 얇은 금속 막대가 손목과 발, 무릎과 손가락을 연결하고 그 사이의 공간에 활력을 불어넣었다. 전쟁 전에 리시에는 파리에서 전통적인 조각 공방을 운영했지만 1940년대에 그녀의 작품에 큰 변화가 생겼다. 인물은 두꺼비와 박쥐로 변했고, 나무껍질이 인물의 정강이를 기어오르는 모습으로 바뀌었다. 1946년 작품 「사마귀」처럼 여인의 팔과 다리가 곤충의 포식 자세를 취하면서 구부러졌다 펴지는 등 그녀의 조각은 변신의 순간을 포착했다. 리시에는 어린 시절에 들었던 변신과 신화 이야기를 떠올린 것일까, 아니면 전쟁에 대한 보다 즉각적인 반응이었을까? 그녀의 인물들은 필사적으로 현실에서 벗어나기 위해 곤충과 새로 변신한 것일까?

제2차 세계대전과 나치 강제수용소의 충격적인 발견 이후 인류는 한계점에 다다랐다. 여전히 유럽의 문화 수도로 여겨지는 파리에서 예술가들은 이러한 박해와 파괴 속에서 예술이 무엇일 수 있는지에 대해 질문을 던졌다. 1943년에 출간된 장 폴 사르트르의 『존재와 무』는 실존주의에 대한 탐구였다. 실존주의 철학은 각 개인이 자신의 행동과 삶에 의미를 부여하는 데 책임이 있다는 생생한 경험을 강조했다. 제2차 세계대전 같은 장기간의 트라우마를 겪은 후 실존주의는 파리 사람들이 자신의 삶을 탐색하는 방식이 되었다. 나는 왜 이곳에 있는가? 그들은 물었다. 나의 목적은 무엇인가?

조각가 알베르토 자코메티(1901~1966)는 입체파이자 초현실주의자였지만 전쟁 이후 그의 조각상은 뼈대만 남게 되었다. 마치 사람이 길게 늘여져 거의 부러질 것처럼 울퉁불퉁한 관절과 길쭉한 목을 갖게 되었다. 이것이 남아 있는 전부이며 이것이 인류의 실존적 핵심이라고 말하는 것 같다. 장 포트리에(1898~1964)는 전쟁 동안 파리 외곽의 정신질환자 진료소 터에 작업실을 마련했다. 그가 프랑스 저항군으로 활동한다고 믿는 독일군을 피해 그곳에서 숨어 지내고 있었다. 주변 숲에서는 독일 점령군에게 고문당하고 살해당하는 포로들의 비명이 들렸다. 이러한 기억은 1945년에 처음 전시된 그의 '인질' 연작 회화와 조각에 영향을 주었다. 그는 유화물감을 두꺼운 반죽으로 개어 상처 입은 살처럼 보이도록 그렸다. 참수된 머리는 피투성이가 된 바닥 위에 굴러다니고, 얼굴은 눈이 없고 기형적이며 잔인한 전쟁의 희생자들이다. 1942년에 제작된 「대형 비극적인 머리」 같은 그의 청동 조각은 폭탄이 터져 얼굴 절반이 잘려나간 듯한 부상병의 모습을 떠올리게 한다.

유럽의 예술가들은 전쟁의 공포와 잔인함에 각기 다른 방식으로 반응했다. 장 뒤뷔페(1901~1985)는 아동미술, 독학했거나 정신병원에 있는 사람들의 미술에서 영감을 받았다. 뒤뷔페는 이를 '아르 브뤼'라고 불렀고 '예술적인 문화의 손길이 닿지 않은' 예술로 보았다. 뒤뷔페는 훈련된 예술가들은 전쟁의 잔혹함을 뛰어넘을 수 없다고 생각했지만, 주류 밖에서 생산된 예술을 보면서 '모든 것이 가능하다. (……) 검증된 문화적 길 바깥에는 수백만 가지의 표현 가능성이 존재한다'라고 느꼈다. 전쟁이 끝난 후 그는 아르 브뤼의 사례를 수집했다. 색연필로 여성 왕족의 분주한 환상을 그린 알로이즈 코르바스(1886~1964) 같은 병원의 환자들과, 파리의 코르크 공장에서 일하면서 코르크를 조각한 호아킴 비센스 지로넬라(1911~1997) 같은 아마추어 예술가들을 방문했다. 100명의 예술가가 만든 1,200여 점의 작품으로 구성된 뒤뷔페의 소장품 전부는 1951년에 미국으로 보내졌고, 이후 10년간 미국 예술가들이 많이 보러 왔다.

전쟁 후 뒤뷔페 자신의 작품은 아르 브뤼와 그라피티에서 영감을 받았다. 그는 「글자가 새겨진 벽」(1945년)에 구호와 만화로 뒤덮인 더러운 콘크리트 벽을 그렸다. 팔을 양 옆구리에 고정하고 고개를 옆으로 돌린 단순화된 인물은 구호를 읽기 위해 멈춰 서서 벽 자체의 일부가 된다. 다른 작품들에서 뒤뷔페는 물감을 긁어 프랑스 문학가들의 캐리커처를 창조했다. 그는 어린아이의 타고난 시각 방식을 재현하여 거대한 머리를 그리고, 다리와 발같이 관심이 덜한 부분은 축소해서 그렸다.

제2차 세계대전은 1942년 일본이 다윈과 오스트레일리아 북부를 폭격하면서 오스트레일리아에 직접적인 영향을 미친 최초의 전쟁이었다. 이때까지 식민지 시대의 오스트레일리아 미술은 해안을 따라 늘어선 도시를 중심으로 이루어졌다. 그러나 전쟁이 끝난 후 이곳 예술가들은 점점 더 오스트레일리아 내륙으로 눈을 돌렸고 원주민의 풍경에 몰입하기 시작했다.

오스트레일리아는 1788년부터 영국의 식민지가 되었지만, 원주민과 토레스 해협의 섬 주민들은 5만 년 이상 오스트레일리아 대륙에서 살아왔다. 그들의 예술은 수천 년에 걸쳐 진화했고, 각 그룹은 자신들만의 독특한 디자인을 발전시켰다. 바위 돌출부와 은신처에 처음 그려진 이 디자인은 의식용 신체 미술과 모래 위에 그린 거대한 일시적 바다 그림에도 사용되었다. 나선, 원, 선은 종종 수많은 점으로 연결되어 마치 생명체의 맥박이 뛰는 것처럼 보이기도 했다. 오스트레일리아 원주민들은 땅이 자신들을 소유하고 있다고 믿는데, 이는 토지소유권에 대한 서양의 생각과 대조적인 관점이다. 땅에 대한 권리를 주장하는 대신 땅과 하나가 되는 것이었다. 그들의 그림은 서양인의 눈에 추상적으로 보일 수 있지만, 그들의 창조 이야기에 표현되어 있듯이 대지와의 깊은 유대감에 뿌리를 두고 있다. 이 이야기는 오늘날 '드리밍Dreaming'이라는 개념으로 알려져 있다.

마가렛 프레스턴(1875~1963)은 1930년대와 1940년대에 걸쳐 원주민 예술이 오스트레일리아의 진정한 예술적 유산으로 인정받도록 캠페인을 벌였다. 프레스턴은 시드니에 살았지만, 식민지 시대의 식민 개척자들의 예술을 우선시하는 시드니 예술계의 지배적인 시각을 거부했다. 그녀는 많은 원주민 공동체를 여행하고 그들의 예술이 오스트레일리아 예술의 국가 정체성을 구축하는 데 중심이 되어야 한다고 생각했다. 그녀 자신의 작품에는 아시아, 원주민, 유럽 미술이 제공하는

시드니 놀런의 「네드 켈리」.(1946년)

    다양한 시각을 바탕으로 1942년에 그린 「숄헤이븐 강 위를 날다」와 같은 역동적인 풍경을 담았다.

    프레스턴이 원주민 예술을 진지하게 받아들이도록 캠페인을 벌이는 동안 앨버트 나마트지라(1902~1959)와 같이 서양미술을 배운 몇몇 원주민 예술가도 있었다. 그의 광활한 수채 풍경화는 오스트레일리아의 건조하고 뜨거운 내륙 지역을 보여주며 큰 인기를 얻었다. 하지만 1970년대에 이르러서야 전통적인 원주민 예술이 캔버스에 그려졌고 전 세계로 수출되기 시작했다. 오스트레일리아 원주민들 사이에서는 이런 방식으로 이야기를 공유하는 것이 '드리밍'을 약화시킬 것이라는 우려도 있었다. 그러나 이전에 단발성 디자인에 종사했던 많은 예술가가 이제 새로운 영구적인 작품을 제작하게 되었다. 가장 정교한 점화點畫 중 하나는 현재 캔버라의 오스트레일리아 국립미술관에 소장된 클리퍼드 포섬 자팔자리(1932~2002)의 1977년 작품인 「워루굴룽」이다.

시드니 놀런(1917~1992)과 같은 비원주민 오스트레일리아인은 오스트레일리아의 식민지 역사를 탐구했다. 1946년 그는 악명 높은 19세기의 무법자로서 이단 종교의 영웅이 된 네드 켈리의 삶을 다룬 연작을 시작했다. 켈리는 직접 만든 방탄복을 입고 경찰과 대치한 끝에 1880년 마침내 체포되었다. 놀런은 전체 연작에 걸쳐 켈리에게 갑옷을 입히고 헬멧을 새로 씌웠는데, 평평한 검은색 사각형이 밝은 풍경과 대비를 이루게 되었다. 이 헬멧은 우리가 제31장에서 보았던 말레비치의 추상화 「검은 사각형」처럼 생겼다. 이제는 서양 추상에서 가장 쉽게 알아볼 수 있는 이미지이다. 하지만 이 사각형은 사방으로 펼쳐진 오스트레일리아의 광활한 풍경을 담을 수 없었다. 놀런은 추상이 시야를 제한한다고 말하는 듯하다.

제2차 세계대전은 전 세계적인 대격변이었다. 1945년에 전쟁이 끝났을 때 오스트레일리아 같은 일부 국가는 회복되었지만 유럽은 파산했고, 불과 몇 년 만에 뉴욕은 처음으로 서양미술의 중심지가 되었다.

CHAPTER 35

미국 미술의 성장

1947년, 조각가이자 판화가인 엘리자베스 캐틀렛이 멕시코시티의 인민 그래픽 아트 워크숍에서 새로운 연작인 '흑인 여성'을 바라보고 있다. 캐틀렛은 지난해에 이 연작을 제작하기 위해 세계적으로 잘 알려진 이곳 센터를 방문했다. 그녀는 멕시코인이 아니라 아프리카계 미국인이다. 몇 년 전 시카고를 방문하여 그곳의 예술가들이 사회 변화에 이바지하는 작품을 제작하는 것을 경험한 후 캐틀렛은 정치적인 주제의 작품을 만들기 시작했다. 시카고의 예술가들은 아프리카계 미국인들이 여전히 직면하고 있는 어려움을 보여주고자 했다. 그녀는 그들 중 한 명인 찰스 화이트와 결혼했고 6년 동안 함께 작업했다. '예술은 민중에게서 나오고 민중을 위한 것이어야 한다. (……) 예술은 질문에 답하거나, 누군가를 일깨우거나, 올바른 방향으로, 즉 우리의 해방을 향해 힘껏 힘을 실어줘야 한다'라고 그녀는 생각했다.

캐틀렛의 판화 열다섯 점은 이 책의 삽화와 같은 리노컷이다. 그녀는 나무판을 깎아내는 대신 예술가들이 훨씬 저렴하고 빠르게 사용할 수 있는 바닥재인 리놀륨을 잘라 판화를 만들었다. 그녀는 인물의 효과를 극대화하고자 단순한 구도를 사용했다. 네 명의 여성이 '유색인종 전용'이라는 표지판 뒤로 버스에 앉아 있다. 또 다른 판화에는 한 남성이 목에 밧줄이 감긴 채 죽어 있고 그 위에 세 명의 남성이 매달려 있다. 캐틀렛은 판화에 개별 제목을 부여해 흑인 여성들이 직면한 불평등의 이야기를 전달한다. 그것은 「난 특별한 예약을 했어요」에서의 버스 안의 사회적 차별부터 「그리고 사랑하는 이들에 대한 특별한 두려움」에서의 남편, 남자 형제, 아버지들의 잔인한 죽음에 이른다.

이제 캐틀렛은 이 연작의 다섯 번째 작품인 「나는 세상에 내 노래를 주었다」를 살펴보고 있다. 한 여인이 기타 위로 몸을 숙이고 있는데 그녀의 얼굴에는 슬픔이 담겨 있다. 캐틀렛은 기타의 가장자리를 파란색으로 찍어 이 여인이 블루스를 연주하고 있음을 암시한다. 그녀에게는 그럴 이유가 있다. 그녀 뒤에 떠다니는, 푸른색으로 찍힌 기억들은 불타는 십자가와 흑인 남성을 보여주는데 쿠 클럭스 클랜KKK의 특징인 후드 복장을 한 백인 남성에게서 곤봉으로 맞고 있다.

※

엘리자베스 캐틀렛(1915~2012)은 워싱턴 DC에서 자랐고, 당시에는 전문적으로 활동하는 아프리카계 미국인 여성 예술가가 거의 없었음에도 예술가가 되기를 원했다. 당시에는 인종차별이 있었고 남부에서 아프리카계 미국인은 미술관 같은 장소에 출입이 금지되었다. 캐틀렛은 미술관이 일반에 공개되지 않을 때 자신이 뉴올리언스에서 가르치던 흑인 미술 학생들을 미술관에 데려가는 방식으로 그러한 차별을 우회했다. 그녀는 '흑인 여성' 연작의 마지막 작품 제목에 자신의 목표

엘리자베스 캐틀렛의 리노컷 「나는 세상에 내 노래를 주었다」.
('흑인 여성' 연작 중에서, 1946~1947년)

를 드러냈다. 그것은 「나의 권리는 다른 미국인들과 동등한 미래이다」였다.

모든 아프리카계 미국인 예술가들이 이렇게 직접적인 소통을 위해 예술을 사용하지는 않았다. 노먼 루이스(1909~1979)는 자신이 살던 뉴욕 할렘의 번화가에 반응하며 자신의 작품을 추상으로 이끌어갔다. 1950년작 「대성당」은 검은색의 치밀한 격자 모양으로 사이사이에 소용돌이, 점, 물결무늬가 산재한다. 흰색, 파란색 및 노란색의 작은 조각으로 강조된 따뜻한 붉은빛이 반짝인다. 「대성당」은 스테인드글라스 창문처럼 보이기도 하고, 뉴욕의 우뚝 솟은 고층 빌딩과 연립주택 건물의 창문에 반사된 햇빛처럼 보이기도 한다.

루이스는 추상표현주의자로 알려지게 된 일군의 뉴욕 예술가들 중 한 명이었다. 1946년 한 비평가가 이들의 작품을 표현주의의 추상적 형식이라고 묘사한 이후에 그들은 추상표현주의자가 되었다. 다른 사람들은 이들의 단체를 뉴욕화파라고도 불렀다. 이 예술가들은 항상 단일한 사조는 존재하지 않았다고 주장했으며 실제로 그들은 매우 다양했다. 리 크래스너(리나 크래스너, 1908~1984)와 그녀의 남편 잭슨 폴록(1912~1956), 마크 로스코(1903~1970), 바넷 뉴먼(1905~1970), 일레인 드 쿠닝(1918~1989)과 윌렘 드 쿠닝(1904~1997)은 맨해튼 9번가 주변의 작은 갤러리에서 함께 전시회를 열기 시작했다. 이들 모두가 추상화가는 아니었다. 일레인 드 쿠닝은 의자에 앉은 남성을 그렸는데 그 주변에는 색채가 폭발했고, 윌렘 드 쿠닝은 나체의 여성을 갈라진 발굽이 있는 대머리 괴수로 변모시켰다. 그렇지만 대다수는 추상화가였다. 뉴먼은 대비되는 물감의 얇은 '열린 선'으로 분리되는 빨간색과 파란색의 수직 육면체를 그렸고, 로스코는 미묘한 색의 영역이 서로 부유하게 했다. 로스코의 캔버스는 거의 영적이다. 그의 캔버스 앞에 잠시 서면 색이 사람을 흡수하여 위로 끌어올리는 듯하다. 마치 공중에 뜨는 느낌이다.

크래스너의 작품 표면은 1947년 「추상 2」를 그릴 무렵에는 촘촘히 둘러싸인 화면과 같았다. 그녀의 작품에는 그 자체로 독특한 에너지가 있다. 「추상 2」에서 우리의 시선은 원자처럼 비행하는 빨간색과 노란색 점들을 따라가는데, 그것들을 모두 담을 수 없는 연기가 자욱한 선의 그물망 안팎으로 움직인다. 같은 해에 폴록은 바닥에 놓인 캔

리 크래스너의 「추상 2」.(1947년)

버스 위로 물감을 떨어뜨리기 시작했다. 캔버스에 손을 대지 않고 그림을 그리는 것은 그 누구도 생각하지 못한 혁신적인 방법이었다. 폭이 5미터에 가까운 두 작품, 1948년작 「서머타임 넘버 9A」와 1952년작 「블루 폴스」에는 거대한 물감의 호가 마치 서예적인 춤사위같이 리듬 있는 패턴으로 표면 위에 흩뿌려졌다.

유튜브에는 1951년 한스 나무트 감독의 영화에서 가져온, 폴록이 그림을 그리는 영상이 있다. 폴록은 입에 담배를 물고 손에 물감 깡통을 들고 있다. 그가 물감에 막대기를 반복적으로 담갔다가 바닥에 놓인 캔버스를 가로질러 뿌리면서, 자기 몸 전체를 움직여 그림 그리는 모습을 볼 수 있다. 비평가 해럴드 로젠버그는 이를 '액션 페인팅'이라고 불렀다. 폴록은 영화에서 '캔버스를 바닥에 놓으면 그림과 더 가까이, 그림의 일부가 되는 듯 느껴진다. 이 방식으로 캔버스 주위를 걷고, 사방에서 작업하고, 작품으로 들어갈 수 있다'라고 느릿하게 말한다. 사람들은 그의 캔버스를 '장field'이라고 불렀는데, 크기가 너무 커서 시야를 꽉 채우는 바람에 다른 것은 볼 수 없었던 것이다. 폴록처럼 보는 이도 작품 '안'에 있었다.

크래스너와 폴록은 1945년에 결혼했고, 크래스너는 자기 경력을 희생하면서까지 폴록의 작품을 지치지 않고 홍보했다. 지금은 폴록과 동등한 존재로 인정받고 있지만, 당시 예술가로서의 그녀의 야망은 그녀가 창조한 폴록의 신화에 압도당했다. 일찍이 1947년에 영향력 있는 미국의 비평가 클레멘트 그린버그는 폴록을 '동시대 미국에서 가장 강력한 화가'라고 극찬했고, 2년 후 잡지 〈라이프〉는 독자들에게 '그가 미국에서 가장 위대한 생존 화가인가?'라는 질문을 던졌다.

크래스너는 언제나 불리한 상황이었다. 그녀는 일레인 드 쿠닝과 마찬가지로 자의로 아이를 갖지 않았다. 이들은 아이를 낳으면 예술 창작에 더 많은 시간을 할애할 수 없음을 깨달았기 때문이었다. 예술가로서 성공적인 경력을 쌓는 것과, 혹은 아이를 갖는 것은 이들에게 냉혹한 선택처럼 느껴졌다. 남성 예술가에게는 둘 다 가능했다. 여성 예술가는 여전히 일상에서 성 편견에 직면해 있었다. 전시에서 그들은 간과되었고 출판물에도 포함되지 않았다. 크래스너는 이러한 편견을 극복하기 위해 자신의 이름을 중성적인 '리'로 줄이고 작품에는 'L. K.'라고 서명했다. 그녀는 여성이 아닌 예술가로서 자신의 장점에 근거해 평가받고 싶어 했지만, 남편의 작품만 조명한 기사에서는 종종 '폴록 부인' 또는 '결혼 전 리 크래스너'로 불렸다.

폴록은 1956년 음주 교통사고로 사망했다. 이 무렵 미국, 특히 뉴욕은 서양미술계의 중심지가 되어 있었다. 뉴욕에는 이제 가장 많은 수집가, 가장 부유한 미술관, 수많은 화상, 야망과 대담함을 지닌 다양한 예술가가 있었다. 냉전 시기에 미국 정부는 해외 전시회에서 현대 미술을 선전용으로 이용했다. 자유에 제약이 없는 이들 회화와 조각품은 공산주의가 개인의 표현을 지지하지 않았기 때문에 소련을 조롱하고자 한 것이다. 이것이 강조한 메시지는 미국 미술, 따라서 미국이 이제 주도권을 잡았다는 것이었다.

그린버그는 추상표현주의를 현대 미술과 모더니즘의 정점으로 보았다. 즉 회화가 만들어진 세계와 분리되어 색채와 평면성에만 관심 있는 순수한 회화의 형식으로 보았던 것이다. 그러나 새로운 세대의 미국인 예술가들은 바로 추상표현주의와 예술이 진공상태에 존재한다는 아이디어에 반발하여 추상이 전혀 아닌 작품을 창조하게 되었다. 재스퍼 존스(1930~)는 추상의 흔적을 사용해 평면 패턴을 그렸으며, 1954~1955년에 제작한 성조기 연작처럼 또한 일상의 의미를 지니고 있었다. 로버트 라우센버그(1925~2008)는 광고 벽보나 낡은 타이어처럼 주변에서 발견한 재료를 사용하여 현실 세계를 물리적으로 회화에 도입했다. 그는 바닥에 놓이는 캔버스 작품「모노그램」(1955~1959년)에 염소 박제를 붙이기까지 했다. 그는 이 작품들을 회화와 조각을 결합한 '콤바인 페인팅'이라고 불렀다. 나중에 그는 신문과 잡지에서 오려낸 사진을 사용하여 아메리칸드림의 상징으로서 케네디 대통령과 우주비행사를 코카콜라 상표와 함께 등장시켰다.

라우센버그는 사진을 캔버스에 옮기기 위해 실크스크린 기법을 사용했다. 캔버스 위에 스크린이라고 부르는 미세한 그물망을 내려놓는다. 그 위에 스텐실을 부착해 화면의 어떤 부분은 물감이 표면을 통과하지 못하도록 차단한다. 그런 다음 스퀴지(고무 밀대)를 사용해 물감을 스크린에 밀어 넣어 인쇄하게 된다. 앤디 워홀(1928~1987)은 스크린 인쇄의 왕이었다. 그는 자기 작품이 기계가 만든 것처럼 느껴지기를 원했다. 그는 전문가에게 유명인의 사진을 스크린 판에 옮기게 하여 은박지를 깔아놓은 자기 작업실에서 직접 인쇄할 수 있게 했다. 그는 이곳을 '팩토리(공장)'라고 불렀다. 왜 하필 유명인일까? 워홀은 화려한 명성에 매료되었고, 특히 유명한 사람들은 특별하지만 그들의 이미지는 수백수천 번 복제될 수 있다는 생각에 매료되었던 것이다. 그는 마릴린 먼로와 엘비스 프레슬리의 잘 알려진 이미지를 머리카락, 입술, 피부색에 변화를 주면서 하나의 캔버스에 여러 차례 인쇄했다. 그는 죽음에 집착했고 자동차 사고와 민권 충돌을 담은 신문의 사진을 사용하여 그 이미지의 충격이 줄어들 때까지 반복해서 사용했다.

워홀은 로이 리히텐슈타인(1923~1997) 같은 팝아트 예술가였다. 리히텐슈타인은 만화의 장면을 그렸는데, 그의 캔버스는 도널드 덕과 미키 마우스로 가득 찼다. 전투기들이 '쾅!' 하는 소리와 함께 폭발했고, 금발의 핀업 걸은 '브래드, 자기야, 이 그림은 정말 걸작이야!'라고 외쳤다. 영국의 팝아트 예술가 리처드 해밀턴(1922~2011)은 팝아트를 저비용, 대량 생산, 대중성, 재치라고 묘사했다. 이것은 '예술을 위한 예술' 경전을 표방한 그린버그의 고상한 모더니즘과는 정반대였다. 팝아트는 현실 세계에 뿌리를 둔 모두를 위한 예술이었으며, 재미있었다. 이전에는 전혀 예술로 간주하지 않았던 모든 것을 찬양했다. 미국의 광고, 만화, 캠벨 수프 캔이나 브릴로 상자 같은 일상의 소비재에 새겨진 상표를 포함해 모든 것을 찬양했다.

팝아트는 흔히 미국의 현상으로 여겨지지만, 사실 영국에서 처음 시작되었다. 1956년 해밀턴의 콜라주는 영국의 팝아트를 대표한다. 이 작품은 「오늘날의 가정을 이처럼 색다르고 매력적으로 만드는 것은 무엇인가?」이다. 잡지에서 오려낸 현대식 부부가 세련된 아파트를 차지하고 있다. 창문 밖으로 영화관이 보이고 〈영 로맨스〉 잡지의 표지가 예술 작품처럼 액자에 넣어져 벽에 걸려 있다. 러그는 의심스럽게도 추상표현주의 회화처럼 보이지만 그 위는 걷게 되어 있다. 최신 필수 가전제품과 세련된 소파에 앉은 나체 여성이 우리의 시선을 끌기 위해 다투고 있다. 건장한 보디빌더는 '팝'이라고 적힌 거대한 막대 사탕을 기울여 마치 덤벨처럼 들고 있다. 이 작품은 런던의 화이트채플 아트 갤러리에서 열린 '이것이 내일이다'라는 중요한 전시회에 전시된 작품이었다. 해밀턴의 콜라주는 전시회의 포스터로도 제작되었다.

피카소와 브라크는 제1차 세계대전 직전에 콜라주를 처음 실험했고, 다다이스트는 그 직후에 포토몽타주를 만들었다. 팝아트 예술가들은 발견한 이미지를 즐겨 사용했고, 아프리카계 미국인 추상화가 로메어 비어든(1911~1988)도 1962년 자신의 예술이 급격히 변화했을 때 콜라주를 받아들였다. 그는 흑인 거주 지역의 동시대 삶을 포토몽타주로 만들기 시작했다. 1964년 작품 「비둘기」의 번잡한 거리처럼 얼굴, 몸, 거리 시설물, 아프리카 가면들을 이어 붙였다. 그는 전시회를 위해 콜라주를 사진으로 확대한 뒤 거대한 포스터 크기로 만들어 '흑인은 예술이 주제로 삼는 현실이기보다 지나치게 추상화되고 있다'라며 추상에서 포토몽타주로의 급격한 전환을 설명했다. 그는 루이스와 함께 스파이럴 그룹을 공동 설립하여 주변에서 벌어지고 있는 흑인민권운동에 기여했다. 그는 작품을 통해 미국의 갤러리와 미술관에서 거의 보이지 않던 흑인들의 생생한 경험을 가시화하고자 했다.

팝아트는 이미지의 혼합으로서 대중문화에서 가져온 이미지들이 이제 가장 호화로운 갤러리의 벽을 장식하게 되었음을 보았다. 잡지, 신문의 연재만화, 코카콜라 병의 상표까지 팝아트 예술가들의 손이 닿지 않은 것은 없었다. 그러나 모두가 이 이미지와 색채의 거대한 폭발을 받아들인 것은 아니었다. 미니멀리스트로 알려지게 된 예술가들은 매우 다른 방향으로 예술을 해체하고 있었으며, 기계로 만든 요소와 기하학적 형태를 사용해 모더니즘 예술의 '예술을 위한 예술'에 마지막 주사위를 던졌다.

CHAPTER 36

조각이 주형을 부수다

1966년 3월, 뉴욕의 티보르 드 나기 갤러리에서 열린 칼 안드레의 전시회 '등가Equivalent'가 이제 막 끝났다. 그는 여덟 점의 조각품을 선보였지만 하나도 팔리지 않았다.

안드레는 자신의 모든 조각품이 진실하기를 바랐는데 작품 제작에 사용된 재료가 무엇인지를 보여주고자 했다. 그래서 그는 이 연작을 위해 벽돌 공장에서 생산된 모래 석회 벽돌을 구입했다. 그는 각 조각품에 120개의 벽돌을 사용했고 갤러리의 나무 바닥에 다양한 구성으로 배치했다. 벽돌을 두 겹으로 깔끔하게 맞추어 쌓아 여덟 개의 서로 다른 직사각형을 만들었다. 「등가 8」은 벽돌 열 개의 길이에 벽돌 여섯 개의 폭으로 이루어졌다. 한편 「등가 5」는 벽돌 열두 개의 길이였지만 가로로 배열되어 더 짧고 땅딸막해 보였다. 한 작품은 네모난 모양이었고 다른 것은 길고 얇은 직사각형처럼 보였다. 흥미로운 점은 모두 다른 형태로 갤러리 바닥에 다른 형태의 '자리'를 차지하고 있지만 모두 같은 재료와 같은 수량으로 제작되었다는 것이다. 안드레는 사물이 다르게 보이는 것과 본질적으로 동일한 것 사이의 차이에 관심이 있다.

우선 안드레는 몇 가지의 청구서를 지불해야 한다. 조각품들은 해체될 예정이고, 840개의 벽돌은 롱아일랜드시티의 벽돌 공장으로 돌려보낼 것이다. 그래야 그는 돈을 돌려받을 수 있다. 조각품 하나를 만들 수 있을 만큼의 벽돌만 남기고 더는 보관하지 않을 것이다.

※

1966년 안드레의 '등가' 전시회의 조각품은 팔리지 않았지만, 몇 년 후 칼 안드레(1935~2024)는 런던의 테이트 갤러리에 「등가 8」을 판매했다. '등가' 조각 연작은 그의 첫 번째 평면 바닥 작품으로, 조각이 전통적으로 조각품을 전시하는 상자인 좌대가 아니라 갤러리 바닥에 직접 놓인 작품이었다. 지금은 이것이 단순한 차이처럼 보이지만 1960년대까지만 해도 이런 방식은 한 번도 존재한 적이 없었다. 뒤샹은 기성품을 조각 작품으로 사용할 수 있다는 것을 예술가들에게 일깨운 장본인이지만, 1960년대의 예술가들은 조각품이 좌대에서 뛰어내려 바닥과 방을 가로질러 우리의 세계를 직접 점유하게 되는 데 책임이 있었다.

안드레가 조각품을 좌대에서 떨어뜨린 최초의 예술가는 아니었다. 영국에서는 앤서니 카로(1924~2013)가 1960년부터 금속 조각을 바닥에 설치해오고 있었다. 1963년 작품으로 밝게 채색된 「이른 어느 아침」은 마치 3차원의 회화 같은데, 그 아래를 걸으면 붉은색 붓 터치처럼 철제 막대들이 허공을 가로지른다. 미국에서는 데이비드 스미스(1906~1965)가 마찬가지로 좌대를 버리고 더욱 추상적인 조각 작품을 갤러리 안팎에 배치했다.

1966년 비평가들은 안드레와 도널드 저드(1928~1994), 댄 플래빈(1933~1996)을 포함한 젊은 예술가들을 한 무리로 모아 미니멀리스트라고 명명했다. 미니멀리즘은 새로운 용어였고 이들 중 누구도 이 용어와 연관성을 느끼지 않았다. 도대체 이것이 무슨 뜻이었을까? 이 예술가들은 모두 벽돌, 조명관, 철제 상자 등 산업 재료와 기하학적 사물을 사용했으며, 이러한 사물을 연속적으로 배열하곤 했다. 오늘날 우리는 미니멀리즘을 궁극의 추상예술로 간주하는데, 작품을 만드는 데 사용한 재료와 작품이 차지하는 공간, 그 이상의 어느 것도 아니라는 측면에서 그렇다. 미니멀리즘은 파도의 개념이나 전쟁의 공포를 표현하지 않는다. 미니멀리즘은 그냥 있는 그 자체이다.

미니멀리즘의 단단한 공장제의 모서리가 모든 예술가를 위한 것은 아니었다. 에바 헤세(1936~1970)는 천, 플라스틱, 라텍스, 레진, 기나긴 끈을 사용해 유기적이고 장난기 넘치는 조각을 제작했다. 이 작품들은 천장에 매달리거나 벽에서 바닥으로 미끄러져 내려오기도 했다. 그녀는 미니멀리즘의 '언어'인 기하학적 정육면체, 반복되는 단위를 사용하기도 했지만 동시에 미니멀리즘에 반기를 들기도 했는데, 종종 지저분하고 불완전하며 뻗치거나 깨지기 쉬웠다. 1969년작 「가입 2」에는 금속 정육면체가 갤러리 바닥에 놓여 있다. 언뜻 보기에는 세련된 미니멀리즘 작품으로 착각할 수 있지만 그 안을 들여다보면 말미잘의 촉수처럼 생긴 수백 개의 플라스틱 튜브가 손을 흔들고 있다. 제32장에서 만났던 오펜하임의 초현실주의 찻잔과 접시를 덮은 모피처럼 의외의 소재는 기이하고 매혹적이며 동시에 불편하다.

린다 벵글리스(1941~)는 재료를 붓고, 튀기고, 뿌린다. 색색의 고무는 바닥에 넘쳐나고 발포 고무는 공간의 모서리를 향해 확장되었다.

1970년 작품 「칼 안드레에게」는 검은 발포 고무층이 서로를 덮고 있다. 벵글리스는 안드레의 벽돌 작품 중 하나를 보았고 그 작품이 갤러리 공간에 활력을 불어넣는 것을 느낀 후 이 작품의 제목을 지었다고 했다. 하지만 도발적인 제목이기도 한데, 미니멀리즘이 아닌 모든 것을 포함하는 듯하다. 너저분하고 손으로 만든 것으로, 굽도리널을 따라 모여 있는데 마치 방 한구석에서 끓어오르다가 식어버린 용암류의 모습이다.

리처드 세라(1938~)는 미니멀리즘에 대한 또 다른 대안을 제시했다. 벵글리스와 헤세처럼 그는 조각 제작의 물리적인 과정과 다시 연결되기를 원했다. 그는 재료에 감성적인 힘을 되찾아주고자 했다. 만약 코르텐강으로 무엇이든 만든다면 단순히 철로 보이지 않고, 무겁고 강렬하며 위협적인 느낌을 줘야 한다고 생각했다. 1969년작 「1톤의 기둥(카드로 만든 집)」에서 그는 미니멀리스트의 정육면체를 분해하여 무거운 납으로 만든 판으로 대체했는데, 네 면이 모두 안쪽으로 기울어져 서로를 지탱하고 있다. 이 조각 작품은 용접을 하지 않아서 카드로 만든 집같이 균형을 이룬다. 갤러리 바닥에 놓인 이 조각품을 보면 두려움이 생긴다. 넘어지면 어쩌지? 우리가 다치지 않을까? 이 작품은 미니멀리즘과는 다른 방식으로 우리의 감정에 호소한다.

미니멀리즘 예술가들은 다양한 재료를 사용했고 벽, 바닥, 모서리, 문 등 갤러리의 모든 표면에 작업했다. 하지만 비슷한 시기에 다수의 예술가가 갤러리 공간에서 결코 전시할 수 없는 작품을 만들기로 했다. 지금은 대지예술로 알려진 이것은 가장 큰 규모의 미국 조각이었다. 예술가들은 네바다 계곡의 벽면을 뚫었고, 뉴멕시코에 금속 막대를 꽂아 번개 치는 들판을 만들었으며, 태양의 터널을 만들기 위해 콘크리트관에 구멍을 뚫었다. 그들은 천문대를 지었고, 노스캐롤라이나의

로버트 스미스슨이 유타 주에 만든 500미터 길이의 「나선형 방파제」. (1969~1970년)

로덴 분화구를 거대한 작품으로 바꿔놓았다. 이들은 19세기에 토머스 콜이 그랬던 것처럼(제25장에서 살펴보았듯이, 그는 산을 선호했지만) 사막과 염전같이 찾을 수 있는 가장 험한 곳을 찾아다녔다. 대지예술가들은 예술이 길을 잃었고 '예술을 위한 예술'처럼 예술 자체에만 관심이 있다고 믿었다. 추상조각은 재료와 형태, 공간에 관해서만 이야기하고, 세상이나 세상이 필요로 하는 것에 대해 말하지 않았다. 사람들은 지구를 돌보는 일의 중요성에 눈을 뜨기 시작했고, 지금의 환경주의가 탄생했으며, 1970년 4월 미국에서 처음으로 연례 지구의 날이 시작되었다. 바로 같은 해에 로버트 스미스슨(1938~1973)이 「나선형 방파제」를 완성했다.

당시 대부분의 대지예술 작품과 마찬가지로 「나선형 방파제」가 처음 만들어졌을 때 이를 본 사람은 거의 없었다. 작품이 가장 가까운 마을이나 공항에서도 몇 킬로미터 떨어진 곳에 있었기 때문이다. 이 작품은 항공사진, 영상, 잡지 기사로만 존재했다. 스미스슨은 유타 주의 그레이트솔트레이크에 수천 톤의 화산석으로 나선형을 만들었다. 이 나선은 500미터 길이의 거대한 덩굴손이 해안에서 뻗어 나온 것처럼 보인다. 이후 수십 년 동안 이 방파제는 물에 잠기거나, 가뭄이 들면 수면 위로 나와 건조되었다. 스미스슨은 이러한 변화를 좋아했을 것이다. 엔트로피, 즉 자연계가 질서에서 혼돈으로 이동하는 방식은 그가 가진 신념의 중심이었던 것이다.

지금도 「나선형 방파제」를 방문하면 발밑에서 소금 결정이 부서지는 소리를 들을 수 있다. 1960년대 브라질에서는 작품과 관람객이 이처럼 직접적으로 소통하는 것이 매우 중요해졌다. 특히 1964년 군사 쿠데타가 예술의 자유를 억압한 이후이다. 엘리오 오이티시카(1937~1980)는 군사 통치에 반대하고 브라질의 창의성을 찬양하는 문화 운동의 일원이었다. 이 단체는 오이티시카의 1967년 작품의 제목을 따라 '트로피칼리아'라고 불렸다. 작품 「트로피칼리아」에서 그는 리우데자네이루의 판자촌을 재현하고자 채색된 칸막이를 사용해 임시 구조물을 만들었고, 열대식물로 그 주변을 둘러쌌다. 그는 「트로피칼리아」가 브라질처럼 보이고, 다른 곳에서 만들어질 수 없는 작품으로 보이길 바랐다. 사람들은 구조물 안에서 어울리거나, 텔레비전을 보거나 담소를 나누며 시간을 보낼 수 있었다. 군정부가 이러한 개인의 자유를 많이 빼앗아갔기 때문에 당시 이 작품은 급진적이라고 간주되었다. 이 작품은 예술 작품이 전체적인 환경이 되는 설치미술의 초창기 사례이다.

리지아 클라크(1920~1988)와 리지아 파페(1927~2004)를 비롯한 다른 브라질 예술가들도 관람객을 끌어들였다. 클라크는 관람객이 구부리고 접을 수 있는 「비초스(벌레)」라는 철제 추상조각 작품을 만들었다.

파페는 1968년 폭이 30미터인 거대한 정사각형 천 조각 위를 균일하게 자른 「디바이더」를 제작했다. 관람객들은 절단면 사이로 머리를 밀어 넣고 한 사람의 움직임이 전체에 영향을 미치는 한 무리의 일원이 될 수 있었다.

브라질의 예술가들은 관람객을 예술 작품의 일부로 만들어 작동시키는 데 관심이 있었지만, 다른 곳에서는 예술가들이 스스로 작동하기 시작했다. 조각이나 그림을 그리는 대신 자신의 몸과 행동으로 작품을 만드는 것이었다. 이것은 행위예술로 알려지게 되었다. 일본의 구타이 그룹은 1950년대에 전시회 오프닝에서 발로 그림을 그리고, 종이 장지(칸막이) 사이를 뛰어다니고, 진흙탕에서 헤엄치고, 전구로 만든 드레스를 입었다. 미국에서는 앨런 캐프로(1927~2006)가 다다에 뿌리를 둔 일종의 실험극장에서 예술가, 음악가, 시인이 관람객과 소통하는 '해프닝'이라는 행사를 열었다. 1960년대 유럽의 빈 Wien 행동주의자들은 날고기와 피가 담긴 양동이를 사용하여 잔혹한 의식과 같은 공연을 만들었다. 일본과 한국에서 시작해 유럽과 미국으로 뻗어나간 국제적인 플럭서스 그룹은 실험 음악과 예술 공연을 선보였다.

왜 갑자기 예술가들이 자신의 몸으로 예술을 창작하려는 욕망이 전 세계적으로 벌어졌을까? 다다가 제1차 세계대전에 대한 반응이었던 것처럼 이 또한 제2차 세계대전에 대한 반응으로 예술과 이성의 알려진 한계를 넘어설 필요가 있었던 것일까? '예술'의 대량 생산에 대한 반응이었을까? 이제 그림은 책, 잡지, 신문, 텔레비전과 광고판, 어디든 부착할 수 있는 포스터 등 어디에나 있었다. 아니면 반자본주의였을까? 몸으로 예술을 창작하는 것은 소비주의에 대한 해독제로 보일 수 있었다. 이 예술은 실생활에서 경험해야 했고, 지속되지 않았으며, 행위는 소유할 수 없었다.

오노 요코의 「조각내기」 공연 사진.(1964년)

　　행위예술은 모든 세대의 예술가들에게 강력한 표현의 수단이 되었다. 다행히도 행위예술은 흔히 사진으로 기록되고 비디오로 녹화되었다. 그래서 우리는 아직도 젊은 오노 요코(1933~)가 1964년 「조각내기」를 공연하는 장면을 볼 수 있다. 플럭서스 예술가였던 오노는 자신이 좋아하는 검은색 옷을 입고 바닥에 무릎을 꿇고 있다. 그녀는 종종 통제, 권력, 신뢰에 대한 더 큰 사유와 소통하기 위해 자기 몸을 사용했다. 관람객들은 가위를 들고 그녀의 옷을 조각조각 잘라내도록 인도된다. 처음에는 남성과 여성이 정중히 다가가 소매나 옷깃의 작은 부분을 잘라내지만, 퍼포먼스가 끝날 무렵이 되면 관람객들은 옷 조각을 들고 있고 그녀는 너덜너덜하게 잘린 속옷을 입고 앉아 있다. 결국 관람객은 그녀의 노출에 책임이 있는가? 그녀의 옷을 조금씩 잘라낸 모든 이가 연루되어 있다.

「조각내기」는 초기 행위예술의 중요한 사례인데, 예술가와 관람객의 긴장 관계를 드러내기 때문이다. 예술을 보는 것이 예술에 적극 참여하는 것으로 대체되고, 결과적으로 행위예술의 경험은 쉽사리 잊히지 않는다.

개념미술 역시 관람객의 참여에 의존했다. 이 새로운 예술 형식은 모두 아이디어에 관한 것이다. 조지프 코수스(1945~)의 1965년작 「하나 그리고 세 개의 의자」가 그 좋은 예로, 코수스의 첫 번째 개념미술 작품 중 하나다. 이 작품은 갤러리 벽에 밀착된 나무 의자 하나로 구성되어 있다. 그 옆에는 같은 의자를 같은 자세로 찍은 흑백사진과 '의자'라는 단어의 사전적 정의가 벽에 걸려 있다. 이것을 어떻게 해석해야 할 것인가? 이 의자는 예술로 간주되고, 다른 두 요소는 기록인가? 아니다. 그렇지 않다. 세 가지 요소 모두 동등한 가치를 지닌다. 이 예술작품은 우리에게 우리 사회를 지탱하는 언어 체계에 대해 생각하게 한다. 물리적 사물인 제목의 의자는 하나뿐이다. 그러나 동시에 사물, 사진, 설명으로서의 세 개의 의자가 존재한다. 개념예술은 아이디어, 즉 개념에 관한 것으로서 우리가 지켜보는 사물은 개념(즉 예술)을 이해하도록 도와준다.

개념미술가들은 언어에 관한 최신 이론, 특히 기호학에 관심이 있었다. 예술가들에게 기호(단어)와 기호로부터 의미를 추론하는 방법에 관한 연구는 이미지로 확장되었다. 기호학은 기호를 읽을 때 우리의 기대와 가치관이 어떻게 우리의 판단에 영향을 미치는지 묻는다. 여성 예술가들은 여성에 대한 사회적 편견과 남성 예술가, 광고주, 영화감독, 텔레비전 제작자들이 여성의 몸을 대상으로 취급하는 방식을 폭로하고자 기호학을 이용하기 시작했다. 페미니즘이 하나의 운동으로 성장하면서 여성 예술가들은 자기 몸을 되찾을 때라고 판단했다.

CHAPTER 37

우리는 또 다른 영웅이 필요하지 않다

1975년, 마사 로슬러는 식탁 앞에 서서 앞치마를 뒤로 묶는다. '앞치마'라고 그녀는 말한다. 다음으로 그녀는 그릇을 들고 가상의 숟가락을 사용하여 가상의 내용물을 다소 격렬하게 젓는다. 그녀는 '그릇'이라고 말한 다음 '헬리콥터'라고 말하며 허브다지기를 그릇 안에 세게 부딪히게 한다. 그녀는 알파벳 글자를 따라가며 한 번에 한 가지 도구를 가지고 접시, 달걀거품기, 포크, 강판으로 넘어가며 사용법을 시연한다.

로슬러는 비디오카메라로 자신을 촬영하고 있다. 그녀는 「부엌의 기호학」이라는 6분짜리 영화를 제작한다. 흑백 비디오로 촬영한 주방에 서 있는 여성은 텔레비전의 요리 방송처럼 보일 수 있지만, 전혀 그렇지 않다. 거기에는 음식도 없고 조리법도 없다. 도구만 있을 뿐이며, 로슬러는 무덤덤하지만 공격적인 방식으로 시연한다. 그녀는 카메라를 향해 칼을 휘두른다. 어깨 너머로 수프를 던지고 사람의 몸을 찌르듯 포크로 허공을 찌른다.

이제 마지막 몇 글자에 도달한다. 그녀는 V, W, X로 시작하는 주방 도구가 없으므로 고기 자르는 칼과 포크를 들고 자기 몸으로 글자 모양을 재연한다. Y에 도달하면 그녀는 고개를 뒤로 젖힌다. 그녀는 'Y'라고 말하지만 '왜?'라는 소리처럼 들린다. 마지막으로 'Z'에는 칼로 허공을 찌르며 '지'라고 한 후, 그녀는 묵묵히 팔짱을 끼고 서서 작은 어깨를 으쓱하며 '시연'을 마친다.

※

마사 로슬러(1943~)의 「부엌의 기호학」은 잘 꾸며진 주방에서 빵을 굽는 행복한 여성들을 보여주었던 1970년대 미국의 요리 방송을 패러디한 것이다. 로슬러는 주방에 존재하는 여성의 공간이 인위적인 구성이라는 점을 강조하기 위해 기호학이라는 코드화된 언어 연구를 사용한다. 그녀가 뉴욕의 한 로프트 아파트의 식탁에 서서 알파벳 순서대로 도구를 차례로 시연할 때 우리는 사회가 그녀에게 기대하는 성 역할에 대한 그녀의 분노와 억울함을 느끼게 된다. 「부엌의 기호학」은 현재 유튜브에서 무료로 볼 수 있으며 페미니스트 예술의 중요한 사례이다.

페미니즘이란 무엇인가? 오늘날 페미니즘은 성별에 기반한 모든 불평등을 종식하려는, 명확한 목표를 지닌 세계적인 운동이다. 페미니즘은 1970년대에 많은 국가에서 여성들에게 활력을 불어넣은 급진적 신념 체계로 시작되었고 남성이 남성을 위해 세운 세계 안에서 동등한 여성의 권리를 요구하는 것이었다. 오노 요코와 구사마 야요이(1929~)가 초기 페미니스트로 알려지곤 하지만, 여성 예술가들이 협업 단체를 만들고, 잡지를 발행하고, 교육 프로그램을 운영하기 시작하면서 페미니즘에 적극적으로 참여하게 된 것은 1970년대에 이르러서였다. 그들은 작업에 폭넓은 매체를 사용했는데, 비디오와 행위예술 같은 새로운 예술 형식으로 눈을 돌렸다. 이러한 매체는 회화나 조각과 달리 남성 지배의 역사가 길지 않았기 때문이다.

비디오는 새로운 매체였으며 브루스 나우먼(1941~) 같은 예술가들은 1960년대 후반부터 비디오를 예술 형식으로 실험하기 시작했다. 그는 작업실에서 걷고, 뛰고, 발을 구르는 모든 일상적인 행동을 하는 자신을 기록하는 데 비디오카메라를 사용했다. 펼쳐지는 사건을 시간의 흐름에 따라 기록할 수 있는 카메라의 기능 덕분에 비디오는 예술가들에게 행위를 할 수 있는 공간을 제공했다. 페미니스트 예술가들에게 비디오는 로슬러의 「부엌의 기호학」에서처럼 예술의 플랫폼이자 행위를 기록한다는 점에서 중요했다. 많은 페미니스트 예술가가 자신의 신체를 예술에 사용했으며 캐롤리 슈니먼(1939~2019), 애나 멘디에타(1948~1985), 마리나 아브라모비치(1946~)의 행위예술처럼 극단으로 밀고 가기도 했다. 오늘날 우리는 행사에서 촬영한 비디오 영상을 통해 이러한 행위예술을 경험하곤 한다.

1971년 백남준(1932~2006)은 겹겹이 쌓아놓은 세 대의 텔레비전에 음악가 샬럿 무어만의 비디오를 재생시켰다. 무어만은 「TV, 첼로, 비디오테이프를 위한 협주곡」에서 마치 첼로처럼 텔레비전을 '연주'했다. 이를 통해 비디오 속에서 첼로를 연주하는 무어만과, 눈앞에서 텔레비전으로 만든 첼로를 연주하는 무어만 중 어느 것이 더 현실적인가라는 의문을 제기한다. 오늘날 우리가 1970년대의 행위예술을 볼 때, 우리는 본래의 행위예술(녹화 방식을 무시하고)을 보는 것일까, 아니면 그 행위예술의 발표(녹화 방식을 인정하고 이를 예술 작품의 계속되는 삶의 일부로 보는 것)를 보는 것일까?

모든 페미니스트 예술가가 작품 제작에 비디오를 사용하지는 않았다. 미국인 예술가 메리 켈리(1941~)는 「산후 기록」(1973~1979년)에서 다른 접근 방식을 취했다. 그녀는 영국에 살고 있었고 막 출산한 상태였다. 그녀는 도표와 일지 같은 남성들의 사무적인 용어를 사용해 아들의 발달 과정을 기록한 방대한 자료 아카이브를 구축했다. 아들이 첫 식사를 했을 때, 첫걸음을 뗐을 때, 종이에 처음 자국을 남겼을 때 등이다. 「산후 기록」은 아들의 첫 5년과 아들을 돌보았던 자신의 역할을 다룬다. 이 작품은 대가 없는, 보이지 않은 모성애 이야기를 드러낸다. 로슬러처럼 켈리도 요리를 하고 아이들을 양육하며 일상생활을 유지하는 여성을 '정상'으로 받아들이도록 훈련받은 규범을 폭로했다.

미국은 1970년대 페미니스트 운동의 중심에 있었다. 실비아 슬레이(1916~2010)는 1961년 영국을 떠나 미국으로 건너갔다. 그녀는 미술사적 전통에 도전하여 소파와 터키식 목욕탕에 누워 있는 나체 남성을 그린 작품에서 나체 묘사를 완전히 뒤엎어놓았다. 미국 태생의 앨리스 닐(1900~1984)은 나체 임산부의 초상화를 솔직하게 그렸다. 또 다른 예술가들은 1972년 '우먼하우스'와 같은 전시회를 공동으로 개최하고 야심 찬 설치작품을 제작했다.

주디 시카고(1939~)의 1979년 작품 「디너파티」도 그러한 설치작품으로, 남성의 역사history보다 여성의 역사herstory를 기념하는 것이다. 거대한 삼각형 식탁은 조지아 오키프, 버지니아 울프, 이사벨라 데스테 같은 역사 속의 여성 39명을 위해 마련되었다. 마치 「최후의 만찬」처럼 각 면에 13명씩 놓였다. 모든 자리에는 각기 다른 식탁 차림이 준비되었다. 시카고는 역사 속에서 각 여성의 고유한 위치를 기리기 위해 그렇게 고안했다. 각각의 자리에는 성배와 자수가 놓인 식탁 매트가 있어서 제단에 놓아도 전혀 어색하지 않을 것 같았다. 중앙에는 장식이 된 도자기 접시가 놓였고, 여성의 힘을 기념하기 위해 그 중심 모양은 여성의 성기를 닮았다. 그 아래 타일로 된 바닥 위에는 수천 명에 이르는 유명한 여성들의 이름이 적혀 있다.

모든 여성 예술가가 페미니스트 미술운동이 그들에게 도움이 되었다고 생각하지는 않았다. 아프리카계 미국인 여성들은 여성인 동시에 흑인이라는 이중적인 상황에 처해 있었기 때문에 두 가지 측면에서 편견에 맞서 싸웠다. 그들은 페미니즘이 주로 백인 여성 예술가들에게만 도움이 된다는 사실을 깨달았던 것이다. 그래서 그들은 흑인 여성 예술가들만을 위한 전시회를 직접 기획하기 시작했다.

1972년 베티 사르(1926~)는 샌프란시스코의 흑인문화센터인 레인보우 사인에서 열린 전시회에 초대받았다. 이곳은 예술가 엘리자베스 캐틀렛과 시인 마야 안젤루 같은 유명 인사들이 흑표당 Black Panther Party(전투적 정치조직)의 구성원들과 교류한 곳이었다. 사르는 작은 상자 콜라주 작품 「제마이마 아주머니의 해방」을 출품했는데, 머리에 스카프를 두르고 빗자루와 총을 들고 있는 흑인 여성 인형이 등장하는 것이었다. 사르는 전시를 위해 작품을 제작한 당시를 회상했다. '나는 제마이마 아주머니 유모 인형을 발견했는데 나중에 팬케이크 광고에 사용된 것과 같은 흑인 노예의 캐리커처였다. 그녀는 한 손에 빗자루를 들고 있는데, 나는 다른 손에 소총을 쥐어주었다. 그녀를 혁명가로 만들어 흑인 여성들에게 힘을 실어주고자 경멸적인 이미지를 사용했다. 마치 그녀는 자신의 과거 노예 생활에 항거하는 듯하다.' 제마이마는 이제 자신의 권리를 위해 투쟁하고자 무장을 했다. 사르는 다른 흑인 여성 예술가들이 그들의 이야기를 되찾을 수 있도록 앞장섰다.

그보다 몇 년 앞선 1967년에는 페이스 링골드(1930~)가 인종 폭동에 대한 반응으로 「미국인 연작 #20 : 죽다」를 그렸다. 이 작품은 피카

페이스 링골드의 「미국인 연작 #20 : 죽다」.(1967년)

소의 「게르니카」에 버금가는 규모로 인종 간의 잔인한 학살 장면을 담고 있다. 백인 남성이 총을 쏘고 흑인 남성은 칼을 휘두른다. 흑인 여성과 백인 여성은 피 흘리는 아기를 안고 돌아서서 도망친다. 그들의 산뜻한 옷차림은 모두가 도시 노동자임을 암시한다. 링골드는 모든 사람이 인종적 폭력에 휘말려 있으며, 죄가 없는 사람은 없고 마찬가지로 누구도 개별적으로 비난받지 않아야 한다고 말한다. 다른 작품에서는 미국의 인종적 불평등에 대한 관심을 모으고자 성조기를 흑인민족주의 깃발의 색채인 빨강, 검정, 녹색으로 바꿔놓았다.

1970년대 초 인종차별과 성차별에 반대하는 시위가 거세지자 링골드는 '흑인 예술 해방을 위한 여성 학생과 예술가' 그룹을 결성하고 직접 투쟁에 참여했다. 이 단체는 여성과 흑인 예술가를 배제한 전시회의 밖에서 항의했고, 이러한 압력으로 포용성이 조금씩 증가하기 시작했다. 10년 후 영국에서 흑인예술운동이 시작되자 젊은 예술가 루바이나 히미드(1954~)는 1983~1984년 '흑인 여성의 현재'와 1985년 '가늘고 검은 선' 같은 런던 전시회를 조직했다. 이 두 전시회는 모드 셜터(1960~2008), 소니아 보이스(1962~), 수타파 비스와스(1962~) 같은 흑인과 아시아 여성이 만든 영국 예술을 선보였으며, 이들은 모두 성공적인 업적을 이루어냈다. 히미드는 2017년에 영국에서 가장 권위 있는 현대 미술상인 터너 상을 받았다.

　이 모든 예술가의 작품은 놀라울 정도로 다양하지만, 그 근저는 오래된 사회 가치에 관한 질문이었다. 이러한 가치들은 광고, 잡지, 영화, 예술 등에 등장하는 세상의 단어와 이미지에 부호화되어 있었다. 여성은 수동적이고, 바라보고 동경해야 할 대상으로 제시되곤 한다. 1970년대 후반 뉴욕에서 여성 예술가들은 이미지와 구호를 고쳐 대중이 볼 수 있는 광고판에 다시 게시함으로써 이러한 출처에 직접 도전했다.

　바버라 크루거(1945~)와 제니 홀저(1950~)는 모두 고정관념과 가설에 의문을 제기하기 위해 언어를 사용한다. 크루거는 잡지에서 이미지를 가져와 재사용한다. 그녀는 자신이 선택한 흑백 이미지를 잘라내거나 아니면 있는 그대로 사용하는데, 선명한 빨간색 배경 위에 흰색으로 인쇄된 자신의 글귀를 덮어씌우곤 한다. 그녀는 깨진 거울에 비친 여성의 얼굴 이미지 위에 '당신은 당신 자신이 아니다'라고 적었다. 여

바버라 크루거의 「무제(우리는 또 다른 영웅이 필요하지 않다)」.(1987년)

성의 전신 엑스레이 사진에는 하이힐과 팔찌가 그대로 보이는데 '기억은 당신의 완벽한 이미지이다'라고 적는다. 그녀의 작품은 멈추고 생각하게 만든다. 지금 보고 있는 것이 무엇인지 질문하게 만든다. 깔끔하게 땋은 머리에 땡땡이 드레스를 입은 소녀에게 이두박근을 뽐내는 1950년대 소년의 모습은 그 위에 새겨진 구호로 인해 기운이 빠진다. '우리는 또 다른 영웅이 필요하지 않다'. 크루거가 원본 이미지를 크게 확대해 신문 인쇄에서 이미지를 만드는 데 사용하는 벤데이 점을 볼 수 있다. 이미지가 붕괴하는 중이라면 아마도 그 이미지를 뒷받침하는 아이디어도 그녀 덕분에 붕괴할 것이다.

크루거는 거대한 규모의 작업을 하여 주로 갤러리 바깥의 광고판이나 건물 외벽에 작품을 전시한다. 홀저도 마찬가지이다. 홀저의 1977~1979년 작품 「진부한 문구」는 로어 맨해튼 전역의 벽에 익명으로 부착되었다. '권력의 남용은 놀랄 일이 아니다', '돈이 취향을 만든다', '남자는 엄마가 되는 것이 어떤 것인지 알 수 없다' 등이다. 이들은 뉴욕 타임스퀘어의 전광판에도 소개되었는데, '내 욕망으로부터 나를 지켜줘'라는 문구가 번쩍이고 그 아래로 쇼핑객들이 지나갔다.

홀저는 자신의 아이디어를 전달하기 위해 기술과 언어를 활용했다. '나는 예술가가 아닌 일반인이 이해할 수 있는 내용을 제공하고 싶었기 때문에 언어를 사용했다'라고 그녀는 말했다. 이러한 이유로 홀저는 티셔츠부터 콘돔 포장지에 이르는 모든 곳에 자신이 쓴 문구를 인쇄했고, 자신의 예술이 일상생활 깊숙이 파고들어 사람들로 하여금 언론과 광고에서 '진실'이라고 읽는 것에 질문하게 했다.

신디 셔먼(1954~)도 마찬가지로 사람들이 특히 영화에서 본 것에 대해 질문하기를 원했다. 그녀는 1977~1980년 초기 연작 「무제(영화 스틸)」에서 여성에게 주어진 역할을 부각시켰다. 70장의 흑백사진에서 그녀는 실연당한 연인, 본드걸, 가출한 젊은이, 가정주부, 곤경에 처한 가정부 등 다양한 역할을 연기하는 영화배우의 모습으로 연기한다. 그녀는 호텔 방과 도서관, 부엌, 원룸에 거주한다. 그녀는 매혹적이고, 의문을 품고, 감정적이며, 당황하고, 의심스럽다. 진짜 신디 셔먼은 누구인가? 이 모든 여성이 신디 셔먼이지만 그 어느 것도 그녀가 아니다. 그녀는 자기 몸을 사용해 이미지가 얼마나 기만적일 수 있는지, 어떻게 당신이 보는 것이 진짜라고 믿게 속일 수 있는지를 보여준다. 다른 연작에서 그녀는 어린아이, 남자, 성모 마리아, 광대 등 다양한 모습을 취하며 나이를 먹고, 살이 찌고, 신앙을 찾고, 수염을 기르기도 한다. 그녀는 과한 분장과 비현실적인 가발로 인해 그 캐릭터들을 믿을 수 없다고 지적하지만, 우리는 그녀의 캐릭터에 몰입하고 우리만의 내러티브를 만들어낸다. 다음 장에서 살펴볼 다른 예술가들도 1980년대 내내 사회에 뿌리내린 가치에 계속 의문을 제기했다.

CHAPTER 38

포스트모던 세계

    1980년 6월 1일, 뉴욕에서 '타임스퀘어 쇼'가 막 열렸다. 이 전시회는 뉴욕의 다른 전시회와 다르다. '콜랩Colab'으로 알려진 협력예술가조직Collaborative Artists Incorporated의 예술가들이 기획한 것으로, 낡은 유흥가 중심에 있는 4층짜리 건물에서 열렸다. 100명이 넘는 예술가가 참여했고 곳곳에 작품이 전시되어 있다. 모니터에는 비디오가 재생되고, 남자 화장실에는 조각이 전시 중이다. 패션쇼, 영화 상영, 행위예술이 예정되어 있다. 이 전시는 한 달간 밤낮으로 계속되는 행사이며 논스톱 파티가 될 것이다.

    콜랩은 협업과 포용성, 공정한 창의성의 발현을 믿는다. 책임자가 따로 정해져 있지 않고, 예술 작품은 명판 없이 서로 다른 모습으로 변신한다. 누가 무엇을 만들었나? 이것은 예술인가, 그라피티인가? 누가 신경이나 쓰겠는가! 콜랩은 미술 전시장에 가지 않는 관람객들에게 다가가려 한다. 그들은 기념품 상점에서 누구나 구입할 수 있는 저렴한 미술품을 판매하는 중이다. 전통적인 갤러리를 우회하는 콜랩은 묻는다. 예술은 무엇인가, 그리고 어디에 전시할 수 있는가?

'타임스퀘어 쇼'는 거리로 쏟아져 나오는 사람들로 지금 분주하다. 전시회 제목은 입구 위에 큰 글씨로 붙어 있고, 참여 예술가들은 직접 만든 포스터를 근처에 부착해서 관람객을 모으고 있다. 전시장 안에서는 사람들이 낸 골딘의 사진 슬라이드 쇼와 화장실에 있는 키스 해링의 막대 인간 드로잉을 보고 있다. 팹 파이브 프레디는 건물 외관을 그라피티로 뒤덮었다. 이제 겨우 열아홉 살이지만 이미 거리예술가 사모SAMO로 잘 알려진 장 미셸 바스키아가 그의 첫 번째 캔버스 작품을 그렸고, 지금 2층의 패션 라운지 안에 있는 무대 뒤에 걸려 있다. 모델들이 스티로폼과 은색 테이프로 만든 드레스를 입고 그 옆을 지나 행진한다. 엄청난 한 달이 될 것이다.

※

뉴욕에서 발간되는 신문 〈빌리지 보이스〉는 '타임스퀘어 쇼'를 '1980년대 최초의 급진적인 미술 전시'라고 불렀다. 이 전시회는 장 미셸 바스키아(1960~1988)와 키스 해링(1958~1990)이 이름을 알리는 출발점이 되었다. 1년 만에 두 젊은 예술가는 유명인이 되었고 빠르게 살다 일찍 세상을 떠났다. 바스키아는 열다섯 살 때 집을 떠나 뉴욕 이스트 빌리지에 있는 친구의 집 소파에서 지냈다. 그는 스프레이 페인트, 오일 스틱, 아크릴을 사용해 역동적인 대형 작품을 제작하고자 그라피티, 미국 추상, 해부학 교과서, 흑인 문화, 재즈, 힙합 등의 요소를 작품 안에 결합했다. 1982년에 열린 그의 첫 개인전은 완판이 되었고, 그해에 바스키아는 팝 스타 마돈나와 사귀고 있었다. 이듬해에는 앤디 워홀과 친한 친구가 되었다. 그의 예술은 1980년대 뉴욕의 어수선한 에너

장 미셸 바스키아의 「무제」.(1982년)

지와 나이트클럽, 춤, 그라피티, 마약의 삶을 포착하는 원초적 힘을 지니고 있다. 바스키아는 스물일곱 살에 헤로인 과다 복용으로 사망했다. 그의 작품은 여전히 수집가들이 열광하는 힘을 갖고 있으며, 1982년에 그린 검은 두개골 모양의 회화 「무제」는 최근 경매에서 1억 1,000만 달러에 낙찰되었다.

한편 해링은 펜실베이니아의 보수적인 환경에서 자랐지만 1978년 뉴욕에서 공부하기 위해 이주하면서 그라피티 아트에 매료되었다. '타임스퀘어 쇼'가 끝난 직후 그는 지하철에서 낙서가 된 열차를 감상하다가 깨달음의 순간을 맞이하게 되었다. 지하철 광고판에 새 광고가 부착되기 전까지 무광택 검은색 종이가 덮여 있는 것을 보았는데, 그 종이는 칠판처럼 보였고 그림을 그릴 수 있는 깨끗한 표면이었다. 그는 계단을 뛰어 올라가 흰색 분필을 사 가지고 다시 내려왔다. 1분 만에 그는 첫 번째 거리예술 작품을 완성했다. 이후 5년 동안 해링은 포옹하고 키스하고 춤추고 훌라후프를 하는 만화 같은 인물로 뉴욕 지하철을 뒤덮으며 사랑, 죽음, 섹스, 전쟁에 대한 자신의 시각을 표현했다. 그는 자신의 작품이 거리에 놓여서 누구나 볼 수 있기를 바랐다. '예술을 감상하거나 보기 위해 예술에 대해 아무것도 알 필요가 없다'라면서 '거기에는 어떤 숨겨진 비밀이나 이해해야 하는 것들이 없다'라고 그는 말했다. 해링은 유명 인사이며 동성애의 아이콘이 되었고 1980년대 동성애 공동체를 파괴한 에이즈 전염병에 대한 자신의 견해를 예술로 표현하는 데 주저하지 않았다. 그는 1990년 에이즈 관련 질병으로 사망했다.

1980년대 예술은 포스트모더니즘이라는 포괄적인 용어에 속하는데, 이것은 매우 광범위한 용어로서 클레멘트 그린버그가 옹호한 추상회화와 미니멀리즘 조각 이후부터 오늘까지를 포괄한다. 포스트모더니스트들은 모더니즘의 이상주의와 추상적 진리에 대한 믿음을 비판했다. 이들은 현실 세계에서 영감을 얻고 보는 것에 대해 의문을 제기했다. 다른 사람의 이미지를 사용하고 다른 사람의 양식을 표본으로 삼았으며, 자신의 예술을 위해 현재뿐만 아니라 과거를 불러오고 역사적인 경계를 지워나갔다. 포스트모더니즘은 다수의 관점과 다양성에 관한 것이었다. 더 이상 한 가지 양식이나 한 가지 매체로 작업할 필요가 없어진 것이다.

미국 예술가들은 1980년대 내내 거리를 공공의 전시장으로 활용했다. 1985년 게릴라 걸스라는 익명의 여성 예술가 단체는 예술계에 여전히 존재하는 성차별과 인종차별을 폭로하기 위해 버스 옆면과 광고판을 이용했다. 게릴라 걸스는 개별적으로는 모두 성공한 예술가였다. 이들은 고릴라 가면을 쓰고 행사에 참석하여 집단적 익명성을 유

뉴욕 게릴라 걸스의 포스터 캠페인. (1989년)

지했고, '예술계의 양심'이라고 자처했다. 이들의 가장 유명한 포스터 캠페인 중 하나는 '메트로폴리탄 박물관에 들어가려면 여성은 나체여야 하나요?'라고 묻는 것이었다. 이 포스터에는 제25장에서 살펴본 앵그르의 누드화 「그랑 오달리스크」의 흑백 복제판이 밝은 노란색 배경 위에 놓여 있다. 그 아래에 게릴라 걸스는 눈길을 끄는 통계를 제시했는데, 뉴욕 메트로폴리탄 박물관의 근대 예술가 중 여성은 5퍼센트 미만이지만 전시된 나체의 85퍼센트가 여성이라는 사실이었다. 변화는 느리다. 오늘날에도 뉴욕 현대미술관 소장품의 10퍼센트만이 여성 예술가의 작품이다.

에이드리언 파이퍼(1948~) 또한 자기 작품을 접하는 사람들의 반응을 끌어내기 위해 갤러리 밖에서 작업했다. 1986년 그녀는 흰색과 갈색의 두 가지 '명함 카드'를 디자인해서 가지고 다녔다. 흰색 카드는 그녀에게 말을 걸려는 남성을 피하는 용도였다. 갈색 카드는 그녀가

포스트모던 세계   353

인종차별적 발언을 들었을 때를 위한 것이었다. 피부색이 밝은 아프리카계 미국인인 파이퍼는 종종 백인으로 여겨졌고, 그래서 다른 사람들을 향한 인종차별적 말을 우연히 들었을 때는 갈색 카드를 내밀었다. 이 카드는 '친애하는 친구여, 나는 흑인입니다. 인종차별적 발언을 하거나 웃거나 동의할 때 당신은 그 사실을 깨닫지 못했을 거라 확신합니다'로 시작되었다. 각 카드의 제시는 일종의 행위 형식이자 개념예술 작품이며, 한 번에 하나의 상황씩 성차별 및 인종차별적 학대에 대처하기 위한 지속적인 노력이었다.

1960년대의 흑인민권운동이 성공했음에도 불구하고 미국의 인종 관계는 크게 개선되지 않았다. 1970년대 후반부터 캐리 메이 윔스(1953~)는 흑백사진을 사용하여 인종차별에 대해 생생하고 역사적인 경험을 시각화했다. 1978~1984년의 「가족사진과 이야기」에서 그녀는 남부 주에서 북쪽으로의 흑인 대이동을 탐구하기 위해 자신의 가족 역사를 제시했다. 1995~1996년작 「나는 이곳에서 무슨 일이 벌어졌는지 보았고 나는 울었다」에서 그녀는 과거 노예였던 19세기 흑인 여성들의 사진 자료를 사용한다. 유모부터 매춘부까지 익명의 여성들이 강제로 수행해야 했던 역할을 나열하면서 우리가 누구를 보고 있는지 생각하게 만들고자 이미지에 문장을 덧붙였다. 그녀는 원본 사진에 의문을 제기함으로써 식민지 시대 남성들이 이 여성들을 어떻게 바라보았는지 보여준다. 윔스 같은 예술가들은 서구 식민주의에 대한 탈식민주의적 관점을 제시한다. 서구 식민주의는 16세기부터 20세기에 이르는 것으로 유럽 국가들이 콩고에서 카리브 해에 이르는 국가들을 강제로 통치한 때이다. 탈식민주의 연구는 사람, 상품, 토지, 서비스를 모두 식민지의 재산으로 간주한 이 시대의 유산을 살펴본다.

이때까지 예술가들은 사진과 비디오부터 명함 카드와 광고판에 이르기까지 모든 것을 사용해 예술 창작을 실험했다. 더글러스 크림프 같은 비평가들은 '회화의 종말'을 선언했다. 하지만 예술가들은 회화라는 매체를 포기하지 않았고, 1980년대에 회화는 예상치 못한 르네상스를 맞게 되었다. 안젤름 키퍼(1945~)의 풍경과 게오르그 바젤리츠(1938~)의 인물에는 표현적인 힘이 넘친다. 이 독일 화가들은 신표현주의자로 불렸으며 그들의 작품은 스토리텔링과 신화에 뿌리를 두고 있다. 이들은 미국의 신표현주의 화가 줄리언 슈나벨(1951~), 초상화가 루시안 프로이트(1922~2011)와 함께 1981년 '회화의 새로운 정신' 전시회에 참여했다. 런던의 왕립예술아카데미에서 열린 이 거대하고 영향력 있는 전시회는 현대 회화를 소개하기 위해 기획된 것이었다. 여기에는 워홀, 베이컨, 피카소 등 38명의 예술가가 포함되었다. 38명이 모두 남성이었고 여성은 단 한 명도 포함되지 않았다. 이제 게릴라 걸스가 거리로 나선 이유를 알 수 있을 것이다.

　키퍼는 제2차 세계대전 이후 예술가들이 국가적 죄책감이라는 짐을 지고 어떻게 계속 작업할 수 있을지를 탐구했다. 그는 나치 집회와 관련된 건축물과 수백만 명의 유대인이 강제수용소로 이송된 사건을 떠올리게 하는 철길을 그렸다. 1986년작 「철길」에는 기찻길이 그림의 중심부를 가로질러 좌우로 나뉘어 휘어진다. 어느 선로가 죽음으로 이어지고 어느 선로가 삶으로 이어질까? 말할 수 없다. 키퍼는 너무나 많은 물감과 기타 재료를 캔버스 위에 올려, 작품 표면이 거의 조각적이다. 그려진 철길에는 실제 나뭇가지가 납으로 부착되어 있다. 그의 회화에서 우리는 땅의 깊은 역사와 그 표면 아래에 묻힌 뼈를 느끼게 된다.

　게르하르트 리히터(1932~)는 '회화의 새로운 정신'에 참여했던 작가이며 발견한 이미지를 회화의 출발점으로 삼았다. 그는 사진이 어떻게 풍경이나 인물을 그릴 수 있는 표면으로 바꾸는지 탐구했다. 그의 뒤를 이어 유럽의 회화는 더욱 개념적이 되었다. 점점 더 많은 예술가가 실물이 아닌 평면적인 신문 이미지를 보고 그림을 그렸다. 이들은 이미지의 힘, 그 힘이 어떻게 만들어지고, 의미는 어떻게 전달되는지를 연구하고자 했다. 1986년 벨기에의 뤽 튀이만(1958~)은 바닥 한가운데에 배수구가 있는 창문 없는 작은 방을 그렸다. 이 작품은 설명이 없고 낡은 사진처럼 색이 바랬지만 묘하게 불안하다. '가스실'이라는 제목을 알고, 그것이 강제수용소 이미지에서 파생된 것임을 깨달았을 때 비로소 우리는 이 작품의 힘을 온전히 이해할 수 있다.

네덜란드에 사는 남아프리카공화국 출신의 마를린 뒤마(1953~)도 어려운 원천 자료로 작업한다. 튀이만과 마찬가지로 그녀는 신문 사진을 사용하며 시체, 병든 얼굴, 정치범, 성 노동자와 자신의 의지에 반하여 구금된 사람들을 그려왔다. 그녀의 회화는 아름답게 그려졌음에도 흔히 어두운 감정을 담고 있다.

1980년대 내내 화가들은 모든 곳에서 인정받았다. 아르헨티나 출신의 기예르모 쿠이카(1961~)는 장소와 집에 대한 우리의 이해를 탐구하며 매트리스 위에 지도를 그리고, 미국 출신의 케리 제임스 마셜(1955~)은 아프리카계 미국인의 삶과 흑인 역사를 조사한다. 파울라 레고(1935~)는 영국에 살며 작업하는 포르투갈 출신 화가이다. 그녀는 작품을 통해 기대에 도전하는 것을 좋아한다. 여성에게 주도적인 역할을 부여하곤 하지만 결코 그들의 삶을 쉽게 만들지 않는다. 그녀는 불법 낙태와 성매매 같은 사건들이 여성을 무력화시키기 위해 음모를 꾸미는 상황에서도 여성을 강인하게 그린다.

중국에서는 예술가들이 그들의 역사를 표현하기 위해 서양의 양식을 사용하기 시작했다. 장샤오강(1958~)은 1966~1976년에 일어난 문화대혁명 시기에 성장했다. 문화대혁명은 수백만 명의 죽음을 초래한 마오쩌둥의 대대적인 공산주의 쇄신 정책이었다. 장샤오강은 자신의 작품에서 이 시기를 탐구하기 위해 오래된 가족사진을 사용한다. 그의 인물들은 노동자의 유니폼을 입고 비인격화되었지만, 아직도 억눌린 감정으로 가득 차 있다. 종종 가족들 중 한 명은 붉은색으로 물들어 있는데, 이것은 『마오쩌둥 어록』의 붉은색이다. 이 책은 '단호하고, 희생을 두려워하지 말고, 모든 어려움을 극복하여 승리하라'라는 삶의 지침으로 가득 차 있었다.

문화대혁명이 끝난 후 중국 예술가들은 다른 나라의 미술을 공부할 수 있었고 서양미술사는 그들의 작품에 큰 영향을 미쳤다. 웨민쥔(1962~)은 눈을 지그시 감고 광적으로 웃는 자기 얼굴을 모든 인물에 사용한다. 이러한 반복은 특히 한 무리의 인물이 당신을 향해 손가락질하거나, 웃음이 배가되거나, 혹은 총살대에 직면할 때 불쾌하다. 웨민쥔은 서양미술의 구도를 자신의 회화에 자주 사용한다. 그는 각 인물을 거의 반라의 웃는 남성으로 바꾸며 우리에게 농담을 건다. 미술사는 자본주의 체스 게임의 졸이 되었고, 그 깊은 의미는 상업적 이익을 위해 잃어버렸다고 말이다.

바스키아의 캔버스 작품이 지닌 원초적 힘과 레고의 회화 속 어두운 힘으로부터 리히터와 튀이만의 개념적 탐구, 장샤오강과 키퍼의 불편한 역사에 이르기까지 1980년대에는 회화가 다시 대중의 관심을 끌었다. 하지만 미술학교 학생들의 문제는 자신이 만든 작품을 어떻게 하면 보여줄 수 있을지였다. 영국에서는 야심 찬 한 무리의 젊은 예술가들이 스스로 문제를 해결하기로 결심했다.

CHAPTER 39

모 아니면 도

1993년 10월 25일, 레이첼 화이트리드는 런던 동부의 한 도로 옆에 작은 무리의 사람들과 서 있다. 이곳에는 빅토리아 시대 양식의 테라스 하우스가 줄을 지어 있었지만, 공원을 만들기 위해 모두 철거되었다. 오로지 집 한 채가 남아 있었는데 게일 씨의 집이었다. 그는 끝까지 이주를 거부했다. 화이트리드는 게일 씨의 집이 불도저로 철거되기 전에 지금까지 만든 것들 중 가장 큰 조각 작품을 만들고자 그 집을 사용할 수 있게 해달라고 요청했다.

지금까지 화이트리드의 조각은 대부분 가구 크기 정도였다. 그녀는 오래된 욕조, 의자, 침대를 주형으로 사용해 그 안에 석고를 부어 굳혔다. 그런 다음 석고에 남은 역사, 즉 모든 흠집과 자국을 드러내기 위해 가구를 떼어낸다. 그녀는 3년 전에 거실 내부 전체를 떠냈다. 작품 「유령」은 그 결과물이며 문과 창문, 장작 받침대 주변의 타일, 조명 스

위치 등을 반전 이미지로 찍어낸 깨지기 쉬운 석고 패널로 만들어졌다.

첫 번째 공공 조형물을 위해 그녀는 게일 씨의 집 전체를 주형으로 사용했다. 대형 예술 프로젝트의 실현을 지원하는 아트앤젤과 협력하여 그녀와 조수 팀은 모든 방에 콘크리트를 부어넣었다. 그런 다음 기존의 집은 벽돌 한 장씩 철거되었고 회색 콘크리트 타설물만 남겼다. 제작에 3개월이 걸렸고 최종 결과물은 정말 기묘했다. 작품 「집」은 「유령」처럼 기괴하다. 모든 것이 거꾸로 되어 있다. 응접실과 부엌, 복도의 공기는 이제 단단해졌지만 단단한 벽이 모두 사라졌다. 화이트리드는 위층 침실의 노란색 페인트와 콘크리트에 붙어 있는 벽난로의 그을음을 볼 수 있다. 지붕이 없는 집이지만 분명 집처럼 보인다. 그러나 이것은 집이 아닌 모든 것이다. 이 집은 100년간의 가족 추억으로 채워진 무덤이다.

※

한시적인 조형물로 만들어진 「집」은 3개월도 채 서 있지 않았지만, 신문과 잡지는 그동안 이 조형물을 공격하거나 옹호하는 사람으로 채워졌다. 어떤 사람들은 작품의 철거를 원했고 어떤 사람들은 작품을 지키려고 탄원서를 돌렸다. 한 신문에는 이런 헤드라인이 실렸다. '저것이 예술이라면 나는 레오나르도 다 빈치다!' 많은 이들은 「집」이 진심으로 감동적이고, 집을 가정으로 만드는 시의성 있는 탐구로 보았다. 작품 한 면에 '무엇을 위해?'라는 그라피티가 나타났다. 머지않아 그에 대해 '왜 안 되는데?'라는 답장이 등장했다. 「집」은 레이첼 화이트리드(1963~)를 애매하게 유명한 이름으로 만들어놓았고, 같은 세대의 가장 유망한 예술가들 중 한 명으로 각인시켰다. 이 세대는 '젊은 영국 예술가들' 또는 'YBA'라고 불렸다.

YBA 중 많은 이들은 런던 골드스미스 대학의 마이클 크레이그 마틴(1941~) 문하에서 공부했다. 크레이그 마틴은 개념미술가였으며, 그의 가르침은 재료의 일반적인 구분을 없애버렸다. 골드스미스 대학교에서는 꼭 화가나 조각가가 되겠다는 목표를 가질 필요 없이 어떤 재료도 사용할 수 있고 무엇이든 할 수 있었다. 1988년, 아직 학생이었던 데이미언 허스트(1965~)는 동료 학생들의 작품을 모아 야심 찬 전시회 '프리즈'를 개최했다. 그는 런던 남부의 빈 건물을 빌려 예술 작품으로 가득 채운 다음 미술비평가, 화상, 갤러리 디렉터들의 방문을 종용했다. 이 전시회에는 세라 루커스(1962~), 안야 갈라치오(1963~), 마이클 랜디(1963~), 이안 대번포트(1966~)의 작품이 전시되었다. YBA와 빠르게 인연을 맺게 된 인물로는 트레이시 에민(1963~), 크리스 오필리(1968~), 스티브 맥퀸(1969~), 그리고 화이트리드 등이 있었다.

  수십 년간 런던의 현대 미술 갤러리 수는 급격히 증가했지만 1980년대 후반에는 대학을 갓 졸업한 젊은 예술가들이 작품을 전시할 곳이 없었다. YBA는 이 문제를 스스로 해결했다. 허스트는 나비와 절인 상어로 방을 가득 채웠고, 에민은 설치작품을 만드는 데 자신의 삶의 일화를 활용했으며, 맥퀸은 생각을 자극하는 단편영화를 만들었다. 대번포트는 가정용 페인트를 부어 선명한 추상화를 만들었고, 오필리는 코끼리 똥으로 만든 가슴을 가진 흑인 성모를 그렸으며, 갈라치오는 갓 자른 꽃으로 조각품을 만들었다. 인종이나 성별의 경계는 없었고 자신감과 에너지로 가득 찬 예술가들만 있었다. 광고계의 거물 찰스 사치는 전시회를 통째로 사들여 런던 북쪽 바운더리로드에 있는 자신의 갤러리에서 전시 프로그램을 돌리며 작품을 전시했다. YBA는 국제적인 명성을 얻었고 이들의 작품은 1990년대 후반에 전 세계를 순회했다.

  같은 시기에 미국 예술가들은 점점 더 야심 찬 규모의 예술영화를 제작했다. 빌 비올라(1951~)는 프랑스 낭트의 한 예배당을 위해 만든 1992년작 「낭트 세 폭 제단화」와 같이 복수의 스크린에 상영되는 영화를 만들었다. 역사적으로 '세 폭 제단화' 혹은 세 개의 화면으로 구성된 작품은 종교화 전용이었지만, 비올라는 삶 자체를 보여주기 위해 '세 폭 제단화'를 사용했다. 어두운 방에서 우리는 탄생과 죽음이 동시에 벌어지는 것을 보게 된다. 아기가 태어나고, 작가의 어머니인 늙은 환자는 병원 침대에서 마지막 숨을 거둔다. 이 둘 사이에 한 남자는 물속을 떠다닌다. 영화를 동반하는 사람의 숨소리는 생명을 상기시키는데 탄생과 죽음, 두 개의 스크린은 한 인간의 삶에서 가장 사적이지만 가장 중요한 순간을 보여준다.

매튜 바니(1967~)는 '크리매스터 사이클'이라 불리는 다섯 편의 예술영화 연작을 제작했다. 이 작품은 남성성에 대한 아홉 시간 길이의 초현실적 탐구로서 여왕과 카우보이, 합창하는 댄서, 중성적인 나체로 가득하다. 1995년에 제작된 「크리매스터 4」는 바니가 연기한 탭댄스를 추는 사티로스와 맨 섬의 사이드카 경주를 하는 두 팀을 중심으로 전개된다. 각 작품은 다량의 섹스, 폭력, 죽음과 재생을 동반하고 젠더가 어떻게 결정되는지를 탐구한다.

1990년대에는 많은 예술가가 사진 작업을 선택했다. 디지털 인쇄 과정은 이제 사진을 영화 화면 규모의 컬러로 복제할 수 있음을 의미했다. 제프 월(1946~)은 그러한 방식으로 사진을 사용한 최초의 예술가 중 한 명이며 1993년부터 「갑자기 불어닥친 돌풍(호쿠사이를 생각하며)」처럼 연출된 거대한 사진을 제작해서 미술관 벽에 걸었다. 그는 호쿠사이의 유명한 일본 판화를 마치 영화의 한 장면처럼 재구성한 것이다. 안드레아스 구르스키(1955~)는 1993년 「파리, 몽파르나스」에서처럼 이 새로운 대형 포맷을 사용하여 아파트 블록의 도시 풍경을 거의 추

샤디 가디리안의 '카자르' 연작에서 33장의 초상사진 중 하나. (1998년)

상적인 이미지로 전환했다.

다른 예술가들은 카메라가 눈에 띄지 않을 수 있으므로 사진으로 눈을 돌렸다. 그들은 카메라의 작은 크기 덕분에 친밀한 순간을 사진으로 담을 수 있었다. 낸 골딘(1953~)은 프라이드(퀴어) 퍼레이드에 참여하고, 여장을 한 채 자전거를 타고 뉴욕을 질주하고, 마약을 복용하고 에이즈로 죽어가는 친구들의 모습을 담았다. 소피 칼(1953~)은 자신의

'사적인 게임'을 기록하는 데 사진을 사용했다. 이 작품은 파리의 한 파티에서부터 한 남자를 따라 베네치아까지 이어지는 2주간의 탐사 여행으로 객실 청소부로 일하며 낯선 이들의 호텔 방을 기록한 것이었다. 그녀는 우연한 사건과 익명의 삶으로부터 이야기를 창조하며 자신의 발견을 책과 액자를 한 사진으로 발표한다.

사진이 '진실'을 기록한다는 능력에 의문을 제시하고자 사진을 사용한 예술가들도 있었다. 샤디 가디리안(1974~)은 1998년작 '카자르' 연작에서 19세기 이란 사진작가들의 스튜디오 초상화를 그림 배경과 빈티지 의상, 소품으로 재연했다. 그녀가 사용하는 소품은 카세트 플레이어와 진공청소기이며, 여성들은 펩시콜라를 캔으로 마시고 자전거를 타며 선글라스를 썼다. 그들은 19세기 여성이 아니라 현대의 이란인이다. 여전히 이란에 사는 가디리안과 이란인 망명자인 시린 네샤트(1957~)는 이란 안팎에서 이란 여성을 어떻게 바라보는지를 고찰하고자 탈식민주의와 페미니스트 이론을 사용한다.

1979년 이란 정부가 전복되고 보수적인 종교 정부가 들어섰다. 당시의 여러 규제 중 하나로 여성은 베일을 착용하게 되었다. 미국에서 유학 중이던 네샤트는 망명 생활을 이어갔다. 네샤트는 1993년부터 1997년까지 제작한 '알라의 여인들' 연작에서 자신을 포함해 히잡(종교적 베일)을 쓰고 총을 든 여성을 촬영했다. 순교시와 페르시아어로 된 페미니스트 텍스트가 여성들의 얼굴 위에 쓰여 있다. 서양에서 그녀의 작품을 보는 많은 사람은 이 급진적인 시들을 읽을 수가 없다. 단지 광대뼈와 턱을 가로질러 적힌 캘리그래피 암호일 뿐이다. 같은 연작 중 「침묵의 저항」에 등장하는 여성은 다른 사람을 죽이기 위해 소총을 들고 있는지, 아니면 자신을 보호하기 위해 소총을 들고 있는지 우리는 알 수 없다. 여성의 얼굴을 가린 시가 제시하듯이 그녀는 순교자일까,

아니면 희생자일까? 이 이미지들은 복잡하다. 이들은 우리가 보는 것에 의문을 품게 하고 이란 여성의 삶이 단순하지 않다는 것을 이해하도록 요구한다.

네샤트는 평생 망명 생활을 해왔고 그녀의 작품은 이란 밖에서만 전시되었지만, 이란은 여전히 그녀의 작품 중심에 있다. '이란의 모든 예술가는 어떤 형태로든 정치적이다'라고 그녀는 말한다. '정치는 우리의 삶을 정의해왔다. 당신이 이란에 살고 있다면 검열, 괴롭힘, 체포, 고문, 때로는 처형에 직면할 수 있다. 나처럼 이란 바깥에 살고 있다면 당신은 망명 생활과 그리움의 고통, 사랑하는 사람 그리고 가족과의 이별을 직면하게 된다.'

1990년대에는 네샤트와 가디리안의 예술이 문화적 주류로 진입하는 것을 볼 수 있었다. 이는 초대형 미술관과 새로운 갤러리 프랜차이즈가 급부상한 덕분이었다. 구겐하임 미술관은 1996년 스페인의 빌바오에 지점을 열었고, 테이트 모던은 2000년 런던에 문을 열었다. 이 거대한 공간들은 근대와 현대 미술의 전용 공간이었고, 인기 있는 문화관광 장소가 되었다. 광장과 로비를 장식하기 위해 거대한 예술 작품을 의뢰했고, 수많은 조수와 특수 제작자가 설치를 맡았다. 인상주의와 초현실주의, 즉 피카소와 마티스의 예술 작품 같은 블록버스터급 전시는 더욱 많은 관람객을 끌어모았다.

문화관광은 비엔날레의 급격한 성장을 이끌었는데, 2년마다 열리는 이 중요한 현대 미술 전시는 몇 달 동안 도시를 통째로 점령한다. 이러한 국제적인 행사는 야심 찬 단체 전시와 국가관을 통해 전 세계의 예술을 한자리에 모은다. 이탈리아의 베네치아 비엔날레는 1895년에 시작되었고 브라질의 상파울루 비엔날레는 1951년에 시작되었다. 독일의 도큐멘타는 5년마다 열린다는 점에서 이례적이지만 1955년에 창설되었다. 그리고 1990년대에는 아랍에미리트의 샤르자 비엔날레부터 한국의 광주비엔날레에 이르기까지 수많은 비엔날레가 생겨났다. 21세기에는 약 300개의 비엔날레가 존재하고 있으며, 가장 인기 있는 비엔날레는 각각 50만 명에서 100만 명의 관람객을 끌어모았다.

비엔날레는 거대한 전시장에서 열리기 때문에 작은 크기의 회화, 조각, 사진, 비디오아트는 쉽게 간과할 수 있다. 또한 비엔날레는 자금력이 풍부하므로 전시장이나 비엔날레를 개최하는 도시의 공공장소를 가득 채울 수 있는 대형 신작을 의뢰할 수 있다. 그러한 작품은 흔히 해당 장소를 위해 특별히 제작되며, 이를 '장소 특정적 예술'이라고 부른다. 따라서 1990년대에 활동한 많은 예술가가 그러한 공간을 채우기 위해 더욱더 큰 규모의 작품을 제작했다.

예술가들은 네온 불빛이나 거대한 폼폼으로 건물 외관을 뒤덮는 등 더욱 자유롭게 국가관 전체를 아우르는 설치작품을 만들 수 있게 되었다. 영화 세트장처럼 보이는 공간에서는 비디오가 상영되었다. 버스만 한 크기의 조각과 영화관 스크린처럼 보이는 회화도 있었다. 2001년 베네치아 비엔날레에 맞춰 영국 예술가 마이크 넬슨(1967~)은 폐허가 된 양조장을 방, 복도, 문으로 이루어진 미로로 바꿔놓았고 관람객이 길을 찾아 나오게 했다. 그로부터 10년 후 그는 베네치아 비엔날레의 영국관에 똑같은 작업을 선보였다.

1990년대는 슈퍼 큐레이터의 시대이기도 했다. 큐레이터는 전통적으로 미술관 소장품을 관리했지만, 점점 더 국제적인 미술관과 갤러리에서 작품을 대여해 야심만만한 전시회를 기획하게 되었다. 슈퍼 큐레이터들은 비엔날레를 너무나 크게 기획해서 '꿈과 갈등', 그리고 '모든 세계의 미래' 같은 거대한 주제를 다룰 수 있었다. 국제적인 예술가들은 이러한 새로운 주제에 반응했다. 2003년 이스탄불 비엔날레에서

도리스 살세도의 설치작품 「무제」. (2003년 이스탄불 비엔날레)

콜롬비아의 예술가 도리스 살세도(1958~)는 두 건물 사이에 1,500개의 나무 의자를 끼워 넣었다. 빈 의자는 잃어버린 집, 뒤집힌 삶, 떠나버린 사람들을 의미했다. 한때 아파트 건물, 즉 공동체가 있었던 곳에 장벽을 만든 것이다. 살세도는 이러한 빈 공간을 만들어낸 이스탄불과, 도시를 떠나야 했던 그리스인과 유대인 주민들 사이의 지속되는 긴장을 소환하고자 했다.

    점점 더 많은 현대 미술가가 사회 변화를 위해 예술을 사용하고 있다. 이들은 자국에서 삶에 대한 정치적 발언을 하거나 기후변화 같은 전 세계적인 위기 문제에 참여한다. 마지막 장에서 살펴볼 이들이 바로 그러한 예술가이다. 하지만 먼저 음악을 들으며 21세기에 이른 것을 축하하자.

CHAPTER 40

저항으로서의 예술

　2018년 5월 말, 한 작품 앞에 서 있는 두 사람을 제외하고 갤러리는 완전히 비어 있다. 이 회화 작품은 그냥 그림이 아니다. 세계에서 가장 유명한 회화 중 하나인 레오나르도 다 빈치의 「모나리자」다. 그리고 이 두 사람은 평범한 사람이 아니다. 이들은 지구상에서 가장 위대한 음악가인 비욘세와 제이지 부부다.
　오늘 그들은 파리의 루브르 박물관을 통째로 차지하고 있다. 물론 무용단, 스타일리스트, 영화 제작진, 감독을 제외하고 말이다. 그들은 최신 싱글 「에이프싯」의 뮤직비디오를 촬영하고 있다. 끝없이 의상 교체와 춤 동작이 벌어지고 그것을 바로잡기 위해 수 시간의 재촬영이 이루어진다. 그들은 그리스와 이집트 조각상인 「밀로의 비너스」와 타니스의 대스핑크스상 앞에 서 있다. 비욘세는 다비드의 「조세핀 황후의 대관식」 앞에서 춤을 추고, 제이지는 제리코의 「메두사 호의 뗏목」

앞에서 랩을 했다. 카메라 팀은 브누아의 「마들렌의 초상」을 촬영했고, 감독은 링골드와 윔스의 최근 작품을 연상시키는 장면을 연출했다.

이제 비욘세와 제이지, 즉 카터 부부는 「모나리자」를 등지고 분홍색과 초록색 정장을 입은 채로 마지막 장면을 촬영하고 있다. 그들은 차분하게 카메라를 정면으로 응시하며, 그들을 바라보는 우리의 눈을 바라본다. 그들은 천천히 고개를 돌려 서로를 바라본 다음 「모나리자」를 바라본다. 하루에도 수천 장의 사진이 찍히는 유명세로 인해 「모나리자」는 방탄유리 상자 안에 갇히게 되었다. 반면 카터 부부는 그들의 명성을 완전히 통제하고 있다. 이 비디오는 평소 꽉 찬 전시장을 비우고 자신들만의 공간으로 차지할 수 있는 이들을 강력하게 보여준다. 이들은 루브르 박물관의 귀중한 예술 소장품을 새로운 시각에서 촬영했다. 「메두사 호의 뗏목」 꼭대기에 있는 흑인 선원과 브누아 작품의 모델인 흑인 여성, 아프리카에서 가져온 고대 이집트 미술을 강조한다. 나폴레옹은 이제 조세핀이 아니라 베이 여왕(비욘세)을 즉위시키고 제이지는 제리코의 뗏목에 올라 구조된다. 새로운 미술사가 시작된다.

※

이 마지막 장을 팝 뮤직비디오로 시작한 이유는 무엇일까? 카터 부부의 수상에 빛나는 6분짜리 영상은 21세기에 예술이 얼마나 깊이 주류에 진입했는지를 보여준다. 카터 부부는 루브르 박물관의 소장품을 활용해 미술사가 무엇이 될 수 있고, 무엇이 되어야 하는지에 대한 새로운 시각을 제시한다. 「에이프싯」이 발매된 이후, 방문객들이 영상에 등장하는 예술품에 초점을 맞춘 맞춤 동선을 따라가게 되면서 루브르 박물관의 관람객 수는 25퍼센트가 증가했다. 우리도 그중 많은 작품을 만나왔고 「모나리자」(제14장), 브누아의 초상화(제24장), 제리코의 '뗏목'(제25장)이 그것들이다. 피부색에 맞춰 라이크라를 입은 다양한 피부색의 여성 무용수들이 비욘세를 감싸고 있으며, 비욘세는 흑인의 몸을 박물관 한가운데에 배치한다. 비욘세는 새로운 「밀로의 비너스」가 되지만 이번에는 자신이 어떻게 보이는지, 그리고 우리가 자신을 어떻게 보는지를 적극적으로 통제하는 존재가 된다. 흑인 여성을 노예나 성적으로 얻을 수 있는 대상으로 보았던 식민주의적 관점은 거부된다. 무용수들과 비욘세는 흑인 여성의 신체를 적극적이고, 강인하고, 통제 가능한 것으로 재구성한다.

이 책에서 우리는 전 세계의 작품을 살펴보았다. 우리는 최근 예술 이야기에서 소홀히 다루어졌던 예술가들을 기념했고, 그 이야기가 이야기꾼의 인종과 젠더에 따라 어떻게 좌우되는지를 살펴보았다. (제24장에서 고전적인 남성 나체에 대한 빈켈만의 사랑을 기억하는가?) 게릴라 걸스는 최근 다음과 같이 주장했다. '우리는 미술관이 백인 남성 예술가의 이야기뿐만 아니라 미술사의 진정한 이야기를 들려줄 의무가 있다고 생각한다.' 카터 부부는 바로 그 이야기를 더 폭넓게 다시 들려주는 것의 일환이다. 이 책도 그 일환이다.

21세기는 오래된 관념에 도전하고 새로운 관점을 제시하는 예술가들의 등장을 목격했다. 자넬레 무홀리(1972~)와 자리나 빔지(1963~) 같은 예술가들은 핍박받는 공동체에 초점을 맞추고자 자신의 예술을 이용한다. 이들은 그러한 공동체에 목소리를 부여하려는 것이다. 무홀리는 논바이너리non-binary로 규정되는 시각예술 활동가이며 남아프리카의 레즈비언과 트랜스젠더 공동체를 사진으로 찍는다. '나는 사람들이 우리를 대신해 레즈비언에 대해 말하고 레즈비언의 이미지를 포착하는 것을 보아왔다. 마치 우리가 무능력하고 언어장애가 있는 것처럼 말이다. 나는 다른 사람들의 주제가 되거나 침묵하기를 거부했다'라고 무홀리는 말한다. 빔지의 첫 주요 작품인 「아웃 오브 블루」는 2002년에 도큐멘타가 의뢰한 작품으로, 40년 전 이디 아민이 자신의 가족을 포함한 모든 아시아인을 우간다에서 강제 추방한 사건을 다루고 있다. 24분 길이의 이 영화는 1998년 그녀가 처음으로 찾아간 우간다의 여러 장소에서 아름답게 촬영되었다. 그녀는 영국에서 망명 생활을 하며 성장할 때 아버지가 들려준 곳들을 여행했다. 그러나 영화에는 그러한 장소들이 우울함과 슬픔으로 가득한, 공허한 삶처럼 보인다. 그녀가 촬영한 무너져가는 공공건물, 퇴락한 감옥, 버려진 주택은 오로지 거미들을 위한 곳이다.

중국 예술가 아이웨이웨이(1957~)는 예술로 인해 유럽에서 망명 생활을 하게 되었다. 그의 부모는 시인이었고 문화대혁명 시기에 박해를 받았다. 중국의 정치는 항상 그의 작품에 직접적인 영향을 미쳤다. '나는 현실을 직시해야 한다. 나는 이 사회에서 자랐고, 아버지와 한 세대 전체가 정치적 투쟁으로 희생되었으며, 오늘날 나 또한 이러한 상황으로 인해 상처를 입거나 최소한 제약을 받고 있다. (……) 그래서 이것은 나의 선택이 아니라 내 삶이며, 희생을 감수해야 한다 해도 후회하지 않는다.' 2008년 쓰촨 성 대지진에 대한 대응으로 81일 동안 감옥에 갇힌 것도 그러한 희생에 포함된다.

5월 12일 중국 남서부에서 발생한 지진으로 5,000명 이상의 학생을 포함해 9만 명에 가까운 사람들이 사망했는데, 대부분 학교 건물이 부실하게 지어졌기 때문이었다. 아이웨이웨이는 이 지역을 방문해 유가족들과 이야기를 나누었다. 그는 사망한 모든 학생의 명단을 공개하는 데 도움을 줄 자원봉사자를 모집했다. 정부는 모든 단계에서 그를 제지했다. 아이웨이웨이는 어린 희생자들을 기리고 책임을 묻기 위해 영구적인 추모비를 만들고 싶었다. 그는 쓰촨 성의 폐허에서 파낸 150톤의 철근을 몰래 사들였다. 학교가 무너진 원인이 그 저급한 철근이었기

아이웨이웨이의 설치작품 「스트레이트」. (런던 왕립아카데미, 2008~2012년)

때문이다. 그는 대규모 팀을 고용하여 철근을 일일이 손으로 펴고 시간을 되돌리듯 다시 제 모양으로 만들어놓았다. 그러는 중에 그는 체포되어 3개월 가까이 독방에 갇혔다. 이후 마침내 석방되어 작업실로 돌아오자 자기 팀이 그의 부재중에도 계속 철근을 곧게 펴고 있었음을 알게 되었다.

2013년 아이웨이웨이는 베네치아 비엔날레에 「스트레이트」를 전시했다. 수천 개의 녹슨 철근이 겹겹이 쌓여 마치 구불구불한 갈색의 흙덩어리 언덕처럼 보였다. 이 작품이 2년 후 런던 왕립예술아카데미에서 전시되었을 때는 사망한 아이들의 이름으로 둘러싸여 있었다. 많은 사람이 이 작품을 보고 눈물을 흘렸는데, 매우 강렬한 설치작품이었기 때문이다.

인터넷과 소셜 미디어 플랫폼은 아이웨이웨이 같은 예술가들이 힘을 모으고 메시지를 전파할 수 있게 해주었다. 그러한 공공의 장은 예술가와 활동가 모두에게 도움이 되었다. 헤더 애크로이드(1959~)와

댄 하비(1959~)는 살아 있는 잔디로 초상화를 만드는 것에서부터 영국 바닷가로 쓸려온 고래 뼈대에 크리스털 결정을 키우는 데 이르는 공동 작업을 통해 오랫동안 환경문제를 탐구해왔다. 이제 이들이 만든 잔디 외투는 기후변화에 대한 주의를 환기하기 위해 '멸종에의 반란Extinction Rebellion' 활동가들이 입고, 인스타그램에도 공유된다. 2014년 올라퍼 엘리아슨(1967~)은 열두 덩어리의 그린란드 빙상을 코펜하겐으로 운반했다. 기후변화로 인해 그린란드에서는 초당 1만 톤의 얼음이 사라지고 있다. 「아이스 워치」는 덩어리가 천천히 녹게 될 시청 광장에 시계처럼 설치되었고, 이를 통해 기후변화가 북극에 어떤 영향을 미치고 있는지 보여준다. 이 작품은 유엔의 주요 기후보고서 발표에 맞춰 진행되어 대의를 최대한 널리 알릴 수 있었다.

21세기 들어 예술가들은 오랫동안 백인의 서구적인 시각으로 제시되어온 역사를 뒤집는 작업을 지속하고 있다. 영국계 나이지리아 예술가인 잉카 쇼니바레(1962~)는 영국 예술과 식민지 역사를 작품의 소재로 삼는다. 그는 우리가 '아프리카' 하면 떠올리는 대담하고 화려한 색상의 바틱 천을 사용하여 역사적 인물과 의상을 재구성한다. 하지만 이 직물은 원래 네덜란드 회사가 인도네시아에서 아프리카로 수입한 것이며, 역사책을 통해 우리가 믿게 된 것보다 세계는 훨씬 더 서로 연결되어 있었다. 그리고 쇼니바레는 자신의 조각 작품에서 이 지점을 탐구한다. 그의 설치작품 「아프리카 쟁탈전」(2003년)은 빅토리아 시대풍의 프록코트를 입고 크라바트를 맨 열네 개의 머리 없는 마네킹이 아프리카 지도가 새겨진 테이블 주위에 모여 있는 모습을 보여준다. 이들은 1884~1885년 베를린 회의에 참석한 유럽 지도자들을 재현한 것으로 그들은 이곳에서 아프리카를 식민지 영토로 조각을 냈다. 말 그대로 이들은 탐욕에 빠져 머리를 잃었다.

리사 레이하나의 탈식민 영화 「금성을 찾아서(오염된)」의 한 장면.(2015~2017년)

오스트레일리아의 트레이시 모팻(1960~)과 뉴질랜드의 리사 레이하나(1964~) 같은 후기 식민지 시대의 예술가들은 백인 식민지 개척자들에 의해 그들의 문화사가 어떻게 억압받았는지를 탐구해왔다. 마오리족 예술가인 레이하나는 2017년 베네치아 비엔날레에서 영화 「금성을 찾아서(오염된)」를 전시했다. 한 시간 길이의 영상은 제작에 10년이 걸린 작품으로 가로 20미터가 넘는 스크린 위에 펼쳐진다. 그녀는 1804년에 제작된 「태평양의 야만인」이라는 프랑스의 파노라마 벽지를 작품의 시작점으로 사용했다. 이 벽지에는 자연 속에서 소박하게 살아가는 섬 주민들의 미소가 담긴 타히티의 울창한 배경이 그려져 있었고, 1769년 쿡 선장의 타히티 여행에서 영감을 받은 것이었다. 레이하나는 작품에서 그러한 시각을 바꿔놓는다. 70개가 넘는 인사, 교류, 폭력, 죽음의 장면은 섬 주민들의 관점에서 재연되어 벽지의 본래 '이야기'에 도전한다. 이제 우리는 총을 든 군인, 유럽의 선박과 무역 협상을 볼 수 있다. 우리는 영어가 아닌 몇몇 태평양 언어로 된 단편적인 대화를 듣게 된다.

카라 워커(1969~)와 시에스터 게이츠(1973~) 같은 미국 예술가들은 미국의 노예제도와 인종차별의 역사를 탐구한다. 2014년 워커는 설탕의 역사와 설탕을 만든 노예들을 연결하기 위해 표백한 백설탕으로 제마이마 아주머니의 얼굴을 형상화한 거대한 스핑크스를 만들었다. 2019년 게이츠는 메인 주 연안에 있는 작은 섬 말라가의 혼혈 역사를 다룬 영화를 제작했다. 말라가는 1912년 메인 주의 주지사가 모든 인종을 쫓아내는 명령을 내릴 때까지 50년 동안 다양한 인종이 모여 살던 곳이었다. 이 섬은 오늘날까지도 무인도로 남아 있다.

게이츠는 흥미로운 예술가인데, 예술 작품을 전혀 제작하지 않거나 적어도 우리가 전통적으로 생각하는 방식으로 하지 않는 경우가 많기 때문이다. 시카고에 있는 집에서 낡은 건물을 복원하는 그의 모습을 볼 가능성이 더 높다. 그는 스토니 아일랜드 은행 같은 공간을 단장하여 사람들이 자신의 역사를 이야기할 수 있는 커뮤니티 센터로 탈바꿈시킨다. (버락 오바마는 2016년에 이곳을 방문했을 때 그의 역사를 이야기했다.)

게이츠는 '역사'를 여러 개의 역사로 확장하여 과거가 재고될 수 있게 하고 싶어 하는데, 이 책에서 필자도 그런 시도를 해왔다. 40개 장에 걸쳐 동굴 벽화의 기원부터 강력한 변화의 힘으로서의 현대 미술의 부상까지 함께 여행했다. 다양한 예술가들의 목소리를 들었고 예술이 각 사회에서 어떤 의미를 지니는지 살펴보았다. 통과의례에서 힘의 선언으로 예술의 역할이 변화하는 것을 목격했다. 예술은 장례의 슬픔, 신념의 주장, 자연과 소통하는 방법, 개인적 표현의 수단이었다. 어떤 예술가들은 평편한 벽에서 창문을 보도록 눈을 속였고, 어떤 예술가들은 신비로운 내면세계와 추상적인 영역을 탐구했다. 우리는 고전 조각과 르네상스가 서양미술에 미친 영향을 살펴보았을 뿐만 아니라 라파누이의 거대한 석상부터 베냉의 청동상까지 다른 역사도 살펴보았다.

예술은 우리를 어디로 이끌어갈까? 시에스터 게이츠는 새로운 방식으로 예술에 대한 사유와 제작을 보여주는 중요한 예술가이다. 그에게 '예술'이란 보는 이들의 궁극적인 작동으로 사람들이 함께 모이고 이야기하는 것이다. 그의 예술은 우리가 모두 다른 배경에서 함께 모이고, 공동의 미래를 만들어가기 위해 이야기를 공유하는 것에 관한 것이다. 누가 그러한 미래의 이야기를 들려줄까? 바로 당신이지 않을까?

| 옮긴이의 말 |

'당신이 좋아하는 예술가나 예술 작품이 무엇인가요?'

여느 학문이 그렇듯 미술 혹은 시각예술의 역사도 서구의 시각으로 기술된 내용이 주류가 되었다. 그리고 그러한 주류의 역사는 문화와 역사의 차이를 넘어 서구식 교육제도 안에 스며들게 마련이다. 그래서 많은 이들이 좋아하는 예술가 혹은 예술 작품을 묻는 질문에 레오나르도 다 빈치의 「모나리자」, 미켈란젤로의 「천지창조」, 혹은 모네의 「수련」이나 빈센트 반 고흐의 「별이 빛나는 밤」 같은 작품을 열거하고 그 이미지를 묘사하는 데 어려움을 느끼지 않는다. 그러나 우리나라를 대표하는 역사 속 예술가나 예술 작품으로 어떤 것을 제시할 수 있을까?

일반적인 세계 예술의 역사는 유럽을 중심으로 발전했고, 그 중심에는 천재적인 남성 예술가와 후원자들이 있었다. 유럽 내 종교적·정치적 흐름에 따라 또 다른 남성 주인공들이 등장했고, 예술도 그에 따라 지속적으로 모습을 바꿔왔다. 그러나 21세기에 들어와 백인 남성 중심인 예술의 역사에 문제를 제기하는 움직임이 시작되었다. 유럽의 예술 바깥에도 예술은 존재했고 문화와 종교, 역사와 지역에 따라 우수하고 다양한 예술의 역사가 만들어졌음을 인정하고 다양성을 교육하는 활동의 중요성이 부각되고 있다.

    샬럿 멀린스가 지은 이 책은 이러한 시대적 흐름 속에서 예술의 역사를 재조명하고자 하는 시도이다. 이 책은 인간의 최초 흔적이 남겨진 10만 년 전부터 시작된 예술의 거대한 물줄기 속에서 그동안 잊히거나 간과된 작은 물줄기들을 찾아내어 빛을 비추고자 한다. 저자는 아프리카와 남아메리카, 중동과 아시아를 넘나들며 다양한 문화와 시공간 속에서 만들어진 예술의 역사를 탐구하며, 우리가 미처 알지 못했던 이야기를 들려준다.

    특히 역사에서 간과된 여성 예술가들의 삶과 활약상, 아프리카의 공예품이 지닌 문화적·예술적 가치를 면밀히 살펴본다. 더 나아가 침략과 전쟁으로 사라진 문명의 흔적을 되살리고, 식민주의와 인종차별로 인해 억압되었던 예술적 표현에 대해서도 깊이 있는 고찰을 제공한다. 이 과정에서 저자는 예술의 역사가 단지 유럽 중심의 시각에서 벗어나 보다 다각적이고 포괄적인 이해로 나아가야 한다는 점을 강조하며, 이러한 작은 이야기가 모여 새로운 예술사의 패러다임을 구축할 수 있음을 독자에게 설득력 있게 전달한다.

    그러나 이 책 역시 서구 중심의 시각에서 완전히 벗어나기에는 한계가 있음을 부인할 수 없다. 우리의 지식체계는 여전히 견고하며, 그것을 넘어서기는 쉽지 않은 일이기 때문이다. 그럼에도 우리는 이 책이 제시하는 작은 노력과 정보의 중요성에 주목해야 한다. 이러한 작은 시도가 모여 예술의 역사를 더 넓은 시각으로 보고 이해하는 능력을 키울 수 있기 때문이다.

 이 책이 예술의 역사를 다시 한 번 되돌아보고 새로운 시각으로 바라보는 계기가 되길 바란다. 비록 완전한 전환점은 아닐지라도 이 작은 물줄기들이 모여 또 다른 큰 흐름을 만들어낼 수 있기를 기대해본다. 또한 이러한 변화가 우리의 시각을 확장시켜 우리나라 예술가나 예술 작품에 대한 관심으로 이어지는 날이 오지 않을까 기대해본다.

 마지막으로 이 책의 번역을 제안하고 도와주신 소소의책에 감사하는 마음을 전하며, 이 책에 언급된 수많은 예술 작품, 공예품, 역사 관련 이미지 자료를 검색하고 정리해준 친구 이중혜에게도 큰 고마움을 전한다.

| 이미지 출처 |

13p. Bridgeman Images | 18p. Heritage Images/Fine Art Images/akg-images | 21p. National Museum of Iraq. World History Archive/Alamy Stock Photo | 25p. ⓒ The Trustees of the British Museum | 33p. DEA/G Nimatallah/Age fotostock | 36p. ⓒ Museum of Classical Archaeology, Cambridge(CC BY-NC-ND 4.0) | 41p. Goethe-Universität, Institut für Archäologische Wissenschaften, Archäologie und Archäobotanik Afrikas, Germany | 44p. Vincenzo Pirozzi/Bridgeman Images | 52p. Paul Williams/Alamy Stock Photo | 55p. William Alfred Paine Fund(31.501) | 61p. Andrea Innocenti/Age fotostock | 64p. Manuel Cohen/Alamy Stock Photo | 67p. ⓒ The Trustees of the British Museum | 72p. Charles O. Cecil/Alamy Stock Photo | 78p. Album/Alamy Stock Photo | 81p. akg-images/Erich Lessing | 87p. ⓒ The Trustees of the British Museum | 90p. The Picture Art Collection/Alamy Stock Photo | 94p. akg-images/Mondadori Portfolio/Antonio Quattrone | 97p. akg-images/De Agostini/G. Nimatallah | 101p. The National Gallery, London/akg-images | 107p. akg-images/Joseph Martin | 111p. akg-images/Rabatti & Domingie | 114p. akg-images/Rabatti & Domingie | 120p. (left) The National Gallery, London/akg-images; (right) akg-images/Fototeca Gilardi | 123p. akg/Mondadori Portfolio/Electa/Paolo and Federico Manusardi | 129p. akg-images | 134p. Wikimedia Commons | 138p. akg-images | 140p. akg-images/Erich Lessing | 149p. (left) akg-images/Pictures From History (right) ⓒ The Trustees of the British Museum | 150p. akg-images | 155p. National Museum, Poznan. Raczynski Foundation at the National Museum | 161p. akg-images/Album/Prisma | 166p. Photo Scala, Florence/Fondo Edifici di Culto-Min. dell'Interno | 170p. akg-images/Rabatti & Domingie | 173p. Bridgeman images | 178p. akg-images/Album | 182p. Private Collection/National Museums of Wales | 187p. Martin Jung/imageBROKER/Age Fotostock | 193p. Rijksmuseum, Amsterdam | 197p. Mauritshuis, The Hague | 200p. Wikimedia Commons | 206p. Wikimedia Commons | 212p. Wikimedia Commons | 216p. ⓒ Pitt Rivers Museum, University of Oxford | 218p. Wikimedia Commons | 224p. akg-images/Erich Lessing | 228p. Wikimedia Commons | 233p. Wikimedia Commons | 237p. akg-images/Album | 243p. Wikimedia

Commons | 248p. Wikimedia Commons | 252p. Wikimedia Commons | 255p. akg-images/Erich Lessing | 261p. Wikimedia Commons | 265p. Yale University Art Gallery | 267p. Courtauld Institute Galleries/akg-images/Erich Lessing | 273p. Bremen, Kunsthalle/akg-images/Erich Lessing | 279p. ⓒ Succession Picasso/DACS, London 2022. Photo: Art Library/Alamy Stock Photo | 287p. ⓒ Association Marcel Duchamp/ADAGP, Paris and DACS, London 2021. Photo: Tate Images | 289p. ⓒ The Hilma af Klint Foundation | 293p. ⓒ Hannah Hoch DACS 2022. bpk/Nationalgalerie, SMB/Jorg P. Anders | 299p. Album/Alamy Stock Photo | 304p. ⓒ Banco de Mexico Diego Rivera Frida Kahlo Museums Trust, Mexico, D.F./DACS 2022. akg-images/Erich Lessing | 309p. ⓒ The Jacob and Gwendolyn Lawrence Foundation, Seattle. Artists Rights Society(ARS), New York and DACS, London 2022. Courtesy of The Phillips Collection | 314p. ⓒ ADAGP, Paris and DACS, London 2022. Photo by David Rato. MUSEU COLECAO BERARDO | 318p. ⓒ National Gallery of Australia, Canberra | 322p. ⓒ Catlett Mora Family Trust/VAGA at ARS, NY and DACS, London 2022. Photo: Pennsylvania Academy of the Fine Arts | 324p. ⓒ The Pollock Krasner Foundation. Photo provided by IVAM | 334p. ⓒ Holt-Smithson Foundation/VAGA at ARS, NY and DACS, London 2022. Photo: George Steinmetz, courtesy Dia Art Foundation, New York | 337p. ⓒ Yoko Ono | 345p. ⓒ Faith Ringgold/ARS, NY and DACS, London, Courtesy ACA Galleries, New York 2022. Digital image, The Museum of Modern Art, New York/Scala, Florence | 346p. ⓒ 2022. Digital image, The Museum of Modern Art, New York/Scala, Florence | 351p. ⓒ The Estate of Jean-Michel Basquiat/ADAGP, Paris and DACS, London 2022. Photo: Roth TJ. Sipa, USA | 353p. ⓒ Guerrilla Girls, courtesy guerrillagirls.com | 362p. Copyright: Shadi Ghadirian, courtesy Robert Klein Gallery | 366p. ⓒ The artist. Courtesy White Cube | 372p. ⓒ Ai Weiwei. Photo: Marcus J. Leith. Royal Academy, London | 374p. ⓒ Lisa Marie Reihana/Copyright Agency. Licensed by DACS 2021. Installation photograph by Jennifer French, ⓒ Auckland Art Gallery Toi o Tamaki

| 찾아보기 |

|ㄱ|

가디리안, 샤디(Ghadirian, Shadi), '카자르(Qajar)' 연작 362, 363
가보, 나움(Gabo, Naum) 312, 313
가쓰시카 호쿠사이(葛飾北齋) 231
「가나가와 해변의 높은 파도 아래(神奈川沖浪裏)」 231~2
갈라치오, 안야(Gallaccio, Anya) 360
개념미술(conceptual art) 338~9
게릴라 걸스(Guerrilla Girls) 352~3, 370
게이츠, 시에스터(Gates, Theaster) 375~6
게인즈버러, 토머스(Gainsborough, Thomas)
「앤드루스 부부(Mr and Mrs Andrews)」 204~5
초상화와 풍경화(portraits and landscapes) 205
계몽주의(Enlightenment) 213, 220
고갱, 폴(Gauguin, Paul)
반 고흐와의 우정(friendship with Van Gogh) 263, 265
「우리는 어디에서 왔는가? 우리는 무엇인가? 우리는 어디로 가는가?(Where Do We Come From? What Are We? Where Are We Going?)」 269
일본 판화에서 받은 영감(inspiration from Japanese prints) 268
타히티(Tahiti) 215, 268~9
'티이' 조각('ti'i' carvings) 215

파울라 모더존 베커에게 미친 영향(influence on Paula Modersohn-Becker) 275
고대 그리스(ancient Greece)
검은 인물 그림(black-figure painting) 30
델포이의 마부(Charioteer of Delphi) 32~3
도기(pottery) 29~31
리아체 전사들(Riace Warriors) 33~4, 37
아테네 민주주의(Athenian democracy) 31~2
예술가들(artists) 29~30
위대한 아테나(great Athena) 34~5
제우스 신전(Temple of Zeus) 34, 35
조각(sculpture) 31~8
조각상의 로마 복제품(Roman replicas of statues) 37, 42~5, 51
조각 초상(sculpted portraits) 44
청동 조각(bronze sculptures) 32~4, 35
「크니도스의 아프로디테(Aphrodite of Knidos)」 36~7, 51, 57
트로이 전쟁(Trojan wars) 29, 43
파르테논 신전(Parthenon) 34~5, 49, 120
고디에 브르제스카, 앙리(Gaudier-Brzeska, Henri)
비서구 양식 연구(study of non-Western form) 283
제1차 세계대전(First World War) 286
「착암기(Rock Drill)」(엡스타인) 282~4

고분(tombs)
  교황 율리우스 2세(Pope Julius II) 132
  그레이트 서펀트 마운드(Great Serpent Mound, 오하이오 주) 72~3
  로마의 무덤 조각(Roman tomb sculptures) 53
  마우솔로스(Mausolus) 37~8
  샹몰(Champmol, 프랑스) 102~3
  아프리카 고분 예술(African tomb art) 72~3
  이집트 고분 예술(Egyptian tomb art) 25~6
  진시황릉(秦始皇陵, 병마용 군대) 39~40
  트라야누스 기둥(Trajan's Column) 48~50
고야, 프란시스코 데(Goya, Francisco de), 「전쟁의 참화(The Disasters of War)」 225
고전 예술(classical art)
  그랜드 투어(Grand Tour) 203~4
  로코코(rococo) 202
  르네상스의 고전적 자연주의(classical naturalism in the Renaissance) 93~4, 95~6, 177
  시작(beginning) 31
  역사적 주제(historical subjects) 211
  예술가 훈련(artist training) 201
  '신고전주의' 참조
곤잘레스, 에바(Gonzalès, Eva), 「이탈리아 극장의 특별석(A Box at the Theatre des Italiens)」 252~3
곤차로바, 나탈리아(Goncharova, Natalia) 285
골딘, 낸(Goldin, Nan) 350, 362
관도승(管道昇) 89~90
광선주의(Rayonism) 285
교황 율리우스 2세(Pope Julius II) 131
구르스키, 안드레아스(Gursky, Andreas) 361~2
구사마 야요이(草間彌生) 341~2
구상미술(figurative art)
  기독교 미술에서의 상징적 몸(symbolic body in Christian art) 62~3
  선사시대 동물(prehistoric animals) 17, 18~9
  초기의 양식화된 그림(early stylized figures) 23~5, 28, 30, 90
  표현적 묘사(expressive depictions) 90

'여성 누드' 참조
구성주의(Constructivism) 290, 312
그로스, 조지(Grosz, George) 292, 294
그뤼네발트, 마티아스(Grünewald, Matthias) 138~9, 140
  「이젠하임 제단화(Isenheim Altarpiece)」 138~9, 140
  종교개혁(Reformation) 141
그린버그, 클레멘트(Greenberg, Clement) 325, 326, 327, 352
기독교 미술(Christian art)
  「게로 십자가(Gero Crucifix)」, 쾰른 대성당 (Cologne Cathedral) 71, 72
  고딕 양식(Gothic style) 84~5, 98~9
  동방정교회(Eastern Orthodox Christianity) 61~2
  『린디스판 복음서(Lindisfarne Gospels)』 62~3, 78
  『스키비아스(Scivias)』, 빙겐의 힐데가르트 (Hildegard of Bingen) 81~2
  「이젠하임 제단화(Isenheim Altarpiece)」(그뤼네발트) 138~9, 140
  이탈리아의 수녀와 수도사(Italian nuns and monks) 160
  제단화(altarpieces) 97, 104~5, 138~40, 143~4, 157
  카펠라 팔라티나(Cappella Palatina) 79~80
  켈트-게르만 양식(Celtic-Germanic style) 62~3
  후광(halo) 59, 71
  '르네상스' 참조
기를란다요, 도메니코(Ghirlandaio, Domenico) 115, 132
기베르티, 로렌초(Ghiberti, Lorenzo) 113~4
기호학(semiotics) 338~9, 340~1

| ㄴ |
나마트지라, 앨버트(Namatjira, Albert) 318
나우먼, 브루스(Nauman, Bruce) 342
나이트, 로라(Knight, Laura) 210
나폴레옹(Napoleon) 224~5, 232
낭만주의(Romanticism) 228~9
네덜란드(Netherlands, the)

383

17세기 무역(17th-century trade) 176~7, 185~6
네덜란드 황금시대(Dutch golden age) 177, 184
델프트 도자기(Delft pottery) 192
여성 예술가들(women artists) 196~8
예술적 풍경(artistic landscapes) 184
정물화(still life) 177~8, 196~8
초상화(portraits) 178
'튤립 광풍(tulipomania)' 196~7
네덜란드 미술(Netherlandish art)
　르네상스(Renaissance) 102~8
　「십자가에서 내림(Descent from the Cross)」(판 데 르 베이던) 107~8, 157, 174
　튜더 왕조(Tudor, 영국) 151
　펠리페 2세의 공부(Philip II's study) 157
네샤트, 시린(Neshat, Shirin) 363~4
넬리, 플라우틸라(Nelli, Plautilla), 「최후의 만찬(Last Supper)」 160
노예제도(slavery)
　20세기 탐험(20th-century explorations) 375
　「그랑 오달리스크(La Grande Odalisque)」(앵그르) 233~4, 353
　「노예무역(The Slave Trade)」(비아르) 237
　「노예선(Slave Ship)」(터너) 234, 235, 236~7
　러시아 농노(Russian serfdom) 258
　루이스의 흑인 해방 조각(Lewis' sculptures of black emancipation) 242~3
　수리남(Suriname) 222
　「수리남의 반란을 일으킨 흑인들에게 대항한 5년간의 탐험 이야기(Narrative of a Five Years' Expedition against the Revolted Negroes of Surinam)」(스테드먼) 222
　「제당 공장(Sugar Mill)」(포스트) 185~6
　폐지론자(abolitionists) 222, 223, 236, 258
　회화 속의 흑인 주제(black subjects in paintings) 222~4
놀런, 시드니(Nolan, Sidney), 「네드 켈리(Ned Kelly)」 318, 319
뉴먼, 바넷(Newman, Barnett) 323
니콜슨, 벤(Nicholson, Ben) 312~3
닐, 앨리스(Neel, Alice) 343

|ㄷ|

다게르, 루이 자크 망데(Daguerre, Louis-Jacques-Mandé) 240
다다(Dada)
　제1회 국제다다박람회(First International Dada Fair) 292~3, 294
　초현실주의(Surrealism) 296~7
　포토몽타주(photomontage) 294~5, 328
다비드, 자크 루이(David, Jacques-Louis), 「호라티우스 형제의 맹세(The Oath of the Horatii)」 217~9
다윈, 찰스(Darwin, Charles) 17
다이크, 안토니 반(Dyck, Anthony Van)
　루벤스의 작업실(Rubens' workshop) 173~4, 179
　초상화(portraiture) 179~80
달리, 살바도르(Dalí, Salvador) 297
대번포트, 이안(Davenport, Ian) 360
대지예술(land art) 333~5
던, 도로시(Dunn, Dorothy) 305
델 라마, 가스파레 디 자노비(del Lama, Gaspare di Zanobi) 115
도기(pottery)
　고대 그리스(ancient Greece) 29~30
　델프트 도자기(Delft pottery) 192
도나텔로(Donatello)
　기베르티와 함께 일하다(work with Ghiberti) 113
　「다비드(David)」 109~10, 111, 116, 128
독일(Germany)
　「게로 십자가(Gero Crucifix)」, 쾰른 대성당(Cologne Cathedral) 71, 72
　나치 치하의 예술(art under the Nazis) 299~300
　베를린 다다(Berlin Dada) 292~4
　베를린 예술아카데미(Academy of the Arts in Berlin) 274
　보릅스베데의 예술가들(Worpswede artists) 275
　「수태고지의 묵주(Annunciation of the Rosary)」 (슈토스) 140
　여성 예술가에 대한 편견(prejudice against women artists) 274
　「이젠하임 제단화(Isenheim Altarpiece)」(그뤼네발

트) 138~9, 140
'퇴폐미술(Degenerate Art)' 전시회 299~300
판화(printmaking) 272~3
포스트모더니즘 회화(postmodernism painting) 355~6
독일 표현주의(German Expressionism) 266, 274~5
　나치 치하(under the Nazis) 300
　'다리파(Die Brücke)' 274
　'청기사파(Der Blaue Reiter)' 275, 288
동굴미술(cave art)
　들소, 튀크 도두베르(bison, Tuc d'Audoubert) 11~2, 13
　레앙 테동게 동굴(Leang Tedongnge cave) 16, 17
　쇼베 동굴(Chauvet Cave) 15, 17~9
　'선사시대 미술' 참조
동기창(董其昌)
　미술 양식(artistic style) 176
　『추흥팔경화책(秋興八景畫册)』 176
동물(animals)
　기독교 미술(Christian art) 62~3
　들소, 튀크 도두베르(bison, Tuc d'Audoubert) 11~2, 13
　「말 박람회(The Horse Fair)」(보뇌르) 239
　선사시대 미술(prehistoric art) 17, 18~9
두루마리 예술(scroll art)
　『겐지 이야기(源氏物語)』 76~7
　「안개와 비가 내리는 대나무 숲」 90
두초 디 부오닌세냐(Duccio di Buoninsegna) 97~8
뒤러, 알브레히트(Dürer, Albrecht) 141~7
　「기사, 죽음, 그리고 악마(Knight, Death, and the Devil)」 143
　「동방박사의 경배(Adoration of the Magi)」 222
　「십자가형(Crucifixion)」 175
　「장미 화관의 축제(Madonna of the Rose Garlands)」 125~6
뒤마, 마를린(Dumas, Marlene) 356
뒤뷔페, 장(Dubuffet, Jean)
　「글자가 새겨진 벽(Wall with Inscriptions)」 316
　아르 브뤼(art brut) 316

뒤샹 비용, 레이몽(Duchamp-Villon, Raymond) 286
뒤샹, 마르셀(Duchamp, Marcel)
　「계단을 내려가는 누드 2(Nude Descending a Staircase No. 2)」 286
　기성품(ready-made objects) 295, 331
　다다이스트(Dadaist) 295
　「샘(Fountain)」 286~7
　「자전거 바퀴(Bicycle Wheel)」 286
드가, 에드가(Degas, Edgar) 250, 251
들라크루아, 외젠(Delacroix, Eugène) 232~4
　「민중을 이끄는 자유의 여신(Liberty Leading the People)」 232
　「알제리의 여인들(Women of Algiers in their Apartment)」 234
디드로, 드니(Diderot, Denis) 202
디즈니, 월트(Disney, Walt) 305
디킨스, 찰스(Dickens, Charles) 240

| ㄹ |

라빌 기아르, 아델레이드(Labille-Guiard, Adélaïde) 219
　「두 제자와 자화상(Self-Portrait with Two Pupils)」 219
　「아델레이드 부인의 초상(Portrait of Madame Adélaïde)」 219
라우셴버그, 로버트(Rauschenberg, Robert) 326~7
라위스, 라헬(Ruysch, Rachel), 「꽃이 있는 화병(Vase with Flowers)」 197, 198
라이엘, 찰스(Lyell, Charles) 17
라파엘로(Raphael) 126, 131, 133~5
　시스티나 성당 태피스트리(tapestries for the Sistine Chapel) 135, 138
　「아테네 학당(The School of Athens)」 134~5, 209, 225
라파엘 전파 형제단(Pre-Raphaelite Brotherhood) 239~40, 256
램, 위프레도(Lam, Wifredo) 298
랭부르 형제(Limbourg brothers) 102, 104
러스킨, 존(Ruskin, John) 236, 240, 254~6

터너 동경(admiration of Turner) 235~6
휘슬러에 맞선 법정 재판(court trial against
 Whistler) 254~6
러시아(Russia)
 '방랑자들(Wanderers)' 258~9
 입체미래주의와 광선주의(Cubo-Futurism and
  Rayonism) 285
 절대주의 운동(Suprematist movement) 290
 추상미술(abstract art) 290
런슝(任熊) 241
레고, 파울라(Rego, Paula) 356
레니, 귀도(Reni, Guido) 167, 195, 196
레오 10세(Leo X, 교황) 135, 138
레오나르도 다 빈치(Leonardo da Vinci) 126,
 129~31
 「모나리자(Mona Lisa)」 129~30, 368, 369
 「최후의 만찬(Last Supper)」 160
레이놀즈, 조슈아(Reynolds, Joshua) 211
 「오마이의 초상(Portrait of Omai)」 214~5
레이스테르, 주디스(Leyster, Judith), 「제안
 (The Proposition)」 178~9
레이하나, 리사(Reihana, Lisa), 「금성
 을 찾아서(오염된)[In Pursuit of
 Venus(Infected)]」 374
렘브란트 반 레인(Rembrandt van Rijn) 190~2
 「야간 순찰(The Night Watch)」 191~2
 자화상(self-portrait) 190~1
로댕, 오귀스트(Rodin, Auguste) 276~7
 「발자크 상(Monument to Balzac)」 276~7
로랭, 클로드(Lorrain, Claude)
 「전원 풍경(Pastoral Landscape)」 183
 풍경화 전통(landscape tradition) 228, 230
로렌스, 제이콥(Lawrence, Jacob), '흑인 대
 이동(The Migration)' 연작 308~9
로마(Rome)
 17세기 미술(17th-century art) 165
 19세기 미국의 여성 조각가들(American 19th-
  century women sculptors) 241~3
 교황 율리우스 2세의 무덤(tomb of Pope Julius
  II) 132
 그랜드 투어(Grand Tour) 203~4

르네상스 예술(Renaissance art) 111~2, 131
바티칸의 프레스코화(frescoes at the Vatican)
 133~5
시스티나 성당(Sistine Chapel) 132~3
율리우스 2세의 예술 후원(art patronage by
 Julius II) 131~2
로마 제국(Roman Empire)
 그리스 조각상의 복제품(replicas of Greek
  statues) 37, 42~4, 51
 기념비적 예술(monumental art) 49~52
 기독교(Christianity) 58
 「라오콘(Laocoön)」 43~4, 131~2, 161, 225
 무덤 조각(tomb sculptures) 53
 비잔티움/콘스탄티노플(Byzantium/
  Constantinople) 57~8, 60
 빌라의 실내장식(villa interiors) 46~7
 조각(sculpture) 35, 42
 조각 초상(sculpted portraits) 44~6, 51~3
 진실주의(verism) 45
 트라야누스 기둥(Trajan's Column) 48~50
 트로이 전쟁(Trojan wars) 29, 43
 파이윰 초상화(Faiyum portraits) 53~4
 하드리아누스 별장(Hadrian's Villa) 50~1
 헤르쿨라네움과 폼페이(Herculaneum and
  Pompeii) 46~7, 218
 흉상(busts) 44~6
로버츠, 데이비드(Roberts, David) 234
로세티, 단테 가브리엘(Rossetti, Dante
 Gabriel) 239
로스코, 마크(Rothko, Mark) 323
로슬러, 마사(Rosler, Martha), 「부엌의 기호학
 (Semiotics of the Kitchen)」 340~1, 342
로이스달, 야코프 반(Ruisdael, Jacob van),
 「무이더베르크 교회가 있는 나르덴의
 풍경(View of Naarden with the Church
 at Muiderberg)」 184
로코코(rococo) 202, 203
루벤스, 페테르 파울(Rubens, Peter Paul)
 「동방박사의 경배(Adoration of the Magi)」 222
 반 다이크의 지원(Van Dyck as an assistance)
  179

「십자가에서 내림(Descent from the Cross)」
  172~3, 174, 211, 225
영향(influences on) 174
루이스, 노먼(Lewis, Norman) 322~3, 328
「대성당(Cathedral)」 322~3
루이스, 메리 에드모니아(Lewis, Mary
  Edmonia) 242~3
「영원한 자유(Forever Free)」 243
루터, 마르틴(Luther, Martin), 『그리스도와
  적그리스도의 생애(Passional Christi
  und Antichristi)』 141~2, 152
르 그레, 구스타브(Le Gray, Gustave), 「세트
  의 큰 파도(The Great Wave, Sète)」 241
르네상스(Renaissance)
  개요(overview) 96~7
  고딕 양식(Gothic style) 98~9
  고전적 자연주의(classical naturalism) 93~4,
    95~6, 177
  국제 고딕(International Gothic) 98~9, 102
  네덜란드 예술(Netherlandish art) 104~8
  「대십자가(Great Cross)」(생물) 103
  「마에스타(Maestà)」(두초) 97~8
  「메로드 제단화(Mérode Altarpiece)」(캉팽)
    104~5
  북부 르네상스(Northern Renaissance) 100~8,
    124, 125, 177
  「수태고지(Annunciation)」(마르티니) 98, 102
  「십자가에서 내림(Descent from the Cross)」(판 데
    르 베이던) 107~8, 157, 174
  「아르놀피니 초상화(Arnolfini Portrait)」(반 에이
    크) 106
  원근법(perspective) 113~4
  「윌튼 두 폭 제단화(Wilton Diptych)」 101~2
  인본주의(humanism) 93, 94, 96, 111, 116,
    120
  제단화(altarpieces) 97, 104~5, 138~40,
    143~5, 157
  조각(sculpture) 109~11, 116, 127~8
  프레스코화(frescoes) 91~2, 93, 94
  「헨트 제단화(Ghent Altarpiece)」(반 에이크)
    105~6, 143~4

'로마', '베네치아', '피렌체' 참조
르누아르, 피에르 오귀스트(Renoir, Pierre-
  Auguste) 247~8
「특별석(La Loge)」 251, 253
리베라, 디에고(Rivera, Diego)
  뉴욕 회고전(New York retrospective) 305
  「디트로이트 인더스트리 벽화(Detroit Industry
    Murals)」 302~3, 306
리시에, 제르멘(Richier, Germaine) 314~5
  「사마귀(Praying Mantis)」 314~5
리히텐슈타인, 로이(Lichtenstein, Roy) 327
링골드, 페이스(Ringgold, Faith), 「미국인 연
  작 #20 : 죽다(American People Series
  #20: Die)」 344~5

|ㅁ|
마그리트, 르네(Magritte, René) 297
마네, 에두아르(Manet, Edouard) 245~7, 250,
  252~3
  「풀밭 위의 점심 식사(Déjeuner sur l'herbe)」
    245~6
마레, 에티엔 쥘(Marey, Etienne-Jules) 286
마르크, 프란츠(Marc, Franz) 275, 286, 300
마르티니, 시모네(Martini, Simone) 94, 98~9
마리네티, 필리포(Marinetti, Filippo) 284
마사초(Masaccio) 113, 115
마셜, 케리 제임스(Marshall, Kerry James) 356
마티스, 앙리(Matisse, Henri) 277~8, 364
만 레이(Man Ray) 295~6
  「흑과 백(Noire et Blanche)」 296
말레비치, 카시미르(Malevich, Kasimir) 290
  「검은 사각형(Black Square)」 290, 319
말루엘, 장(Malouel, Jean) 103, 104
매너리즘(Mannerism) 160~2, 164, 167
맥퀸, 스티브(McQueen, Steve) 360
메디치 가문(Medici family) 109~13, 115~6,
  128, 131, 135, 161, 168, 170, 210
메디치, 로렌초 데(Medici, Lorenzo de')
  115~6, 120, 128, 131, 135
메디치, 코시모 데(Medici, Cosimo de')
  109~10, 111, 112, 115

메디치, 피에로 데(Medici, Piero de') 116, 131
메리안, 마리아 시빌라(Merian, Maria Sibylla), 『새로운 꽃 도감(New Flower Book)』 197~8
메소아메리카(Mesoamerica)
　16세기 유럽의 미술(art in 16th-century Europe) 144, 146
　보남팍 벽화(Bonampak wall paintings) 68~9
　스페인의 정복(Spain's conquest) 146~7
　올멕의 두상(Olmec heads) 23~4, 27, 147
　조각(sculpture) 144, 146
　조각된 석회암 패널(carved limestone panel, 약스 칠란) 67
　지상화(geoglyph) 56
　직물(textiles) 55~6
　캅알 수크 패널(K'ab'al Xook panels) 66~8
　테오티우아칸(Teotihuacan) 54
　톨텍(Toltec)의 '착몰(chacmool)' 145, 147
　페루산 직물(Peruvian textiles) 55~6
메소포타미아(Mesopotamia)
　아시리아 미술(Assyrian art) 27~8, 149
　우루크 화병(Uruk Vase) 20~3
　청동(bronze) 26
멕시코(Mexico)
　디에고 리베라의 벽화(Diego Rivera's murals) 302~3, 305, 306
　사회적 사실주의(social realism) 298
　올멕의 두상(Olmec heads) 23~4, 27, 147
　인민 그래픽 아트 워크숍(People's Graphic Arts Workshop) 320
　조각된 석회암 패널(carved limestone panel, 약스 칠란) 67
　칼로, 프리다(Kahlo, Frida) 302~5
　캅알 수크 패널(K'ab'al Xook panels) 66~8
　'코아틀리쿠에(Coatlicue)' 146
　테노치티틀란(Tenochtitlan) 145~6
　테오티우아칸(Teotihuacan) 54
모네, 클로드(Monet, Claude) 247~50
　「라 그르누이예르(La Grenouillère)」 250
　「생 라자르 역(Gare Saint-Lazare)」 249
　「인상 : 해돋이(Impression: Sunrise)」 248

모더니즘(modernism) 285
모더존 베커, 파울라(Modersohn-Becker, Paula) 275
　「벌거벗고 누워 있는 어머니와 아이(Mother and Child Lying Nude)」 275
모딜리아니, 아메데오(Modigliani, Amedeo) 283
모리조, 베르트(Morisot, Berthe) 247, 250~1, 253
모리조, 에드마(Morisot, Edma) 250
모자이크(mosaics)
　로마 빌라(Roman villas) 46~7
　비잔틴(Byzantine) 60~2, 80, 85
　유스티니아누스와 테오도라, 산 비탈레 (Justinian and Theodora, San Vitale) 60~2
　이슬람 예술(Islamic art) 63~5
모저, 메리(Moser, Mary) 209, 210
모저, 조지(Moser, George) 208, 210
모팻, 트레이시(Moffatt, Tracey) 374
목판화(woodcuts) 141~2
몬드리안, 피에트(Mondrian, Piet) 288~9, 312
무어, 마르셀(Moore, Marcel, 수잔 말레르브 Suzanne Malherbe) 295~6
무어, 헨리(Moore, Henry) 312
무어만, 샬럿(Moorman, Charlotte) 342
무키나, 베라(Mukhina, Vera), 「산업 노동자와 집단농장 소녀(Industrial Worker and Collective Farm Girl)」 298~9, 300
무홀리, 자넬레(Muholi, Zanele) 296, 370
뭉크, 에드바르트(Munch, Edvard) 266, 274
　'생의 프리즈(Frieze of Life)' 연작 266
　「절규(The Scream)」 266
뮌터, 가브리엘레(Münter, Gabriele) 275
미국(USA)
　18세기 화가들(painters of the 18th century) 211~2
　19세기 여성 조각가들(19th-century women sculptors) 241~3
　19세기 후반의 미술(art of the late 19th century) 257~8
　뉴욕화파(New York School) 322~3

대공황(Great Depression) 306~8
대이동(Great Migration) 308~9, 354
대지예술(land art) 333~5
리베라와 칼로(Rivera and Kahlo) 302~6
 사회적 사실주의(social realism) 298
 서양미술 중심지로서의 뉴욕(New York as the centre of Western art) 325~6
 스파이럴 그룹(Spiral Group) 328
 아메리카 원주민 예술가(Native American artists) 305
 아메리카 원주민 주제(Native American subjects) 230~1
 인종에 대한 묘사(depictions of race) 258
 인종적 편견(racial prejudice) 242~3, 258, 270, 320~1, 328, 354, 375
 지역주의(Regionalism) 306~8
 추상표현주의(Abstract Expressionism) 323~6
 페미니즘(feminism) 343~5
 풍경화(landscapes) 230
 할렘 르네상스(Harlem Renaissance) 308
미니멀리즘(Minimalism) 329~35
미래주의(Futurism)
 러시아(Russia) 285
 이탈리아 예술(Italian art) 284~5
 제1차 세계대전(First World War) 284, 286
 「착암기(Rock Drill)」(엡스타인) 282~4
미로, 호안(Miró, Joan) 297, 298, 300~1
미켈란젤로(Michelangelo)
 교황 율리우스 2세의 무덤(tomb of Pope Julius II) 132
 「다비드(David)」 127~8
 로마 이주(move to Rome) 126, 131
 소포니스바 안귀솔라의 예술(Sofonisba Anguissola's art) 155~6
 시스티나 성당 천장(ceiling of the Sistine Chapel) 132~3
 피렌체(Florence) 128, 135
미학 운동(Aesthetic Movement) 256, 288
밀레이, 존 에버렛(Millais, John Everett), 「부모님 집에 있는 그리스도(Christ in the House of his Parents)」 239~40

|ㅂ|

바니, 매튜(Barney, Matthew), '크리매스터 사이클(Cremaster Cycle)' 연작 361
바니사드르, 알리(Banisadr, Ali) 13
바로크(Baroque)
 시기(period) 162, 167
 여성 예술가들(woman artists) 167~71
 조각(sculpture) 161~2, 221
 '베르니니, 잔 로렌초', '카라바조' 참조
바스키아, 장 미셸(Basquiat, Jean-Michel) 350~1, 357
바우티르, 미카엘리나(Wautier, Michaelina) 186
바젤리츠, 게오르그(Baselitz, Georg) 355
반 고흐, 빈센트(Van Gogh, Vincent)
 「귀에 붕대를 맨 자화상(Self-Portrait with Bandaged Ear)」 265
 「밤의 카페(The Night Café)」 263~4, 265
 아를(Arles) 263~4, 265
 일본 판화에서 받은 영감(inspiration from Japanese prints) 232, 264~5, 275, 278
 정신 건강 문제(mental health issues) 265, 266
발라, 자코모(Balla, Giacomo) 284
백남준(白南準) 342
뱅크스, 조지프(Banks, Joseph) 213, 216
베그, 시난(Beg, Sinan) 120, 121
베네치아(Venice)
 그랜드 투어(Grand Tour) 203~4
 다문화 무역 중심지(multicultural trading center) 122, 126
 로레단 총독(Doge Loredan)의 초상화(벨리니) 124~5
 르네상스 예술(Renaissance art) 111~2, 116, 125, 159~60
 '베두테(vedute)' 204
 서사 예술(narrative art) 122~4
 '스쿠올레(Scuole)' 122~4, 160
 오스만 제국과의 전쟁(war with the Ottomans) 118
 「장미 화관의 축제(Madonna of the Rose Garlands)」(뒤러) 125

389

티치아노의 제단화(Titian's altarpieces) 157
베로네제, 파올로(Veronese, Paolo)
「가나의 혼인 잔치(The Wedding Feast at Cana)」 225
「최후의 만찬(Last Supper)」 160
베르니니, 잔 로렌초(Bernini, Gian Lorenzo)
「4대강 분수(Four Rivers Fountain)」 188
바로크 예술가(Baroque artist) 162
「성녀 테레사의 법열(Ecstasy of Saint Teresa)」 186~7
찰스 1세의 조각(sculpture of Charles I) 179
베이던, 로히어르 판 데르(Weyden, Rogier van der)
루벤스에게 미친 영향(influence on Rubens) 174
「십자가에서 내림(Descent from the Cross)」 107~8, 157, 174
환영주의(illusionism) 108
베이컨, 프랜시스(Bacon, Francis)
「십자가 책형을 위한 세 개의 습작(Three Studies for Figures at the Base of a Crucifixion)」 313
'회화의 새로운 정신(A New Spirit in Painting)' 전시회 355
벨라스케스, 디에고(Velázquez, Diego)
「시녀들(Las Meninas)」 188~9
이노센트 10세의 초상화(portrait of Innocent X) 188
벨리니, 젠틸레(Bellini, Gentile)
「산 마르코 광장의 행렬(Procession in the Piazza San Marco)」 122~3
서사 예술(narrative art) 122~4
「술탄 메흐메트 2세(Sultan Mehmet II)」 118~21, 125
벨리니, 조반니(Bellini, Giovanni)
광채 기법(techniques for luminosity) 124
총독 로레단의 초상화(portrait of Doge Loredan) 124~5
벵글리스, 린다(Benglis, Lynda) 332~3
보뇌르, 로사(Bonheur, Rosa), 「말 박람회(The Horse Fair)」 239
보들레르, 샤를(Baudelaire, Charles) 246~7

보스, 히에로니무스(Bosch, Hieronymus)
「건초 마차(The Haywain Triptych)」 136~7
「동방박사의 경배(Adoration of the Magi)」 222
「쾌락의 정원(Garden of Earthly Delights)」 137, 138, 157
보치오니, 움베르토(Boccioni, Umberto) 284
보티첼리, 산드로(Botticelli, Sandro)
「동방박사의 경배(Adoration of the Magi)」 115~6
「비너스의 탄생(Birth of Venus)」 116
시스티나 성당(Sistine Chapel) 132
파치 가문의 초상화(portraits of the Pazzi) 116
부게로, 윌리엄 아돌프(Bouguereau, William-Adolphe), 「비너스의 탄생(Birth of Venus)」 247, 248
부셰, 프랑수아(Boucher, François)
로코코 예술가(rococo artist) 202
「리날도와 아르미다(Rinaldo and Armida)」 201~2
'페트 갈랑트(fêtes galantes)' 201
부조 조각(relief sculptures)
기베르티의 세례당 문(Ghiberti's baptistry doors) 113
들소, 튀크 도두베르(bison, Tuc d'Audoubert) 11~2, 13
베냉의 청동 명판(brass plaques from Benin) 148~9, 270~1
보로부두르 단지(Borobodur complex) 70
아슈르바니팔(Ashurbanipal) 27~8, 149
엘로라 동굴(Ellora caves) 69
우루크 화병(Uruk Vase) 20~3
트라야누스 기둥(Trajan's Column) 48~50
브누아, 마리 기유민(Benoist, Marie Guillemine), 「마들렌의 초상(Portrait of Madeleine)」 223~4, 369
브라질(Brazil) 185~6, 335~6, 364
브라크, 조르주(Braque, Georges) 280, 328
브라크몽, 마리(Bracquemond, Marie) 253
브라크몽, 펠릭스(Bracquemond, Félix) 253
브랑쿠시, 콘스탄틴(Brancusi, Constantin) 283

브루넬레스키, 필리포(Brunelleschi, Filippo) 113
브르통, 앙드레(Breton, André) 296~7
블레이크, 윌리엄(Blake, William) 222
비디오(video)
　「낭트 세 폭 제단화(Nantes Triptych)」(비올라) 361
　「부엌의 기호학(Semiotics of the Kitchen)」(로슬러) 340~1, 342
　「에이프싯(Apeshit)」(카터 부부) 368~70
　'크리매스터 사이클(Cremaster Cycle)' 연작(바니) 361
비아르, 프랑수아 오귀스트(Biard, François Auguste), 「노예무역(The Slave Trade)」237
비어든, 로메어(Bearden, Romare) 328
비엔날레(biennials) 364~7
비올라, 빌(Viola, Bill), 「낭트 세 폭 제단화(Nantes Triptych)」361
비욘세(Beyoncé), 「에이프싯(Apeshit)」368~70
비잔틴 제국(Byzantine empire)
　모자이크(mosaics) 60~2, 80, 85
　성상 옹호파와 성상 반대파(Iconophiles and Iconoclasts) 70~1, 77~8
　유스티니아누스와 테오도라 모자이크, 산 비탈레(Justinian and Theodora mosaic, San Vitale) 60~2
　'콘스탄티노플' 참조
비제 르브룅, 엘리자베스(Vigée Lebrun, Elisabeth) 219~20
　「마리 앙투아네트와 그녀의 아이들(Marie Antoinette and her Children)」219~20
빈켈만, 요한 요하임(Winckelmann, Johann Joachim), 『고대 미술사(History of the Art of Antiquity)』220
빔지, 자리나(Bhimji, Zarina) 370~1

|ㅅ|

사르, 베티(Saar, Betye), 「제마이마 아주머니의 해방(The Liberation of Aunt Jemima)」344
사르트르, 장 폴(Sartre, Jean-Paul) 315
사실주의(realism)
　구스타브 쿠르베(Gustave Courbet) 238, 259
　미국 지역주의(American Regionalism) 306~9
　'방랑자들(Wanderers)' 259
　전통적인 주제(traditional subjects) 259~60
사원(temple)
　구조(Structure) 37
　보로부두르 단지(Borobudur complex) 70
　아잔타 동굴(Ajanta caves, 인도) 58
　약스칠란(Yaxchilan) 66~8
　엘로라 동굴(Ellora caves) 69
　제우스 신전(Temple of Zeus) 34, 35
　카일라사 사원(Kailasa temple) 69~70
　테오티우아칸(Teotihuacan) 54
　파르테논 신전(Parthenon) 34~5, 49, 120
사진(photography)
　1990년대(1990s) 361~2
　다게레오타이프(daguerreotype) 240
　로버트 라우센버그(Robert Rauschenberg) 326
　에티엔 쥘 마레(Etienne-Jules Marey) 286
　예술적 실험(artistic experimentation) 241, 295
　인상파에 미친 영향(influence on the Impressionists) 250, 253
　초상화(portraiture) 241
　출현(advent) 240~1
　카메라 오브스쿠라(camera obscura) 194, 240
　캐리 메이 윔스(Carrie Mae Weems) 354
　캘러타이프(calotype) 240
　「클로드 카훈의 초상(Portrait of Claude Cahun)」(카훈) 296
사토 도라키요(佐藤虎清), 「게이샤가 있는 풍경(芸者のいる風景)」264~5
사회적 사실주의(Social Realism) 298, 326
살세도, 도리스(Salcedo, Doris) 366~7
상아 조각(ivory carving)
　사피족 조각가들이 만든 소금 통(saltcellars by Sapi sculptors) 147
　알 무히라의 픽시스(Pyxis of al-Mughira) 73
새커리, 윌리엄(Thackeray, William) 237

샤르댕, 장 시메옹(Chardin, Jean-Siméon)
　「셔틀콕을 든 소녀(Girl with a Shuttlecock)」
　　202~3
　자화상(self-portrait) 203
　「카드로 만든 집(The House of Cards)」 202~3
선사시대 미술(prehistoric art) 11~9
　들소, 튜크 도두베르(bison, Tuc d'Audoubert)
　　11~2, 13
　알타미라 동굴 벽화(Altamira paintings) 17
설치미술(installation art)
　비엔날레(biennials) 364~7
　「스트레이트(Straight)」(아이웨이웨이) 371~2
　페미니스트(feminists) 343~4
세라, 리처드(Serra, Richard) 333
세밀화(miniatures)
　수산나 호렌바우트(Susanna Horenbout) 143,
　　147, 150~1, 152
　초상화(portraiture) 151
　페르시아(Persian) 121, 241
세베리니, 지노(Severini, Gino) 284
세잔, 폴(Cézanne, Paul)
　'낙선전(Salon des Réfusés)' 266~7
　미술 양식(artistic style) 267~8
　인상파(Impressionists) 266~7
　주제(subject matter) 267
　「커다란 소나무와 생트 빅투아르 산(Mont
　　Sainte Victoire with Large Pine)」 267
셔먼, 신디(Sherman, Cindy), 「무제(Untitled,
　영화 스틸)」 347~8
셰르길, 암리타(Sher-Gil, Amrita) 285
소련(Soviet Union, USSR) 298~9, 300, 326
쇠라, 조르주(Seurat, Georges) 261~2
　「그랑드자트 섬의 일요일 오후(A Sunday
　　Afternoon on the Island of La Grande Jatte)」
　　261~2
쇼니바레, 잉카(Shonibare, Yinka), 「아프리
　카 쟁탈전(Scramble for Africa)」 373
슈토스, 바이트(Stoss, Veit), 「수태고지의 묵
　주(Annunciation of the Rosary)」 140~1
슈퍼 큐레이터(super-curators) 365
스미스, 데이비드(Smith, David) 331~2

스미스슨, 로버트(Smithson, Robert), 「나선
　형 방파제(Spiral Jetty)」 334~5
스타인, 거트루드(Stein, Gertrude) 277
스티글리츠, 앨프리드(Stieglitz, Alfred) 295,
　296
스페인(Spain)
　메소아메리카 정복(conquest of Mesoamerica)
　　145
　스페인 독립 전쟁(Spanish War of Independence)
　　225
　시민전쟁(Civil War) 300~1
　알 무히라의 픽시스(Pyxis of al-Mughira) 73, 74,
　　80
　알 안달루스의 예술가들(artists of Al-Andalus)
　　73~4, 79
　펠리페 2세의 궁정(court of Philip II) 156~9
　펠리페 4세의 궁정(court of Philip IV) 188, 193
슬레이, 실비아(Sleigh, Sylvia) 343
슬뤼터르, 클라우스(Sluter, Claus) 102~3,
　104
시라니, 엘레자베타(Sirani, Elisabetta) 195~6
　「자신의 허벅지를 찌르는 포르티아(Portia
　　Wounding her Thigh)」 195~6
시카고, 주디(Chicago, Judy), 「디너파티(The
　Dinner Party)」 343~4
신고전주의(neoclassicism) 217~21
　낭만주의자들의 부정(Romantics' rejection) 228
　조각(sculpture) 221~2, 241~2
　「호라티우스 형제의 맹세(The Oath of the
　　Horatii)」(다비드) 217, 218~9
신조형주의(Neoplasticism) 288~9
실존주의(existentialism) 315

| ㅇ |

아가르, 에일린(Agar, Eileen), 「무정부 상태
　의 천사(Angel of Anarchy)」 298
아귈라, 호세 비센테(Aguilar, José Vicente)
　305
아이웨이웨이(艾未未), 「스트레이트
　(Straight)」 371~2
아카 리자(Aqa Riza) 174

아프리카(Africa)
　고분 예술(tomb art) 72~3
　녹 테라코타 조각(Nok terracotta sculptures) 40~2
　마풍구브웨의 황금 조각(gold sculptures in Mapungubwe) 86
　베냉과 시에라리온의 소금 통(saltcellars from Benin and Sierra Leone) 147~8
　베냉의 청동 명판(brass plaques from Benin) 148~9, 270~1
　서아프리카의 재료(west African materials) 85~6
　서아프리카의 포르투갈인(Portuguese in west Africa) 147~9
　선사시대 미술(prehistoric art) 15, 17
　아프리카 미술이 피카소에게 미친 영향(African art's influence on Picasso) 278
　「아프리카 쟁탈전(Scramble for Africa)」(쇼니바레) 373
　영국군의 베냉 시 공격과 약탈(British attack and looting of Benin City) 270~1
　유럽 미술 속의 아프리카 가면(African masks in European art) 296
　이페 청동 머리(Ife bronze head) 86~7, 148
안귀솔라, 소포니스바(Anguissola, Sofonisba) 154~7
　「가재에게 물린 소년(Boy Bitten by a Crayfish)」 156, 163
　반 다이크의 스케치(Van Dyck's sketch) 179
　「체스 게임(Chess Game)」 154~5, 156
안드레, 칼(Andre, Carl), '등가(Equivalent)' 전시회 330~1
알 물크, 사니(al-Mulk, Sani'), 「'알리 쿨리 미르자' 왕자 초상화(Portrait of Prince 'Ali Quli Mirza')」 241
애크로이드, 헤더(Ackroyd, Heather) 372~3
앵그르, 장 오귀스트 도미니크(Ingres, Jean-Auguste-Dominique)
　「그랑 오달리스크(La Grande Odalisque)」 233~4, 353
　「나폴리의 잠자는 미녀(Sleeper of Naples)」 233

에른스트, 막스(Ernst, Max) 297
에민, 트레이시(Emin, Tracey) 360
에이크, 얀 반(Eyck, Jan van)
　「헨트 제단화(Ghent Altarpiece)」 105~6, 143~4
　환영주의(illusionism) 108, 124
에이크, 휘베르트 반(Eyck, Hubert van) 105~6
에이킨스, 토머스(Eakins, Thomas)
　「그로스 클리닉(The Gross Clinic)」 258
　헨리 태너 지원(support for Henry Tanner) 270
에크하우트, 알베르트(Eckhout, Albert) 185
엘 그레코(El Greco) 158~9
　「성 마우리티우스의 순교(Martyrdom of Saint Maurice and the Theban Legion)」 159
　「성 요한의 환영(Vision of Saint John)」 159
엘리아슨, 올라퍼(Eliasson, Olafur) 373
엡스타인, 제이콥(Epstein, Jacob), 「착암기(Rock Drill)」 282~4
여성 누드(female nudes)
　게릴라 걸스(Guerrilla Girls) 352~3, 370
　「그랑 오달리스크(La Grande Odalisque)」(앵그르) 233~4, 353
　「크니도스의 아프로디테(Aphrodite of Knidos)」 36~7
　「풀밭 위의 점심 식사(Déjeuner sur l'herbe)」(마네) 245~6
여성 예술가들(women artists)
　19세기 미국 여성 조각가들(American 19th-century women sculptors) 241~3
　19세기의 편견(19th-century prejudice) 274
　네덜란드 작업실(Dutch workshops) 196~8
　로사 보뇌르(Rosa Bonheur) 239
　로살바 카리에라(Rosalba Carriera) 203~4
　마가렛 프레스턴(Margaret Preston) 317~8
　마리 기유민 브누아(Marie Guillemine Benoist) 223~4
　메리 모저(Mary Moser) 209, 210
　메리 에드모니아 루이스(Mary Edmonia Lewis) 242~3
　미카엘리나 바우티르(Michaelina Wautier) 186
바로크(Baroque) 167~71

바버라 헵워스(Barbara Hepworth) 311~2
베르트 모리조(Berthe Morisot) 247, 250~1, 253
사진 예술가(photographic artists) 295~6
성 편견(gender prejudice) 325
소포니스바 안귀솔라(Sofonisba Anguissola) 154~7, 163
수산나 호렌바우트(Susanna Horenboult) 143, 147, 150~1, 152
실물 묘사 수업 금지(barred from life-drawing classes) 209, 219, 239
아델레이드 라빌 기아르(Adélaïde Labille-Guiard) 219
아카데미 회원(Academicians) 210~1, 219
안느 루이 지로데(Anne-Louis Girodet) 223
안젤리카 카우프만(Angelica Kauffman) 209, 210~1
엘리자베스 비제 르브룅(Elisabeth Vigée Lebrun) 219~20
엘리자베스 캐틀릿(Elizabeth Catlett) 320~2, 344
엘리자베타 시라니(Elisabetta Sirani) 195~6
여성 미술 아카데미(women's art academy) 196
오노 요코(小野洋子) 337~8
이란(Iranian) 363~4
인상파(Impressionists) 250~3
작품에 나타난 사회적 도전(social challenge in the works) 370~1, 372~4
젠더 유동성 탐구(exploration of gender fluidity) 296
조지아 오키프(Georgia O'Keeffe) 310
줄리아 마가렛 카메론(Julia Margaret Cameron) 241
초현실주의자(surrealist) 296, 297
클라라 페테르스(Clara Peeters) 177
파울라 모더존 베커(Paula Modersohn-Becker) 275
페미니즘(feminism) 341~2
포스트모더니즘(postmodernism) 352~3, 356
플라우틸라 넬리(Plautilla Nelli) 160
한나 회흐(Hannah Höch) 292, 293, 294, 300

해리엇 호스머(Harriet Hosmer) 242
'페미니즘' 참조
영국(Great Britain)
구성주의(Constructivism) 312
뉴린 아트 갤러리(Newlyn Art Gallery) 260~1
미학 운동(Aesthetic Movement) 256, 288
베냉 시 공격(attack on Benin City) 270~1
영국 초현실주의 그룹(British Surrealist Group) 298
팝아트(Pop Art) 327~8
호가스의 런던(Hogarth's London) 205~7
흑인예술운동(Black Arts Movement) 345~6
'젊은 영국 예술가들' 참조
오노 요코(小野洋子) 337~8, 341
「조각내기(Cut Piece)」 337~8
오리엔탈리즘(Orientalism) 232~4
오세아니아(Oceania)
'모아이' 라파누이('moai' Rapa Nui, 이스터 섬 Easter Island) 85~6, 87, 88
윌리엄 호지스의 풍경화(William Hodges' landscapes) 213~4
쿡 선장의 항해(Captain Cook's voyage) 213~4, 215~6, 374
후기 식민지 시대의 예술가들(postcolonial artists) 374
'오스트레일리아', '타히티' 참조
오스만 제국(Ottoman Empire)
동서양 미술의 통합(fusion of Eastern and Western art) 120~1, 152~3
베네치아와의 전쟁(war with Venice) 118
『술레이만의 서(Süleymannâme)』 152~3
「술탄 메흐메트 2세(Sultan Mehmet II)」(벨리니) 118~20, 125
술탄 메흐메트 2세의 궁정(Sultan Mehmet II's court) 119~21
시난 베그가 그린 초상화(Sinan Beg portrait) 120
오스트레일리아(Australia)
비원주민 예술(non-indigenous art) 319
원주민 예술(Aboriginal art) 317~8
후기 식민지 시대의 예술가들(post-colonial

artists) 374
오이티시카, 엘리오(Oiticica, Hélio), 「트로피
 칼리아(Tropicália)」 335
오키프, 조지아(O'Keeffe, Georgia) 310, 343
오펜하임, 메레(Oppenheim, Meret) 297~8,
 332
오필리, 크리스(Ofili, Chris) 360
와토, 장 앙투안(Watteau, Jean-Antoine)
 「키테라 섬의 순례(Pilgrimage to the Isle of
  Cythera)」 199~200
 '페트 갈랑트(fêtes galantes)' 200~1
왕립아카데미, 런던(Royal Academy,
 London) 207~14
우드, 그랜트(Wood, Grant), 「아메리칸 고딕
 (American Gothic)」 307
우스테르베이크, 마리아 판(Oosterwijck,
 Maria van) 196
우첼로, 파올로(Uccello, Paolo), 「홍수(The
 Flood)」 114~5
우타가와 히로시게(歌川廣重) 231
 「가메이도의 매화정원(亀戸梅屋敷)」 264
워커, 카라(Walker, Kara) 375
워홀, 앤디(Warhol, Andy)
 팝아트(Pop Art) 327
 '회화의 새로운 정신(A New Spirit in Painting)'
  전시회 355
원근법(perspective) 113~5
월, 제프(Wall, Jeff) 361
웨민쥔(岳敏君) 357
웨스트, 벤저민(West, Benjamin)
 「왕립아카데미의 회원들(The Academicians of
  the Royal Academy)」(조파니) 209
 「울프 장군의 죽음(The Death of General Wolfe)」
  211, 212
윌슨, 리처드(Wilson, Richard) 209, 213
윔스, 캐리 메이(Weems, Carrie Mae) 354
이노센트 10세(Innocent X) 188
이란(Iran) 241, 363~4, '페르시아' 참조
이사벨라 데스테(Isabella d'Este) 130~1, 343
이슬람 예술(Islamic art)
 그레이트 모스크(Great Mosque, 다마스쿠스

Damascus) 63~5
스페인(Spain) 73~4, 79
채식 서적(book illumination) 88
카펠라 팔라티나(Cappella Palatina) 79~80
이집트(Egypt)
 고분 예술(tomb art) 25~6
 세트 마트 예술가 마을(Set Maat artists' village)
  26
 「습지에서 사냥하는 네바문(Nebamun Hunting
  in the Marshes)」 24~5
 파라오 조각상(pharaoh sculptures) 24, 31
 파이윰 초상화(Faiyum portraits) 53~4
이탈리아(Italy)
 산 프란체스코(San Francesco, 아시시) 94
 스크로베니 예배당(Scrovegni Chapel, 파도바)
  91~2, 93, 94~5
 시에나 대성당(Siena cathedral) 97~8
 '로마', '르네상스', '베네치아', '피렌체' 참조
인도(India)
 무굴 왕실의 공방(Mughal court workshops)
  174~5
 실크로드(Silk Road) 59
 아잔타 동굴(Ajanta caves) 58
 엘로라 동굴(Ellora caves) 69
 종교 예술(religious art) 58, 69~70
인본주의(humanism) 93, 94, 96, 111, 116, 120
인상파(Impressionists) 245~53, 261
 '낙선전(Salon des Réfusés)' 245~6, 247,
  266~7
 주제(subject matter) 248~53, 260
인쇄기(printing presses) 141~3
일리야 레핀(Repin, Ilya), 「아무도 기다리지
 않았다(They Did Not Expect Him)」 259
일본(Japan)
 19세기 풍경화(19th-century landscapes) 231
 『겐지 이야기(源氏物語)』 76~7
 '남방인(namban-jin)' 병풍 149~50
 네덜란드인(Dutch) 231
 야마토에(倭繪) 양식 150
 '우키-에(浮繪, 떠다니는 그림)' 231
 일본 판화가 서양 미술에 미친 영향(influence of

Japanese prints on Western art) 232, 250,
264~5, 268, 275, 278
포르투갈(Portuguese) 149~50
입체미래주의(Cubo-Futurism) 285
입체주의(Cubism) 268, 280~1, 284~5

| ㅈ |
자연주의(naturalism)
  고전 그리스와 로마(Classical Greece and Rome)
    33~4, 90
  무굴 회화(Mughal painting) 175
  북부 르네상스(Northern Renaissance) 177
  움직임(movement) 95~6, 121
  '르네상스' 참조
자코메티, 알베르토(Giacometti, Alberto) 315
자팔자리, 클리퍼드 포섬(Tjapaltjarri,
  Clifford Possum) 319
자한기르(Jahangir) 175
잠볼로냐(Giambologna) 161~2
「블레셋 사람을 처단하는 삼손(Samson Slaying
  a Philistine)」161, 162
장샤오강(張曉剛) 356~7
장식예술(decorative arts) 15, 73~4
재료(materials)
  광채 기법(techniques for luminosity) 124
  납화법(encaustic) 53, 79
  물감 튜브(paint tubes) 249
  미니멀리즘(Minimalism) 332~5
  색상환(colour wheel) 249
  아프리카 미술(African art) 85~7
  울트라마린(ultramarine) 100, 102, 103
  유럽 미술(European art) 85
  유화물감(oil paint) 105
  채식 서적(book illumination) 88
  템페라(tempera) 79, 105
  파스텔(pastels) 203
  포스트모더니즘(postmodernism) 349~55
  필사본(manuscripts) 88
저드, 도널드(Judd, Donald) 332
전위예술(avant-garde) 282~3, 299~300
'젊은 영국 예술가들(Young British Artists,

YBA)' 358~60
점묘법(pointillism) 261~2
정물화(still life) 177~8, 196~8
「새매, 가금류, 도자기와 조개껍데기가 있는
  정물(Still Life with a Sparrow Hawk, Fowl,
  Porcelain and Shells)」(페테르스) 177~8
제2차 세계대전(World War II)
  나치 치하의 독일 미술(German art under the
    Nazis) 199~300
  오스트레일리아(Australia) 316~7
  유럽 미술에 미친 영향(impact on European art)
    315~6
제롬, 장 레옹(Gérôme, Jean-Léon) 234
제리코, 테오도르(Géricault, Théodore),
  「메두사 호의 뗏목(The Raft of the
    Medusa)」226~7, 228, 232, 368, 369
제이지(Jay-Z) 368~9
젠틸레스키, 아르테미시아(Gentileschi,
  Artemisia)
  「수산나와 두 늙은이(Susannah and the Elders)」
    169
  여성 예술가(woman artist) 171
  여성 주제(female subjects) 170~1, 195
  「홀로페르네스를 참수하는 유디트(Judith
    beheading Holofernes)」169~71
조각(sculpture)
  19세기의 조각적 실험(19th-century sculptural
    experimentation) 276~7
  고대 그리스(ancient Greece) 31~8
  고딕 조각(Gothic sculpture) 84~5, 98~9
  녹(Nok) 40~2
  「다비드(David)」(도나텔로) 109~10, 111, 116,
    128
  「다비드(David)」(미켈란젤로) 127~8
  대지예술(land art) 333~5
  '등가(Equivalent)' 전시회(안드레) 330~1
  「라오콘(Laocoön)」43~4, 131~2, 161, 225
  로마 복제품(Roman replicas) 37, 42~4, 51
  로마 시대(Roman) 35
  로마 제국의 조각 초상(sculpted portrait in the
    Roman Empire) 44~6, 51~3

매너리스트(Mannerist) 160~2
메소아메리카(Mesoamerica) 144, 146
'모아이' 라파누이('moai' Rapa Nui, 이스터 섬
　Easter Island) 85~6, 87, 88
미니멀리즘(Minimalism) 330~1
미래주의자(Futurist) 284~5
바로크(Baroque) 161~2, 221
「발자크 상(Monument to Balzac)」(로댕) 276~7
베르니니의 조각 진열(Bernini's sculptural
　displays) 186~7
병마용 군대(Terracotta Army) 39~40
「블레셋 사람을 참단하는 삼손(Samson Slaying
　a Philistine)」(잠볼로냐) 161, 162
비서구 양식 연구(study of non-Western form)
　283
사회적 사실주의(social realism) 298~9
「산업 노동자와 집단농장 소녀(Industrial Worker
　and Collective Farm Girl)」(무키나) 298~9,
　300
「샘(Fountain)」(뒤샹) 286~7
샤르트르 대성당(Chartres cathedral, 프랑스)
　83~6
선사시대(prehistoric) 16
신고전주의(neoclassicism) 221~2, 241~2
올멕의 두상(Olmec heads) 23~4, 27, 147
위대한 아테나(great Athena) 34~5
이집트 조각상(Egyptian statues) 24, 31
「자전거 바퀴(Bicycle Wheel)」(뒤샹) 286
제단화(altarpieces) 140~1
진실주의(verism) 45
「착암기(Rock Drill)」(엡스타인) 282~4
청동(bronze) 32~4, 35, 87
'코아틀리쿠에(Coatlicue)' 146
「큐피드의 키스로 환생한 프시케(Psyche
　Revived by Cupid's Kiss)」(카노바) 221
「크니도스의 아프로디테(Aphrodite of Knidos)」
　36~7, 51, 57
「타원형 조각(Oval Sculpture)」(헵워스) 311~2
톨텍(Toltec)의 '착몰(chacmool)' 145, 147
'티이' 조각('ti'i' carvings) 216~7
피렌체(Florence) 161

흑인 주제(black subjects) 221~2
'부조 조각' 참조
조맹부(趙孟頫) 89~90
조파니, 요한(Zoffany, Johann)
「왕립아카데미의 회원들(The Academicians of
　the Royal Academy)」 208~10
「우피치 미술관의 트리부나(The Tribuna of the
　Uffizi)」 210
존스, 재스퍼(Johns, Jasper) 326
종교 예술(religious art)
　기독교 미술(Christian art) 58, 60~3, 77~8
　동방정교회(Eastern Orthodox Christianity)
　　60~2, 77~9
　불교 미술 활동(Buddhist art practices) 58~60,
　　70
　「블라디미르의 성모(Virgin of Vladimir)」78~9,
　　93
　성상 그림(icon paintings) 70~1, 77~9, 93
　성상 옹호파와 성상 반대파(Iconophiles and
　　Iconoclasts) 70~1, 77~8
　신성로마제국(Holy Roman empire) 71
　이슬람 예술(Islamic art) 63~5
　종교개혁(Reformation) 141
　힌두교 예술(Hindu art) 69
　'르네상스' 참조
중국(China)
　17세기 예술(17th-century art) 176
　도자기(porcelain) 177, 192
　막고굴(莫高窟) 59~60, 77
　몽골 예술(Mongol art) 89
　문인(literati) 89~90, 175~6
　사진술의 영향(influence of photography) 241
　서양 회화 양식(Western styles of painting)
　　356~7
　실크로드(Silk Road) 59, 122
　쓰촨 성 대지진(四川省 大地震) 371~2
　아이웨이웨이(艾未未) 371~2
　「안개와 비가 내리는 대나무 숲」(관도승) 90
　진시황릉(秦始皇陵, 병마용 군대) 39~40
　청동 주조(bronze casting) 27
지로데, 안느 루이(Girodet, Anne-Louis),

397

「벨리 의원의 초상(Portrait of Deputy
  Belley)」 223
지오토 디 본도네(Giotto di Bondone)
  고전적 자연주의(classical naturalism) 94
  스크로베니 예배당(Scrovegni Chapel, 파도바)
    93, 94~5
  작업장(workshops) 94~5
  「최후의 심판(Last Judgement)」 92, 93
직물(textiles)
  바이유 태피스트리(Bayeux Tapestry) 75~6
  시스티나 성당 태피스트리(tapestries for the
    Sistine Chapel, 라파엘로) 135
  『자한기르나마(Jahangirnama)』 175
  페루산 직물(Peruvian textiles) 55~6

| ㅊ |
찰리, 팝(Chalee, Pop) 305
찰스 1세(Charles I) 179~80
청동(bronze)
  「다비드(David)」(도나텔로) 109~10, 111, 116,
    128
  베냉의 명판(plaques from Benin) 148~9,
    270~1
  이페 청동 머리(Ife bronze head) 86~7, 148
  조각(sculpture) 32~5, 36, 86~7
  중국의 청동 주조(bronze casting in China) 27
체라시, 티베리오(Cerasi, Tiberio) 165, 166
초대형 미술관(mega-museum) 364
초상화(portraiture)
  17세기 네덜란드(17th-century Dutch) 178
  렘브란트(Rembrandt) 190~1
  로마 제국의 조각 초상(sculpted portrait in the
    Roman Empire) 44~6, 51~3
  벨라스케스(Velázquez) 188~9
  사진술(photography) 241
  세밀화(miniatures) 151
  안토니 반 다이크(Anthony Van Dyck) 179~80
  자화상(self-portrait) 186, 203
  조슈아 레이놀즈(Joshua Reynolds) 211, 214~5
  토머스 게인즈버러(Thomas Gainsborough)
    204~5

튜더 왕조(Tudor) 151
파이윰 초상화(Faiyum portraits) 53~4
프랑스 귀족(French aristocracy) 220
초현실주의(surrealism) 296~8
추상(abstraction) 216, 287~91, 331~2
추상표현주의(Abstract Expressionism)
  323~6
치마부에(Cimabue) 92, 93, 94, 97, 98

| ㅋ |
카날레토(Canaletto) 204
카노바, 안토니오(Canova, Antonio)
  신고전주의 예술가(neoclassical artist) 220, 221
  「큐피드의 키스로 환생한 프시케(Psyche
    Revived by Cupid's Kiss)」 221
카라바조(Caravaggio)
  「다메섹 도상에서의 개종(Conversion on the
    Way to Damascus)」 165~6
  델 몬테 추기경의 도움(Cardinal del Monte's
    patronage) 163~4
  「도마뱀에 물린 소년(Boy Bitten by a Lizard)」
    163~4
  바로크 예술가(Baroque artist) 162, 167, 168~9
  「성 베드로의 십자가형(The Crucifixion of Saint
    Peter)」 166~7
카라치, 안니발레(Carracci, Annibale)
  로마(Rome) 164, 165, 168~9
  「성모 승천(The Assumption of the Virgin)」 165,
    166
  이상주의(idealism) 167
카로, 앤서니(Caro, Anthony), 「이른 어느 아
  침(Early One Morning)」 331
카르파치오, 비토레(Carpaccio, Vittore), 「리
  알토 다리의 십자가의 기적(Miracle of
  the Relic of the True Cross on the Rialto
  Bridge)」 123~4
카리에라, 로살바(Carriera, Rosalba) 203~4
카메라 오브스쿠라(camera obscura) 194, 240
카메론, 줄리아 마가렛(Cameron, Julia
  Margaret) 241
카발리니, 피에트로(Cavallini, Pietro) 93, 94, 95

카사트, 메리(Cassatt, Mary), 「검은 옷을 입은 오페라 극장의 여인(Woman in Black at the Opera)」 251~2
카우프만, 안젤리카(Kauffman, Angelica) 209, 210~1
카훈, 클로드(Cahun, Claude, 루시 슈봅Lucy Schwob) 295~6
칸딘스키, 바실리(Kandinsky, Wassily) 275, 288, 290, 306
칼, 소피(Calle, Sophie) 362~3
칼로, 프리다(Kahlo, Frida) 302~5
「멕시코와 미국의 국경선 위에 서 있는 자화상(Self-portrait on the Borderline between Mexico and the United States)」 303~4
캉팽, 로베르(Campin, Robert) 104~5, 107
캐틀렛, 엘리자베스(Catlett, Elizabeth)
「나는 세상에 내 노래를 주었다(I have given the world my songs)」 321, 322
아프리카계 미국인의 삶에 대한 묘사(depictions of African-American life) 320~2
판화(printmaking) 321
페미니스트 운동(feminist movement) 344
캐프로, 앨런(Kaprow, Allan) 336
컨스터블, 존(Constable, John)
「건초 마차(The Hay Wain)」 229~30
풍경화(landscapes) 229
켈리, 메리(Kelly, Mary), 「산후 기록(Post-Partum Document)」 343
코르테스, 에르난(Cortes, Hernan) 144, 145, 146
코수스, 조지프(Kosuth, Joseph), 「하나 그리고 세 개의 의자(One and Three Chairs)」 338
코이프, 알베르트(Cuyp, Aelbert), 「도르드레흐트의 풍경(View of Dordrecht)」 185
코플리, 존 싱글턴(Copley, John Singleton), 「피어슨 소령의 죽음(Death of Major Peirson)」 212~3
콘스탄티노플(Constantinople)
로마 제국의 수도(capital of the Roman empire) 57, 60

모자이크 예술(mosaic art) 60
「아나스타시스(Anastasis)」, 신성한 구원자의 교회(Church of the Holy Saviour) 95
오스만 제국(Ottoman Empire) 116, 118
콜, 토머스(Cole, Thomas)
「타메눈드의 발치에 무릎 꿇은 코라(Cora Kneeling at the Feet of Tamenund)」 230~1
풍경화(landscape) 230~1, 334
콜랩(Colab), '타임스퀘어 쇼(Times Square Show)' 349~50
콜비츠, 케테(Kollwitz, Käthe) 272~4
「죽은 아이를 안고 있는 여인(Woman with Dead Child)」 273~4
쿠닝, 윌렘 드(Kooning, Willem de) 323
쿠닝, 일레인 드(Kooning, Elaine de) 323, 325
쿠르베, 구스타브(Courbet, Gustave)
사실주의(realism) 238, 259
「오르낭의 매장(A Burial at Ornans)」 238
쿠퍼, 제임스 페니모어(Cooper, James Fenimore) 230
쿡, 제임스(Cook, James) 213~4, 215~6, 374
크라나흐, 루카스(Cranach, Lucas) 141~2
크래스너, 리(Krasner, Lee) 323~5
「추상 2(Abstract No. 2)」 323, 324
크레이그 마틴, 마이클(Craig-Martin, Michael) 359~60
크루거, 바버라(Kruger, Barbara), '우리는 또 다른 영웅이 필요하지 않다(We don't need another hero)' 346~7
클라크, 리지아(Clark, Lygia) 335
클로델, 카미유(Claudel, Camille) 277
클린트, 힐마 아프(Klint, Hilma af), 「제단화 1번(Altarpiece No. 1)」 289~90
키르히너, 에른스트 루트비히(Kirchner, Ernst Ludwig) 274, 300
키퍼, 안젤름(Kiefer, Anselm) 355, 357

| ㅌ |

타고르, 가가넨드라나트(Tagore, Gaganendranath) 285
타틀린, 블라디미르(Tatlin, Vladimir) 290

타히티(Tahiti) 214~6
　「태평양의 야만인(The Savages of the Pacific Ocean)」 374
　'티이' 조각('ti'i' carvings) 215, 216
　폴 고갱(Paul Gauguin) 215, 268~9
탄체콰(譚其奎) 209
태너, 헨리 오사와(Tanner, Henry Ossawa) 269~70, 277
　「밴조 레슨(The Banjo Lesson)」 270
탤벗, 윌리엄 헨리 폭스(Talbot, William Henry Fox) 240
터너, 조지프 말로드 윌리엄(Turner, Joseph Mallord William) 234~8
　「노예선(Slave Ship)」 234, 235, 236~7
테르 보르흐, 헤라르트(Ter Borch, Gerard) 192~3
텍스트(texts)
　『그리스도와 적그리스도의 생애(Passional Christi und Antichristi)』 141~2, 152
　『새로운 꽃 도감(New Flower Book)』 197
　『술레이만의 서(Süleymannâme)』 152~3
　'필사본' 참조
투파이아(Tupaia) 216
튀이만, 뤽(Tuymans, Luc) 356, 357
'트롱프뢰유(trompe l'oeil)' 31, 46, 106, 114, 132
티치아노(Titian)
　펠리페 2세의 궁정(Philip II's court) 158
　'포에지에(Poesie)' 157~8, 188
틴토레토(Tintoretto) 159~60

|ㅍ|

파운드, 에즈라(Pound, Ezra) 282, 283
파이퍼, 에이드리언(Piper, Adrian) 353~4
파페, 리지아(Pape, Lygia) 335~6
판화(printmaking)
　독일(Germany) 272
　렘브란트(Rembrandt) 191~2
　스크린 인쇄(screen printing) 326~7
　알브레히트 뒤러(Albrecht Dürer) 142~3
　애쿼틴트(aquatint) 225

엘리자베스 캐틀렛(Elizabeth Catlett) 320~2
윌리엄 호가스(William Hogarth) 205
일본 목판화(Japanese woodblock) 231
「전쟁의 참화(The Disasters of War)」(고야) 225
프랑수아 부셰(François Boucher) 201
팝아트(Pop Art) 327~8
페네옹, 펠릭스(Fénéon, Félix) 262
페루(Peru)
　지상화(geoglyph) 56
　직물(textiles) 55~6
페르메이르, 요하네스(Vermeer, Johannes)
　카메라 오브스쿠라(camera obscura) 194
　「편지를 읽는 푸른 옷의 여인(Woman in Blue Reading a Letter)」 193~4
페르시아(Persia)
　사진술의 영향(influence of photography) 241
　세밀화(miniatures) 121, 241
　왕실 공방(court workshops) 174~5
페미니즘(feminism)
　게릴라 걸스(Guerrilla Girls) 352~3, 370
　누드(nudes) 343
　「부엌의 기호학(Semiotics of the Kitchen)」(로슬러) 340~1, 342
　사회적 도전(social challenge) 346~8
　「산후 기록(Post-Partum Document)」(켈리) 343
　설치미술(installation art) 343~4
　신체 사용(use of the body) 342
　여성 예술가들(women artists) 341~2
　행위예술(performance art) 342
　흑인 여성 예술가들(black women artists) 344~6
페테르스, 클라라(Peeters, Clara), 「새매, 가금류, 도자기와 조개껍데기가 있는 정물(Still Life with a Sparrow Hawk, Fowl, Porcelain and Shells)」 177~8
'페트 갈랑트(fêtes galantes)' 200~1
펠리페 2세(Philip II) 156~9
펠리페 4세(Philip IV) 188, 193
포르투갈(Portugal) 147~50
포브스, 스탠호프(Forbes, Stanhope), 「콘월 해변의 생선 판매(A Fish Sale on a Cornish Beach)」 260

포브스, 엘리자베스(Forbes, Elizabeth), 「잔
  드보르트의 처녀 어부(A Zandvoort
  Fishergirl)」 260
포스트, 프란스(Post, Frans), 「제당 공장
  (Sugar Mill)」 185~6
포스트모더니즘(postmodernism)
  거리예술(street art) 350~2
  게릴라 걸스(Guerrilla Girls) 352~3
  다가가기 쉬운 예술(accessible art) 349~50
  운동(movement) 352~3
  재료(materials) 349~55
  회화(painting) 355~7
포토몽타주(photomontage) 294~5, 328
포트리에, 장(Fautrier, Jean) 315~6
포포바, 류보프(Popova, Lyubov) 285
폰타나, 라비니아(Fontana, Lavinia), 「누드 미
  네르바(Nude Minerva)」 168
폴록, 잭슨(Pollock, Jackson) 323~5
푸생, 니콜라(Poussin, Nicolas) 181~4, 194
  「아테네에서 실려 나오는 포키온의 시신이 있
  는 풍경(Landscape with the Body of Phocion
  Carried Out of Athens)」 181, 182
  「포키온의 유골을 수습하는 미망인이 있는 풍
  경(Landscape with the Ashes of Phocion
  Collected by his Widow)」 181
풀러, 메타 복스 워릭(Fuller, Meta Vaux
  Warrick) 277
풍경화(landscape)
  고전 전통(classical tradition) 183, 230
  낭만주의자들(Romantics) 228~9
  네덜란드 미술(Dutch art) 184~6
  니콜라 푸생(Nicolas Poussin) 181~4
  리처드 윌슨(Richard Wilson) 213
  미국 식민지(American colonies) 230~1, 334
  '베두테(vedute)' 204, 231
  사진(photographic) 241
  숭고함(sublime) 229
  「안개 바다 위의 방랑자(The Wanderer above a
  Sea of Fog)」(프리드리히) 229
  일본의 '우키-에'(Japanese 'uki-e') 231
  존 컨스터블(John Constable) 229~30

클로드의 영향(Claude's influence) 183, 228,
  230
토머스 게인즈버러(Thomas Gainsborough)
  204~5
프라 안젤리코(Fra Angelico, 귀도 디 피에트로
  Guido di Pietro) 112~3
프랑스(France)
  1937년 만국박람회(1937 World Fair) 299,
  300~1
  '낙선전(Salon des Réfusés)' 245~6, 247,
  266~7
  노예제도(slavery) 222~3, 224, 227
  「대십자가(Great Cross, '모세의 우물Well of
  Moses')」 103
  들소, 튀크 도두베르(bison, Tuc d'Audoubert)
  11~2, 13
  반도전쟁(Peninsular War) 225
  샤르트르 대성당(Chartres Cathedral) 83~6
  신고전주의(neoclassicism) 217~21
  실존주의(existentialism) 315
  용맹공 필리프(Philip the Bold) 102~3, 112
  유럽 예술의 중심지 파리(Paris as the European
  artistic centre) 276
  제2차 세계대전 이후의 예술(post-World War II
  art) 315~6
프랑스 아카데미, 파리(French Academy, Paris)
  살롱(Salon) 202~3, 211~2, 218~20, 223~4,
  245, 246~7
  여성 회원들(women members) 219
  예술의 위계질서(hierarchy of art) 199~201,
  219, 246~7
  인상파의 도전(Impressionists' challenge) 247~9
프랑스 혁명(French Revolution) 220, 222,
  223, 225
프레스턴, 마가렛(Preston, Margaret) 317~8
프로이트, 루시안(Freud, Lucian) 355
프리드리히, 카스파르 다비트(Friedrich,
  Caspar David), 「안개 바다 위의 방랑자
  (The Wanderer above a Sea of Fog)」 229
플래빈, 댄(Flavin, Dan) 332
플럭서스 그룹(Fluxus group) 336

피렌체(Florence)
    기베르티의 세례당 문(Ghiberti's baptistry doors) 113~4
    「다비드(David)」(미켈란젤로) 127~8
    「동방박사의 경배(Adoration of the Magi)」(보티첼리) 115~6
    르네상스 예술(Renaissance art) 109~12, 116
    메디치 가문(Medici family) 109~13, 115~6, 128, 131, 135, 161, 168, 170, 210
    산 마르코 수도원(San Marco convent) 112~3
    산타 마리아 노벨라 교회(church of Santa Maria Novella) 114, 115
    「수태고지(Annunciation)」(프라 안젤리코) 112
    우피치 미술관(Uffizi Gallery) 209~10
    조각(sculpture) 160~2
    파치 가문(Pazzi family) 116, 120
    프라 안젤리코(Fra Angelico) 112~3
    「홍수(The Flood)」(우첼로) 114~5
피사로, 카미유(Pissarro, Camille) 247~9
    「하얀 서리(White Frost)」 249
피에로 델라 프란체스카(Piero della Francesca) 114
피카소, 파블로(Picasso, Pablo) 277~80, 355
    「게르니카(Guernica)」 301
    「아비뇽의 처녀들(Les Demoiselles d'Avignon)」 279~80
    입체주의(Cubism) 268, 280~1
필사본(manuscripts)
    『겐지 이야기(源氏物語)』 76~7
    『기도서(Book of Hours)』 102, 104
    『린디스판 복음서(Lindisfarne Gospels)』 62~3, 78
    『스키비아스(Scivias)』, 빙겐의 힐데가르트(Hildegard of Bingen) 81~2
    이슬람 채식 서적(Islamic book illumination) 88
    재료(materials) 88

|ㅎ|
하비, 댄(Harvey, Dan) 373
하산, 아부엘(Hasan, Abu'l)
    『자한기르나마(Jahangirnama)』 175

「플라타너스 나무에 있는 다람쥐(Squirrels in a Plane Tree)」 175
하우드, 프랜시스(Harwood, Francis) 221~2
하우스만, 라울(Hausmann, Raoul) 292~3, 294
하트필드, 존(Heartfield, John, 헬무트 헤르츠펠트Helmut Herzfeld) 294
할스, 프란스(Hals, Frans) 178~9, 246
해링, 키스(Haring, Keith) 350~2
해밀턴, 리처드(Hamilton, Richard), 「오늘날의 가정을 이처럼 색다르고 매력적으로 만드는 것은 무엇인가?(Just What Is It That Makes Today's Homes So Different, So Appealing?)」 327~8
행위예술(performance art) 336, 337~8
    「조각내기(Cut Piece)」(오노 요코) 337~8
    페미니스트 예술가들(feminist artists) 342
허스트, 데이미언(Hirst, Damien) 360
헌트, 윌리엄 홀먼(Hunt, William Holman) 239
헤세, 에바(Hesse, Eva) 332
헨리 8세(Henry VIII)
    「대사들(The Ambassadors)」(홀바인) 151~2
    시스티나 성당 태피스트리(tapestries for the Sistine Chapel, 라파엘로) 135
    홀바인 초상화(Holbein portraits) 151~2
    홀바인의 세밀화(miniatures by Horenbout) 151
헵워스, 바버라(Hepworth, Barbara), 「타원형 조각(Oval Sculpture)」 311~2
호가스, 윌리엄(Hogarth, William)
    「결혼 풍속(Marriage à la Mode)」 207
    런던 묘사(portrayal of London) 205~7
    「맥주 거리(Beer Street)」 205, 206~7
    「진 골목(Gin Lane)」 205, 206
    판화(prints) 205
호렌바우트, 수산나(Horenbout, Susanna) 143, 147, 150~1, 152
호머, 윈슬로(Homer, Winslow), 「수박 소년들(Watermelon Boys)」 257~8
호스머, 해리엇(Hosmer, Harriet), 「쇠사슬에 묶인 제노비아(Zenobia in Chains)」 242

호지스, 윌리엄(Hodges, William) 213~5
  「오타헤이테 섬의 마타바이 만 전경(A View of Matavai Bay in the Island of Otaheite)」 214
  「오타헤이테 페하 만에서 바라본 풍경(A View Taken in the Bay of Otaheite Peha)」 214, 215
호퍼, 에드워드(Hopper, Edward)
  「뉴욕 극장(New York Movie)」 307~8
  미국 생활에 대한 묘사(depictions of American life) 308
호흐, 피테르 데(Hooch, Pieter de)
  델프트(Delft) 192
  「안뜰의 여인과 하녀(Woman and Maid in a Courtyard)」 194
  일반 가정(domestic house) 194
홀바인, 한스 더 영거(Holbein, Hans the Younger)
  「대사들(The Ambassadors)」 151~2
  헨리 8세의 초상화(portraits of Henry VIII) 151~2
홀저, 제니(Holzer, Jenny) 346, 347
화이트리드, 레이첼(Whiteread, Rachel)
  「유령(Ghost)」 358~9
  「집(House)」 359
환경주의(environmentalism) 334, 373
회흐, 한나(Höch, Hannah)
  다다(Dada) 294
  「바이마르 공화국의 맥주배를 부엌칼로 자르자 (Cut with the Kitchen Knife through the Beer Belly of the Weimar Republic)」 292, 293
후기인상파(post-Impressionists) 262~8
휘슬러, 제임스 애벗 맥닐(Whistler, James Abbott McNeill)
  「검은색과 금빛의 야상곡 : 떨어지는 불화살 (Nocturne in Black and Gold: The Falling Rocket)」 254, 255~6
  러스킨에 맞선 법정 재판(court trial against Ruskin) 254~6
  미술 양식(artistic style) 256~7, 288
흑인 주제(black subjects)
  1970년대 흑인 여성 예술가들(1970s black women artists) 344~6

19세기 후반의 미국(American late 19th-century) 258
로메어 비어든의 콜라주(Romare Bearden's collage) 328
「마들렌의 초상(Portrait of Madeleine)」(브누아) 223~4, 369
「메두사 호의 뗏목(The Raft of the Medusa)」(제리코) 227, 228, 368, 369
「밴조 레슨(The Banjo Lesson)」(태너) 270
「벨리 의원의 초상(Portrait of Deputy Belley)」(지로데) 223
「에이프싯(Apeshit)」(카터 부부) 368~70
엘리자베스 캐틀렛의 예술(Elizabeth Catlett's art) 320~2, 344
제이콥 로렌스의 작품(Jacob Lawrence's work) 308~9
히미드, 루바이나(Himid, Lubaina) 345~6

예술의 역사

초판 1쇄 인쇄 | 2024년 9월 10일
초판 1쇄 발행 | 2024년 9월 20일

지은이 | 샬럿 멀린스
옮긴이 | 김정연
펴낸이 | 박남숙

펴낸곳 | 소소의책
출판등록 | 2017년 5월 10일 제2017-000117호
주소 | 03961 서울특별시 마포구 방울내로9길 24 301호(망원동)
전화 | 02-324-7488
팩스 | 02-324-7489
이메일 | sosopub@sosokorea.com

ISBN 979-11-7165-016-3 03600
책값은 뒤표지에 있습니다.

• 이 책 내용의 일부 또는 전부를 재사용하려면 반드시 (주)소소의 동의를 얻어야 합니다.
• 잘못 만들어진 책은 구입하신 서점에서 교환해드립니다.

• 이 책에 수록된 이미지들 중에서 저작권자를 찾지 못했거나 연락이 닿지 않아서 게재 허락을 받지 못한 이미지에 대해서는 저작권자가 확인되는 대로 게재 허락을 받고 통상의 기준에 따라 사용료를 지불하겠습니다.